Sabine Thabe
Drogen und Stadtstruktur

Sabine Thabe

Drogen und Stadtstruktur

Lebenswelten
zwischen Rausch und Raum

Leske + Budrich, Opladen 1997

Gedruckt auf säurefreiem und altersbeständigem Papier.

ISBN 3-8100-1800-7

© 1997 Leske + Budrich, Opladen

Das Werk einschließlich aller seiner Teile ist urheberrechtlich geschützt. Jede Verwertung außerhalb der engen Grenzen des Urheberrechtsgesetzes ist ohne Zustimmung des Verlages unzulässig und strafbar. Das gilt insbesondere für Vervielfältigungen, Übersetzungen, Mikroverfilmungen und die Einspeicherung und Verarbeitung in elektronischen Systemen.

Druck: Druck Partner Rübelmann, Hemsbach
Printed in Germany

Inhalt

Vorbemerkung 7

Einleitung 8

Kapitel I
Gedanken zur Geschichte von Räuschen und Räumen 15
1.1 Methodologische Überlegungen I: Hermeneutik 16
1.2 Theoretische Überlegungen zur Reise durch Rausch,
 Raum und Zeit 26
1.2.1 Mittelalter: „Dark Ages oder Verzauberte Welten"? 27
1.2.2 Neuzeit: Neue Zeiten, neue Räusche, neue Räume... 46
1.2.3 Räusche, Räume und Subjekte der neuzeitlichen Moderne 76
1.2.4 Räusche, Räume und Subjekte der Moderne des
 20. Jahrhunderts 96
1.3 Einsichten I 117

Kapitel II
Gedanken „zur Sache selbst" 122
2.1 Methodologische Überlegungen II: Phänomenologie 123
2.1.1 Nachfolge I: Frankreich 136
2.1.2 Nachfolge II: Deutschland 142
2.2 Methodologische Überlegungen III: Soziologie des Alltags 148
2.2.1 Milieu 151
2.2.2 Lebenswelt 152
2.3 Einsichten II 157

Kapitel III
Diesseits von Moderne und Postmoderne 160
3.1 Struktur und Raum 161
3.1.1 Exkurs zur Entwicklung von Raum und Rationalität 163
3.2 Räume zwischen Moderne und Postmoderne 167
3.2.1 Die gewalttätige Stadt 170
3.2.2 Die „saubere" Stadt 171
3.2.3 Die „unwirkliche" Stadt 172
3.3 Räusche zwischen Moderne und Postmoderne 173
3.3.1 Die Bedeutung illegaler Drogen 173

3.3.2 Exkurs über Rauschmontagen:
Die einen dürfen, die anderen nicht 177
3.4 Das Beispiel Dortmund 191
3.5 Einsichten III 212

Kapitel IV
Der nichtssagende Raum und die Stimmen im Schweigen 215
4.1 Subjekt und Raum 216
4.2 „Kleine" Erzählungen 220
4.2.1 Anfänge 221
4.2.2 Reisen und Rückkehr 223
4.2.3 Straßenleben und Alltag 225
4.2.4 Differenz(en) 229
4.2.5 Orte und Unorte 230
4.2.6 Identität(en) 232
4.2.7 Zur „Freiheit" verdammt 234
4.2.8 Wunschproduktionen und Perspektiven 235
4.3 Leben zwischen Rausch und Raum 238
4.4 Einsichten IV 246

Kapitel V
Überlegungen für ein differentiell-hermeneutisches
Raumverständnis 249
5.1 Perspektiven des Verstehens 249
5.2 Erkenntnistheoretische Perspektiven 251
5.2.1 Historischer Ansatz 251
5.2.2 Raum(struktur)analytischer Ansatz 252
5.2.3 Subjektzentrierter Ansatz 254
5.3 Methodologische Perspektiven 256
5.4 Perspektiven des Handelns 258
5.5 Einsichten V 260

Literatur 261

Vorbemerkung

„Versailles ist dem, der Haschisch gegessen hat, nicht zu groß, und die Ewigkeit dauert ihm nicht zu lange. Und auf dem Hintergrund dieser riesigen Dimensionen des inneren Erlebens, der absoluten Dauer und der unermeßlichen Raumwelt, verweilt mit jenem seligen Lächeln ein wundervoller Humor desto lieber bei der grenzenlosen Fragwürdigkeit alles Seienden."
W. Benjamin („Über Haschisch")

Lebenswelten zwischen Rausch und Raum gibt es viele. Darum kann von „der" Geschichte dieses Phänomens nicht die Rede sein. Anstelle einer einheitlichen und kohärenten Erzählung will ich deshalb in Skizzen, versetzt mit Brüchen und Differenzen, Spuren zu Geschichten entfalten, die sich in einem flexiblen Bild zusammensetzen lassen. Vor diesem Hintergrund plädiere ich für ein „Denken in Bewegung" (G. Deleuze), für spielerisches und spielendes Denken, für Mut zu Improvisation und Experiment.

Den Aufruf für ein „bewegliches Denken" habe ich durch eine Reise in (Rausch)-Zeiten und (Rausch)-Räume umzusetzen versucht. Von dieser Reise bin ich nun zurückgekehrt und die Ergebnisse meiner Tour d' horizon liegen als Dissertation, zu der dieser Reisebericht anwuchs, vor. Die Fahrt durch Rausch und Raum trat ich freilich nicht alleine an, vielmehr hatte ich das Glück und Vergnügen auf kompetente und unterstützende Mitreisende zu treffen.

Diesen ReisegefährtInnen gilt mein ganz besonderer Dank:
Dr. Gabriele Sturm (Universität Marburg), Prof. Dr. Klaus M. Schmals und Prof. Dr. Ruth Becker (beide Universität Dortmund) für ihr Vertrauen und ihre Zuversicht,
den KollegInnen des Fachgebietes „Soziologische Grundlagen der Raumplanung" (Universität Dortmund) für ihre Diskussionsbereitschaft und ihr Interesse an meiner Arbeit,
den KollegInnen der Dortmunder Drogenberatungsstelle, insbesondere Gerd Reddig und Markus Brodrick für fachliche Reflexionen sowie Andreas Müller für die Erstellung des Typoskripts,
meiner Mutter Karin Dextor und meinem Bruder Stefan Thabe für ideelle und materielle Unterstützung,
Mechthild Spätling für Ironie, Kritik und Korrekturlesen,
Jessica Kroll für Ausflüge, Ablenkungen und Aspirin, wenn die Reise mal zu turbulent wurde,
last but not least, danke ich allen an der Reise beteiligten Junkies für ihre Offenheit und Gesprächsbereitschaft.

Einleitung

„Ich hätte gewünscht, daß es hinter mir eine Stimme gäbe, die schon seit langem das Wort ergriffen hätte und im vorhinein alles, was ich sage, verdoppelte und daß diese Stimme so spräche: Man muß weiterreden, ich kann nicht weitermachen, man muß weiterreden, man muß Wörter sagen, solange es welche gibt; man muß sie sagen, bis sie mich finden, bis sie mich sagen – befremdende Mühe, befremdendes Versagen; man muß weiterreden; vielleicht ist es schon getan, vielleicht haben sie mich schon gesagt, vielleicht haben sie mich schon an die Schwelle meiner Geschichte getragen, an das Tor, welches sich schon auf meine Geschichte öffnet (seine Öffnung würde mich erstaunen)."
S. Beckett („Der Namenlose")

In dieser Arbeit ist die Rede vom Rausch, vom Raum und vom Subjekt. Es ist die Rede von Großstadt-Junkies, die an die Ränder der Gesellschaft gedrängt und doch mittendrin leben.

Untersuchungen dieser Art, also über gesellschaftlich benachteiligte Milieus (z. B. Obdachlose, Kleinkriminelle, Prostituierte), sind nichts Neues; vielmehr stehen sie in einer Tradition, die in den 20er Jahren an der Chicago School of Sociology begann: junge Prostituierte (W.I. Thomas 1923), Straßenbanden (Trasher 1927) und biographische Dokumentationen der Lebensgeschichten von Dieben (Shaw et al. 1930). Studien über Tanzmusiker und Marihuanaraucher (Becker 1963), Falschspieler (Polsky 1967), Drogengebraucher, Ladendiebe, Rocker (Haferkamp 1975) und eine Lebensweltanalyse „verwahrloster" Mädchen (Kieper 1980) runden dieses Bild ab. Über diese konkreten Studien hinaus werden die Binnenstrukturen dieser Gruppen seit Jahren im Rahmen der Subkulturforschung (Girtler 1995) analysiert.

Neben aller Vielfalt fällt auf, daß, obwohl viele Untersuchungen vor Ort durchgeführt werden, zum Beispiel als teilnehmende Beobachtung, oder im Rahmen von Milieuanalysen, „Fragen des Raumes", das heißt nach einer räumlichen Verortung sozialer Phänomene, nur im begrenzten Umfang thematisiert werden (Noller/Reinicke 1987; Noller 1989). Nach den explizit raumbezogenen Forschungsansätzen der Chicagoer Schule (Lindner 1990) war der Raum lange Zeit kein sozialwissenschaftliches Thema mehr.

Obwohl viele Subkulturen meines Wissens extrem städtisch geprägt sind (Junkies, Obdachlose, Punks), wird ihr räumliches Dasein im wissenschaftlichen Diskurs ignoriert, beziehungsweise Raum wird, unter der Prämisse des a priori Existenten, nicht weiter thematisiert. Erst in den letzten zehn Jahren wurden wieder Versuche unternommen, soziale Phänomene räumlich zu verorten, das heißt im räumlichen Kontext zu interpretieren (Vaskovics 1982; Keim 1985; Läpple 1992; Dangschat 1994).

Diametral entgegengesetzt verlief der Prozeß in der Raumplanung, deren Forschungsansätze in aller Regel vor dem Hintergrund naturwissenschaftlicher, geographischer und (regional)ökonomischer Raumkonzepte zu verstehen sind. Hier wurden soziale Phänomene, die sich zum Beispiel über Subkulturen verkörpern können, nur marginal, das heißt als „Randgruppen", thematisiert.

Diesem mentalen Koma und der Ignoranz, die viele RaumplanerInnen gegenüber sozialwissenschaftlichen, kommunikationstheoretischen und sozialphilosophischen Ansätzen zur Erforschung (inner)städtischer Minderheiten einnehmen, soll mit der vorliegenden Arbeit vehement entgegengetreten werden.

Ausdrückliches Programm dieser Untersuchung sind folgende Interessen:

1. soll ein vermeintlich „klassisch" sozialwissenschaftliches Thema aus seiner (ätherischen) Unverbindlichkeit befreit und auf den „Boden der Tatsachen" gestellt werden,
2. soll mit qualitativen Methoden, deren Anwendung in der mehrheitlich technokratisch orientierten Raumplanung so gut wie unerprobt ist, ein erweitertes Verständnis von „Raum" demonstriert werden,
3. soll am Beispiel einer Extremgruppe gezeigt werden, daß für die Analyse gesellschaftlicher Entwicklungen, die Betrachtung der Wechselwirkungen (im Verhältnis) räumlicher und sozialer Strukturen unentbehrlich ist.

Warum Junkies?

Die Arbeit widmet sich einer Gruppe von Menschen, die gleich in mehrfacher Hinsicht benachteiligt ist: den von illegalen Drogen Abhängigen. Zwar existiert eine Vielzahl an *sozialwissenschaftlichen/sozialpädagogischen* Untersuchungen zu den Themen „Sucht", „Drogengebrauch", „Drogenszene" (Gerdes/von Wolffersdorff 1974; Scheerer/Bossong 1983; Quensel 1985; Kindermann 1989; Steffan 1989), doch existiert innerhalb dieses Diskurses bislang keine *wissenschaftliche* Arbeit über das Verhältnis von „Rausch, Subjekt und Raum".

In den USA finden sich *literarische* Traditionen (Kerouac 1968; Burroughs 1973; Boyle 1984; Ellis 1986; Mowry 1993), die sich in narrativer Form mit dem „Rausch-Raum-Phänomen" beschäftigen. Dazu kommen *musikalische* Traditionen, in denen sich Drogenkonsum als jugend- und subkulturelles Protestphänomen artikuliert (Cohn 1976; Toop 1984; Marcus 1989; Poschardt 1995).

In der Raumplanung wurde das Thema bislang aufgrund seiner vermeintlich nicht-räumlichen Relevanz ausgeschwiegen. Ein rigides TechnokratInnenbewußtsein, planerische Omnipotenzphantasien und eine dem nur scheinbar widersprechende ExpertInnenhörigkeit verhindert leider immer noch und viel zu oft dringend notwendige Auseinandersetzungen über das Verhältnis von Mensch und Raum.

RaumplanerInnen (aber auch SozialwissenschaftlerInnen und PsychologInnen) sei deshalb unterstellt, daß die unbewußte und unreflektierte Akzeptanz und Verinnerlichung bürgerlicher Werte wie „Leistung", „Erfolg" und „Ansehen", sowie ihre angebliche Nicht-Betroffenheit, sie häufig zu der Annahme verleiten, daß Drogenkonsum, gedacht im negativen Kontext des Versagens und nicht etwa als Lebensstil, eine Privatangelegenheit sei, abhängig von der Persönlichkeitsstruktur der Abhängigen.

Betroffen sind somit, auf dieser „professionellen", das heißt verdrängenden, Ebene, in der Regel „die Anderen". Diese Tendenz verstärkt sich durch die Struktur des Berufs- und Rollenverständnisses (Devereux 1973, 1974) und die inhärente Definitionsmacht der beteiligten Professionen: drogenkonsumierende Menschen werden über Mißbrauchs-, Sucht- und Devianzkonzepte erst einmal zu KlientInnen gemacht, damit die (klassische) Rollenfestlegung von „HelferIn" und „KlientIn" gewahrt bleibt. Diese gesellschaftliche Hilfetechnik wird ebenfalls von PlanerInnen praktiziert; auch hier steht die Arbeit *für* und nicht *mit* den Betroffenen im Vordergrund beruflicher Praxis.

Die Unterstellung unbewußter Projektionen (z.B. Ängste, Voreingenommenheiten) führt einerseits zur vermeintlichen Entschärfung des Konflikts, in dem der Krankheitsgehalt der „Abhängigkeit" und seine gesellschaftliche Bedeutung verharmlost, entpolitisiert wird, wenn nicht sogar ignoriert; in personalisierter Form dafür aber verschärft auftritt, vor allem dadurch, daß das Opfer als Täter definiert wird. Einzelne, „individuelle" Biographien scheinen, nach vorhergehender Pathologisierung (Goffman 1968; Szasz 1974), geradezu dafür prädestiniert, gesellschaftliche Problemlösungsstrategien zu exemplifizieren.

Dies spiegelt die fatale Dichotomisierung von Krankheitsbildern: „saubere" Krankheiten, die potentiell jede/n betreffen können (Kranke als Opfer), und solche, die wir selbst „verschulden", uns „zuziehen" (Kranke als Täter), nach dem Motto: „Selber schuld!"). Drogensucht/Drogenkonsum und damit eng verbunden auch potentielle HIV-Infektionen sind Krankheiten, die vor diesem Hintergrund in der Öffentlichkeit diskutiert werden, parallel zu den moralisierenden und diskriminierenden Debatten über sogenannte „Risikogruppen" (hier speziell: Junkies und Homosexuelle).

Formaler Auslöser der Diskriminierung ist die Bestrafung der Krankheit Sucht durch die aktuelle Rechtsprechung (Strafgesetzbuch, Betäubungsmittelgesetz und Betäubungsmittel-Strafgesetz). Damit wird die weitere Isolation und Verelendung der Abhängigen billigend in Kauf genommen und sogar forciert. Sucht und Süchtige verschwinden hinter Gefängnismauern, in erzwungene Therapien (vgl. die Diskussion um §§ 35 BtmG: „Therapie statt Strafe"), in Gräber, oder dienen der öffentlichen Abschreckung (Sündenbock-Funktion). Die Behandlung Süchtiger bewegt sich in einer paradoxen Dialektik von Hilfs- und Strafsystemen. Sucht ist ein Tabu für den öffentlichen Diskurs, aber nicht Tabu genug, es sich einiges kosten zu lassen (Böllinger/Hartwig et al. 1991).

Konsequenzen aus dieser Spaltung in der Beurteilung von Krankheiten, hier im Vorgriff auf weitere Formen der Benachteiligung, zeigen sich in der Art ihrer „Behandlung": Pädagogisierung und Psychiatrisierung auf Seiten sozialwissenschaftlicher Forschung, Schweigen in den Raumwissenschaften. Die Gruppe der Junkies steht somit, aufgrund eines hochgradig ambivalent besetzten Krankheitsbegriffs, symptomatisch für eine nur nachlässig geführte Diskussion über die Wechselwirkungen sozialer und räumlicher Strukturen; und hierin zeigt sich eine weitere, wissenstheoretische, Form der Benachteiligung: die wissenschaftliche Ignoranz des Problemzusammenhangs von Rausch und Raum.

Über die wissenschaftliche Nichtbeachtung, beziehungsweise einseitige Beachtung und die Diskriminierung durch die Rechtsprechung hinaus, setzt sich die Benachteiligung der DrogenkonsumentInnen in ihrem Alltag in der Drogenszene fort: Das offizielle Verbot bestimmter Drogen treibt die Preise auf dem Schwarzmarkt in unkontrollierbare Höhen. Bei einem Tagesbedarf von einem Gramm Heroin zum Preis von circa 200 DM liegt die finanzielle Monatsbelastung bei 6000 DM allein für den Drogenbedarf. Da diese Summen von Abhängigen in der Regel nicht legal erwirtschaftet werden können, sind sie gezwungen das nötige Geld anders zu besorgen, das heißt meistens durch kriminelle Praktiken (Diebstahl, Raub, Einbruch, Dealen, etc.) oder Ordnungswidrigkeiten (Beschaffungsprostitution). Die Geldbeschaffung findet dort statt, wo sich das meiste Geld konzentriert, also in den Innenstädten der Großstädte, mit der Folge, daß steigende Kriminalitätsziffern den Widerstand anderer NutzerInnengruppen provozieren. Die Konkurrenz um die Nutzung innerstädtischer Räume legt Machtstrukturen bloß, die unter den Betroffenen existieren, und sich in (kommunalen) Vertreibungsstrategien gegen Junkies manifestieren.

Neben dem sozialen Abstieg und der gesellschaftlichen Ächtung zeigen sich bei den Abhängigen körperliche und psychische Folgeerkrankungen (HIV, Hepatitis, Unterernährung/Mangelkrankheiten, Abszesse, Depressionen, etc.), denen sie in einem Klima von Angst, Gewalt und häufiger Obdachlosigkeit ausgesetzt sind. Die „Hilfsangebote", die den Betroffenen offeriert werden, sind geprägt von einer mehrschichtigen Ambivalenz und staatlicherseits kalkulierter Kontraproduktivität:

Hilfs- und Beratungsangebote bestehen neben gleichzeitig durchgeführten Razzien und Aufenthaltsverboten für Junkies in den Innenstädten. Diese Kombination rigider Ordnungspolitik und einer in sich widersprüchlichen Drogen"hilfe" läßt ein Vakuum entstehen, das sich räumlich in der Ortlosigkeit der UserInnen reflektiert und diese Gruppe zu innerstädtischen Migrationen zwingt. Die *Unorte*, an denen Junkies sich aufzuhalten gezwungen sind, reflektieren gesellschaftlich ambivalent besetzte Deutungsmuster von „Rausch". Verbotenen Räuschen wird die materiale Grundlage, der Raum, entzogen; ihre Existenzberechtigung, nicht aber die Sanktionsberechtigung, negiert.

Zum Abschluß der Einführung in die Problematik des „Rausch-Raum-Phänomens" einige Thesen:

1. Junkies sind eine *extreme* und *extrem städtische* Minderheit,
2. Junkies brauchen die Stadt und die Stadt braucht sie,
3. Rausch ist flüchtig und gleichzeitig intensiv, wie viele mit ihm korrespondierende städtische Räume,
4. Rausch ist etwas Besonderes, wie auch seine Orte. Rausch ist banal, seine Orte sind trist,
5. Rausch und Raum, das ist die Gleichzeitigkeit von Vielfalt und Restriktion, von exklusivem Spaß bis zur suizidalen Verzweiflung,
6. Über Junkies zu schreiben heißt auch, über das Leben und die (Über)Lebensbedingungen in Cities zu schreiben,
7. Das Leben von Junkies verstehen zu lernen erfordert ein komplexes Zusammenspiel von Gefühl und Verstand, von analytischer Schärfe und Vertrauenswürdigkeit seitens der Forscherin und deshalb nicht zuletzt die Akzeptanz im Junkie-Milieu.

Was soll mit der Arbeit gezeigt werden?

Als ich mit der Arbeit begann, war es mein Interesse, eine hermeneutische Explikation aktueller Rauschräume und ihrer NutzerInnen aus ihrer inhärenten Ordnung heraus zu entwickeln. Daß ein solcher direkter Zugriff auf das Phänomen von Rausch, Subjekt und Raum nicht möglich ist, zeigte sich schnell, und zwar immer dann, wenn die Erscheinungen und Aspekte, die ich als dem Phänomen zugehörig empfand, auf ihre eigenen Wurzeln verwiesen.

Darum beginnt die Arbeit konsequenterweise mit einer historischen Betrachtung, in deren Verlauf die historischen Epochen vom Mittelalter bis in die (Post)Moderne bereist werden. Die Reise zeigt eine Fülle von Details über die Entwicklung des Drogengebrauchs, seiner gesellschaftlichen Bewertung und über die Entfaltung rauschmittelgebrauchender Subjekte und deren Räume.

Auffallend daran ist die Entwicklung sowohl freiheitsreduzierender als auch freisetzender Strukturen, denen im zweiten Kapitel in einer ausführlichen theoretischen und methodologischen Reflexion nachgegangen wird. Hier werden zentrale philosophische und soziologische Ansätze dargestellt, aus deren verknüpften Perspektiven heraus, eine Interpretationskonstruktion entwickelt wird, die sich in den anschließenden Kapiteln (3+4) auf einer empirischen Ebene folgendermaßen niederschlägt:

Kapitel 3 reflektiert gesellschaftliche Tendenzen der Unterdrückung und des Zwanges gegenüber drogengebrauchenden Milieus. Daß diese Tendenzen nicht durchgängig repressiv wirken, wird in einem Exkurs dargelegt, der darauf verweist, daß kollektive Deutungsmuster Rauschphänomene sowohl einschließen als auch verweigern können.

Im Rahmen dieses Exkurses findet ein Vergleich von drei drogengebrauchenden, überwiegend jugendlichen (Sub)Kulturen (Techno-Szene, HipHop-Szene und Junkie-Szene) statt, der sich im Spannungsfeld der Diskussion um Lebensstil und Differenzierungspotential versus Ungleichheit bewegt. Zu dieser Betrachtung zählt eine vertiefte Auseinandersetzung mit Musikphänomenen und Leiblichkeitsbildern, denen eine zentrale Bedeutung, sowohl als gesellschaftliche Anpassungsinstanz als auch als Protestpotential, zuzurechnen ist (Kaden 1984, 1993).

Über diese strukturanalytische Perspektive hinaus entwickele ich in Kapitel 4 einen subjektzentrierten Ansatz, der am Beispiel der erzählten Lebensgeschichte des Junkies „Martin", den hohen Stellenwert der subjektiven Darstellung eines Betroffenen artikuliert und problematisiert. Hier zeigen sich Potentiale und Strategien, die darauf angelegt sind, gesellschaftlich produzierten Zwang durch die Einweisung der Junkies in innerstädtische Ghettos zu überschreiten.

Neben einer Explikation des Phänomens der Trias von Rausch, Subjekt und Raum entwickelte ich darüberhinaus in Kapitel 5 Perspektiven eines neuen Raumverstehens, die über die Bedeutung für die Interpretation des „Rausch-Raum-Phänomens" hinausgehen. Hier werden Möglichkeiten eines differentiell-hermeneutischen Zugangs auf gesellschaftliche Räume dargelegt und im Anschluß an die raumtheoretische Herleitung auf ihre Bedeutung für die raumplanerische Praxis hin diskutiert.

Ein letztes Wort noch zum Gesamtprofil der Arbeit. Sie ist kontingent und „rhizomatisch" (G. Deleuze/F. Guattari), was Aufbau und Inhalt angeht. Das ist so gewollt. Es ist mir weniger daran gelegen „perfekt" als vielseitig zu schreiben. Dazu kommt der Fakt, daß ich als *Raumplanerin* in weiten Bereichen über Themen schreibe, die ich mir selbst erst aneignen mußte. Die Arbeit reflektiert einen Lernprozeß, der zugibt eben nicht fertig und abgeschlossen zu sein.

Immer wieder verweise ich auf persönliche „Helden und Heldinnen" aus Philosophie, Soziologie, Literatur, Musik und der Bildenden Kunst, die für die Entwicklung zentraler Gedanken in dieser Arbeit von großer Bedeutung waren. Deshalb sollen ihnen ruhig Denkmäler der Achtung und Anerkennung gesetzt werden dürfen, was sie nicht weniger lebendig werden läßt. Ich tue dies mit „Love and Respect" (M. Glen) für die Originale und mit einer starken Begeisterung für (post)moderne Kompositions- und Zitationskunst, die belegt, wie aus großen, teils alten Ideen, immer wieder neue Ansätze und Perspektiven kreativ und undogmatisch erschlossen werden können.

Darum, als Überleitung zum eigentlichen Text, ein erstes Spiel mit fremden Stimmen, die die Reise durch Rausch, Subjekt und Raum einleiten sollen: „Bis zu den Knien in einer unberührten Welt aus Gegenwart, Vergangenheit und Zukunft. Gesättigt und vollgesogen von vibrierenden Bässen. Im Kopf hämmern die Stimmen, sprechen in fremden Zungen, swingen, pendeln und suchen einen Ort. Klink dich ein, klink dich ein ..." (D. Toop 1994)

1. Gedanken zur Geschichte von Räuschen und Räumen

Dieses Kapitel ist gedacht als eine Reise durch Räume, Räusche und Zeiten. Ich begebe mich in deren Strudel und in Spiralen. Die Reise nimmt ihren Ausgang in den frühen Städten des Mittelalters[1], mit anschließenden Zwischenstops in der Neuzeit, der frühen und der späten Moderne. Anschlußgelegenheit zu weiterer Reise besteht im dritten Kapitel, wo aktuelle Räume besucht werden. Gereist wird in Europa, meist in seinen Großstädten. Ich besuche Alltägliches und Skurriles, Gesundes und Krankes, Lautes und Leises, Sichtbares und Unsichtbares und begegne den ProtagonistInnen dieser Geschichte: den BettlerInnen, BürgerInnen, KifferInnen, KokserInnen, den Armen und Reichen, Guten und Gemeinen, Lebenden und Toten.

Dieser Beitrag ist kein „historischer Teil". Die übliche Einstellung zu Geschichte als etwas Vergangenem betrachte ich als störende Begrenzung, als Verengung der Umlaufbahn, der Reise. Geschichte ist, in meiner Sicht, etwas sehr Lebendiges, sie kann sich „kristallisieren" (M. Halbwachs), doch ist sie weder starr, noch linear[2].

Das Erkennen von etwas Speziellem in einer Epoche verweist vielmehr auf die Dynamik von Zeit, wenn im Erkennen das Begreifen des Entstehens von etwas erkannt wird. Sich auf Geschichte einlassen heißt für mich auch, über Literatur (als alleinige Sichtweise) hinauszuwachsen und mir weitere Wege des Erkennens zu erschließen: Bilder, Illustrationen, Musik und Sprache einer Zeit können meinen Blick erweitern und historische Abstraktionen füllen.

So wie der Gegenwart Vergangenheit innewohnt, ist auch im Vergangenen Gegenwart existent (als Möglichkeit oder noch nicht realisiertes Leben). Das Konzept meiner Reise ist deshalb flexibel in seinem Bezug zur Komplexität von Raum- und Zeitbegriffen und bietet der/dem Reisenden verschiedene Billets: Einstieg, Ausstieg, Umbuchung, „anything goes" (P. Feyerabend)[3]! Doch bevor es losgeht, noch ein paar Worte zu den Reisezielen und Fahrplänen:

Die Reise umfaßt folgendes Programm: Im ersten Schritt (1.1) geht es um den philosophischen Hintergrund, das zu durchquerende Panorama, der Tour. Dabei nehme ich (methodologisch) Bezug auf die Tradition der Hermeneutik und stelle dar, warum gerade sie für Reisen in die Vergangenheit sowohl theo-

---

1 Das heißt, alteuropäische kulturelle Strukturen (gotische, germanische) werden vorrangig (zu romanisierten Kulturen) behandelt.
2 Einige heitere Ausführungen zu Raum und Zeit finden sich in D. Adams fünfbändiger „Trilogie", z.B. Band 1: „Per Anhalter durch die Galaxis", München 1981
3 Damit meine ich ein *literarisches* „anything goes" à L. Carroll: „Alice im Wunderland", Wiesbaden o.J. oder G. von Bassewitz: „Peterchens Mondfahrt", München o.J.

retisch als auch methodisch von Bedeutung ist. Im zweiten Abschnitt (1.2) werden a) historische Traditionen und Deutungsmuster[4] untersucht, b) den Erscheinungsformen zugrundeliegende Strukturen dechiffriert und c) allgemeine Aussagen entwickelt.

Dabei werde ich folgendermaßen vorgehen: Im Rahmen hermeneutischer Textinterpretation rekonstruiere ich das Wechselverhältnis von Rausch und Raum entlang seiner zeitlichen Achse, durch deren dynamisierende Wirkung das Thema seine Dreidimensionalität entwickelt. In abduktiver Weise[5] entfalte ich das Thema nach folgenden Hauptlesarten: a) Subjekt, b) Raum, c) Rausch. In Form von ständigen Weiterungen und Vertiefungen der genannten Lesarten entsteht ein Wissen, das dazu befähigt, den Gegenstand der Untersuchung „aus sich selbst heraus" zu verstehen. Das Kapitel endet mit einer abschließenden Reflexion (1.3) der erarbeiteten Ziele, Inhalte und Methoden. Und damit kann die Reise beginnen.

1.1 Methodologische Überlegungen I: Hermeneutik

„Hermeneutik" wird etymologisch als „Übersetzung" wiedergegeben. Dabei ist auch die Übersetzungsfunktion im Sinne der deutenden Erklärung von Bedeutung. Hermeneutik versteht sich als „Angleichungslehre" an den gemeinten Sinn von Reden beziehungsweise Texten und wurde bereits im Mittelalter, zum Beispiel im Rahmen der Bibelexegese, verwendet[6]. Zu den bekanntesten Theoretikern der Hermeneutik[7] zählen: F. Schleiermacher, W. Dilthey, H.G. Gadamer, J. Habermas, M. Foucault[8] und U. Oevermann.

F. Schleiermacher (1768-1834) bezeichnete die (romantische) Hermeneutik als „die Kunst, die Rede eines anderen richtig zu verstehen"[9] und entwickelte eine Hermeneutik, die sich (traditionell) auf die Bibel, griechische und römische Texte der Antike bezog, weiter, indem er diese Bindung an Theologie

---

4   Vgl. B. Dewe/W. Ferchhoff: „Deutungsmuster", in: A. Schmieder (Hg.)/H. Kerber: „Handbuch Soziologie. Zur Theorie und Praxis sozialer Beziehungen", S.76-81, Hamburg 1984
5   Vgl. G. Sturm: „Wie forschen Frauen? Überlegungen betreffs der Entscheidung für qualitatives oder quantifizierendes Vorgehen", in: Methodengruppe der F.A.M.(Hg.): „Erfahrung mit Methode", Freiburg 1994
6   Vgl. B. Schmidt: „Hermeneutik", in: A. Schmieder (Hg.)/H. Kerber, a.a.O., S.214-218
7   M. Heideggers hermeneutische Phänomenologie wird in Kapitel 2 diskutiert.
8   Es ist sicherlich ein wenig verwegen Foucault als Hermeneutiker zu bezeichnen, doch verweisen insbesondere seine späten Schriften auf eine intensive Neubewertung der Relevanz des Subjektes; vgl. dazu: H.L. Dreyfus/P. Rabinow: „Michel Foucault. Jenseits von Strukturalismus und Hermeneutik", 2. Auflage, Weinheim 1994
9   Nach M. Frank: „Das Sagbare und das Unsagbare. Studien zur deutsch-französischen Hermeneutik und Texttheorie", S.121, Frankfurt 1990

und Textwissenschaften löste, beziehungsweise die Hermeneutik zu einer „allgemeinen Lehre vom Verstehen eines Textes, eines Menschen oder eines geschichtlichen Ereignisses"[10] erweiterte. Schleiermachers Ansatz setzt sich in den Arbeiten Diltheys fort.

W. Dilthey (1833-1911) wurde in seinen Berliner Jahren (Anfang der 50er Jahre des letzten Jahrhunderts) speziell von der Historischen Schule geprägt. Diese stand für folgende Forderungen: 1. Erkenntnis muß ihren Ausgangspunkt in der Erfahrung nehmen, 2. Möglichkeit der Quellenkritik, 3. welthistorische Perspektive, 4. Geistesleben betrachtet aus historischer Perspektive[11].

Was unterscheidet Dilthey von den Historisten? Er führt theoretische Überlegungen (wieder) in die Geisteswissenschaften ein, versucht im Relativen etwas Allgemeines zu finden und entwickelt eine Historiographie mit dem Hintergrund geschichtlicher Erklärungen. Dilthey verstand Philosophie als „Wissenschaft der Wissenschaften"[12] und widersprach den Neukantianern[13] darin, daß die naturwissenschaftliche Forschungspraxis das wissenschaftliche Grundmodell einer Erkenntnistheorie liefern kann; stattdessen betonte er die Selbständigkeit der Geisteswissenschaften. Aus einer idealistischen Position heraus argumentierte er, daß der „Mensch und sein Geistesleben (...) nicht auf die Natur zurückgeführt, sondern (...) aus ihrem geschichtlichen Dasein heraus interpretiert werden müssen."[14] Über diese Position begründete er die verschiedenen Begriffe und Methoden von Geistes- und Naturwissenschaften und widersprach dem kantischen Ausgangspunkt.

Kant suchte nach grundlegenden Begriffen für die Interpretation von Erfahrungen, also Kategorien, derer sich das Denken bedient. Er nahm an, daß die Kategorien nicht über die Erfahrungen *hinausgingen*, sondern daß sie den Erfahrungen *vorausgingen* und dadurch die Eigenart der Erfahrung bedingen. Diese Begriffe (die der Erfahrung vorausgehen) bezeichnete Kant als *transzendentale*. Die transzendentalen Voraussetzungen sind auf keine Erfahrung bezogen, das heißt, sie sind *a priori* gegeben. An dieser Stelle begann Diltheys Widerspruch, wonach er die Möglichkeit einer apriorischen Transzendentalphilosophie bestritt. Er argumentierte, daß die Kategorien über die Erfahrung gewonnen werden, wobei für ihn Erfahrung mehr war als Sinneserfahrung (im kantischen Sinn), „sondern (...) ein gemeinsamer Aus-

---

10 Vgl. P. Lübcke: „Hans-Georg Gadamer: Wahrheit und Methode", in: P. Lübcke (Hg.)/A. Hügli: „Philosophie im 20. Jahrhundert. Band 1: Phänomenologie, Hermeneutik, Existenzphilosophie und Kritische Theorie", S.200-213, Hamburg 1992
11 Vgl. P. Lübcke: „Wilhelm Dilthey: Geist und Natur", in: P. Lübcke (Hg.)/A. Hügli, a.a.O., S.53ff.
12 Vgl. O.P. Obermeier: „Wissenschaftstheorie", in: A. Schmieder (Hg.)/H. Kerber, a.a.O., S.664-675
13 Vgl. H. Holzhey: „Der Neukantianismus", in: P. Lübcke (Hg.)/A. Hügli, a.a.O., S.19-51
14 Vgl. P. Lübcke: „Wilhelm Dilthey: Geist und Natur", in: P. Lübcke (Hg.)/A. Hügli, a.a.O., S.54

druck dessen (...), was sich aus dem geschichtlichen Leben der Menschen ergibt."[15]

Dilthey entwickelte die Hermeneutik (weiter) über die Analyse der Differenz zwischen Geistes- und Naturwissenschaften. Den grundsätzlichen Unterschied sah er darin, daß Natur, das heißt Physisches/Äußeres, aufgrund von Sinneswahrnehmung erkannt wird, während der Geist von innen durch das eigene geistige Leben erfahren wird. Mit dieser Dichotomisierung von Natur und Geist bewegte sich Dilthey in der Tradition des deutschen Idealismus, welcher auf den Philosophen Descartes (1596-1650) zurückgeht.

Das Bindeglied zwischen Geist (Innenwelt) und Natur (Außenwelt) ist nach Dilthey der menschliche Körper, denn er ist a) ein Stück Natur (also physischer Teil der Außenwelt) und steht b) in einem Verhältnis zum geistigen Leben. Der Körper ist somit konstitutiv für unsere Wahrnehmung. Die Wahrnehmung der Realität anderer Menschen (fremdpsychisches Problem) löst Dilthey über das *Analogieargument*: die über das eigene Leben gewonnenen Erkenntnisse (und Objektivationen) werden auf ein Gegenüber „übertragen", wodurch dieses erkennbar gemacht wird. *Verstehen* entwickelt sich über den „Vorgang, durch den wir etwas Inneres auf der Grundlage eines in unserer Sinneswahrnehmung gegebenen äußeren Zeichens erkennen."[16]

Der Unterschied zwischen *Verstehen* und *Erklären* (Natur, als Fremdes, wird *erklärt*) besteht darin, daß *Verstehen* die Zugänglichkeit des zu verstehenden Gegenstandes in einen Lebenszusammenhang (*Geistesausdruck*) impliziert. *Verstehen* entsteht, über den *Analogieschluß* hinaus, durch das *Hineinversetzen*, die *Versenkung*, in einen Gegenstand, „wobei ein sogenanntes Nachbilden oder Nacherleben angestrebt wird."[17] Die Intensität des *Verstehens* zeigt sich im Grad der Einfühlung, respektive des Nachfühlens. Auf methodischer Ebene wird das Verstehen zur „Kunst der Auslegung": „Die Wissenschaft dieser Kunst ist die Hermeneutik."[18]

Dilthey verstand sich in der Tradition Schleiermachers, der seinen Ansatz aus theologischen, praktischen Ansätzen der Exegese entwickelte, mit dem Ziel der Entwicklung einer allgemeinen Theorie der Textauslegung. Schleiermacher betonte, daß die Hermeneutik nicht vom *Inhalt* interpretierter Texte her begriffen, sondern von der *Art und Weise des Zugangs* zu den Texten, verstanden werden muß. Er entwickelte einen psychologischen Zugang als Methode; für ihn ist ein Text Lebensausdruck und psychologisches Zeugnis[19].

Dilthey übernahm Schleiermachers Hermeneutikbegriff: „Die Hermeneutik sollte verstanden werden als eine allgemeine Lehre der Methoden, welche

---

15 A.a.O., S.55
16 A.a.O., S.58
17 A.a.O., S.59
18 Ebd.
19 Vgl. P. Lübcke: „Hans-Georg Gadamer: Wahrheit und Methode", a.a.O., S.201f.

man anwenden muß, um vom Werk eines Verfassers auf dessen Gedanken schließen zu können."[20] Hauptproblem der Hermeneutik ist der *hermeneutische Zirkel*, womit die Schwierigkeit des Verstehens gemeint ist, „daß es auf der einen Seite eine Kenntnis der betroffenen Ganzheit voraussetzt, auf der anderen Seite das Gesamtverständnis von unserem Wissen über das einzelne abhängig ist."[21/22]

Hermeneutiker entgegnen dieser Kritik, daß durch ständige Weiterungen des Wissens die Gefahr der Tautologie umgangen wird, und behaupten einen Wissenszuwachs durch Vertiefung und Versenkung als Korrekturprozeß. Über das intuitive Nacherleben hinaus soll die Hermeneutik, als höheres Verstehen, eine Art von Erklären einbeziehen (hermeneutische Explikation), wobei sie sich der gleichen (klassisch) logischen Operationen wie die Naturwissenschaften bedient: Induktion, Analyse, Konstruktion und Vergleichung[23].

Hans-Georg Gadamer stellt sein Denken in die Tradition Schleiermachers, Diltheys und des jungen Heidegger, doch entwickelt er neue Aspekte hermeneutischer Philosophie (im Rahmen der kritischen Auseinandersetzung mit seinen Vorgängern). Dabei wendet er sich insbesondere gegen die Psychologisierung von Text (als bloße Manifestation eines persönlichen Lebens) und behauptet, über die Ebene des Textes als Ausdrucksphänomen hinaus, ein Mehr an Bedeutung. Dieses Mehr sieht er im Wahrheitsanspruch eines Textes gegeben: „Der Text enthält stets ein Mehr, weil er beansprucht, etwas Wahres über den Gegenstand auszusagen (...) Das Gesagte verstehen bedeutet, daß wir die Bedeutung mit ihrem Wahrheitsanspruch verstehen (...) Die ursprüngliche Form des Verstehens ist das Einverständnis."[24]

Gadamer bestreitet den hermeneutischen Verstehensbegriff seiner Vorgänger (also: Rekonstruktion des Fremdpsychischen und Einleben in ein fremdes Bewußtsein) und betont stattdessen die Relevanz der *Meinung* der/des Interpret/in/en über eine Sache, weil es Meinung ist, die die Sache selbst und ihren Wahrheitsanspruch zu Wort kommen läßt. Die Grundlage für den Wahrheitsanspruch sieht Gadamer im *Vorverständnis* der/des Interpret/in/en und der Selektivität ihrer/seiner Lesarten. Vor diesem Hintergrund entwickelt er den Begriff des hermeneutischen Zirkels weiter: „Das Vorverständnis des Interpreten ist jetzt ein Teil des hermeneutischen Zirkels. Dieser ist das gegenseitige Bedingungsverhältnis zwischen dem, was der Text aussagt, und dem Sinnganzen, aus dem der Interpret den Text beurteilt und damit auslegt."[25]

---

20 Vgl. P. Lübcke: „Wilhelm Dilthey: Geist und Natur", a.a.O., S.60
21 Ebd.
22 Zur Kritik am hermeneutischen Zirkel; vgl. H. Schnädelbach: „Philosophie in Deutschland 1831-1933", S. 139ff., Frankfurt 1983 und ders.: „Vernunft und Geschichte", S.279-284, Frankfurt 1987
23 Zur Logik des Abduktionsschlusses verweise ich auf Abschnitt 1.
24 Vgl. P. Lübcke, a.a.O., S.202
25 A.a.O., S.204

Meinungen, die als Orientierungs- und Deutungsversuch der Sinnhaftigkeit und des Seins der Welt für deren Ordnung konstitutiv sind, werden nach Gadamer über die „Erfahrung des Seienden sprachlich bestimmt."[26] Er führt diese sprachontologische Fundierung seines (hermeneutischen) Denkens fort, indem er konstatiert: „Die Sprache ist das universale Medium, innerhalb dessen das Verstehen sich vollzieht."[27] Und: „Sein, das verstanden werden kann, ist Sprache."[28]

Der Welthorizont eines Menschen, ihr/sein erlebbarer Bedeutungshorizont, ist demnach (auch) sprachlich vermittelt[29]. Die Erschließung von Bedeutungshorizonten von Welt ist eine subjektive, denn sie gründet im Vorverständnis der/des Interpret/in/en und ihrer/seiner Offenheit für Fremdes. Hieraus ergibt sich (nach Gadamer), daß Interpretationen nie endgültig und abgeschlossen sind, sondern in immer neuen Lesarten Sinnhaftigkeit eruiert werden kann.

Daraus folgt (abschließend) zweierlei: 1. es gibt keinen Text „an sich", das heißt: Text ist gebunden an implizite (Bedeutungshorizonte im Text) und explizite (Bedeutungshorizonte der/des Interpret/in/en) Interpretationsmöglichkeiten, und 2. Text „ist" nur im Rahmen seiner Interpretationen.

Jürgen Habermas greift Gadamers Konzeption des dialogischen Verstehens auf. Er übernimmt die Grundbedeutung der Hermeneutik (das heißt sprachliches Verstehen als Übersetzen) und denkt diese weiter: „Wer eine sprachliche Äußerung versteht, ohne immer schon mit ihr vertraut gewesen zu sein, ist imstande, seinen eigenen sprachlichen Horizont zu überschreiten."[30] Sein Projekt einer kritischen Sozialwissenschaft entwickelt er vor dem Hintergrund einer Sprechakttheorie, auf der Grundlage der Klärung „kommunikativer Kompetenz"[31]. Sprache ist für Habermas darüber hinaus ein „Medium der sozialen Integration und Verständigung"[32]. Der traditionelle Hermeneutikbegriff (Diltheyscher Prägung) wird von ihm um eine weitere Ebene bereichert: während sich die traditionelle Hermeneutik um die Rekonstruktion *erinnerbarer* Lebenszusammenhänge bemüht, sucht die *Tiefenhermeneutik* nach *nicht erinnerbaren Lebenstexten*, die als wesentlich für das Gesamtverständnis eines Lebens gesehen werden[33].

---

26 Ebd.
27 Ebd.
28 Nach H.-H. Kögler: „Die Macht des Dialogs. Kritische Hermeneutik nach Gadamer, Foucault und Rorty", S.51, Stuttgart 1992. Einen weiteren guten Überblick liefern: I. Breuer (Hg.)/P. Leusch/D. Mersch: „Welten im Kopf. Profile der Gegenwartsphilosophie, Bd.1: Deutschland", Hamburg 1996
29 Auf die lebensweltliche Bedeutung der Sprache und des kommunikativen Handelns für ein Subjekt werde ich in den Kapitel 2 und 4 noch intensiv eingehen.
30 Vgl. G. Figal: „Jürgen Habermas", in: P. Lübcke (Hg.)/A. Hügli, a.a.O., S.373
31 Vgl. J. Habermas: „Theorie des kommunikativen Handelns", Frankfurt 1981
32 Vgl. M. Frank, a.a.O., S.575
33 Zur (dialogisch orientierten) Tiefenhermeneutik; vgl. A. Lorenzer: „Kultur-Analysen. Psychoanalytische Studien zur Kultur", Frankfurt 1981

Auch Michel Foucault muß vor dem Hintergrund Gadamerscher Sprachontologie gesehen werden, jedoch in deutlicher Abgrenzung zu Habermas. Interpretiert Habermas dialogisches Verstehen unter der Prämisse eines allgemeinen Konsenses, eines vorgängigen In-der-Wahrheit-seins[34], so diskutiert Foucault dialogisches Verstehen über das Konzept der Differenz, womit er die Vergegenwärtigung der eigenen Schranken und Grenzen des Verstehens anderer meint: „Verstehen wird ein sich wechselseitig vom Andern her kritisch hintergehender Prozeß – ohne die metaphysische Versicherung einer umgreifenden Wahrheit und ohne das ferne, aber gleichwohl gewisse Ziel eines letzten Konsenses."[35]

Foucaults kritischer Beitrag zur Weiterentwicklung der Hermeneutik zeigt sich in einer hermeneutisch-holistischen Konzeption machtbestimmter Sinnkonstitution. Die implizite Strukturierung des Verstehens und Vorverständnisses durch Macht entwickelte er in drei Schritten[36]: 1. das explizite sprachliche Verständnis hängt von impliziten Hintergrundannahmen ab (das heißt von impliziten Begriffsschemata, Denkgrenzen, symbolischen Vor-Rasterungen von Erfahrung), die einen begrenzten Denk,- Sprach- und Erfahrungsraum vorgeben, 2. die symbolische Vorerschließung hängt zusammen mit sozialen Praktiken, also Techniken oder Praktiken der Macht, 3. die individuelle Sinnperspektive der/s Interpret/in/en ist mitbestimmt von diesen Machtpraktiken beziehungsweise deren Kategorien. Foucault entfaltet eine „Theorie der Macht" über die Einführung und Definition der Begriffe *Diskurs* und *Epistem*, die ein Konzept symbolischer Ordnungen[37] erschließen.

Ein Dialog verkörpert (demnach) nicht mehr die Kommunikation einer Geschehens-Wahrheit, sondern die Begegnung oder Artikulation von Macht. *Episteme* sind zu verstehen als Ordnungen (Ordnungskategorien), die sich aus inneren Strukturen bilden und funktionieren als internalisierte Deutungsmuster und Machtpraktiken: „Die fundamentalen Codes einer Kultur, die ihre Sprache, ihre Wahrnehmungsschemata, ihren Austausch, ihre Techniken, ihre Werte, die Hierarchie ihrer Praktiken beherrschen, fixieren gleich zu Anfang für jeden Menschen die empirischen Ordnungen, mit denen er zu tun haben und in denen er sich wiederfinden wird."[38] *Diskurs* meint (einfach übersetzt) Rede. Foucault folgt in seinen, sich darauf beziehenden, Diskursanalysen[39] dem Prinzip der Immanenz; das heißt, eine Rede, ein Text wird in sich selbst nach ihren/seinen Formationsregeln untersucht, somit strukturalistisch und hermeneutisch analysiert.

---

34 Vgl. dazu K.-O. Apel: „Transformation der Philosophie", 2 Bde., Frankfurt 1976
35 Vgl. H.-H. Kögler, a.a.O., S.71
36 A.a.O., S.79
37 Vgl. M. Foucault: „Die Ordnung der Dinge. Eine Archäologie der Humanwissenschaften", Frankfurt 1969
38 A.a.O., S.22
39 Vgl. ders.: „Die Archäologie des Wissens", Frankfurt 1973; „Die Ordnung des Diskurses", Frankfurt 1977 und „Dispositive der Macht", Berlin 1978

In seinen konkreten historischen Arbeiten untersuchte er bislang unbekannte und unbenannte Themen: zum Beispiel den ärztlichen Blick[40], die Funktion der Bestrafung und des Gefängnisses[41], Ausschluß und Internierung von Individuen[42] und expliziert nach hermeneutischen Prinzipien die Geschichte der Disziplinierung des Menschen, indem er diese Geschichte aus der historischen Tradition der Zunahme gesellschaftlicher Macht und der Herausbildung eines staatlichen Machtmonopols interpretiert. Foucaults Diskursanalysen liegt die Annahme zugrunde, daß Kultur sich strukturiert wie Sprache. Diese Strukturen können beschrieben und in der (beziehungsweise über die) Anordnung ihrer Formen analysiert werden.

H. Bude[43] thematisiert in diesem Zusammenhang das Problem des „Sprachzentrismus" und verweist, gegen eine Reduktion auf das „Sagbare", auf phänomenologische Ansätze mit ihrem Ausgangspunkt im „Sichtbaren", einer auf Anschauung beruhenden Beschreibung der Dinge. Phänomenologische Prämisse ist die „Unvordenklichkeit körperlichen Weltbezugs", oder mit den Worten M. Merleau-Pontys: der „schwere Sinn" der Dinge. Daraus entstehen Fragen: Kann alles, was man sehen kann, gesagt werden? Und kann alles, was man sagen kann, gesehen werden? Besteht eine Umfangsungleichheit zwischen Sprechen und Sehen?[44] Foucaultsche Hermeneutik analysiert die „Nichthintergehbarkeit der Sprache" (H.G. Gadamer) im kritischen Rahmen der jeweiligen Verwiesenheit auf spezifische Diskursordnungen der SprecherInnen und erweitert so den Hermeneutikbegriff um (s)einen strukturalistischen Aspekt.

Ulrich Oevermann entwickelte das Verfahren der *objektiven Hermeneutik* im Rahmen eines 1968 durchgeführten Großforschungsprojekts „Elternhaus und Schule" als qualitative Methode der Sozialforschung (in Abgrenzung zu „konventionellen" quantitativen Methoden, die sich für den Rahmen seiner Untersuchung als insuffizient erwiesen hatten). Seine Kritik an den quantitativen Methoden gründet im amerikanischen Pragmatismus (z.B. Mead, Searles, Peirce) und nicht in der Tradition der deutschen philosophischen Hermeneutik. Dennoch (und das ist kein Widerspruch!) knüpft sein hermeneutischer Ansatz an die Thematisierung der Verstehensproblematik in Philosophie und Textwissenschaften an.

Die *objektive Hermeneutik* erhebt dabei den Anspruch *alle* Texte (Malerei, Musik, Architektur, gelesen als Text) interpretieren zu können. Oevermanns Hermeneutik unternimmt den Versuch: a) latente Sinnstrukturen so-

---

40   Ders.: „Die Geburt der Klinik. Eine Archäologie des ärztlichen Blicks", München 1973
41   Ders.: „Überwachen und Strafen. Die Geburt des Gefängnisses", Frankfurt 1976
42   Ders.: „Wahnsinn und Gesellschaft", Frankfurt 1973
43   Vgl. H. Bude: „Die Rekonstruktion kultureller Sinnsysteme", in: U. Flick (Hg. et al.): „Handbuch Qualitative Sozialforschung", S.108, München 1991
44   G. Deleuze diskutiert Foucault (auch) im Rahmen dieser Fragen neu: „Foucault", Frankfurt 1987

zialer Interaktion zu dechiffrieren und b) deutungs- und handlungsgenerierende Tiefenstrukturen zu rekonstruieren[45]. In seiner Konzeption der *sequentiellen Analyse* werden die generierenden (Tiefen)strukturen Zug um Zug aus den manifesten Äußerungen herausgelesen. Im Rückgriff auf strukturalistische Traditionen werden historisch gewachsene Muster alltagspraktischer Orientierungen vor dem Hintergrund einer Deutungsmusteranalyse interpretiert.

Mit der Rekonstruktion objektiver (und subjektiver) Handlungsgründe soll menschliches Handeln erklärt werden. Der Begriff der *objektiven* Hermeneutik entwickelte sich aus dem Konzept der *strukturalen* Hermeneutik; dabei ging es anfangs nicht um ein *objektives Verfahren*, sondern um die Rekonstruktion *objektiver Bedeutungsstrukturen* von Texten.

Von großer Bedeutung in der objektiven Hermeneutik ist Oevermanns *Strukturkonzept*: Strukturen sind weder Modelle, noch Rekonstruktionen, sondern „eine Realität sui generis; sie sind das Dritte zwischen Natur und Kultur (die Nähe zur Welt 3 Poppers wird von Oevermann ausdrücklich angesprochen)."[46] Struktur ist nach Oevermann mehr als eine Anzahl von Elementen und ihren Beziehungen zueinander (Zweidimensionalität), sondern vielmehr eine Ordnung entlang einer Zeitachse (Dreidimensionalität). Die objektive Hermeneutik versteht sich als *Kunstlehre*. Ihr Ziel ist es, Neues zu entdecken, nicht Bekanntes zu verallgemeinern. Dies gelingt mit Hilfe des Abduktionsschlusses (Peirce):

„Die Abduktion geht von der detaillierten Untersuchung der Merkmale eines Ereignisses aus und schließt dann mit Hilfe eines nur virtuell gültig gesetzten Regelwissens auf einen vorliegenden Fall. Der abduktive Schluß folgt aus *einer* bekannten Größe auf *zwei* unbekannte. Und genau deshalb besitzt er allein innovatorische Kraft."[47] Die objektive Hermeneutik betreibt Einzelfallanalysen. Die Gültigkeit ihrer Aussagen leitet sie aus der richtigen Anwendung der Kunstlehre ab.

KritikerInnen dieser Methode bemängeln das „nicht-methodische" Element in der Ausdeutungslehre, da diese nicht vollständig operationalisiert werden kann. Sie wird eher in einem „Meister-Schüler"-Verhältnis gelehrt. Die sich daraus ergebende Nichtdiskursivität mündet, bei den Kritikern, in der Monopolstellung der/s Interpret/in/en (sprich: Oevermann) und einer unterlassenen kritischen Reflexion des Verhältnisses von Beobachter/in und „Forschungsobjekt". Abgesehen von den methodischen Einwänden, wird die theoretische Implikation, daß die Welt vollständig zu vertexten sei, kritisiert[48].

---

45 Vgl. J. Reichertz: „Objektive Hermeneutik", in: U. Flick (Hg. et al.), a.a.O., S.223-228
46 A.a.O., S.224
47 A.a.O., S.226
48 Vgl. H. Bude: „Das Latente und das Manifeste. Aporien einer Hermeneutik des Verdachts", in: D. Garz (Hg.): „Die Welt als Text", S.114ff., Frankfurt 1994

Text transformiert sich über soziale Interaktionen immer in ein wissenschaftliches Kunstprodukt, also in Realität aus „zweiter Hand"[49].

F. Schütze entwickelte (parallel zur objektiven Hermeneutik) sozialphänomenologische Versuche und Arbeiten im Umfeld soziologischer Erzähl- und Biographieforschung und untersuchte den sprachvermittelten Zusammenhang von Erleben, Handeln und Ereignisverkettung aus lebensweltlicher und milieuspezifischer Perspektive[50]. Das von ihm entwickelte „narrative Interview"[51] impliziert eine sprachtheoretische Fundierung des Sozialen: über eine Eingangsfrage („erzählgenerierende Frage") soll sich eine frei entwickelte Stegreiferzählung aufbauen. Ein narratives Interview besteht aus drei Teilen[52]: a) dem Erzählteil, b) dem Nachfrageteil, c) dem Bilanzierungsteil.

Neuere Forschungsarbeiten kombinieren narrative Interviews und textanalytisch-rekonstruktive Auswertungsverfahren, um zu zeigen, wie komplexe soziale Geschehen in den Blick zu bekommen sind[53]. G. Rosenthal, die sich in ihren Arbeiten auf die objektive Hermeneutik U. Oevermanns und die erzähl- und textanalytischen Verfahren F. Schützes bezieht, versteht Biographieanalysen als Versuch, „eine strukturalistische Variante der phänomenologischen Wissenssoziologie methodisch umzusetzen."[54] Dabei zeigt sie anhand konkreter Beispiele, wie sich, von der Ebene der Globalanalyse bis in die Feinanalyse und Interpretation parasprachlicher Äußerungen, Sinnwelten, über die „Prinzipien der Offenheit und Kommunikation" (Hoffmann-Riem 1980), „aus sich selbst heraus", eruieren[55].

Fazit

Bevor ich nun die Reise durch Rausch, Raum und Zeit antrete, fasse ich in Kurzform meine theoretischen und methodologischen Überlegungen zusammen:

Ziele der angedeuteten Reise sind a) die Analyse historischer Traditionen und Deutungsmuster, b) die Dechiffrierung der zugrundeliegenden Struktu-

---

49 Eine ausführlichere Diskussion dieses Aspektes liefere ich in den Kapiteln 2 und 4.
50 Vgl. F. Schütze: „Kognitive Figuren des autobiographischen Stegreiferzählens", in: M. Kohli/G. Robert (Hg.): „Biographie und soziale Wirklichkeit", S. 78-117, Stuttgart 1984
51 Vgl. W. Fischer-Rosenthal: „Zum Konzept der subjektiven Aneignung von Gesellschaft", in: U. Flick (Hg. et al.), a.a.O., S.87f.
52 Vgl. H. Hermanns: „Narratives Interview", in: U. Flick (Hg. et al.), a.a.O., S.182ff.
53 Vgl. z.B. R. Breckner: „ Ich möchte einfach nur meine Ruhe, aber wenn's nicht mehr zu machen geht, dann kämpfe ich auch." - Eine Fallanalyse zum Zusammenhang von Sanierungsverlauf und Lebensgeschichte", in: „Jahrbuch Stadterneuerung '93", S.75-93, Berlin 1993
54 Vgl. G. Rosenthal (Hg.): „Als der Krieg kam, hatte ich mit Hitler nichts mehr zu tun. - Zur Gegenwärtigkeit des „Dritten Reiches" in Biographien", Opladen 1990
55 Vgl. dies.: „"...Wenn alles in Scherben fällt... Von Leben und Sinnwelt der Kriegsgeneration", Opladen 1987

ren und c) die Generierung allgemeiner Aussagen. Es geht somit um das Verstehen von Sinn, Zweck und Bedeutung historisch sich über einen langen Zeitraum erstreckender Entwicklungen; zum einen als Interpretationsfolie ihres geschichtlichen Eigensinns und zum anderen als Verstehensbasis für die Explikation aktueller Rauschräume.

Da diese „vergangenen" Zeiträume nicht mehr durch die unmittelbare Anschauung zu erschließen sind, gilt es, sie in Form hermeneutischer Textanalysen historisch zu rekonstruieren. Die Reise durch Rausch, Raum und Zeit ist somit auch eine Form des *Gedankenexperiments*. Hermeneutik eignet sich (methodologisch) für dieses Unterfangen, als „ein Handwerkszeug des Lesens"[56] und Reisens, um aus einer historisch ausgerichteten Perspektive, einen Blick auf die Wechselwirkungen von Subjekt, Rausch und Raum zu werfen.

Neben der Ebene der historischen Perspektive werde ich im weiteren Verlauf dieser Arbeit die Bedeutungen der a) strukturanalytischen und b) subjektzentrierten Perspektiven für die Explikation der Trias von Rausch, Subjekt und Raum weiterentwickeln[57].

Mit meinem ersten Ausflug in die Geschichte der Hermeneutik (1.1) konnte ich, über den Einbezug der Ebene einer theoriegeschichtlichen Verankerung hermeneutischer Ansätze, folgende theoretische Untersuchungsperspektiven entwickeln:

1. die historische Perspektive: mit ihr werde ich fortfahren und zeigen, wie sich die Strukturen von Rausch, Subjekt und Raum, vor dem Hintergrund der Dynamik ihrer Zeitlichkeit, dreidimensional entfalten (sprich: verräumlichen),
2. die strukturanalytische Perspektive: aus ihrer Sicht erfolgt die Analyse aktueller innerstädtischer Drogenmilieus in Kapitel 3,
3. die subjektzentrierte Perspektive: die, vor dem Hintergrund ihrer sprachontologischen Fundierung, in Kapitel 4 am Beispiel der erzählten Lebensgeschichte des Junkies „Martin" erprobt wird.

Die Komplexität, die durch die Vielfalt dieser möglichen Lesarten und eine abduktive Interpretationspraxis entsteht, erzeugt Weiterungen des Wissensbestandes, die den Rahmen bilden für die Offenbarung des Themas durch sich selbst.

---

56 Vgl. G. Böhme: „Weltweisheit - Lebensform - Wissenschaft. Eine Einführung in die Philosophie", S.259, Frankfurt 1994
57 Aus theoretischer Sicht: Kapitel 2, aus empirischer Sicht: Kapitel 3 und 4, zusammenfassend: Kapitel 5.

1.2 Theoretische Überlegungen zur Reise durch Rausch, Raum und Zeit

Anders als bei einer Fahrt per „Anhalter durch die Galaxis" (D. Adams), bedarf es bei meiner Reise mehr als eines Handtuchs[58]. Nachdem ich das hermeneutische Handwerkszeug meines Reisekoffers vorgestellt habe, folgt nun eine kurze Vorstellung der theoretischen Reisekoordinaten aus dem Logbuch:

1. Die Geschichte dieser Reise soll eine *kritische* sein: Damit wird der traditionellen Erzähltradition, die in einem affirmativen Verhältnis zur Geschichte steht, eine Absage erteilt. Denn anders als beim traditionellen, unreflektierten Erzählen, das seine inhärente Ideologie nicht offenlegt, will ich die Bruchstellen und Zäsuren, die zwischen einer vermeintlichen historischen Kontinuität lauern, sichtbar machen. Erzählung sichert Kontinuität; das ist gut so, denn damit ist historisches Verstehen gesichert und eine Übernahme von Verantwortung gefordert. Diese positiven Aspekte erzählter Geschichte sollten sie aber darüber hinaus stark genug machen, Kontinuität kritisch in Frage zu stellen. Kritisch in Frage stellen bedeutet nicht, in Abrede zu stellen oder Kontinuität zu leugnen. Vielmehr verstehe ich diese Kritik als Herausforderung, darüber nachzudenken, wie Historizität in Teilen simuliert und/ oder gesellschaftlich produziert wird[59]. Das heißt, es ist zu fragen, wer Geschichte herstellt und welche Formen der Macht sich im Schatten bewegen. Aus dieser Haltung ergeben sich dann auch wissenstheoretische Fragen über das Verhältnis zwischen einer historischen Rekonstruktion und der Dekonstruktion von Geschichte, über die im Verlauf der Arbeit noch mehrfach reflektiert werden soll[60].

2. Zum „Prozeß der Zivilisation" gehört die Geschichte der kollektiven und individuellen Disziplinierung von Menschen und deren Kontrolle über die natürliche Umwelt[61]. Die historische Rekonstruktion dieses Prozesses zeigt die Folgen der Entfaltung einer zunehmenden Rationalisierung von gesellschaftlichen Normen und individuellen Lebensentwürfen. Die Gebrüder Böhme sprechen vom „Wahnsinn der Vernunft"[62], als der Schattenseite des aufgeklärten Denkens. Schon Adorno und Horkheimer fanden für die „Dialektik der Vernunft" drastische Worte: „Furchtbares hat die Menschheit sich antun müssen, bis das Selbst, der identische, zweckgerichtete, männliche Charakter

---

58 Arthur Dent, D. Adams galaktischer Held, reist mit nichts anderem als seiner Frühstücksbekleidung (Bademantel) und einem Handtuch durch die Galaxien; vgl. z.B. die Comic-Version von J. Carnell/S. Leialoha: „Per Anhalter durch die Galaxis", Hamburg 1995
59 Vgl. N. Elias: „Über die Zeit. Arbeiten zur Wissenssoziologie II", 5. Auflage, Frankfurt 1994
60 Ausführlicher dazu: Kapitel 3.
61 Vgl. N. Elias: „Der Prozeß der Zivilisation", 2 Bde., Frankfurt 1976
62 Vgl. H. und G. Böhme: „Das Andere der Vernunft. Zur Entwicklung von Rationalitätsstrukturen am Beispiel Kants", Frankfurt 1985

des Menschen geschaffen war, und etwas davon wird noch in jeder Kindheit wiederholt. Die Anstrengung, das Ich zusammenzuhalten, haftet dem Ich auf allen Stufen an, und stets war die Lockung, es zu verlieren, mit der blinden Entschlossenheit zu seiner Erhaltung gepaart. Der narkotische Rausch, der für die Euphorie, in der das Selbst suspendiert ist, mit todähnlichem Schlaf büßen läßt, ist eine der ältesten gesellschaftlichen Veranstaltungen, die zwischen Selbsterhaltung und -vernichtung vermitteln, ein Versuch des Selbst, sich selber zu überleben. Die Angst das Selbst zu verlieren, und mit dem Selbst die Grenze zwischen sich und anderem Leben aufzuheben, die Scheu vor Tod und Destruktion, ist einem Glücksversprechen verschwistert, von dem in jedem Augenblick, die Zivilisation bedroht war. Ihr Weg war der von Gehorsam und Arbeit, über dem Erfüllung immerwährend bloß als Schein, als entmachtete Schönheit leuchtet."[63]

Instrumentelle Vernunftkritik rekurriert, wie das Zitat zeigt, nicht nur auf die disziplinarischen Strategien der gewaltsamen Zurichtung des Subjektes, sondern sie verweist darüber hinaus auf die „Glücksversprechen", die „Erfüllung", zum Beispiel durch den „narkotischen Rausch". Die Analyse dieses Kräftespiels zwischen gesellschaftlich vermittelten, normativen Praktiken und Werten versus das Ausleben sinnlicher Bedürfnisse, ist ein wesentlicher Teil der historischen Betrachtung der Trias von Rausch, Subjekt und Raum. Die Geschichte und das Verständnis dieses Wechselspiels kann nach meiner Auffassung nur expliziert werden über den Einbezug einer Reflexion der historisch sich verändernden Vernunftkonzeptionen und Vernunftkritiken[64], deren Geschichte in weiten Feldern den Verlauf der Geschichte von Rausch, Subjekt und Raum durchzieht. Und nun soll die Geschichte, sollen die verschiedenen Geschichten, endlich erzählt werden!

1.2.1 Mittelalter: „Dark Ages" oder „Verzauberte Welten"?

„Es ist ein Geschrei entstanden unter den Unverständigen, den Eingebildeten und erdichteten Ärzten, die sagen, daß meine Rezepte, die ich schreib, ein Gift und Extraktionen seien aller Bosheit und Giftigkeit der Natur. Auf solch Vorgeben und Ausschreien wäre meine erste Frage, ob sie wüßten, was Gift oder Nitgift sei? Oder ob im Gift kein Mysterium der Natura liege? Aber im selbigen Punkt sind sie unverständig und unwissend in den natürlichen Kräften. Denn was ist, was Gott erschaffen hat, das nit mit einer großen Gabe begnadet sei, dem Menschen zum Guten? Warum soll denn Gift verworfen und verachtet werden, da doch nicht das Gift, sondern die Natur gesucht wird."
Paracelsus

---

63 Vgl. M. Horkheimer/T.W. Adorno: „Dialektik der Aufklärung. Philosophische Fragmente", S.40, Frankfurt 1988
64 Weitere Formen von Vernunftkritik diskutiere ich in den folgenden Kapiteln 2, 3 und 4.

Räume

„Als die Welt noch ein halbes Jahrtausend jünger war, hatten alle Geschehnisse im Leben der Menschen viel schärfer umrissene Formen als heute. Zwischen Leid und Freude, zwischen Unheil und Glück schien der Abstand größer als für uns; alles, was man erlebte, hatte noch jenen Grad von Unmittelbarkeit und Ausschließlichkeit, den die Freude und das Leid im Gemüt der Kinder heute noch besitzen."[65] Das Leben der Menschen im Mittelalter scheint noch von einem hohen Maß an Emotionalität und Spontanität geprägt zu sein. Entgegen christlichen Glaubensvorstellungen (inclusive ihrer Philosophie des Jenseits), leben die meisten Menschen in der für sie sinnlich unmittelbar erfahrbaren Zeit der Gegenwart. Auch die psychische Struktur des einzelnen ist noch nicht sehr ausdifferenziert. Es existieren keine mittelalterlichen Texte, die vor dem 11. Jahrhundert vom Verhalten des Einzelmenschen zu sich selbst sprechen. Die frühmittelalterlichen Personenverbände achteten mehr auf Beziehungen zwischen Menschen, als auf die Eigenart des einzelnen[66]. „Nicht der Teil, sondern das Ganze, nicht die Individualität, sondern die Universitas tritt in den Vordergrund. ′Individuum est ineffabile′, ′das Individuelle ist nicht ausdrückbar′ - dieses Bekenntnis der mittelalterlichen Philosophen zeigt die allgemeine Einstellung der Epoche zur Demonstration in erster Linie des Typischen, Allgemeinen und Überindividuellen."[67]

Mit diesen nur schwach ausgeprägten Vorstellungen darüber, was den einzelnen Menschen ausmacht, korrelieren die Bilder des mittelalterlichen Raumes: So wie das Individuum, beziehungsweise das Individuelle am Menschen, noch nicht benannt werden kann, so findet sich auch noch keine Aufteilung von Räumen nach bestimmten Nutzungen. Es herrscht noch die Ökonomie des Ganzen Hauses, das heißt Mehrfachnutzung der Räume, gemeinsames Wohnen und Wirtschaften.

Nutzungszuweisungen unterschieden nach privaten und öffentlichen Räumen, so wie wir es gewohnt sind, waren noch nicht bekannt[68]. Die ideologisch besetzte Dichotomisierung von Räumen in private und öffentliche ist ein historisches Konstrukt, das erst mit der Verbürgerlichung der Lebensweisen stattfand. Im Mittelalter wurden Räume danach charakterisiert, ob die in ihnen ausgeführten Handlungen „heimlich" (im Sinne von nicht sichtbar) oder „sichtbar" waren[69]. Durch die Abwesenheit dieser Gegensatzpaare war es den

---

65 Vgl. J. Huizinga: „Herbst des Mittelalters", S.1, Stuttgart 1961
66 Vgl. A. Borst: „Lebensformen im Mittelalter", S.252f., Frankfurt 1992
67 Vgl. A.J. Gurjewitsch: „Das Weltbild des mittelalterlichen Menschen", S.346, München 1980
68 Zur Geschichte von „Öffentlichkeit" und „Privatheit"; vgl. R. Sennett: „Civitas. Die Großstadt und die Kultur des Unterschieds", Frankfurt 1994 und ders.: „Fleisch und Stein. Der Körper und die Stadt in der westlichen Zivilisation", Berlin 1995
69 Vgl. K. Hausen: „Öffentlichkeit und Privatheit - Gesellschaftspolitische Konstruktionen und die Geschichte der Geschlechterbeziehungen", in: H. Wunder (Hg.)/K. Hausen: „Frauengeschichte - Geschlechtergeschichte", S.81ff., Frankfurt 1992

Menschen noch möglich ihre Umwelt extremer und gleichzeitig ungebrochener zu erleben: „Das Leben zu jener Zeit hatte offenbar noch schneidendere Kontraste: hellere Glanzlichter und tiefere Schlagschatten, frischere und sattere Komplementärfarben, während unser Dasein dafür wieder perspektivischer, reicher an Halbtönen, gebrochener und nuancierter verläuft."[70] Dadurch, daß der einzelne Mensch erst ansatzweise individuiert war, unterlag er auch weniger Verhaltenseinschränkungen und -kontrollen. Sein Leben war deshalb noch sinnlicher und lustbetonter[71], auch in seinem Verhältnis zum Rausch. Die Semantik des Begriffes *Rausch* erklärt das Substantiv rückgebildet aus dem mittelhochdeutschen Verb *ruschen*, „das Wort malt lautnachahmend eine stürmische Bewegung, anscheinend vor allem die physische Bewegung von Lebewesen und Dingen. Diese Bedeutung von „Rauschen, rauschende Bewegung, Ansturm" ist im mittelhochdeutschen *rusch* noch enthalten."[72] Auch das englische Verb *rush* leitet sich aus diesen Zusammenhängen ab.

Die Menschen scheinen also *rauschender* zu trinken, vor allem aber ungezwungener und lustbetonter, zumal das Trinken noch nicht sanktioniert war. War das Mittelalter nun wirklich so finster, wie viele seiner neuzeitlichen Nachkommen behaupteten und empfanden? „Das Mittelalter war nicht finster, das Mittelalter war hell! Mit einer ganzen Milchstraße, die der Rationalismus in Atome aufgelöst hat, können wir nicht das geringste anfangen, aber mit einem pausbackigen Engel und einem bockfüßigen Teufel, an den wir von Herzen glauben, können wir sehr viel anfangen! Kurz: das Leben hatte damals viel mehr als heute den Charakter eines Gemäldes, eines Figurentheaters, eines Märchenspiels, eines Bühnenmysteriums, so wie noch jetzt unser Leben in der Kindheit. Es war daher sinnfälliger und einprägsamer, aufregender und interessanter, und in gewissem Sinne realer."[73]

Weiterführend soll nun dargestellt werden, wie sich der Rausch, zum Beispiel über den Konsum von Alkohol, im täglichen Leben der Menschen darstellte. Welche Formen er annahm und wie er gesellschaftliche Räume prägte.

Bier und Wein als Teil der Alltagskultur

Vor der Einführung der Kartoffel (als Nahrungsmittel der Neuzeit) galten Bier und Wein, so wie Brot und Brei, als alltägliche Nahrungsmittel; sie waren

---

70 Vgl. E. Friedell: „Kulturgeschichte der Neuzeit", S.83, München 1989
71 Vgl. V. Fumagalli: „Wenn der Himmel sich verdunkelt. Lebensgefühl im Mittelalter", S.53ff., Berlin 1988
72 Vgl. A. Legnaro: „Ansätze zu einer Soziologie des Rausches - Zur Sozialgeschichte von Rausch und Ekstase in Europa", in: G. Völger (Hg. et al.): „Rausch und Realität", Bd.1, S.87, Köln 1981
73 Vgl. E. Friedell, a.a.O., S.84

Nahrungs- und Genußmittel in einem. Mittelalterliche Gemälde belegen den Konsum von Biersuppe, einem beliebten Frühstück. Noch in der Zeit des 17. Jahrhunderts, als die warmen Getränke längst eingeführt waren, war der Bierkonsum allgegenwärtige Gewohnheit. So schreibt Liselotte von der Pfalz: „Tee kommt mir vor wie Heu und Mist, Kaffee wie Ruß und Feigbohnen, und Schokolade ist mir zu süß, kann also keines leiden, Schokolade tut mir weh im Magen. Was ich aber wohl essen möchte, wäre eine gute Kalteschale oder eine gute Biersuppe, das tut mir nicht weh im Magen."[74]

Fälle schwerer Trunkenheit kamen gelegentlich (und meistens kollektiv), nicht aber chronisch vor. Dies liegt vor allem daran, daß 1. die Produktion von Alkohol noch relativ beschränkt war, denn es wurde in erster Linie in den Hauswirtschaften produziert: „Das Bierbrauen gehört in dieser Zeit (...) noch zur Hauswirtschaft wie das Brotbacken und das Schlachten. Es liegt in der Obhut der Hausfrau."[75] und 2. regionale und lokale Beschränkungen den Konsum begrenzten. Als wesentlicher Aspekt von Alltagskultur stand Alkohol allen gesellschaftlichen Schichten zur Verfügung und wurde auch von allen getrunken, unterschied sich jedoch in Menge und Qualität. Trunkenheit war ein Phänomen, das sich in erster Linie auf die wohlhabenderen Stände bezog, die sich den Rausch leisten konnten[76].

Der Konsum von Alkohol wurde im wesentlichen von zwei Komponenten gesteuert: 1. der Nahrungsfunktion im Alltag und 2. der Ritualform, zum Beispiel bei Hochzeiten, Kirchweihen, Taufen und Begräbnissen. Als Beispiel sei die Stadt Paris erwähnt, die bis ins Jahr 1660 jährlich 103 Festtage begeht[77], was auf einen vergleichsweise hohen Alkoholverbrauch schließen läßt.

Versuche von kirchlichen oder weltlichen Autoritäten, das Trinkverhalten der Bevölkerung einzudämmen, erfolgten nur selten: „Im 10. Jahrhundert bemühte König Edgar von England sich erfolglos darum, den Alkoholkonsum zu mäßigen, indem er bestimmte, daß an den Innenseiten der Trinkgefäße in regelmäßigen Abständen Markierungen *(pegs)* anzubringen wären und ein Trinker bei einem Zug die jeweils nächste Markierung nicht überschreiten dürfte. Das Dekret brachte lediglich einen neuen Wettbewerb hervor, das sogenannte *peg drinking*."[78]

Berthold von Regensburg spricht in seiner mittelhochdeutschen Predigt „*Über fünf schädliche Sünden*" auch über das Essen und Trinken: „Nun überlegt, ob es für euren Leib etwas Besseres und Lieberes gibt als Gesundheit

---

74 Vgl. W. Schivelbusch: „Das Paradies, der Geschmack, die Vernunft. Eine Geschichte der Genußmittel", S.38, Frankfurt 1988
75 A.a.O., S.32
76 Vgl. A. Borst, a.a.O., S.187
77 Vgl. W. Schivelbusch, a.a.O., S.32
78 Vgl. G. Austin: „Die Revolution im europäischen Drogengebrauch des 16. Jahrhunderts", in: G. Völger (Hg. et al.), a.a.O., S.64-72

und ein langes Leben. Wer von den Anwesenden gesund bleiben und lang leben möchte, der hüte sich vor zwei Sünden. Die eine heißt Unmäßigkeit im Essen und Trinken, die andere Unmäßigkeit des Fleisches mit unkeuschen Sachen (...) Früher einmal waren die Frauen sehr gut erzogen und maßvoll im Essen und Trinken. Aber jetzt ist's vorbei und sogar zur Gewohnheit geworden: Während der Mann das Schwert vertrinkt, hat sie Ring und Kopftuch vertrunken."[79]

Neben der gesellschaftlich/kommunikativen Bedeutung des Alkohols war seine medizinische Verwendung von Bedeutung: mittelalterliche Ärzte beschreiben eine „Fülle von Indikationen, die von der Bekämpfung von Darmwürmern bis zur Verhinderung von Seekrankheit reichen."[80] Durch Destillation wurde Branntwein erzeugt, das sogenannte *aqua vitae*, dessen heilende Wirkung in Branntweintraktaten beschrieben wird: „Swer hat gebrenneten win, der ist gut fur alle die siechtage die de mensche angant innewendig imme libe unde uzzewendik."[81]

Der Konsum von Alkohol galt als selbstverständlich und alltäglich, zumal seine Nahrungsfunktion noch sehr hoch war. Deshalb wurde der Gebrauch von Alkohol auch nicht sanktioniert. Auch Trunkenheit galt noch nicht als Verbrechen. Als Gegenbeispiel der Gesetzgebung kann lediglich auf ein Dekret des Erzbischofs Theodor von Canterbury aus dem 7. Jahrhundert verwiesen werden, „wonach ein christlicher Laie, der unmäßig trank, fünfzehn Tage lang Buße tun mußte."[82]

Neben der Funktion des Alkohols (als Geselligkeitsfaktor), war es seine medizinische Funktion, die ihm im Mittelalter seine Bedeutung verlieh[83]. Parallel dazu wurde ein umfangreiches botanisches Wissen kultiviert, über das nun weiterführend berichtet wird.

Kräutergärten im Mittelalter

Die mittelalterliche Gartenbaukultur nimmt ihren Anfang in der Landwirtschaft und Gartenkultur der Antike. Benediktinische Mönche, aus Italien kommend, hatten dort die Gartenbaukultur und Landwirtschaft kennengelernt. Im St. Galler Klosterplan von 820 wird zum ersten Mal ein Klostergarten erwähnt. Dabei wurde bei der Planung der Anlage eine Differenzierung in 1. den Nutzgarten und 2. den Obst- und Kräutergarten vorgenommen. Der Kräutergarten befindet sich in der Anlage neben dem Ärztehaus und dem Infirma-

---

79 Vgl. A. Borst, a.a.O., S.183
80 Vgl. A. Legnaro, a.a.O., S.88
81 Ebd.
82 Vgl. G. Austin, a.a.O., S.65
83 Einen guten Überblick über medizinisches Wissen im Mittelalter gibt H. Schipperges: „5000 Jahre Chirurgie. Magie - Handwerk - Wissenschaft", S. 33ff., Stuttgart 1967

rium (Krankenpflegestation) und besteht aus 16 Beeten, mit jeweils benannten Heilkräutern, z.B. Rosmarin, Liebstöckel, Fenchel, Bohnenkraut, etc.[84].

In einer Beschreibung der bekannten Zisterzienserabtei Clairvaux vom Beginn des 12. Jahrhunderts wird auch der Garten ausführlich erwähnt: „Hinter der Abtei findet sich ein ebenes und weites Land, das zum großen Teil von der Mauer umfaßt wird, deren weiter Umkreis den Umfang der Abtei kennzeichnet. Dort befinden sich, vereint in der Einfriedung der Abtei, zahlreiche und verschiedenartige Bäume, die reich an Früchten verschiedener Sorten sind: dies ist ein Obstgarten, der einem Hain vergleichbar ist. Neben der Krankenabteilung gewährt er den kranken Brüdern eine große Erleichterung; wenn sie sich ein wenig Bewegung verschaffen wollen, so finden sie dort einen ausgedehnten Spazierweg, und wenn sie müde sind, einen lieblichen Ort der Erholung. Es sitzt der Kranke auf grünem Rasen unter dem Laub der Bäume, und zum Trost duftet seiner Nase der Kräutergarten entgegen."[85]

Die Bauern, die in Nachbarschaft zu einem Kloster lebten, profitierten von der Natur- und Heilkunde der Mönche und Nonnen: Pflänzlinge und Pflanzensamen von Heilkräutern wurden ihnen im Tausch überlassen, so daß nicht wenige Bauerngärten Nachbildungen von Klostergärten darstellten. Auch in der Stadt des frühen Mittelalters finden sich zahlreiche Hausgärten[86], in denen auch Heilpflanzen und Kräuter, die Grundlage der damaligen Volksmedizin, wuchsen.

Alkohol: Orte der Herstellung und des Konsums

Alkohol hatte im Mittelalter neben seiner Geselligkeits- und Ritualfunktion den Stellenwert eines Nahrungsmittels. Seine Herstellung fand in den einzelnen Hauswirtschaften statt und wurde überwiegend von Frauen geleistet, was im Übrigen beweist, daß Frauen weder von der Produktion noch vom Konsum ausgeschlossen waren. Überschüsse, aus der Herstellung für den Eigenverbrauch, wurden gegen Bezahlung abgegeben. Zu diesem Zweck hängte man Zweige, Reisigbündel und Besen an die Türen der Häuser, um diese als Verkaufspunkte hervorzuheben[87]. Auch in den Klöstern wurde Bier gebraut, dessen Verkauf den Nonnen und Mönchen zur Finanzierung ihrer Klöster diente. Bilder der Genremalerei zeigen häufig biertrinkende Mönche, die durch Alkoholkonsum geschickt die Fastengebote umgingen. Klosterbrauereien genossen steuerliche Vergünstigungen und entwickelten sich zu großen, lukrati-

---

84 Vgl. I. Müller: „Kräutergärten im Mittelalter", in: G. Völger (Hg. et al.), a.a.O., S.374-379
85 „Descriptiones", nach: I. Müller, a.a.O., S.377
86 Vgl. G. Geiger: „Frauen - Körper - Bauten. Weibliche Wahrnehmung des Raums am Beispiel der Stadt", S.65, München 1986
87 Dieser alte Brauch wird auch heute noch praktiziert, z.B. in der Straußwirtschaft am Rhein, in der württembergischen Besenwirtschaft oder beim österreichischen Heurigen.

ven Betrieben. Ein Grund für viele Landesfürsten, den öffentlichen Verkauf von Klosterbier zu verbieten[88].

Alkohol konnte in der mittelalterlichen Stadt in zahlreichen Wirtschaften, Kneipen und ale houses getrunken werden. Herrschte im frühen Mittelalter noch die reine Gastfreundschaft vor, so wurde diese im Lauf der Zeit durch die Einrichtung einer ständisch-korporativen Zwischenform von Gastfreundschaft und Gastgewerbe kommerzialisiert. Zu diesen Zwischenformen zählten die Kaufmannshöfe der großen Handels- und Messestädte und die Trinkstuben. Es gab unterschiedliche Trinkstuben für die verschiedenen Stände, „das städtische Patriziat und die einzelnen Zünfte treffen sich in ihren Trinkstuben zu bestimmten Anlässen (...) sowie zu Beratungen über die Geschicke der eigenen Gruppe und der Stadt."[89] Neben den Trinkstuben existierten die Gasthöfe, in denen der Besucher übernachten, essen und trinken konnte. Alle drei Dienstleistungen (Beherbergung, Beköstigung und Getränkeausschank) fanden unter einem Dach statt. Es gab aber auch die Möglichkeit nur eine Dienstleistung in Anspruch zu nehmen, in der Herberge zu schlafen, in der Garküche zu essen und in der Schenke oder Taverne zu trinken.

Alle diese Einrichtungen waren ursprünglich kaum von einem privaten Haushalt zu unterscheiden. Häufig begann ein Gasthof als privater Haushalt, der lediglich seine Überschüsse anbot. Als besonders interessantes Konsumsetting sei die Kirche des englischen Mittelalters erwähnt: „Im England des Mittelalters zählt das *church ale* zu den regelmäßigen Gelegenheiten, bei denen auf konviviale Weise gemeinsam Alkohol getrunken wird (...) Gemeinsame Betrunkenheit hat einen geradezu sakralen Charakter, ist ein rauschhaftes Erlebnis von Gemeinschaft. Noch deutlicher wird das an den fünfmal jährlich abgehaltenen *glutton masses*, den Schlemmermessen: des Morgens versammelt sich die Gemeinde in der Kirche, bringt Essen und Trinken mit, hört die Messe an und feiert anschließend ein Fest, das offensichtlich in der völligen Betrunkenheit aller Beteiligten (auch der Priester) endet. Zwischen den Angehörigen verschiedener Gemeinden gibt es dabei regelrechte Wettbewerbe, wer zu Ehren der Heiligen Jungfrau am meisten Fleisch vertilgen und am meisten Alkohol trinken kann."[90]

Mittelalterliches Trinken ist noch ausgesprochen lustbetont und sinnlich, auch der Aufenthalt an Orten des Trinkvergnügens geschieht noch vorurteilsfrei und ohne Sanktionen: „*Meum est propositum / in taberna mori* (Mein Begehr und Wille ist: in der Kneipe sterben)."[91] So oder ähnlich wird in den Liedern aus den Carmina Burana gesungen, dem Auftakt zu einer ausgepräg-

---

88 Vgl. I. Vogt: „Alkoholkonsum, Industrialisierung und Klassenkonflikte", in: G. Völger (Hg.), a.a.O., S.116
89 Vgl. W. Schivelbusch, a.a.O., S.201
90 Vgl. A. Legnaro, a.a.O., S.88
91 A.a.O., S.89

ten Zecher- und Schlemmerliteratur, die von der Mitte des 13. Jahrhunderts an beginnt und eine Gegenkonzeption zu den Themen der höfischen Minnedichtung (zum Beispiel eines Walther von der Vogelweide) bildet.

Arzneidrogen: Herstellung und Konsum

Um sich von der Einfuhr teurer, ausländischer Erzeugnisse unabhängig zu machen, wurden schon sehr früh in den mittelalterlichen Klosteranlagen Heil- und Kräutergärten angelegt. Aus den dort geernteten Pflanzen wurden verschiedenste Heilprodukte gewonnen. Zwischen den einzelnen Klöstern herrschte ein reger Austausch an Pflanzen und Sämereien. Mönche, die auf Wanderungen neue Pflanzen und Kräuter entdeckten, brachten sie mit in ihr Kloster, wo sie die Pflanzen züchteten. Von hier verbreitete sich neues Pflanz- und Saatgut auch bei den BewohnerInnen der umliegenden Gemeinden, so daß in der Weitergabe der Heilpflanzen ein wesentlicher Beitrag zur Verbreitung der Volksmedizin gesehen werden kann.

Die gesammelten Pflanzen wurden im „armarium pigmentorum" aufbewahrt und weiterverarbeitet. „Das lateinische Wort *armarium* in der Bedeutung von „Gestell, Regal, Schrank" zur Aufbewahrung wertvoller Dinge dürfte eine direkte Übersetzung des griechischen Wortes *apotheke* sein, das ebenfalls ganz allgemein eine „Niederlage", ein „Magazin" oder einen „Lagerraum" bezeichnete (...) Der Zusatz *pigmentorum* indes charakterisiert den Aufbewahrungsort bereits deutlich als Drogen- und Gewürzkammer."[92]. Der Beschreibung zufolge können diese Aufbewahrungsorte für Arzneien und Drogen als Kloster- und Spitalapotheken betrachtet werden. Eine ähnliche Form der Apotheke existierte etwa seit dem 13. Jahrhundert auch in der mittelalterlichen Stadt. In diesen Apotheken wurden die durch Handel erworbenen Kräuter und medizinischen Drogen verarbeitet und zum Verkauf feilgeboten.

Viele südfranzösische und venezianische Provinzen sind speziell am Handel mit Theriak, einem opiumhaltigen Schmerzmittel, beteiligt: „Exportiert wird Wein, wie gesagt ein Hauptexportartikel von Marseille, aber auch Kastanien, Bohnen, Schmer, Safran, Kupfer, Edelmetall, Korallen, Textilien, Levantewaren, Drogen."[93] Auch deutsche Städte sind am Handel und der Herstellung beteiligt:

„Zusammen mit Venedig galt Nürnberg als führend in der Herstellung eines der angesehensten Allheilmittel des Mittelalters, des opiumhaltigen Theriak. Der für die Stadt bedeutende Handelsartikel wurde bis 1754 unter großem Aufwand und Anteilnahme der Öffentlichkeit auf dem Marktplatz zubereitet."[94] Es ist anzunehmen, daß die Herstellung von Arzneidrogen al-

---

92 Vgl. W. Schneider: „Mittelalterliche Arzneidrogen und Paracelsus", in: G. Völger (Hg.), a.a.O., S.368
93 Vgl. E. Ennen: „Die europäische Stadt des Mittelalters", S.170, Göttingen 1979
94 Vgl. R. Schmitz: „Opium als Heilmittel", in: G. Völger (Hg.), a.a.O., S.383

lein zur medizinischen Behandlung geschah. Selbst Arzneidrogen wie Theriak und Laudanum[95] wurden in aller Öffentlichkeit hergestellt und gehandelt, was belegt, daß Drogen 1. als Arzneimittel und 2. als Handelsgut gesehen wurden.

Mittelalterliche Arzneidrogen wurden in zwei Hauptformen verwendet: 1. als Pflanzendrogen (Stiel, Blüte, Samen, Wurzeln, auch verschiedene Pflanzenprodukte, zum Beispiel Harze), der Name „Droge" weist bereits im wesentlichen auf die Konsistenz (drög = trocken) hin, und 2. als Tier- und Mineraldrogen (zum Beispiel Borax, Salmiak, Pottasche, Schwefel, etc.). Das Wissen um Arzneidrogen basierte im wesentlichen auf antiken und arabisch-islamischen Quellen. Arzneidrogen kamen meist in Kombinationen zur Anwendung. Gegen Ende des 15. Jahrhunderts existierten bereits erste pharmazeutische Vorschriftenbücher, die genaue Anweisungen über die Zusammensetzung von Rezepten liefern können. Die oben genannten Arzneidrogen wurden zur Pflege und Behandlung der Kranken vielfältig eingesetzt (Blutstillung, Schmerzbekämpfung, Bruchleiden, Knochenbrüche, Vergiftungen, psychische Leiden, medizinische Nachsorge).

Bei der Verwendung von Opium wurde schon sehr früh neben den Vorzügen der Arznei auch vor den möglichen Schäden gewarnt: „/Man soll aber auch wissen, daß der größte Teil von ihnen dem Geist schadet und daß diese Mittel eine Schwere des Kopfes hervorrufen und etwas, das der Betrunkenheit ähnlich ist, weil diese Drogen den Kopf mit vielen schlechten Dämpfen erfüllen, weshalb alle dem Gehirn schaden./ Immer wieder wird vor Medikamenten gewarnt, in denen Opium enthalten ist; Formen einer Sucht sucht man im Mittelalter vergebens."[96] Bleibt anzumerken: (mögliche) Sucht wurde als solche nicht beschrieben, beziehungsweise nicht erkannt, was nicht bedeuten muß, daß es sie nicht gab[97].

Die Verwendung von Wein (zur medizinischen Behandlung) wird an vielen Stellen empfohlen: „In Hildegards (gemeint ist Hildegard von Bingen, Äbtissin eines Benediktinerinnenklosters, S.T.) „Heilkunde" vor allem ist es immer wieder der Wein (zur Beachtung: die Verbindung von *Bingen* und *Wein*, S.T.), der gepriesen wird als das Blut der Erde, „und er ist in der Erde wie im Menschen". Dem Blute gleich wirkt im Organismus der Wein „wie ein geschwind sich drehendes Rad". Der Wein ist gleichsam der Motor im Säftekreislauf. Das alles bewirkt er, der Wein, „der neue Saft der Erde, ein Saft, in

---

95 Laudanum kann mit dem heutigen Morphium verglichen werden.
96 Vgl. H. Schipperges: „Der Garten der Gesundheit. Medizin im Mittelalter", S.119, München 1990
97 Die Bedeutung des Rausches lag zu dieser Zeit möglicherweise mehr in seinen erotisch-sinnlichen und entspannenden Qualitäten. In den Erzählungen aus 1001 Nacht gibt es zum Beispiel Haschischesser, die als Witzfigur dienen. Zur Bedeutung des Zusammenhangs von Eros, Ekstase und der (drogeninduzierten) Rolle des Rausches; vgl. R. Gelpke: „Vom Rausch im Orient und Okzident", Frankfurt 1982

dem Tod und Leben ist."[98] Analog zu Liturgie und Ritualen des christlichen Abendmahls wird hier der Wein als Mittel der Krankenbehandlung gebraucht[99].
An der „Medikalisierung" (M. Foucault) der Bevölkerung waren neben den ÄrztInnen und ApothekerInnen auch andere, nichtakademische Heilkundige[100] beteiligt, zum Beispiel HeilgehilfInnen und Hebammen, die später vielfach als „fahrende Leute" diskriminiert wurden[101]. Die Diskriminierung einzelner gesellschaftlicher Gruppen ist allerdings auch dem Mittelalter nicht fremd. Über sie will ich nun berichten, um zu zeigen, wer von den kollektiven Räuschen ausgeschlossen war.

AußenseiterInnen in der mittelalterlichen Stadt

Alkohol und Arzneidrogen waren auch im Mittelalter nur relativ frei verfügbare Güter, denn ihr gesellschaftlicher und kollektiver Gebrauch bezog sich gewöhnlich auf Menschen, die fraglos in das mittelalterliche Gemeinwesen integriert waren. Personengruppen, die von der mittelalterlichen Gemeinschaft ausgeschlossen waren, konnten auch nicht an deren gesellschaftlichen Ritualen teilnehmen. Von diesen Gruppen soll nun die Rede sein, damit die bisherige Darstellung der mittelalterlichen Gesellschaft nicht dem Mythos einer naiven, „heilen Welt" verfällt.

Dem Mittelalter waren AußenseiterInnen, so wie sie heutzutage definiert werden, nicht bekannt, denn es war in sich relativ starr und von sozial- und berufsständischen Ordovorstellungen geprägt. Diese Vorstellungen lieferten Aspekte, durch die die Ausgrenzung einzelner Bevölkerungsgruppen möglich war. Folgende Aspekte konnten zu einer Ausgrenzung aus dem mittelalterlichen Gemeinwesen führen: 1. Abstammung (uneheliche Herkunft, Jüdin/Jude), 2. Beruf („verfemte" Berufsgruppen: Henker, Schinder, Abdecker, etc.), 3. Nichtseßhaftigkeit (obdachlose, fremde BettlerInnen, die den StadtbewohnerInnen zudem nicht bekannt waren, wurden häufig der Stadt verwiesen), 4. Krankheit (ansteckend Kranke, vor allem Leprakranke, mußten sich außerhalb der Stadtmauern aufhalten), 5. abweichendes Verhalten (Geisteskranke wurden häufig der Stadt verwiesen, oder in den Narrenturm gesperrt; Homosexualität wurde streng sanktioniert).

Brachen etwa Katastrophen, also Kriege, Pest oder Hungerepidemien über eine Stadt herein, wurden häufig die städtischen AußenseiterInnen (meistens die jüdische Bevölkerung) dafür verantwortlich gemacht. Welche städtischen Gruppen zählten nun zu den bekanntesten AußenseiterInnengruppen? 1. BettlerInnen, 2. Aussätzige, 3. Geisteskranke, 4. BaderInnen, BarbierInnen, Quack-

---

98 Vgl. H. Schipperges, a.a.O., S.121
99 Zur Geschichte des Weines; vgl. B. Götz: „Mosaik zur Weingeschichte", Freiburg 1982
100 Vgl. V. De Blue: „Landauf - Landab ...mit Gauklern, Quacksalbern, Katzenrittern und Gemeinen Fräulein", Bern 1985
101 Vgl. B. Roeck: „Außenseiter, Randgruppen, Minderheiten", Göttingen 1993

salberInnen und ÄrztInnen, 5. GauklerInnen und Spielleute, 6. ZauberInnen/er und WahrsagerInnen, 7. ZigeunerInnen, 8. Dirnen, 9. Henker und ihre Gesellen[102].

Anhand von zwei Beispielen, der Gruppe der BettlerInnen und der Gruppe der Aussätzigen, soll gezeigt werden, wie Ausgrenzung in der mittelalterlichen Gesellschaft praktiziert wurde und wozu sie führte. Ich wähle diese beiden Personengruppen bewußt, da sie, wenn auch in veränderter Form, durchgängig in der Stadt auftauchen und sich im strukturellen Kontext der aktuellen städtischen Drogenkrise befinden, die sie prägt und die von ihr geprägt wird[103].

BettlerInnen und Aussätzige

Unter Betteln verstand man ursprünglich das Ansprechen Fremder um Almosen, wenn der eigene Familienverband nicht in der Lage war, für den Lebensunterhalt aufzukommen. BettlerInnen wurden zumindest im frühen und im Hochmittelalter nicht von der Gesellschaft ausgeschlossen, vielmehr waren sie als eigener Stand in das Gemeinwesen integriert. Aufgrund der christlichen Pflicht zur Nächstenliebe wurden sie von wohlhabenderen StadtbewohnerInnen mit Almosen unterstützt: „Betteln erscheint also – ohne jede Wertung – als gesellschaftlich akzeptiertes Mittel zum Erwerb des Lebensunterhalts."[104]

Die Gruppe der BettlerInnen in sich ist vielfältig: es gab die Gruppe der Hausarmen, auch „verschämte" BettlerInnen genannt, die sich ihrer Armut schämten und die Hilfen der städtischen Armenfürsorge in Anspruch nehmen konnten. In Konkurrenz zu dieser Gruppe, standen die BettlerInnen, die von außerhalb zugereist kamen. Sie erhielten in der Regel keine Unterstützung. So wie den Menschen die städtischen Hausarmen bekannt und sie in die Gemeinde integriert waren, so wurden die fremden BettlerInnen von der Bevölkerung abgelehnt. Manche Städte gingen schon sehr früh dazu über, das Betteln in der Stadt zu verbieten. Dabei versuchte man in der Regel zuerst gegen die fremden BettlerInnen vorzugehen, „wogegen man den Bettel der in der Stadt ansässigen Armen durch die Ausgabe von „Zeichen" zu kontrollieren suchte, die deutlich sichtbar vorn an der Brust auf die Kleidung genäht werden."[105]

Durch diese Kennzeichnung war die soziale Ausgrenzung der BettlerInnen vorprogrammiert, wie sich im Laufe der Entwicklung noch zeigen wird.

---

102 Vgl. F. Irsigler/A. Lassotta: „Bettler und Gaukler, Dirnen und Henker. Außenseiter in der mittelalterlichen Stadt", S.11ff., München 1991
103 Die vertiefte Auseinandersetzung mit aktuellen städtischen Verdrängungspraktiken werde ich in Kapitel 3 führen.
104 Vgl. F. Irsigler/A. Lassotta, a.a.O., S.20
105 A.a.O., S.28

Zur Aufsicht und Kontrolle der BettlerInnen setzte zum Beispiel der Rat der Stadt Köln sogenannte „Bubenkönige" ein, die dafür zu sorgen hatten, daß sich nicht zu viele „muylenstoesser ind boven" in Köln aufhielten. Neben den „Bubenkönigen", die schon bald den Andrang der BettlerInnen in die Stadt allein nicht mehr bewältigen konnten, wurden „stockerknechte" eingesetzt, die für Ausweisungen aus dem Stadtgebiet sorgen sollten[106]. Als die Stadt erkannte, daß die polizeiliche Kontrolle versagte, griff sie zu Beginn des 17. Jahrhunderts den Zuchthausgedanken auf, der als eine theoretische Vorform des modernen Gefängnisses gesehen werden kann, in der Praxis vorerst jedoch zur Einführung der Arbeitshäuser führte.

Betteln war nicht gleich Betteln. Manche BettlerInnen nahmen lediglich die bescheidenen Almosen der Kirche an, andere bettelten von Haus zu Haus, sprachen die Leute auf der Straße an, oder stellten sich in die Eingänge der Kirchen. Alternativen zum Betteln gab es nur selten, mit Beginn des 16. Jahrhunderts gingen die Städte jedoch zunehmend dazu über, BettlerInnen zu Zwangsarbeiten (z.B. Grabenaushub, Reinigung der Kloaken) zu verpflichten[107].

Ich komme jetzt auf die Gruppe der Menschen zu sprechen, die im Mittelalter den meisten Vorurteilen und Anfeindungen ausgesetzt waren und in deren Bezeichnung („Aussätzige" = aussetzen) die Ausgrenzung direkt enthalten ist: den Leprainfizierten. Leprakranke hatten im Mittelalter den schwersten Stand, denn sie wurden, sobald ihre Krankheit festgestellt wurde, unweigerlich aus der Stadt gewiesen und damit gesellschaftlich vollständig isoliert. Bevor ein Kranker jedoch in ein Leprahaus eingewiesen wurde, hatte er sich in einem anerkannten Leprosium einer Lepraschau zu unterziehen: „Die Untersuchung wurde von den Leprosen selbst, und zwar von mindestens drei Frauen und drei Männern, die das Amt der vereideten „proiffmeister" ausübten, durchgeführt."[108] Fiel der Befund positiv aus, so wurde der Kranke in ein Siechenhaus (Leprosorium) verwiesen[109]. War der Urteilsspruch über eine/n „Kranke/n" gefällt, so galt sie/er als lebende/r Tote/r: „In einem rituellen kirchlichen Verfahren – mit Begängnis und Commendation – wurde er gleichsam aus der Gemeinde ausgesegnet."[110]

Leprakranke waren strengen Verhaltens- und Kleidungsvorschriften unterworfen: „Es ist dir verboten, jemals in die Kirchen, auf den Markt, in die Mühle, an den Backofen und in die Volksversammlung zu gehen./Ich befehle dir, nicht mit irgendeinem Weibe, auch nicht mit deiner Frau, umzugehen./

---

106 A.a.O., S.30
107 Vgl. F. Braudel: „Sozialgeschichte des 15.-18. Jahrhunderts", München 1985
108 Vgl. F. Irsigler/A. Lassotta, a.a.O., S.72
109 Die Fragwürdigkeit dieser „Untersuchungen" zeigte sich in häufigen Fehlurteilen, da auch auffällige (nicht lepröse) Hauterkrankungen als Lepra oder „miselsucht" bezeichnet wurden, was natürlich fatale Folgen für die Kranken hatte.
110 Vgl. F. Irsigler/A. Lassotta, a.a.O., S.74

Ferner befehle ich dir, wenn auf dem Wege dir jemand begegnet und dich befragt, daß du nicht antwortest, bis du aus der Windrichtung gegangen bist, damit er nicht von dir den Tod empfange, und sollst du nicht geraden Weges auf jemanden zugehen."[111]

Nur an den großen Feiertagen, den sogenannten „Hochzeiten", war es auch den Leprakranken erlaubt die Stadt zu betreten, um Almosen zu erbetteln. Den Leprösen war bei einem Aufenthalt in der Öffentlichkeit jedoch eine strenge Bekleidungsvorschrift auferlegt: die Klapper, der weiße Siechenmantel, ein großer Hut und weiße Handschuhe machten sie leicht erkennbar. Im Laufe des 17. Jahrhunderts erlosch die Lepra mehr und mehr, die leerstehenden Leprosenhäuser wurden vielfach abgerissen, oder neuen Nutzungen zugeführt.

Das Gesundheits- und Sozialwesen der mittelalterlichen Stadt:
Hospizien und Hospitäler

Nach dieser kurzen Darstellung einiger städtischer Randgruppen und ihrer Lebensbedingungen suche ich nun die Orte, an denen die Armen und Kranken (womit ich nicht nur die AußenseiterInnen meine) gepflegt und versorgt wurden. Anhand dieser Darstellung soll gezeigt werden, wie die religiös motivierten Werte (Mitgefühl und Nächstenliebe) des Mittelalters in eigens für die Krankenpflege und Armenfürsorge konzipierten Räumen ihren Ausdruck fanden.

Bereits im frühen Mittelalter finden sich Ansätze der praktischen Fürsorge in städtischen und ländlichen Gemeinden. Durch die Armenmatrikel, die insbesondere von den Klöstern geleistet wurde, erhielten Arme, Kranke und sonstige Bedürftige Nahrung und Kleidung und wurden an den Tischen des Armenhauses verpflegt[112]. Bis ins 9. Jahrhundert oblag die Krankenpflege und Versorgung der Armen im wesentlichen benediktinischen Mönchen und wurde in ihren Klöster vorgenommen. Für die Versorgung der Bedürftigen wurde ca. ein Zehntel der klösterlichen Einnahmen verwendet: „Bis zum 9. Jahrhundert war die *porta*, die Klosterpforte, der Ort der Aufnahme und der Wohltätigkeit."[113] Kranke wurden in eigens für sie hergerichteten Räumen gepflegt, Arme bekleidet und beköstigt. In den Klöstern existierte ein eigenes Amt für Armenwesen, das sich vorwiegend mit Versorgungsfragen und der Weitergabe von Spenden beschäftigte.

Mit Beginn der Kreuzzüge und in den immer wieder auftauchenden Hungerperioden[114], die für eine allgemeine Schwächung der Bevölkerung sorgten,

---

111 Vgl. H. Schipperges: „Die Kranken im Mittelalter", S.78, München 1990; dazu auch J. Ruffié/ J.C. Sournia: „Die Seuchen in der Geschichte der Menschheit", München 1992
112 Vgl. M. Mollat: „Die Armen im Mittelalter", S.44, München 1984
113 A.a.O., S.49

verbreiteten sich bis ins 12. Jahrhundert Krankheiten epidemisch. Vor allem die Brandseuche (Ergotismus), die durch mit Mutterkornpilzen verseuchtes Getreide verursacht wird, denn die Menschen aßen in ihrer Not verseuchtes Getreide, erreichte ungeahnte Ausmaße.

Auch die Fälle von Lepra nehmen zu. Folge der epidemischen Verbreitung dieser Krankheiten und des anhaltenden Wachstums der Armut war, daß die Versorgung kranker und armer Menschen nicht länger Monopol der Benediktinerklöster blieb, denn auch sie waren dem Anstieg der allgemeinen Armut kaum noch gewachsen. Sogar so ein reiches Kloster wie Cluny, mußte fast ein Drittel seiner Einkünfte für die Armenfürsorge verwenden. Wie oben bereits dargelegt, waren in Notzeiten wie etwa am Ende des 12. Jahrhunderts die Klosterpforten ständig von Hilfesuchenden umlagert[115]. Viele der neu dazugekommenen Armen und Kranken wurden von den Klöstern nicht mehr erreicht: Die Mönche gingen in der Regel nicht zu den Kranken, diese hatten zu ihnen zu kommen. Viele Arme waren jedoch in die Stadt gezogen, wo die klösterliche Hilfe nur begrenzt zur Verfügung stand.

Weitere Hilfsdienste, die speziell von den Klöstern angeboten wurden, waren die Hospizien, die sich entlang der großen Pilgerstraßen (z.B. nach Rom oder Santiago de Compostela) befanden. In diesen Hospizien wurden neben armen PilgerInnen auch Kaufleute aufgenommen, die sich auf der Reise zu einer Messe befanden. Ab der Mitte des 12. Jahrhunderts entstanden erste Laienbruderschaften, die sich der Versorgung und Pflege Bedürftiger annahmen. Dies geschah zum einen aus dem Gefühl der Verpflichtung vor dem Gebot der Nächstenliebe, aber auch zur Absicherung des eigenen Seelenheils.

Neben den Laienbruderschaften waren Fürsten, Adelige und vor allem auch Frauen in der Armenfürsorge engagiert. Aufgrund der zunehmenden Armut wurden auch die kommunalen Körperschaften gefordert, Maßnahmen gegen die wachsende Armut zu ergreifen: sie begannen die Hilfsinstitutionen zu kontrollieren, vor dem Hintergrund der öffentlichen Ordnung und der allgemeinen Hygiene.

Mit der Zunahme städtischer Institutionen setzt auch ihre Spezialisierung ein, was von M. Mollat am Beispiel italienischer Städte beschrieben wird[116]. Wie sah nun so ein mittelalterliches Hospital aus? „In einem großen Hospital maß der Krankensaal etwa 40 Meter in der Länge und 15 bis 20 Meter in der Breite, Säulen teilten den Raum in zwei oder drei Abteilungen (...) Kleinere Stiftungen verfügten nur über ein paar Betten, manchmal weniger als sechs. Die ländlichen Hospize besaßen wahrscheinlich 12-15 Betten (...) Völlig aus

---

114 Vgl. M. Montanari: „Der Hunger und der Überfluss. Kulturgeschichte der Ernährung", München 1993
115 Vgl. M. Mollat, a.a.O., S.82
116 A.a.O., S.94ff.

dem Rahmen fällt die Kapazität einiger großer Hospize: Das Hotel-Dieu in Paris konnte 400-600 Kranke aufnehmen. 1339 verfügten in Florenz dreißig unterschiedlich große Hospitäler zusammen über 1000 Betten."[117]

Die Hospizien lagen häufig an Flüssen, die der Entsorgung verbrauchter Pflegematerialien dienten: was nicht mehr zu gebrauchen war, wurde verbrannt und/oder in den Fluss geworfen. In anderen Städten war das Hospital auf Mittelinseln innerhalb eines Flusses einer Stadt angesiedelt, was gute Erreichbarkeit bei gleichzeitiger Isolation garantierte (z.b. das alte Heilig-Geist-Spital in Nürnberg)[118]. Andere mittelalterliche Städte, etwa Venedig, brachten ihre Hospitäler auf der Stadt vorgelagerten Inseln unter. L. Mumford berichtet, daß „in der spätmittelalterlichen Stadt (...) einige der schmucksten Bauwerke Armenhäuser" waren[119]. Auch die Zünfte unterhielten eigene Hospitäler und trugen so zur Spezialisierung der Spitäler (weniger nach medizinischen Gesichtspunkten als nach Berufen) bei[120].

In der Mitte des 14. Jahrhunderts wütete die Schwarze Pest in ganz Europa und reduzierte die Bevölkerung um annähernd ein Drittel. Von dieser Seuche waren die Armen und Kranken ganz besonders betroffen: wegen ihrer chronischen Unterernährung und mit Mangelerkrankungen vorbelastet, konnten sie kaum Abwehrkräfte gegen weitere Krankheiten aufbieten. Auch die mangelhaften Wohnverhältnisse und allgemeinen hygienischen Bedingungen förderten den Ausbruch der Krankheit zuerst in den unterprivilegierten Wohnorten: „Gegen Ende des Mittelalters wurde die häusliche Welt unter dem drückenden Einfluß von Überfüllung und steigenden Mieten immer mangelhafter."[121]

Pestkranke wurden (wie vorher schon die Leprakranken) in die sogenannten Pesthäuser gebracht, wo sie binnen kürzester Zeit starben. Mit dem Ende der Pest wurde eine Neuordnung der Armenfürsorge und Krankenversorgung vorgenommen: dabei wurde vor allem eine weitgehende Spezialisierung der Hospitäler und die Anstellung kompetenten Personals angestrebt: „Es folgte die Hinwendung der Hospitäler zu therapeutischen Aufgaben. Arme und Kranke suchten die Hospitäler nicht nur zu dem Zweck auf, um dort zu überleben, ihr Alter zu verbringen und zu sterben, sondern auch immer häufiger, um geheilt zu werden."[122]

Ab diesem Zeitpunkt erfolgte eine weitreichende Spezialisierung nach Krankheiten (z.B. Blindenhäuser); aber auch nach der sozialen Herkunft (z.B. Judenhäuser), oder nach Berufen (Seeleute, Färber, Hufmacher) wurde spe-

---

117 A.a.O., S.135
118 Diese Isolation geschah aus hygienischen Erwägungen und ist daher anders als die Ausgrenzung Leprakranker zu werten.
119 L. Mumford: „Die Stadt. Geschichte und Ausblick", Bd.1, S.313, München 1984
120 A.a.O., S.318
121 A.a.O., S.335
122 Vgl. M. Mollat, a.a.O., S.261

zialisiert. Ebenfalls neu wurden eingerichtet: Heime für BüßerInnen, Altersheime und Kreißsäle für gebärende Frauen[123].

Die zunehmende Spezialisierung des Pflegewesens geschah natürlich nicht aus reiner Nächstenliebe, sondern in erster Linie vor dem Hintergrund, daß gesunde BettlerInnen und VagabundInnen jetzt nicht mehr aufgenommen wurden mußten. Rigorose Bettelordnungen und Stadtverweise sorgten für die Verweisung dieser Menschen in Randexistenzen. Die Heranziehung der „MüßiggängerInnen" zu Arbeitsdiensten war bereits Mitte des 14. Jahrhunderts Praxis fast aller Städte und Länder[124]. Ende des 14. Jahrhunderts beginnt man mit der Einweisung von VagabundInnen und BettlerInnen in geschlossene Asyle[125]. Die Internierung sozial auffälliger und deshalb unerwünschter Menschen nahm hier ihren Anfang, das System des Verdeckens und Unsichtbarmachens, nicht zu verwechseln mit der Entwicklung zunehmender Verhäuslichung, dehnt sich aus.

Von ersten Lepraerkrankungen wird bereits im 4. und 5. Jahrhundert berichtet. Und von Anfang an wurden drastische Gegenmaßnahmen erlassen. Die ersten Formen der Krankenunterbringung waren die „Feldsiechen", primitive Hütten am Rande menschlicher Siedlungen[126]. Im 7. und 8. Jahrhundert entstanden die ersten Leprosorien: 636 in Metz, 656 in Verdun, 736 in St. Gallen[127]. Häuser, die speziell den Leprakranken als Aufenthaltsstätte zugewiesen wurden. Leprosorien gab es „in der Nähe fast jeder Gemeinde; bei größeren Städten befinden sich gleich mehrere Anlagen."[128] Die Leprösenhäuser lagen außerhalb der Stadtmauer, an Brücken und Kreuzwegen, an Hauptzufahrts- und Pilgerstraßen. Mitte des 13. Jahrhunderts existierten an die 20.000 Leprahäuser in Europa.

Um in ein Leprosorium aufgenommen zu werden, hatte der Kranke vorher Pfründe zu erwerben. Mit Pfründen sind regelmäßig zu zahlende Geldbeträge gemeint, oder Naturalien, die den Lebensunterhalt des Kranken sicherten. Konnten die Pfründe nicht beigebracht werden, so konnte man nur auf eine kirchliche Spende hoffen, die die Unterkunft sicherte, oder obdachlos entlang der äußeren Stadtmauern betteln.

Über die Versorgung und Pflege benachteiligter Menschen hinaus, existierten in der mittelalterlichen Stadt Einrichtungen, die heute zu den präventiven Maßnahmen einer öffentlichen Gesundheitsfürsorge gezählt würden. Mit „öffentlich" ist hier der freie Zugang für alle StadtbewohnerInnen gemeint. Die mittelalterliche Stadt besaß eine Vielzahl von öffentlichen Badehäusern, die von den StadtbewohnerInnen regelmäßig genutzt wurden[129].

---

123 A.a.O., S.263f.
124 A.a.O., S.265f.
125 A.a.O., S.267
126 Vgl. F. Irsigler/A. Lassotta, a.a.O., S.71
127 Vgl. H. Schipperges, a.a.O., S.73
128 Vgl. F. Irsigler/A. Lassotta, a.a.O., S.71

Die Bäder waren als Dampf- und Schwitzbäder angelegt und wurden mindestens vierzehntägig benutzt. Gebadet wurde in städtischen Einrichtungen, in Klöstern und auch privaten Häusern. Mit dem Baden war die allgemeine Körperhygiene genauso wie die Möglichkeit zur Geselligkeit verbunden: „Hygiene und Sozialfürsorge arbeiten einem System der öffentlichen Gesundheitspflege vor, das einen durchaus modernen Charakter trägt, zumal mit dem Badewesen auch die Großprobleme einer „salus publica" verbunden sind wie ausreichende Trinkwasserversorgung und zureichende Abwässerabfuhr."[130]

Von Bedeutung sind auch die allgemeinen Umweltbedingungen (Umweltqualität) und deren Einfluß auf körperliche und seelische Gesundheitszustände. In der mittelalterlichen Stadt gab es noch viele Freiflächen, die dem Aufenthalt ihrer BewohnerInnen dienten. Hier hielten sich die Menschen auf: „Sie besaßen Schießplätze und Kegelbahnen, spielten Fußball und andere Ballspiele, veranstalteten Wettläufe und Bogenschießen."[131] Und solange die Bevölkerungszahlen noch in einem ausgewogenen Verhältnis zu den natürlichen Ressourcen standen, war die Qualität der Umwelt gesichert[132]: Das Wasser war trinkbar, die Wohnverhältnisse waren, angesichts der vielfach vorhandenen Freiflächen, relativ freizügig. Abfälle, die hauptsächlich organisches Material enthielten, wurden von den Haustieren gefressen, oder verbrannt. „Ein mittelalterliches Bauernhaus, wo der Misthaufen der einzige Abort des Hauses war, bedeutete für die Gesundheit seiner Bewohner eine geringere Gefahr als die fortschrittliche Stadt des 19. Jahrhunderts vor Pasteurs Zeit."[133]

Mit der zunehmenden Landflucht und dem raschen Wachsen der Städte verschlechtern sich auch die Wohn- und Lebensverhältnisse: „Bis dieses einsetzte roch eine mittelalterliche Stadt wahrscheinlich nicht anstößiger als ein Bauernhof."[134] Über die Qualität der natürlichen Ressourcen hinaus, die ganz wesentlich die Gesundheit der Menschen bestimmten, ist es auch das äußere Erscheinungsbild der mittelalterlichen Stadt, das die Menschen prägte und ihr sinnliches Erleben stark bestimmte[135]. Mumford berichtet von „Wohlgeruch", „duftenden Blumen und Kräutern überall", Häusern „hell und sauber"[136].

Abschließend fasse ich nun die wichtigsten Stationen dieses Reiseabschnitts, nach den Hauptlesarten der Trias: Rausch, Raum, Subjekt gebündelt, zusammen und komme dabei noch einmal auf ihre Strukturmerkmale zu schreiben.

---

129 Vgl. S. Stöbe: „Privatheit - Privater Raum. Über den Wandel vom psychischen zum räumlichen Rückzug und seine Auswirkungen auf die Grundrißgestaltung der Wohnung", Dissertation, Kassel 1990
130 Vgl. H. Schipperges, a.a.O., S.236
131 Vgl. L. Mumford, a.a.O., S.337
132 Vgl. B. Herrmann (Hg.): „Mensch und Umwelt im Mittelalter", Frankfurt 1990
133 Vgl. L. Mumford, a.a.O., S.339
134 A.a.O., S.341
135 Vgl. V. Fumagalli: „Der lebende Stein. Stadt und Natur im Mittelalter", Berlin 1989
136 Vgl. L. Mumford, a.a.O., S.342

Rausch

Rauschzustände wurden im Mittelalter nicht sanktioniert, sondern bewegten sich meist im kollektiv-rituellen Kontext. Das Ich-Gefühl des mittelalterlichen Menschen war nur schwach ausgeprägt, was den Genuß dieser Rauscherfahrungen begünstigte. Rauschzustände gründeten auf kollektiven Wahrnehmungsweisen und Deutungsmustern, sie waren an starke Wir-Gefühle gebunden. Die mittelalterliche Toleranz gegenüber (alkoholbedingten) Rauschformen kann auch vor dem Hintergrund verstanden werden, daß der Rausch als komplexes emotional/intellektuell/physisches Phänomen aus seiner Ganzheit heraus erlebt werden konnte und dadurch auch noch nicht auf die Einnahme bewußtseinsverändernder Substanzen, reduziert, zurückgeführt wurde[137].

Unter „Ganzheit" verstehe ich an dieser Stelle, daß eine Spaltung z.B. nach Innen und Außen, Ich und Wir, Konsens und Dissens noch nicht vollzogen war, wodurch Rausch,- Ekstase- und Transzendenzzuständen mit größerer Offenheit begegnet werden konnte[138].

Raum

Rauschzustände waren an keinen speziellen Raum gebunden, da feste räumliche Nutzungszuweisungen noch nicht existierten. Alkohol wurde sowohl in den „privaten" Hauswirtschaften, als auch in „öffentlichen" Tavernen konsumiert. Häufig gingen diese beiden Bereiche („öffentlich/privat") auch ineinander über. Da zwischen „Ich" und „Wir" nicht genau unterschieden wurde, konnte es auch keine scharfe Trennung zwischen „öffentlich" und „privat" geben. Das relativ starre, hierarchisch organisierte Ständesystem des Mittelalters begrenzte in Teilen die Erfahrung von Raum (z.B. durch Zunftordnungen, die räumliche und soziale Nutzungen festlegten) und schuf Kategorisierungen von Raum, z.B. nach den Maßen „nah" und „fern". Die Menschen des Mittelalters waren in ihrer Erfahrung des Anderen, des Neuen, aus räumlich-geographischer Sicht, verhältnismäßig begrenzt[139], was jedoch möglicherweise dazu beitrug, daß die Offenheit für realisierbaren Rausch (als Erfahrung des Numinosen) im Raum umso größer war.

---

137 In diesem Kontext sei zudem auf die Tradition der mittelalterlichen Mystik (Meister Eckhardt, Hildegard von Bingen, Johannes Tauler) verwiesen, aber auch auf indianische Schamanenkulte oder afrikanische Initiationspraktiken.
138 S. Grof beschreibt in: „Geburt, Tod und Transzendenz", München 1985, vergleichbare Zustände aus psychotherapeutischer Sicht und Erfahrung.
139 Die Menschen des Mittelalters reisten sehr wenig, was nicht zuletzt an dem damit verbundenen erheblichen Aufwand lag.

Subjekt

Alkoholkonsum und damit verbundene Rauschzustände gingen durch alle gesellschaftlichen Stände. Lediglich in Qualität und Quantität der Konsumgüter wichen die Stände voneinander ab. Anders ist es mit den AußenseiterInnen der mittelalterlichen Gesellschaft, sie waren von den Ritualen kollektiver Geselligkeit ausgeschlossen. Die Pflege der Kranken und die Versorgung der Armen war Aufgabe des mittelalterlichen Gemeinwesens und wurde von seinen Institutionen übernommen. Armut und Krankheit galten noch nicht als selbstverschuldet, sondern als Glaubensherausforderung[140]. Die Aufrechterhaltung der Gesundheit wurde durch ein gesundes Wohnumfeld, das heißt: ausreichende Freiräume, Freizeiträume und gesunde natürliche Ressourcen (Wasser, Boden, Luft, Klima, Flora und Fauna), gefördert.

Ausblick

Mit dem „Ende" des Mittelalters[141] kommt es zu gravierenden Änderungen, die sich auf a) die Bedeutung des Subjektes, b) seine gesellschaftliche Stellung im Raum und c) die Bedeutung räumlicher Repräsentanz, beziehen[142]. Davon wird im nächsten Abschnitt dieser Arbeit zu schreiben sein, wenn die neuen Zeiten, neuen Räusche und neuen Räume thematisiert werden. Neben der Rekonstruktion des „Neuen" geht es mir im Anschluß insbesondere um die Frage nach dessen qualitativen Gehalten, das heißt um die Frage nach den Begrenzungen und Entgrenzungen[143] von Rausch, Subjekt und Raum. Am Beispiel der neuen Rauschformen will ich, vor dem Hintergrund gleichzeitig zu berücksichtigender gesellschaftlicher Entwicklungen, die sich zunehmend verdichten und rationalisieren, zeigen, wie sich a) alte Rauschformen und deren gesellschaftliche Bewertungen auflösen, beziehungsweise b) in neue Rauschformen, die als gesellschaftskonforme integriert werden, transferieren.
Neben die kulturgeschichtliche Weiterschreibung des Phänomens von Rausch, Subjekt und Raum tritt demnach die (analytische) Frage nach der Bedeutung einer zunehmenden Ausdifferenzierung von Rationalitätsstrukturen und -sphären, sowie der Relevanz von „Vernunft", die sich mit Beginn der Neuzeit radikal wandelt[144].

---

140 Dabei denke ich beispielsweise an die mittelalterlichen Heiligenfiguren Hiob und Lazarus, oder Hartmann von Aues' zu Herzen gehende Erzählung „Der arme Heinrich". Ausführlich dazu: D.M. Morris: „Geschichte des Schmerzes", Frankfurt 1996
141 Zur Diskussion des Übergangs vom Mittelalter zur Neuzeit; vgl. M. Kronemeyer: „Das Leben als letzte Gelegenheit", 2. Auflage, Darmstadt 1996; R. Muchembled: „Die Erfindung des modernen Menschen. Gefühlsdifferenzierung und kollektive Verhaltensweisen im Absolutismus", Hamburg 1990
142 Vgl. K.M. Schmals (Hg.): „Stadt und Gesellschaft", S.14ff., München 1983
143 Vgl. z.B. R. von Dülmen: „Reformation als Revolution", München 1977
144 Vgl. z.B. W. Welsch: „Unsere postmoderne Moderne", S.65ff., 4. Auflage, Berlin 1993

1.2.2 Neuzeit: Neue Zeiten, neue Räusche, neue Räume...

„Wie die Welt noch im Finstern war, war der Himmel so hell, und seit die Welt so im Klaren ist, hat sich der Himmel verfinstert."
Johann Nestroy

Der Rausch der neuen Zeit

Im folgenden will ich versuchen, das „Neue" der Zeit zwischen 1500 und 1800 zu charakterisieren. Dabei werde ich wieder so vorgehen, daß ich mit einer allgemeinen Einführung in diesen Zeitabschnitt beginne. Im Anschluß daran untersuche ich die neuen Genußmittel und ihren Einfluß auf kulturelle Praxen und Werte, sowie im Umkehrschluß, die kulturellen Praxen und Werte und ihren Einfluß auf die neuen Genußmittel. Mit dieser Blickrichtung soll gezeigt werden, daß der Konsum von (bestimmten) Genußmitteln und die Wahl der präferierten Rauschform (sprich: der subjektive Geschmack) zur gesellschaftlichen Ausdifferenzierung und als kulturelle Distinktionsmerkmale eingesetzt werden.

Zur Rekonstruktion der Bedeutung der neuen Genußmittel gehört auch der Blick auf die Entwicklung kultureller (scheinbarer) Selbstverständlichkeiten und deren Deutungsmuster. Dabei werde ich versuchen die verschiedenen kulturellen Figurationen im Zivilisationsprozeß (N. Elias) darzustellen und zu zeigen, wie sie produziert wurden und was sie ihrerseits produzierten. Dies geschieht unter besonderer Berücksichtigung der Traditionslinien der unterschiedlichen Körper- und Rauschkulturen. Im Rahmen dieser Darstellung soll deutlich gemacht werden, welche Bedeutung die neuzeitlichen Konzepte von Kulturiertheit und Zivilisiertheit und die daran gebundenen normativen Praktiken und Werte für einen individualisierenden Vergesellschaftungsschub hatten[145]. Thema ist damit auch das neuzeitliche Aufklärerdenken, daß Anstand und Regel versus Ausleben und Bedürfnis zum neuen Maßstab zivilisierten Handelns und Denkens erhob.

Den neuen Genußmitteln folgt ein Abschnitt über die Unterschiede (und die damit verbundenen Auswirkungen) zu ihren Vorgängern. Was sich aus diesen Unterschieden ergibt, kann den „ernüchternden Maßnahmen", die sich anschließen, entnommen werden. Weiterführend stellt sich wieder die Frage nach den Räumen, ob, beziehungsweise wie, sie den verschiedenen Räuschen zugeordnet waren. Dabei unterscheide ich nun zwischen a) Räumen des Rau-

---

145 Dazu werde ich M. Webers Rationalisierungsthese aufgreifen, wonach a) die ethische Reflexion und Praxis aufgrund religiöser Zusammenhänge individualisiert und personalisiert wird und b) eine gleichzeitige Versachlichung und Verunpersönlichung des Verhaltens in und gegenüber der Welt (im Sinne einer Rationalisierung von Leiblichkeit und sinnlicher Erkenntnis) praktiziert wird.

sches und b) Räumen der Gesundheit und der Krankheit[146]. Anschließend suche ich nach einer Verortung dieser Räume in der neuzeitlichen Stadt: wo wurde getrunken und sich vergnügt, wo wurden Kranke und Arme versorgt? Zuletzt trage ich alle wesentlichen Aspekte in verkürzter Form zusammen.

Neue Zeiten ...

Mit der Schwarzen Pest von 1348 begann eine Zeit des Übergangs und der Verwirrung. Menschengruppen zogen in Büßerprozessionen quer durch das Land, sie suchten Vergebung vor dem großen Sterben, flohen vor der Verwüstung ganzer Städte/Regionen und dem damit einhergehenden Leid: „Flagellanten, exaltierte Religiöse, (...) fahnenschwingend, düstere Lieder singend, mit schwarzen Mänteln und absonderlichen Mützen bekleidet (...) Bei ihrem Erscheinen läuteten alle Glocken, und alles strömte zur Kirche: dort warfen sie sich nieder und geißelten sich unter stundenlangen Liedern und Gebeten."[147]

Neben diesen sogenannten Geißlerfahrten, die zur Rettung vor der Pest stattfanden, kam es zu einem Anstieg der Judenverfolgungen: „Plötzlich sprang in Südfrankreich das Gerücht auf, die Juden hätten die Brunnen vergiftet (...) Es kam zu scheußlichen Judenschlächtereien, bei denen die Geißler die Stoßgruppe bildeten (...) Mütter, die ihre Gatten auf dem Scheiterhaufen verbrennen sahen, stürzten sich mit ihren Kindern zu ihnen in die Flammen; in Eßlingen versammelte sich die gesamte Judenschaft in der Synagoge und zündete sie freiwillig an."[148]

Nach den Jahren der Pest und des Hungers entstand eine neue Sicht des Menschen und der Gesellschaft, in der sie/er lebte[149]. Diese Sicht war stark „rationalistisch" geprägt, das heißt sie vertraute auf das, was die Sinne melden, an die der Verstand glaubt. Der Verstand baut auf das, was ihm rational einleuchtet, wobei die Grundlage dafür seine Sinneseindrücke sind[150]. Auch das traditionelle Religionswesen erfuhr eine Rationalisierung, die in der Reformation mündete. 1512 gilt als das Geburtsjahr der Reformation: Luther nagelt seine Thesen an die Schloßkirche zu Wittenberg. Das Neue an Luthers Ideen findet sich in drei wesentlichen Punkten: 1. Religion wird zu einer Sache des inneren Erlebens erhoben, 2. dadurch wird das mittelalterliche priesterliche Stellvertretungssystem aufgehoben und 3. wird das alltägliche Le-

---

146 Zum Wandel des Krankheitsbegriffes; vgl. C. Herzlich/J. Pierret: „Kranke gestern - Kranke heute. Die Gesellschaft und das Leiden", München 1991 und A. Labisch: „Homo Hygienicus. Gesundheit und Medizin in der Neuzeit", Frankfurt 1992
147 Vgl. E. Friedell, a.a.O., S.98
148 A.a. O., S.99
149 Vgl. A. Heller: „Der Mensch der Renaissance", Köln 1982
150 Die Grundzüge dieser cartesianischen Philosophie werden von mir in Kapitel 2 noch einmal aufgegriffen.

ben zu einer Art Gottesdienst erklärt: „Mit der Feststellung, daß man überall und zu jeder Stunde, in jedem Stand und Beruf, Amt und Gewerbe Gott gefällig sein könne, hat Luther eine Art Heiligsprechung der Arbeit vollzogen: eine Tat von unermeßlichen Folgen."[151]

Die „Heiligsprechung der Arbeit" führte dazu, daß die Methoden der neuzeitlichen rationalen Lebensführung einen religiösen Charakter annahmen[152] und begannen, sich auf weite(re) Felder gesellschaftlicher Erfahrung zu erstrecken und in Form von Verhaltensstandards verbindlich zu werden. Zu diesen neuen Sphären von Rationalität zählen: a) die Aneignung, beziehungsweise Kontrolle der Natur[153], b) die Vergesellschaftung der Menschen (auf der kollektiven Ebene von Mensch zu Mensch) und c) die Vergesellschaftung der individuellen Lebensführung, das heißt die innere subjektive Vergesellschaftung von Ich und Selbst im Sinne einer betonten Selbsterkundung und Selbstbeherrschung.

Mit dieser „verstandesbetonten" Durchrationalisierung der Religion ging zudem die Vernichtung tausender Menschen einher, die von der neuen Doktrin abwichen[154]. Bereits 1487 veröffentlichten die päpstlichen Inquisitoren Heinrich Institoris und Jakob Sprenger den „Hexenhammer", der genaue Hinweise zur Identifizierung sogenannter „Hexen" und „Zauberer" gab und Anweisungen für Hexenprozesse bereithielt[155/156].

C. Taylor interpretiert den neuzeitlichen Hexenwahn als extremen, angstbesetzten Ausdruck einer sich wandelnden Identität, der sich am Beispiel folgender Aspekte manifestierte: a) Wandel vom mittelalterlichen Katholizismus zum neuzeitlichen Protestantismus, b) Veränderungen religiösen Gehalts versus volkstümliche Mentalitäten, c) Säkularisierung der Religion, Bejahung des „profanen" Lebens, Ablehnung des Heiligen[157]. Das Thema der Säkularisierung der Religion diskutiert U. Eco[158] am Beispiel des „Armutsstreites" zwischen benediktinischen und franziskanischen Mönchen. Dabei wird insbesondere um Fragen von Eigentum („Besaß Jesus Geld?") und Sinnlichkeit („Hat Jesus gelacht?") aufs Heftigste debattiert.

---

151 Vgl. E. Friedell, a.a.O., S.278
152 Vgl. M. Weber: „Gesammelte Aufsätze zur Religionssoziologie", Bd.1, Tübingen 1920
153 Vgl. R. und D. Groh: „Weltbild und Naturaneignung. Zur Kulturgeschichte der Natur", Bd. 1, S.92ff., Frankfurt 1991
154 Denn: „Aufklärung ist totalitär wie nur irgendein System", in: M. Horkheimer/T.W. Adorno, a.a.O., S.31
155 Zur Geschichte der Hexen; vgl. C. Ginzburg: „Hexensabbat. Entzifferung einer nächtlichen Geschichte", Frankfurt 1993
156 Zur Geschichte der Hexenverfolgungen; vgl. G. Becker/S. Bovenschen/H. Brackert (et al.): „Aus der Zeit der Verzweiflung. Zur Genese und Aktualität des Hexenbildes", Frankfurt 1977 und G. Schwaiger (Hg.): „Teufelsglaube und Hexenprozesse", München 1987
157 Vgl. C. Taylor: „Quellen des Selbst. Die Entstehung der neuzeitlichen Identität", S.330 ff., Frankfurt 1996
158 Vgl. U. Eco: „Der Name der Rose", München/Wien 1982

Die „Entzauberung der Welt" (M. Weber) vollzog sich über eine Verweltlichung der Religion, mit a) dem Effekt der „Kolonialisierung der Lebenswelt" (J. Habermas) und b) einem Zuwachs an Komplexität auf der Ebene gesellschaftlicher Institutionen und Herrschaftsorganisation, die zweckrational, instrumentell organisiert werden über die Regulative von Geld und Macht.

Die erfahrungspraktischen Erfindungen

Die Neuzeit ist durch eine große Zahl an Erfindungen geprägt, die zur Rationalisierung der räumlichen Organisation und lebensweltlichen Erfahrung gesellschaftlicher Wirklichkeit beitrugen. An oberster Stelle stehen dabei die drei „Schwarzkünste": das Schießpulver, der Buchdruck und die Alchemie.

Das *Schießpulver*, von Berthold Schwarz „erfunden", ist eng verbunden mit der Auflösung des mittelalterlichen Ritterstandes. Der ehemals ritterliche Kampf Mann gegen Mann wird mechanisiert und barbarisiert: „(...) der Mut ist allgemein geworden, das heißt: er ist verschwunden."[159] Der Träger der Waffe wurde so zum Mitglied einer immer unpersönlicher werdenden Kriegsmaschinerie, was eine zunehmende größere Skrupellosigkeit und Brutalität zur Folge hatte. „Der Begriff >Menschenmaterial< ist erst durch die Erfindung des Schießpulvers geschaffen worden, ebenso wie die allgemeine Wehrpflicht, denn eine allgemeine Pflicht kann nur sein, was jeder kann."[160] Bleibt anzumerken, zeitgleich mit Schwarz' „Erfindung", war Schießpulver in China bereits bekannt; dort benutzte man es weniger rational, dafür mehr lustbetont, für die kaiserlichen Feuerwerke.

Die Erfindung der *Druckerpresse* und der verschiebbaren Lettern bedeutete für den damaligen Menschen eine Befreiung aus der Festlegung des Druckes durch Holztafeln und schuf die Möglichkeit unendlicher Kombinationen von Buchstaben. Die Verbreitung von Informationen wurde durch diese Erfindung entscheidend beschleunigt.

In der Tradition der *Alchemie* war Paracelsus wohl der bekannteste Vertreter einer Disziplin, die in etwa das vertrat, was wir heute als holistische Medizin bezeichnen würden: dabei hängt alles mit allem zusammen, wobei der Arzt die Zusammenhänge zu erkennen hat. Die Alchemie, als neuzeitliche Erfindung, kennzeichnet den Übergang zwischen mittelalterlicher Heilkunde und der Erfindung der modernen Chemie. Die Suche nach dem „Stein der Weisen" spiegelt die Suche nach Formeln, die die Rätsel der Welt und des menschlichen Selbst erklären sollen[161/162].

---

159 Vgl. E. Friedell, a.a.O., S.244
160 Ebd.
161 Vgl. A. Jaffé (Hg.): „Erinnerungen, Träume, Gedanken von C.G. Jung", Freiburg 1985
162 Vgl. C.G. Jung: „Gesammelte Werke. Bd.12: Psychologie und Alchemie", Freiburg 1972

1510 erfand Peter Henlein die Federuhr, das sogenannte „Nürnberger Ei". Zwar war es bereits im späten Mittelalter üblich geworden, mit Hilfe von Stundengläsern, die geleistete Arbeitszeit zu messen, mit der technischen Erfindung der Uhr wird die Zeit jedoch gewissermaßen mechanisiert. 1505 wurde die erste Post eingerichtet, was zu einer weiteren Verbreiterung und Beschleunigung des Nachrichtenwesens führte. 1543 wurde das kopernikanische System veröffentlicht, was für die damalige Weltsicht eine unglaubliche Veränderung bedeutete. Denn mit der Erkenntnis, daß die Erde um die Sonne kreist, veränderte sich das vormals geozentrische zum heliozentrischen Weltbild, was gleichsam bedeutete, daß der Mensch zum Mittel- und Ausgangspunkt vieler Überlegungen wurde[163].

Die Entdeckungsreisen der entstehenden Imperialismen

Neben den Erfindungen waren die Entdeckungen von entscheidender Bedeutung für das Raumverständnis des neuzeitlichen Menschen. Obwohl es den Kompaß längst gab, vertraute man sich ihm nun ganz an. Friedell verweist darauf, daß nicht die Entdeckungen, sondern die Tendenz zu entdecken, das Bedeutende war: „ein edles Suchen um des Suchens willen war die dämonische Leidenschaft, die die Geister jener Zeit erfüllte. Das Reisen, bisher bestenfalls als ein notwendiges Übel angesehen, wird jetzt die höchste Lust der Menschen. Alles wandert, vagiert, schweift von Ort zu Ort: der Schüler, der Handwerker, der Soldat."[164]

Der neuzeitliche Mensch hat so alles Neue buchstäblich *erfahren*. Erste Expeditionen entlang der afrikanischen Küsten wurden bereits 1445 von portugiesischen Seefahrern unternommen, 1482 wurde die Kongomündung entdeckt, 1486 die Südspitze Afrikas. 1498 entdeckt Vasco da Gama den Seeweg nach Ostindien: Kalikut, Hauptstadt des Reiches Malabar, war maritimer Hauptknotenpunkt für Handel und Verkehr mit den Molukken, „den Gewürzinseln". Bereits sechs Jahre zuvor versuchte Columbus „das Morgenland in westlicher Richtung" zu erreichen. Zu den größten Entdeckungen des Zeitalters gehört auch die Erdumsegelung Magellans, der 1519 zu seiner Expedition aufbrach; nach drei Jahren landete das Boot wieder in seinem spanischen Heimathafen. „Etwa um dieselbe Zeit wurde Mittelamerika und zehn Jahre später die Westküste Südamerikas den Europäern erschlossen."[165] Welche Auswirkungen die Conquista, aber auch die Kolonialisierung weiterer Teile Afrikas und Asiens mit sich brachte, wird von Friedell (1989) ausführlich be-

---

163 Eine Überlegung, der sich die Kirchenväter Roms lange Zeit widersetzten, indem sie z.B. Giordano Bruno auf dem Scheiterhaufen verbrannten und Galileo Galilei zwangen, seine Entdeckungen zu widerrufen.
164 Vgl. E. Friedell, a.a.O., S.247
165 A.a.O., S.252

schrieben. Von ihren Reisen brachten die Seefahrenden erstaunliche Dinge mit auf den europäischen Kontinent: Tomaten, Mais, Kartoffeln, Bananen, Kakaobohnen, Tabak und Vanille. Waren, mit denen bald intensiver Handel getrieben wurde[166/167].

Nach diesem Ausflug in die Ferne der Entdeckungsreisen, kehre ich zurück in die europäische Stadt der Neuzeit. Dabei greife ich zur Darstellung der Verbindung zwischen den Entdeckungsreisen und der Entwicklung des neuzeitlichen städtischen Raumes zwei Dinge auf, die ebenfalls aus den fernen Ländern mitgebracht wurden und auf die Entwicklung (vor allem) der städtischen Gesellschaft großen Einfluß ausübten: 1. das Gold, 2. die Syphilis[168].

Gold war im Mittelalter noch absolute Mangelware. Mit seiner massenhaften Einführung förderte es zum einen die Ausbreitung der Geldwirtschaft und steigerte zum zweiten die Unterschiede zwischen Arm und Reich: „In der ersten Hälfte des sechzehnten Jahrhunderts stiegen die Preise um hundert und hundertfünfzig, bei einzelnen Artikeln sogar um zweihundert und zweihundertfünfzig Prozent."[169]

Ende des 15. Jahrhunderts tritt in Europa eine neue Krankheit epidemisch auf: die Syphilis. Ob sie wirklich von Matrosen des Kolumbus nach einer Entdeckungsreise mitgebracht wurde, ist ungewiß. „Die Syphilis wurde als „Franzosen" oder Morbus gallicus bezeichnet, weil sie aus Westeuropa hierher kam."[170] In rasantem Tempo erobert die Krankheit Europa: „Die Krankheit war so verbreitet, daß niemand sich scheute, sie offen zu bekennen, sie war der Hauptgesprächsstoff der besten Gesellschaft, ja es wurden sogar Gedichte auf sie gemacht."[171] Bereits gegen 1500 entstanden in süddeutschen Städten neue Seuchenhäuser, sogenannte „Franzosenhäuser"[172]. Begünstigt wurde die schnelle Verbreitung der Krankheit sicherlich durch den allmählichen Niedergang der städtischen Bade- und Gesundheitskultur, über die ich im nächsten Abschnitt noch mehr berichten werde.

Nach den nur kurz angerissenen Informationen über Erfindungen, Entdeckungen und Krankheiten der Neuzeit werde ich nun konkreter auf die Entwicklungen der neuzeitlichen Stadt zu schreiben kommen.

---

166 Vgl. R. Tannahill: „Kulturgeschichte des Essens. Von der letzten Eiszeit bis heute", S.207ff., München 1979
167 Vgl. M. Kappeler: „Drogen und Kolonialismus. Zur Ideologiegeschichte des Drogenkonsums", Frankfurt 1991
168 Vgl. J. Ruffié/J.C. Sournia: „Die Seuchen in der Geschichte der Menschheit", München 1992
169 Vgl. E. Friedell, a.a.O., S.261
170 Vgl. M. Vasold: „Pest, Not und schwere Plagen. Seuchen und Epidemien vom Mittelalter bis heute", S.112, München 1991
171 Vgl. E. Friedell, a.a.O., S.260
172 Vgl. M. Vasold, a.a.O., S.112

Die beginnende Stadt in der Neuzeit

Der Übergang von der mittelalterlichen Stadt zur Stadt der Neuzeit vollzog sich nicht ohne lange Phasen der Umstrukturierung. Bauten des Mittelalters bestanden noch lange Zeit neben „Neubauten" der Renaissance. „Ein großer Teil der neuen Bauten im 17. Jahrhundert und praktisch alle „Renaissancebauten" vor dieser Zeit wurden nach mittelalterlichen Straßenplänen innerhalb der Mauern mittelalterlicher Städte von Handwerkern und Zünften errichtet, die immer noch auf mittelalterliche Weise organisiert waren."[173/174]

Die Zeit des Übergangs war geprägt von der Schwarzen Pest, die ein allgemeines gesellschaftliches Chaos auslöste. In diesen Zeiten der Veränderungen und des Aufruhrs wechselte die Macht zu den Herrschern über Kapital, Armeen und Handelsstraßen. Die gesellschaftliche Neuordnung, die daraus erwuchs, stand ganz im Zeichen der Fürsten und ihrer Banken. Die Zeiten, in denen das Leben in der Stadt mit Freiheit assoziiert wurde, sind vorbei.

„An die Stelle des Bürgers tritt der Untertan, an die Stelle des Handwerkers der Arbeiter, an die Stelle der Ware das Geld."[175] Es ist die Zeit der Fugger und der Medici, die fortan die Städte beherrschen. In die ungeordnet gewachsene Stadt des Mittelalters fügten sich nun die ersten Bauten der Renaissance: „Die Symbole dieser neuen Bewegung sind die gerade Straße, die ununterbrochene waagerechte Dachlinie, der Rundbogen und die Wiederholung einheitlicher Elemente an der Fassade."[176] Doch mit dem endgültigen Durchbruch des Absolutismus änderte sich das grundlegend. „Bis zum 17. Jahrhundert schuf die neue Bauweise, die alte klassische Bauweisen wiederverwendete, um damit neue Gefühle und Wahrnehmungen auszudrücken, ein ungewohntes Maß an Offenheit, Klarheit und strenger Ordnung."[177]

Die barocke Stadt am Ende des 17. Jahrhunderts dagegen war geprägt von ihren mathematisch-starren Straßenplänen, ihrer geometrisch ordentlichen Garten- und Landschaftsgestaltung und städtebaulichen Strenge. Barocke Planung war eng verbunden mit der Aufrüstung der Stadt zur militärischen Bastion. Genügten der mittelalterlichen Stadt als Schutz vor feindlichen Eindringlingen die Mauer und der Stadtgraben, so wurden jetzt gewaltige Befestigungsanlagen erbaut, um der neuen Artillerie Widerstand und Gegenangriffe bieten zu können.

In der mittelalterlichen Stadt war die wichtigste Funktion der Stadt ihre Bewohnbarkeit. Im Barock gerät die Stadt zur uneinnehmbaren Festung, der sich alles unterzuordnen hatte: „Während die altmodische Stadt in Blocks und Plätze aufgeteilt und dann von einer Mauer umgeben wurde, plante man die

---

173 Vgl. L. Mumford, a.a.O., S.402
174 Zur Stellung der Stadt zu Beginn der Neuzeit; vgl. K.M. Schmals (Hg.), a.a.O., S.14ff.
175 Vgl. E. Friedell, a.a.O., S.245
176 Vgl. L. Mumford, a.a.O., S.406
177 A.a.O., S.407f.

neue Festungsstadt hauptsächlich als Fort und preßte die Stadt dann in diese Zwangsjacke."[178]

In dieser städtischen Beengtheit war die räumliche Ausdehnung in der Horizontalen ausgeschlossen, extreme Verdichtung war die Folge. Um die Menschenmassen, die in dieser Zeit in die Städte strömten, überhaupt noch aufnehmen zu können, wurde fortan in die Höhe gebaut. Mit der rasanten Bevölkerungszunahme ging jedoch die Vernichtung der alten Grün-, bzw. Freiflächen einher, was zu einer Verschlechterung der städtischen Lebensverhältnisse führte. Die räumliche Enge begünstigte Krankheiten; und die Elendsviertel, die bereits in dieser Zeit entstanden, wurden nicht etwa nur von BettlerInnen und sonstigen AußenseiterInnen, sondern auch von einer großen Anzahl von „NormalbürgerInnen" bewohnt.

War das Kloster bisher zentraler Bestandteil der Stadt, so wurde seine Funktion jetzt durch die neu entstehenden Kasernen abgelöst. Statt Glockenklang aus Kirchen ist nun der Schall von Trompeten und Fanfaren zu hören. „Wachablösung, Drill und Paraden wurden zu großen Schaustellungen für eine immer untertäniger werdende Bevölkerung."[179] Die Soldaten der Festungsstädte waren in sogenannten Zeughäusern untergebracht. Entlang dieser Häuser entstanden ganze Reihen von Kneipen, Schneidereien und Garküchen: „Ja, es entstand nochmals ein stehendes Heer aus Krämern, Schneidern, Kneipenwirten und Dirnen."[180]

Die Stadt des Barock kennzeichnete die Verbindung der neuen abstrakten Begriffe von Raum und Zeit. Mit der Erfindung der ersten Uhr, wird das Verhältnis der Menschen zur Zeit ein mechanisch-mathematisches: „Die Zeit erschien nicht mehr kumulativ und dauernd, sondern als eine Menge von Minuten; sie hörte auf, Lebenszeit zu sein."[181]

Die neue Vorstellung von Zeit begriff den Raum durch Bewegung. Der städtebauliche Aspekt von Bewegung im Raum inszenierte sich in der Anlage riesiger Avenuen und Prachtstraßen: „Für die lineare Entwicklung des Stadtplanes spielte der Wagen als neues Verkehrsmittel eine entscheidende Rolle. Die allgemein geometrische Behandlung des Raumes, die für das Zeitalter charakteristisch ist, hätte überhaupt keine Funktion besessen, wenn sie nicht auch die Bewegung des Verkehrs gefördert hätte (...) Die Beschleunigung der Bewegung und die Eroberung des Raumes, das fiebernde Verlangen, „irgendwo hinzukommen", waren Ausdrucksformen des alldurchdringenden Willens zur Macht."[182]

Raumeroberung und Macht wird von den Fürsten und ihren Militärs in Form von Militärparaden und Aufmärschen zur Schau gestellt. Der einge-

---

178 A.a.O., S.418
179 A.a.O., S.422
180 Ebd.
181 A.a.O., S.426
182 A.a.O., S.428

schüchtert, ehrfürchtige Zuschauer befindet sich dagegen in einer eher bleiernen Zeit: „Das Leben marschiert an ihm vorüber – ohne seine Zustimmung, ohne sein Zutun. Er darf seine Augen gebrauchen, will er aber den Mund auftun oder seinen Platz verlassen, sollte er lieber vorher um Erlaubnis fragen."[183]

Parallel zur zunehmenden Nutzung des „öffentlichen" Raumes zur Darstellung von Macht und Kontrolle, vollzieht sich die zunehmende Verhäuslichung der Bevölkerung: Privatsphäre entsteht, ist allerdings vorerst noch ein Luxusgut der Reichen. Die Ökonomie des ehemalig Ganzen Hauses zerbricht in eine zunehmende Spezialisierung der Funktionen: das Schlafen wird vom Wohnen getrennt, das Kochen vom Essen.

Welche Konsequenzen hatten diese Entwicklungen für den einzelnen Menschen? Mit der Neuzeit entstand die Individualität des neuen Menschen: Doktor Faustus und Mephistopheles, Woyzeck und Kaspar Hauser; sie sind es, die nun die Rollen des neuzeitlichen Menschen aufzeigen, beziehungsweise das sind die Rollen, in die der Mensch schlüpft[184].

Nach dieser allgemeinen, kurzen Einführung in die wesentlichsten Aspekte der neuzeitlichen Gesellschaft werde ich nun wieder die Drogen respektive Genußmittel, die diese Zeit prägen, darstellen. Nach der Charakterisierung ihrer Wirkungen und Auswirkungen untersuche ich die Räume, die sie prägten und die von ihnen geprägt wurden.

Die neuen Genußmittel

Ende des 16. bis Mitte des 17. Jahrhunderts „eroberten" neue Genußmittel den europäischen Raum: Kaffee, Tee, Schokolade, Tabak und Branntwein. Gemeinsam ist ihnen die Herkunft aus Ländern, die im Zuge der Entdeckungsreisen, kolonialisiert wurden[185]. Waren die Gewürze des späten Mittelalters (z.B. Pfeffer, Ingwer, Zimt) bereits erste Vorboten eines neuen Geschmacks (und möglicherweise neuer Bedürfnisse), so erschienen jetzt Genußmittel, die, neben dem Alkohol, als neue psychoaktive Substanzen auf Körper und Bewußtsein der Menschen der Neuzeit einwirkten und ganz entscheidend zur Prägung und Entstehung neuer städtischer und gesellschaftlicher Räume beitrugen.

Der englische und französische Ausdruck *stimulants* drückt klarer als das deutsche Wort Genußmittel aus, daß diese neuen Entdeckungen nicht nur

---

183 A.a.O., S.431
184 Die neuen Formen von Identität verkörpern jedoch nicht nur eine zunehmende Rigidisierung und einen Zuwachs an gesellschaftlichem Zwang: So zeigt sich zum Beispiel im Renaissance-Humanismus des Erasmus von Rotterdam eine Ethik des freien Willens und die befreiende Wirkung einer neu verstandenen Form von Selbstbestimmtheit; vgl. dazu auch H. Ebeling (Hg.): „Subjektivität und Selbsterhaltung. Beiträge zur Diagnose der Moderne", Frankfurt 1996
185 Eine Ausnahme macht der Branntwein, der deshalb gesondert besprochen wird.

Genuß versprachen, sondern auch die Erarbeitung neuer Räume und Umgangsformen implizierten. Von diesen neuen Genußmitteln werde ich die drei, meines Erachtens wichtigsten, also Kaffee, Tabak und Branntwein, besprechen, da sich jeder dieser Stoffe durch ganz bestimmte Kennzeichen charakterisieren läßt und in besonderer Weise sozial- und raumprägend wirkt.

Der Kaffee

Ende des 16. Jahrhunderts wurde der Kaffee das erste Mal in deutscher Reiseliteratur erwähnt, bereits Mitte des 17. Jahrhunderts breitete er sich in kürzester Zeit in ganz Europa aus: „im Süden trat er zuerst in den Zentren des Levantehandels auf, Venedig und Marseille, im Norden in London und Amsterdam, den Umschlagplätzen des neuen Welthandels (...). Um 1700 war er fest etabliertes Getränk, zwar nicht der gesamten Bevölkerung, wohl aber der tonangebenden."[186]

Der Kaffee wurde zur Mode des Adels, zur höfischen Selbstinszenierung, bei der weniger das Getränk (also der Inhalt), als die Darstellung der Form der Konsumtion (Porzellangeschirr) im Mittelpunkt des Interesses stand. Eine ganz andere Bedeutung besaß der Kaffee für das aufkommende „Bürgertum": hier war es vor allem der Inhalt, also die physiologischen Eigenschaften und Wirkungen, die dem Getränk zugesprochen wurden, die an erster Stelle standen. Kaffeekonsum wurde zum Sinnbild eines Prozesses von Ernüchterung und Nüchternheit, dem der Rausch, verursacht durch übermäßigen Alkoholkonsum negativ gegenübergestellt wurde.

Alkohol und Rausch stehen sinngleich mit Faulheit und Unfähigkeit, während der Kaffee den „bürgerlichen" Fleiß und die sie begleitende Vernunft kennzeichnet. „Nunmehr ist die Schenke entthront, die scheußliche Schenke ist entthront, da noch vor einem halben Jahrhundert die Jugend sich zwischen Fässern und Dirnen wälzte. Weniger Alkohollieder des Nachts, weniger Adlige im Rinnstein..."[187] jubelte ein Zeitgenosse.

Neben seinem ernüchternden, arbeitsfördernden Charakter ist es die antierotische Wirkung, die dem Kaffee zugeschrieben wird, die ihn zum Leib- und Magengetränk protestantischer Puritaner werden läßt: 1674 erscheint in London eine Flugschrift mit dem Titel „Petition der Frauen gegen den Kaffee" in der die Frauen öffentlich ihre Angst um die mögliche Impotenz und Unfruchtbarkeit ihrer Männer disputieren.

Dieses Ereignis hat zwei wichtige Ursachen: zum einen wurde den Frauen der Zutritt zu den Kaffeehäusern verwehrt und die Frauen lehnten sich dagegen auf, zum zweiten verweigerten sie die Rationalisierung und Puritanisierung ihrer Körper und der ihrer Männer.

---

186 Vgl. W. Schivelbusch, a.a.O., S.26
187 A.a.O., S.46

Die physiologischen Eigenschaften und pharmakologischen Wirkungen des Kaffees werden an die neu aufkommende Ideologie der Rationalität und die damit einhergehende Entsinnlichung gekoppelt: Kaffee wirkt pharmakologisch auf das zentrale Nervensystem und beschleunigt so das Denken und die Wahrnehmung. „Er (der Kaffee, S.T.) infiltriert den Körper und vollzieht chemisch-pharmakologisch, was Rationalismus und protestantische Ethik ideologisch-geistig bewirken."[188]

Kaffee beeinflußt damit unmittelbar die neue protestantische Arbeits- und Berufsethik, sowie darüber hinaus die gesamte somatische Kultur. Kaffee hält wach und verlängert so die Zeit, die nun der Arbeit zur Verfügung steht, so wird er zum „Rationalisierungsfaktor ersten Ranges"(W. Schivelbusch). Kaffee wird als trockener und trocknender Stoff angesehen, ein ideales Mittel also, um die (bildlichen) Sümpfe und den Morast der AlkoholkonsumentInnen trockenzulegen. „Aber das Trockne ist das moderne Prinzip. Trockenheit und Nüchternheit sind Synonyme. Noch heute wird umgangssprachlich nur der Alkohol als feucht bezeichnet, nicht aber die Heißgetränke. Trocken ist das männliche, das patriarchalische, das asketische, das sinnenfeindliche Prinzip, im Unterschied zum Sinnlich-Weiblichen. Der Kaffee wirkt in diesem Sinne als der große Trockenleger an der Schwelle der Moderne."[189/190]

Wie sich die Entwicklung der Entsinnlichung des menschlichen Körpers auswirkt (auf Raum,- Sozial- und Persönlichkeitsstrukturen), werde ich in einem gesonderten Exkurs noch besprechen. An dieser Stelle sei nur bereits angemerkt, daß nicht nur die Formen der Enterotisierung und Desexualisierung in diesem Zusammenhang betrachtet werden müßten, sondern darüber hinaus die Verschiebungsmechanismen von Deutungsmustern bezüglich „Erotik", „Sinnlichkeit" und „Sexualität" auf Metaebenen „neuer Leiblichkeit". Zudem manifestiert sich am Beispiel der beginnenden Entsinnlichung durch die neuen Genußmittel auch deren Schichtspezifik[191].

Lust und Laster: Die Schokolade

Als große Gegenspielerin zur entsinnlichenden, „austrocknenden" Funktion des Kaffees sei deshalb die Schokolade erwähnt, die als dekadentes Genuß-

---

188 A.a.O., S.52
189 A.a.O., S.59
190 Es bleibt allerdings zu fragen, ob Schivelbusch, so „gut" er es meint, nicht in eine ideologische Gedankenfalle tappt, denn warum sollte das „asketisch, sinnenfeindliche Prinzip" (rein) männlich und das „sinnliche Prinzip" weiblich sein? Von welcher ideologischen Geschlechtsbestimmung wird hier ausgegangen, was konstruiert sie und mit welchen Folgen?
191 Die Schichtspezifik zeigt sich in (gesellschaftlich produzierten) Differenzen von 1. physischer Selbstwahrnehmung, 2. Körpertaxonomie, 3. ästhetischen Idealen, 4. Eßverhalten, 5. Umgangsweisen mit Körper und Gesundheit, 6. Kosmetik - und Medikamentenkonsum; vgl. L. Boltanski: „Die soziale Verwendung des Körpers", in: V. Rittner (Hg.)/D. Kamper: „Zur Geschichte des Körpers", S.138-177, München 1976

mittel schlechthin galt. Ursprünglich wurde sie von jesuitischen Mönchen in der Fastenzeit getrunken, aber bald schon war sie *das* Modegetränk des Adels. Die Schokolade wurde in flüssiger Form morgens im Bett zu sich genommen, ein denkbarer Gegensatz zur/m disziplinierten, aufrecht am Tisch sitzenden KaffeetrinkerIn. Schokolade und Müßiggang sind eine Kombination, wie auch die erotische Konnotation (Schokolade als Aphrodisiakum), die sie begleitet. „Schooladenstuben oder Schokoladenhäuser (...) sind Treffpunkt einer eigentümlichen Mischung von Aristrokratie und Halbwelt (...) jedenfalls antipuritanische, vielleicht sogar bordellähnliche Betriebe."[192]

Mit dem Untergang des Ancien Regimes (und dessen von bürgerlicher Seite diskreditierten „Verweiblichung") verschwindet auch die Schokolade. Sie findet ihren Nachfahren im Kakao (weniger nahrhaft, leichter verdaulich). „Das einstige Statusgetränk des Ancien Regime ist abgesunken in die Kinder- und Frauenkultur. Was einmal Macht und Glanz repräsentierte, ist jetzt Sache derjenigen, die in der Gesellschaft von Macht und Verantwortung ausgeschlossen sind."[193]

Kaffee (hingegen) war so beliebt, daß er als Allheilmittel eingesetzt wurde. „Der Kaffee geriet schon bald in den Ruf eines Allheilmittels, dessen Indikationen von Podagra über Husten, Hysterie bis hin zum Rheuma, Trunksucht und den berühmten *vapeurs* reichte, jene mysteriösen Ohnmachtsanfälle, in die die Damen der Gesellschaft gelegentlich fielen."[194] Neben den oben geschilderten Aspekten und seiner medizinischen Bedeutung ist es der nüchterne Rausch des Rationalismus, der den Kaffee seit dieser Zeit so attraktiv macht. Ähnliches, wenngleich unter leicht geänderten Vorzeichen, gilt für den Tabak, auf den ich jetzt zu schreiben komme.

Der Tabak

Tabak wurde zuerst von den Entdeckungsreisenden aus der Neuen Welt mitgebracht, über Seeleute fand er schnell Verbreitung in ganz Europa[195]. Das Rauchen galt in den ersten Jahren seiner Einführung als Luxus und blieb somit adeligen Kreisen vorbehalten. Zunehmende Verstädterung und verbesserte Verkehrsverbindungen sorgen jedoch schon bald dafür, daß der Tabak in weiten Bevölkerungskreisen kursierte. Wie bei der Einführung des Kaffees wird auch über den Tabak heftig debattiert. So mokiert sich der kurpfälzische Gesandte Johann Joachim von Rusdorff: „Ich kann nicht umhin mit wenigen Worten jene neue, erstaunliche und vor wenigen Jahren aus Amerika nach unserem Europa eingeführte Mode zu tadeln, welche man eine Sauferei des Nebels nennen kann, die alle alte und neue Trinkleidenschaft übertrifft. Wü-

---

192 W. Schivelbusch, a.a.O., S.103
193 A.a.O., S.106
194 Vgl. I. Müller: „Einführung des Kaffees in Europa", in: G. Völger (Hg.), a.a.O., S.390-397
195 Vgl. H. Hess: „Rauchen. Geschichte, Geschäfte, Gefahren", Frankfurt 1992

ste Menschen pflegen nämlich den Rauch (...) mit unglaublicher Begierde und unauslöschlichem Eifer zu trinken und einzuschlürfen."[196]

Anders als bei den anderen neuen Genußmitteln ist die Konsumtionsform des Tabaks das Ungewöhnliche, für das es zuerst keinen Ausdruck gibt. Erst in der Mitte des 17. Jahrhunderts setzt sich das Wort „Rauchen" durch, bis dahin wurde von „Tabaktrinken" oder „Rauchtrinken" gesprochen[197]. Auch dem Tabak wird die „trockene" Eigenschaft bestätigt: „Dieses Tobacktrinken (...) führt auch den Schleim und die phlegmatische Feuchtigkeit aus; ist gut für die Wassersucht, welches daraus zu schließen weil dieser Rauch die Feuchtigkeit ausführet und den Leib dünn und mager macht."[198]

Damit kommt auch dem Rauchen, die schon für den Kaffee erwähnte, antierotische Wirkung zu. Mit dem Rauchen werden aber auch Ruhe, Kontemplation und Behaglichkeit verbunden, untrennbar sind die geistige Arbeit und der Tabakkonsum, schreibt der holländische Arzt Beintema von Palma: „Einer der studirt muß notwendig viel Tabak rauchen, damit die Geister nicht verloren gehen, oder da sie anfangen zu langsam umzulaufen weshalb der Verstand, sonderlich schwere Sachen wohl nicht faßt, wieder mögen erweckt werden, worauf alles klar und deutlich dem Geiste überliefert wird, und er wohl überlegen und beurteilen kann."[199]

Im 18. Jahrhundert kommt zum Tabakrauchen der Schnupftabak hinzu, ein wichtiges Element zur Selbstinszenierung der Menschen des Rokoko. Auch dem Schnupftabak kommt die austrocknende Wirkung zu. Diesmal sogar verstärkt, da der Tabak durch die Nase direkt zu „entschleimen" vermag: „als Organ der Vernunft schätzt das 18. Jahrhundert die Nase"[200], die als direkter Zugang zum Gehirn des Menschen gesehen wird, von daher kommt ihrer Trockenlegung besondere Bedeutung zu. Der ständige Gebrauch von Schnupftabak führte noch zu einer weiteren Entsinnlichung: der weitgehenden Geruchsblindheit, verursacht durch die ständige Überreizung der Nasenschleimhäute, (was, angesichts damaliger Gerüche[201], nicht unbedingt unvorteilhaft sein mußte).

Der Konsum von Tabak wandelte sich mit der Zeit vom Gebrauch der Pfeife, über die Zigarre, zur Zigarette. Mit dieser Veränderung im Gebrauch geht die Beschleunigung und zunehmende Flüchtigkeit des trockenen Rausches einher[202]. Von stärkerer Flüchtigkeit und kürzeren Zeiten, bis sich der

---

196 Vgl. W. Schivelbusch, a.a.O., S.108
197 Tabak ist, toxikologisch gesehen, ein Nervengift und von der Wirkung eher mit Alkohol als mit Koffein zu vergleichen, von daher ergibt die Analogie des „Rauchtrinkens" durchaus Sinn.
198 Unbekannter Verfasser einer Flugschrift, in: W. Schivelbusch, a.a.O., S.109
199 A.a.O., S.119
200 A.a.O., S.158
201 Vgl. A. Corbin: „Pesthauch und Blütenduft. Eine Geschichte des Geruchs", Berlin 1984
202 Vgl. W. Schivelbusch, a.a.O., S.122

Rausch einstellt, handelt auch das Beispiel des letzten der dargestellten Genußmittel respektive Drogen: der Branntwein. Dabei wird sich zeigen, daß auch der Alkoholrausch einer gründlichen Rationalisierung unterzogen wird.

Der Branntwein

Branntwein war bereits im Mittelalter unter der Bezeichnung *aqua vitae* bekannt. Er wurde vorwiegend in der Klostermedizin als Heilmittel eingesetzt. Da seine Herstellung, das heißt die Destillation, noch ein sehr aufwendiges und zeitintensives Verfahren darstellte, war Branntwein für den normalen Hausgebrauch zu teuer. Außerdem bestand anscheinend noch kein Bedürfnis nach hochprozentigen Alkoholika.

Im 17. Jahrhundert wurde Branntwein zum Alltagsgetränk, er wurde hedonisiert, das heißt sein Gebrauch wurde alltäglich; aus dem ehemaligen Heilmittel wurde ein Rauschmittel[203]. Im aufkommenden „Bürgertum" des 17. Jahrhunderts setzte sich der Kaffee als beliebteste Genußdroge durch, während hemmungsloses Trinken nunmehr als unschicklich galt (zumindest in der Öffentlichkeit). Der Konsum von Alkohol wurde domestiziert, das heißt die/der „BürgerIn" trank fortan in den neu aufkommenden Räumen ihrer/seiner Privatheit, wodurch der Alkoholkonsum anonymisiert und unsichtbar wurde. Anders verhielt es sich in den Schichten der Armen und Mittellosen, hier stand der Alkoholkonsum immer noch an erster Stelle. Alkohol wurde in einer „Mischung aus sozialer Zugehörigkeit und Eskapismus" (W. Schivelbusch) getrunken. Das Trinkverhalten enthielt dabei noch deutlich mittelalterliche Züge und fand in den öffentlichen Räumen von Gaststätten und Tavernen statt. Daß die armen Schichten noch überwiegend in der Öffentlichkeit tranken, lag vor allem daran, daß ihnen keine privaten Räume zur Verfügung standen.

Kaffee und Branntwein müssen als „typische" Erfindungen der Neuzeit definiert werden: „Der Branntwein ist die pharmakologische und soziale Inversion des Kaffees. Er schafft in dem Maße neue Qualitäten des Alkoholrauschs, wie der Kaffee neue Qualitäten der Nüchternheit schafft."[204] Waren Bier und Wein noch organische Alkoholika, so ist Branntwein ein synthetisch erzeugter Stoff. Durch die Destillation kommt es zu einer Verzehnfachung des Alkoholgehaltes, was zur Folge hat, daß nur noch ein Zehntel der bisher konsumierten Menge getrunken werden muß, um einen Rausch zu erzeugen, beziehungsweise die KonsumentInnen benötigen nur noch ein Zehntel der Zeit, um sich einen Rausch anzutrinken.

Die Beschleunigung des Rausches verläuft parallel zur Industriellen Revolution: „Er (der Branntwein, S.T.) ist auf dem Gebiet des Trinkens, was der

---

203 Vgl. F. Braudel, a.a.O., S.255f.
204 Vgl. W. Schivelbusch, a.a.O., S.164
205 A.a.O., S.165

mechanische Webstuhl in der Weberei ist."[205] In der neuzeitlichen Gesellschaft vollzieht sich durch den vermehrten Branntweinkonsum ein Wandel im Rauschverhalten: stand im Mittelalter der Rausch im Vordergrund und geschah das Trinken kollektiv, so steht in der Neuzeit die alkoholische Betäubung im Vordergrund und das Trinken wird individualisiert, der Typus der/s einsamen Trinker/in/s entsteht[206].

Mit einer zeitgenössischen Beschreibung von Tobias Smollett, Romanautor des 18. Jahrhunderts, soll die Darstellung einer sich verändernden, chaotischen Welt abgeschlossen werden: „Es herrschte ein solcher Zustand der Verworfenheit, daß die Schankwirte, die dieses Gift (Gin, S.T.) vertrieben, öffentlich Schilder aushängten, auf denen sie die Leute dazu aufforderten, sich gegen Zahlung von einem Penny zu betrinken. Für zwei Pence durften sie sich sinnlos besaufen, und das Stroh zum Ausschlafen des Rausches sei umsonst. In diesen düstern Tavernen lagen die Säufer dann herum, bis sie sich einigermaßen erholt hatten. Dann kehrten sie zu dem verhängnisvollen Getränk zurück."[207/208]

Die Einfuhr der neuen Genußmittel und der verbreitete Konsum von Alkohol führten zu weitreichenden Veränderungen in der neuzeitlichen Gesellschaft, die in ihrem Ausmaß als erste Drogenkrise bezeichnet werden können. Von dieser Krise soll nun die Rede sein.

Die Drogenkrise des 16. und 17. Jahrhunderts

Mit der Entdeckung der Neuen Welt gelangten völlig neue Genußmittel in die europäischen Länder. Der mittelalterliche Mensch, dem bis dahin Bier, Wein, Cider vertraut waren, entdeckt die heißen Getränke, den Tabak und den Branntwein. Die Entdeckung der ebenfalls neuen und bis dahin unbekannten Wirkungen, die von diesen Genußmitteln ausgehen, verläuft konform zu einer zunehmenden Ich-Entfaltung der Menschen. Der „Prozeß der Zivilisation" (N. Elias) zeigt sich in der Veränderung von Verhaltensmustern, bei der sich zwischenmenschliche Fremdzwänge zu einzelmenschlichen Selbstzwängen verschieben. Die Menschen zeigen ihre Gefühle jetzt weniger spontan, sie lernen sich zu kontrollieren: „Kontrolle der eigenen Gefühle und des eigenen Lebens gewinnen zunehmend an Bedeutung, planende Berechnung erscheint nun als die herrschende Leitlinie."[209/210]

---

206 Maler wie Toulouse-Lautrec und Degas schildern in ihren Bildern die damaligen Alkoholprobleme (mit Absinth) in Frankreich. Neben dem Motiv des einsamen Trinkens kam es auch weiterhin zu kollektiven Trinkexzessen (zum Beispiel in den studentischen Verbindungen und beim Militär).
207 Vgl. W. Schivelbusch, a.a.O., S.168
208 Vgl. dazu auch T. Coffey: „Beer Street - Gin Lane. Aspekte des Trinkens im 18. Jahrhundert", in: G. Völger (Hg.), a.a.O., S.106-111
209 Vgl. A. Legnaro: „Alkoholkonsum und Verhaltenskontrolle. Bedeutungswandel zwischen Mittelalter und Neuzeit", in: G. Völger (Hg.), a.a.O., S.90

Mit der Entgrenzung der Welt, hervorgerufen durch die Entdeckungsreisen, ist die gleichzeitige Begrenzung des Individuums (und seiner Räume) verbunden, das sich fortan einer tiefgreifenden Rationalisierung seines Lebens beugen muß[211]. Noch sind weite Kreise der Bevölkerung mittelalterlichen Denkweisen verbunden (und so treffen neue Suchtmöglichkeiten auf eine ihnen noch nicht gewachsene individuelle Struktur).

16. und 17. Jahrhundert wurden nicht zu Unrecht als „Epoche der Trinkerei und Völlerei" (E. Friedell) bezeichnet. Und doch geschieht der Konsum von Genußmitteln nun vor einem neuen Hintergrund: der Rausch wird ambivalent, das heißt seine Bedeutung wandelt sich einerseits zur alkoholischen Betäubung, während es gleichzeitig zu strengeren Sanktionen bei Kontrollverlusten (motorisch, psychischer Art) kommt.

Diese Haltung der Ambivalenz bildet immer noch die Grundlage heutiger Einstellungen zu Drogenkonsum. Wurde im Mittelalter noch aus Ungehemmtheit heraus getrunken, so trinkt der neuzeitliche Mensch zur Enthemmung: aus dem ehemaligen Lust-Trinken wird ein individualisiertes Entspannungstrinken, aus dem kollektiven Rausch wird die einsame Suche nach Betäubung, nach Anästhesie.

1606 wird die Trunksucht in England erstmalig zum Verbrechen erklärt. Und auch die Führer der Reformation in Deutschland warnen vor dem „Saufteufel": „Es muß ein jeglich Land seinen Teufel haben, unser Teufel wird ein guter Weinschlauch sein und muß Sauf heißen, daß er so dürstig und hellig ist, der mit so großem Saufen Weins und Biers nicht kann gekühlet werden. Und wird solch ewiger Durst und Deutschlands Plage bleiben (...) bis an den jüngsten Tag."[212]

Die Gründe für den zeitweilig exzessiven Alkoholkonsum sind einerseits in den Wirren der Reformationszeit zu sehen, die die Menschen in eine tiefe Krise stürzte, zum anderen aber auch in der zunehmenden Verfügbarkeit von Branntwein: Während des 16. Jahrhunderts etablierte sich das Verfahren der Destillation als kommerzielle Industrie, dem folgte die Kommerzialisierung aller alkoholischen Getränke. Diese Entwicklung wurde hauptsächlich durch die Erweiterung der städtischen Absatzmärkte und durch Verbesserungen im Verkehrs- und Transportwesen begünstigt. Um diese neuen Muster modernweltlichen Drogenkonsums aufzufangen, wurden schon bald Maßnahmen zur Rationalisierung des Trinkverhaltens erdacht[213].

---

210 Dazu auch R. von Dülmen (Hg.): „Körper-Geschichten. Studien zur historischen Kulturforschung", Frankfurt 1996
211 Zur engen Verbindung von Entgrenzung und Begrenzung; vgl. L. Roper: „Saufen, Fressen, Huren. Disziplinlosigkeit und die Ausbildung protestantischer Identität", in: dies.: „Ödipus und der Teufel. Körper und Psyche in der Frühen Neuzeit", S.147-169, Frankfurt 1995
212 M. Luther, nach M. Stolleis: „Von dem grewlichen Laster der Trunckenheit. Trinkverbote im 16. und 17. Jahrhundert", in: G. Völger (Hg.), a.a.O., S.101
213 Vgl. dazu auch H. Spode: „Die Macht der Trunkenheit. Kultur- und Sozialgeschichte des Alkohols", Opladen 1993

Maßnahmen in der Krise

1517 wurde der erste Mäßigkeitsverein gegründet, dem folgten zahlreiche „Gesellschaften gegen das Zutrinken". Es kam zu ersten Kneipenschließungen: „Die calvinistischen Richter verfügten strenge Strafen über diejenigen, die die Gesetze der Stadt verletzten. Eine ihrer Maßnahmen war die Schließung von Schenken im Jahre 1546 zugunsten von Herbergen, wo nur die bewirtet wurden, die vor und nach dem Trinken ein Tischgebet sprechen konnten."[214]

Unzählige Karikaturen aus der Neuzeit[215] stellen den unmäßigen Trinker als Tier, oder im Zustand gröbster Verrohung dar. Erste Überlegungen zur Wahrung der öffentlichen Ordnung, der „guten polizey", werden publik: „Ein wachsender Beamtenapparat produzierte ein immer dichter werdendes Netz landesherrlicher Gebote und Verbote (...) unter denen die Luxusverbote und die Regulierung des Trinkens einen bedeutenden Platz einnahmen."[216] Verbote und Strafen finden sich nicht nur in den verschiedensten Landesordnungen, sondern auch in Polizeiordnungen und im Polizeirecht, z.B. zeitliche Begrenzungen (Polizeistunde), oder Verbot des Sonntagsausschanks. Im Strafrecht wird der „Saufgulden" eingeführt, also Ausnüchterung bei Wasser und Brot, es kommt zu Stadtverweisen und ersten Einweisungen in die neuen Zucht- und Arbeitshäuser. Kurzum: grundlegende Maßnahmen, die auch heute nicht an Aktualität eingebüßt haben[217].

Mit dem Ende des Dreißigjährigen Krieges klingt die Periode der „Trinkerei und Völlerei" langsam aus. Im Krieg waren zahlreiche Wein- und Hopfenanbaugebiete zerstört worden; die Trinkverbote und Strafen wichen einer konsequenten Besteuerung des Alkohols, die seinen Gebrauch legitimierte und enorme Gewinne erzielte. Auch durch die zunehmende Durchsetzung der neuen Genußmittel in weiten Kreisen der Bevölkerung nimmt der individuelle Alkoholkonsum ab.

Zum Abschluß ein Zitat der Erleichterung eines damaligen Zeitgenossen: „Die abscheulichen Willkommenshumpen und das viele Gesöff sind nun in Deutschland sehr abgeschafft und würden uns die auswärtigen Völker nicht wenig Unrecht thun, wenn sie uns itzt nach den Sitten unserer Vorfahren auch in diesem Stücke beurtheilen wollten u. giebt es in neueren Zeiten fremde Nationen, welche im hässlichen Gesöffe es den Deutschen voriger Zeiten vollkommen gleich, wo nicht gar zuvor thun."[218]

---

214 Vgl. G. Austin, a.a.O., S.65
215 Vgl. z.B. „Das Narrenschiff" Sebastian Francks oder in der Literatur, die moralischen Belehrungen (eines Hans Sachs) als Gegensatz zum Grobianismus (eines Rabelais).
216 Vgl. M. Stolleis, a.a.O., S.100
217 Polizeiliche Ingewahrsamnahme, Aufenthalts- und Ansammlungsverbote sowie Ausnüchterungszellen existieren bis in die heutige Zeit.
218 Vgl. M. Stolleis, a.a.O., S.104

Die neuen Räume

Die „Sümpfe des Alkohols" scheinen trockengelegt. Die „Tugend" einer rationalen Lebensführung[219] gewinnt die Oberhand. Wie sahen nun die neuen Räume aus, in denen sich neuzeitliches Leben und neuzeitlicher Rausch abspielten? Welchen Stellenwert besaß das Gesundheits- und Sozialwesen der neuzeitlichen Stadt? Wo befanden sich die Räume der Gesundheit und der Krankheit? Wie sahen sie aus?

Räume des Rausches

Die alten öffentlichen Rauschräume des Mittelalters waren auch in der Neuzeit noch bekannt[220]. Es gab weiterhin Tavernen, Schenken, Herbergen. Der Genuß von Alkohol wurde aber im Unterschied zum Mittelalter an diese bestimmten Räume gebunden. Alkohol galt nicht mehr als Lebensmittel und durfte nicht mehr überall konsumiert werden.

In der Neuzeit setzten sich durch die Einfuhr der neuen Genußmittel auch neue Konsumtionsformen und Umfelder des Konsums durch. Mit der Vielzahl der neuen Genußstoffe entstanden neue Orte des Konsums, die sich in ihrer Ausgestaltung dem jeweils neuen Genußstoff anpaßten. Das neuzeitliche Raumverständnis, Raum als die Summe einer bestimmten Menge abgegrenzter Einzelbereiche zu erfassen, führte zu einer zunehmenden Ausdifferenzierung von Räumen[221].

Die sichtbaren Räume (die sogenannte „Öffentlichkeit") entwickelten sich zu Kulissen des Tausches von Argumenten, von Waren, etc. und der Selbstinszenierung. Die unsichtbaren Räume (aufkommende „Intimität", aber auch Gefängnis, Militär und Arbeitshaus) wurden Orte des Rückzugs und/oder des Versteckens bislang sichtbarer Handlungen[222].

Die Verhäuslichung der Räusche und ihre ideologisch-moralische Besetzung nimmt hier ihren frühen Anfang. Zwar leben immer noch weite Kreise der Bevölkerung auf der Straße, verfügen also nicht über private Räume, aber die Tendenz der räumlichen Dichotomisierung entsteht bereits in dieser Zeit; und findet ihren Höhepunkt zu Beginn der Industrialisierung.

---

219 M. Weber spricht von „Lebensmethodik".
220 Zu diesen Räumen zählen (neben den drogeninduzierten Rauschräumen) z.B. auch die Räume der Kirchen, denn das Beten wurde sowohl im Mittelalter als auch in der Neuzeit in weiten Teilen der Bevölkerung rauschhaft praktiziert.
221 Vgl. G. Duby (Hg.)/P. Ariès: „Geschichte des privaten Lebens. Von der Renaissance zur Aufklärung", Bd.3, S.167ff., 3. Auflage, Frankfurt 1991
222 Zur „Entkoppelung von System und Lebenswelt"; vgl. J. Habermas: „Theorie des kommunikativen Handelns", Bd. 1, S.225ff. und Bd.2, S.173ff., 4. Auflage, Frankfurt 1987

Kaffeehäuser

Der wichtigste neue Raum des Rausches ist das Kaffeehaus[223], das Mitte des 17. Jahrhunderts in London eingeführt wurde: „es gab papistische, puritanische, whiggistische, royalistische Kaffeehäuser, Kaffeehäuser für Stutzer, für Ärzte, für Dirnen, für Handwerker."[224] Kaffeehäuser existierten über die ganze Stadt verteilt und wurden zu gesellschaftlichen Treffpunkten bestimmter Berufsgruppen. Gegen Ende des 17. Jahrhunderts eröffnete Lloyd's Coffeehouse in London und wurde ein beliebter Treffpunkt für Leute, die in der Schiffahrt beschäftigt waren. Das Kaffeehaus galt als Nachrichtenzentrum ersten Ranges, als Ort an dem Informationen, auch in Form erster Zeitungen, kursierten. In dieser „Nachrichtenzentrale" schlossen sich Versicherungsagenten zusammen und gründeten Ende des 18. Jahrhunderts das größte Versicherungsunternehmen der Welt, sprich: Lloyd[225].

Kaffeehäuser wurden zu den wichtigsten Kommunikationszentren von Geschäftsleuten, aber auch Künstler, Literaten und Journalisten versammelten sich hier. Das Kaffeehaus war Domäne des neuzeitlichen Mannes, Frauen hatten hier, zumindest in England keinen Zutritt[226]. Wurden die Frauen von der Teilhabe an der Welt (des Kaffeehauses) ausgeschlossen, so war ihnen als verkleinerte und verniedlichte Form, das „Kaffeekränzchen", in den eigenen Räumen zugestanden, das zur Zielscheibe zahlreicher Karikaturen und Spottschriften wurde[227].

Das Kaffeehaus, als nicht-alkoholisches Lokal, verfügte über einen Verhaltenskodex, der sich konträr zu den Sitten in den damaligen Tavernen verhielt: „Nüchternheit und Mäßigung stehen auf dem Programm des Kaffeehauses, gesittete Umgangsformen werden gefordert, gedämpftes und überlegtes Sprechen."[228] Schivelbusch erwähnt das „spießbürgerliche Gepräge" des deutschen Kaffeehauses, im Vergleich zu seinen englischen und französischen Vorläufern. In Deutschland wird die öffentliche Phase der Kaffeehäuser übersprungen, hier herrscht die provinzielle Idylle des heimischen Privatkonsums, schön verdeutlicht im Gedicht „Der siebzigste Geburtstag" von Heinrich Voß: „Emsig stand am Herde das Müttterchen, brannte den Kaffee; Über der Glut in der Pfann' und rührte mit hölzernem Löffel; Knatternd schwitzten die Boh-

---

223 Vgl. z.B. E. François: „Das Kaffeehaus", in: G. Haupt (Hg.): „Orte des Alltags. Miniaturen aus der europäischen Kulturgeschichte", S.111-118, München 1994. Freilich existierten auch Tee- und Lesehäuser.
224 Vgl. E. Friedell, a.a.O., S.527
225 Vgl. W. Schivelbusch, a.a.O., S.61
226 Diese (nicht nur) englische Tradition der Ausgrenzung setzt sich in den später entstandenen Clubs fort und dauert in ehemaligen Kolonien der britischen Krone (z.B. Sri Lanka) noch heute an.
227 Über Frauen, Raum und Ausgrenzung aus historischer Perspektive; vgl. B.S. Anderson/J.P. Zinsser: „Für eine eigene Geschichte. Frauen in Europa", 2 Bde., Frankfurt 1995
228 Vgl. W. Schivelbusch, a.a.O., S.62

nen und bräunten sich, während ein würzig duftender Qualm aufdampfte, die Küch' und die Diele durchräuchernd."[229]

Als Gründe für diese Idyllisierung nennt Schivelbusch Deutschlands gespaltenes Verhältnis zu „der Weltläufigkeit westlicher Nationen" und „Probleme der politischen Ökonomie", denn Deutschland besaß keine Kolonien, aus denen Kaffee bezogen werden konnte (aufgrund seiner Kleinstaaterei).

Wichtiges Kennzeichen des europäischen Kaffeehauses ist die Stärkung der Ich-Funktion seiner Besucher: im Kaffeehaus wird allein gesessen und Zeitung gelesen, es fördert die Fähigkeit zur gepflegten Konversation, die Gesprächskultur. Das Kaffeehaus ist der frühbürgerliche Versuch der Emanzipation von den „archaischen" Trinksitten des Mittelalters und der damaligen Kneipenkultur. Nach der Schilderung neuzeitlicher Kaffeehäuser führt die Besichtigung der Räume des Rausches zu den Räumen der Raucher.

Rauchräume

Geraucht wurde in Kaffeehäusern und Schenken und Rauchen (aber das ist puristisch!) blieb gewöhnlich auf diese Räume beschränkt. Regelrechte Rauch- oder Herrenzimmer wurden erst in der bürgerlichen Wohnung des 19. Jahrhunderts eingeführt. Der Tabakkonsum war bis zum Ende des 19. Jahrhunderts Männerdomäne. Rauchende Frauen tauchten höchstens in Karikaturen auf: „Der Tabak ist, wie der Kaffee, lange Zeit ein Symbol der patriarchalen Gesellschaft. Wie das frühe englische Kaffeehaus den Frauen verschlossen ist, so sind diese auch nicht zum Rauchen zugelassen."[230]

Lange Zeit war das Rauchen in öffentlichen Räumen verboten, da die Brandgefahr in den größtenteils aus Holzhäusern bestehenden Städten als zu groß eingeschätzt wurde. Mit der zunehmenden Versteinerung der Städte und der Industriellen Revolution, hebt sich dieses Argument auf: das Rauchen in der Öffentlichkeit wird zum Akt politischer Emanzipation: „In Preußen wird das Rauchverbot in der Öffentlichkeit 1848 aufgehoben, in den meisten europäischen Staaten schon viel früher. Seitdem ist das Rauchen keinen räumlichen Einschränkungen mehr unterworfen."[231] Friedell erwähnt Tabakläden der Neuzeit, „wo Unterricht im Rauchen erteilt wurde"[232] und „Tabagien", in denen „man alle nötigen Einrichtungen vorfand, mit deren Hilfe man das begehrte Kraut ungestört essen, trinken und wieder von sich geben konnte."[233]

Daß sich der Geschmack des Rauchens mit dem Geschmack von Alkohol gut verträgt und beides sich gegenseitig fördert, ist seit der Neuzeit bekannt. Deshalb als letzter Besuch ein Blick in eine neuzeitliche Kneipe.

---

229 A.a.O., S.82
230 A.a.O., S.137
231 A.a.O., S.141
232 Vgl. E. Friedell, a.a.O., S.379
233 A.a.O., S.433

Trinkstuben

Die neuzeitliche Kneipe steht in der Tradition der mittelalterlichen Taverne, kann jedoch durch einige Ausdifferenzierungen in der Raumgestaltung von ihr unterschieden werden. Waren Schankraum, Küche und Zapfstelle in der mittelalterlichen Kneipe noch eins, so werden in der neuzeitlichen Kneipe Küche und Zapfstelle vom Aufenthaltsraum der Gäste getrennt.

Erst mit Beginn der Industriellen Revolution werden auch die Trinkstuben der allgemeinen Durchrationalisierung der Räume unterzogen. Zu dieser Zeit entstehen, als Zeichen der Marktwirtschaft, Ladentisch und Tresen, die eine deutliche Trennung des Gastwirtes vom Kunden markieren. Der Tresen, ein weiteres Synonym für die Beschleunigung der Lebensweise, erweist sich als raumgestalterisches Pendant zum beschleunigten Rausch. Am Tresen wird der Branntwein/Gin „gekippt", in kürzester Zeit und mit kurzen Schlücken, wird der Rausch, der zur Betäubung führt, hervorgerufen.

Räume der Gesundheit und der Krankheit

Auch in der Neuzeit gehörten Seuchen, Krankheiten und der Tod zu den alltäglichen Erscheinungen. „Wer auf Reisen ging, der fragte in seinen Briefen an die Daheimgebliebenen, wer seit seiner Abreise verstorben sei."[234] Die Neuzeit brachte jedoch auch einige Neuerungen:
1. Mit den Entdeckungreisen tauchten zwei neue Krankheiten in Europa auf, die sich verheerend auf die Bevölkerung auswirkten, es waren die Syphilis und das Fleckfieber, 2. die Neuzeit als „Zeitalter der internationalen Kriege" führte zu einer wachsenden Ausbreitung von Infektionskrankheiten (z.B. Pocken, Masern, Influenza, Ruhr), 3. durch die Erfindung des Buchdrucks wurden auch medizinische Publikationen verlegt, die den damaligen medizinischen Kenntnisstand weiterverbreiteten, 4. die aufkommende italienische Renaissance förderte den Bau neuer Universitäten und Krankenhäuser, 5. die Organisation der Krankenpflege verbesserte sich und 6. kam es nach jahrzehntelanger Stagnation im Bevölkerungswachstum zu ersten Zuwächsen (nach dem Ende der Pest und des 30jährigen Krieges). Neben diesen Neuerungen brach immer wieder die Pest ein (bis circa 1720, wenn auch in immer größeren Abständen).

In der zweiten Hälfte des 16. Jahrhunderts kam es zu einer Klimaverschlechterung („kleine Eiszeit"), die zu schwachen Ernten führte. Mit den schlechten Ernten stiegen die Nahrungsmittelpreise, die Menschen hungerten. Frauen litten an Hungeramenorrhoe und die Geburtenzahlen waren wieder rückläufig. Mit dem Nahrungsmangel geht die steigende Infektionsanfälligkeit einher, die die Zahl der Toten nochmals erhöht.

---

234 Vgl. M. Vasold, a.a.O., S.118

Viele Städte waren „Pestherde erster Ordnung" (M. Vasold), denn durch die zunehmende Überfüllung und Enge konnten ausreichende hygienische Bedingungen nicht mehr gewahrt bleiben. In Hafenstädten, mit ihren Speicherbeständen und häufigen Neueinfuhren fremder Güter für Epidemien geradezu prädestiniert, brachen immer wieder Pestepidemien aus. Auch Typhus und Cholera grassierten in den Städten an Flüssen, die gleichzeitig als Mülldeponien und Trinkwasserquellen dienten.

Die medizinische Betreuung war in den Städten zu dieser Zeit (und noch bis in das 19. Jahrhundert hinein) verheerend: 1795 lebten in Berlin ca. 156.000 Menschen bei einem Ärztestand von 40 bis 50 Personen[235]. Trotzdem vollzogen sich auch tiefgreifende Veränderungen im Gesundheits- und Sozialwesen, wobei die Ansätze bereits dem späten Mittelalter entstammen: z. B. die weitere Spezialisierung im Pflegewesen und die Wende von der kirchlichen Betreuung zur öffentlichen Fürsorge. Von dieser Spezialisierung der Räume: der Hospitäler, der Umweltqualität und Gesundheitsfürsorge des öffentlichen Raumes soll nun die Rede sein.

Vom Hospiz zum Krankenhaus

Der wesentlichste Unterschied zwischen einem mittelalterlichen Hospital und seinen frühneuzeitlichen Nachkommen liegt in der baulichen Ausgestaltung der Anlage: Im Mittelalter waren Hospitalbauten im wesentlichen von den Entwürfen kirchlicher Bauten geprägt, sogar in diese integriert, oder ihnen angegliedert. Die neue Bauform dagegen ist geprägt von der italienischen Renaissance und vergleichbar mit dem Bautyp des Palazzo oder dem monumentaler Kirchen. Es gibt drei charakteristische Elemente, die Renaissance-Hospitäler auszeichnen: 1. die Hofanlage mit Säulenumgang, 2. Krankensäle auf kreuzförmigem Grundriß, 3. die Entwicklung der Hospital-Loggia[236]. Die Kreuzganghöfe mit ihrer schattenspendenden Funktion und guten Erschließung der Hospitalräume und auch der kreuzförmige Grundriß waren schon im Mittelalter bekannt. Auch die Hospital-Loggia war als Wandelhalle, Eingangs- und Aufenthaltsraum bekannt. Entscheidend neu sind jedoch die baulichen Dimensionen, die die Hospitalanlagen nun einnehmen: „Das Hospital, bisher sakralen Bautypen verpflichtet, folgt nun den Prinzipien des Palastbaues."[237] Diese denkmalhaften, gesteigerten Dimensionen sollten die kommunale Eigenständigkeit und neues Selbstbewußtsein der Städte dokumentieren.

Stadtbaumeister wie Alberti (1404-1472) und Filarete (1400-1469) arbeiteten schon sehr früh an Neukonzeptionen bei Gesundheitsbauten. Filaretes bekanntestes Werk, das Ospedale Maggiore wurde in Mailand erbaut. Leisti-

---

235 A.a.O., S.202
236 Vgl. D. Leistikow: „Hospitalbauten in Europa aus zehn Jahrhunderten", S.61, Ingelheim 1967
237 Ebd.

kow beschreibt das Ospedale, „Markstein in der Hospitalgeschichte", folgendermaßen: „Der gewaltige Baukomplex, wohl das eindringlichste Beispiel einer symmetrischen, um geschlossene Innenhöfe komponierten Hospitalanlage, beschreibt in seinem Grundriß ein Rechteck von 400 * 160 Mailänder Bracchien (etwa 235 m Länge und 94 m Breite). Zwei rechtwinklig einander kreuzende Krankentrakte mit ringsum laufenden Flügelbauten teilen dieses Rechteck so, daß beiderseits eines rechteckigen Mittelhofes je vier quadratische Seitenhöfe ausgeschieden werden. Bogengänge mit Säulenstellungen umziehen sowohl die Innenhöfe als auch drei Außenfronten."[238]

In der Nutzung des Ospedales waren die Abteilungen nach Geschlechtern getrennt, die Krankensäle waren eingeschossig angelegt, Kamine und Feuerstellen sollten der Luftreinigung dienen. Die sanitären Anlagen galten als vorbildlich. In seiner Kapazität konnte die Anlage 300 bis 350 Kranke aufnehmen, in der Neuzeit, bei maximaler Nutzung, bis zu 2.000 Menschen. Die neuzeitlichen Baumeister bezogen die neuen Spitäler in die Entwürfe ihrer Idealstädte ein: „Filarete dürfte der erste Theoretiker gewesen sein, der das Hospital auch in den städtebaulichen Zusammenhang einbezog. Im Plan seiner sternförmigen Idealstadt „Sforzinda" ist auch ausdrücklich ein „spidale" vorgesehen, dessen Plan mit dem des Ospedale Maggiore weitgehend identisch ist."[239]

In Deutschland verzögerten sich die Neu- und Ausbauten der alten Spitäler durch den Dreißigjährigen Krieg (1618-1648). In England dagegen setzte ebenfalls sehr früh eine Verbesserung im Pflegewesen ein: es gab weitreichende Spezialisierungen (z.B. Entbindungshäuser, Findelhäuser, Spitäler für venerische Krankheiten). Auch die medizinische Betreuung verbesserte sich: neben den Wundärzten arbeiteten nun auch allgemeine Ärzte. Die englischen Hospitalbauten blieben jedoch vorerst im Vergleich zu Frankreich und Italien zurück. Das änderte sich erst gegen 1730. Zu dieser Zeit entstanden Neubauten, mit dem zentralen Gedanken, die einen Hof umschließenden Baukörper voneinander zu trennen, um mehr Licht und Luft in die Höfe zu bekommen: „Die strenge Hofform wurde damit aufgegeben. Vier freistehende Blockbauten von je 46 m Länge, 14,2 m Breite und 4 Geschoß Höhe umgeben den großen Hofraum (...) Das Krankenhaus des 19. Jahrhunderts hat hier einen seiner Vorläufer."[240]

Weitere Hospitalsgründungen entstanden als „Voluntary Hospitals", einer Rückbesinnung auf die Krankenpflege als Gemeinschaftsaufgabe. Viele Neugründungen bezeichnen sich nicht länger als *Hospital*, sondern als *Infirmary*. „Aus den Hospitälern sind *Krankenhäuser* geworden."[241] Als Folge der aufgelockerten Bauweise entstand aus der Blockbauweise das Pavillonsystem:

---

238 A.a.O., S.64
239 A.a.O., S.65
240 A.a.O., S.75
241 A.a.O., S.77

Pavillons, die durch Säulengänge verbunden waren, säumen einen Innenhof, in dessen Mitte, als zentraler Blickpunkt die Kapelle steht.

Um 1700 kam es auch in Deutschland zu einer baulichen Trennung nach Krankenhaus, Herberge und Altenasyl. Zusätzlich entstanden zahlreiche Umbauten und Vergrößerungen. In der Hauptstadt des Kaiserreiches wird zur Zeit des Barock das Allgemeine Krankenhaus zu Wien eröffnet, dieses Krankenhaus vereinigte verschiedenste Kranken- und Armenanstalten Wiens zu einem Zentralspital. Auch in Paris kommt es nach den beiden Bränden im Hotel-Dieu (1737 und 1772) zu Diskussionen über eine Neukonzeptionalisierung. Dabei steht die Technisierung der Krankensäle (z.b. durch Belüftungssyteme) im Vordergrund. Im Zuge der Diskussion um die neuen Konzepte (Radialplan oder Blockbauweise) bringt Le Roy den wichtigsten Gedanken dieser Zeit auf den Punkt: „Übrigens ist ein Hospitalsaal, wenn man dies sagen kann, eine wirkliche Maschine zur Behandlung der Kranken"[242]. Der Ausbruch der Französischen Revolution verhinderte jedoch die Ausführung der neuen Pläne, beziehungsweise Konzepte.

Abschließend bleibt festzustellen, daß sich die entscheidende Wende im Pflegewesen ab der Mitte des 18. Jahrhunderts vollzog: „Die zukunftsweisenden Ideen setzten sich durch. Die Heilung der Kranken wurde zum ausschließlichen Ziel der neuen Institution."[243] *Auschließlich* im wahrsten Sinne des Wortes: Unheilbar Kranke, Alte und Gebrechliche wurden aus dieser neuen Institution ausgeschlossen und in Asyle abgeschoben. Parallel zum Wandel des Pflegewesens wandelte sich der öffentliche Raum: die Funktionen der Zurschaustellung fürstlicher Macht und frühbürgerlicher Selbstinszenierung treten hervor, die mittelalterliche Badekultur verschwindet und die ehemaligen Qualitäten städtischer Umwelt sinken ins Infektiöse.

Der Beginn der Neuzeit ist vom Niedergang der mittelalterlichen Badekultur gekennzeichnet[244]. Mumford vermutet, daß aus Angst vor den Ansteckungsgefahren der Syphilis die Badehäuser geschlossen wurden[245]. Viele Häuser wurden jedoch auch durch den Dreißigjährigen Krieg zerstört. Bei ständig wachsenden Bevölkerungszahlen in den Städten kam es zu einer Verknappung des Wassers für die Körperpflege. Den Menschen der Neuzeit stand weitaus weniger Wasser zur Verfügung als noch zweihundert Jahre vorher den Menschen des Mittelalters. Infektionskrankheiten wie Pest, Fleckfieber, Ruhr und Cholera verbreiteten sich unter diesen Umständen epidemisch.

Wegen der frühbürgerlichen Leibfeindlichkeit verboten obrigkeitliche Anordnungen auch das Nacktbaden in und außerhalb der Städte: „Bereits im Jahre 1541 waren in Frankfurt acht junge Männer immerhin vier Wochen

---

242 A.a.O., S.85
243 A.a.O., S.88
244 Zur Geschichte der Körperkultur und Körperhygiene; vgl. G. Vigarello: „Wasser und Seife, Puder und Parfüm. Geschichte der Körperhygiene seit dem Mittelalter", Frankfurt 1992
245 L. Mumford, a.a.O., S.448

lang bei Wasser und Brot in den Kerker gesperrt worden, weil sie am St. Petritag „wie Gott sie geschaffen, ganz nackend und bloß, ohne Scham im Main gebadet hatten."[246]

Mit den einschneidenden Wirkungen der neuen Körperfeindlichkeit geht die zunehmende (und damit in Verbindung stehende) Zerstörung natürlicher Ressourcen und Umweltqualitäten einher[247]. Die zunehmende Kontrolle der Menschen über ihre Leiblichkeit und sinnliche Expressivität verlängert sich in die fortschreitende Beherrschung der Natur. Der Preis, den sie dafür zahlen, zeigt sich in der Entfremdung von dem, worüber sie nun Herrschaft ausüben. Die sinnliche Erlebnisverarmung, die den zivilisatorischen Prozeß begleitet, manifestiert sich, mit den Worten Horkheimers und Adornos, als eine „Geschichte der Entsagung"[248].

Wie ich bereits darstellte, ist die neuzeitliche Stadt von einem allgemeinen Niedergang ihrer früheren städtischen Umweltqualitäten geprägt. Von diesen Verschlechterungen sind folgende Bereiche ganz besonders betroffen: Die Qualität des Wassers verschlechtert sich drastisch: mit wachsender Bewohnerzahl werden Unmengen an flüssigen und festen Abfällen in die Gewässer geworfen, oder eingeleitet. Abfall- und Senkgruben werden aus Gründen städtischer Überfüllung in unmittelbarer Nähe zu Brunnen angelegt und verseuchen so das Grundwasser[249]. Der Abfall, der auf die Straßen geworfen wird, häuft sich. Die bis dahin frei herum laufenden Haustiere, Schweine etwa, sind dem Verzehr der Abfallmengen zahlenmäßig nicht gewachsen. Zudem werden erste Verbote der Tierhaltung in den Städten erlassen. Die mittelalterlichen Freiräume in der Stadt verschwinden. Nachdem sich die Städte in der Horizontalen nicht mehr ausbreiten konnten, wuchsen sie in die Höhe. Die Freiräume, die als wesentliche Faktoren der Erholung angesehen wurden, werden durch die schnelle Bebauung verdrängt; und es entsteht eine Enge, die Krankheiten, sowie Gewalt und Kriminalität, Vorschub leistet. Die früheren Wohn- und Aufenthaltsqualitäten werden zugunsten einer Militarisierung des Raumes aufgegeben. In der Neuzeit hat sich der Mensch der geometrischen, rationalen Form, und nicht die Form dem Menschen anzupassen. Der Mensch wird als *machine* begriffen[250]. Abschließend noch einmal die wichtigsten Aspekte dieses Kapitels.

---

246 Vgl. H.P. Duerr: „Nacktheit und Scham. Der Mythos vom Zivilisationsprozeß", Bd.1, S.93, Frankfurt 1988
247 Vgl. C. Merchant: „Der Tod der Natur", München 1987. Dazu auch E. Fox-Keller: „Liebe - Macht - Erkenntnis", München/Wien 1986
248 Vgl. M. Horkheimer/T.W. Adorno, a.a.O., S.62
249 Vgl. G. Garbrecht: „Wasser. Vorrat, Bedarf und Nutzung in Geschichte und Gegenwart", Hamburg 1985
250 Vgl. z.B. B. Herrmann (Hg.)/E. Schubert: „Von der Angst zur Ausbeutung. Umwelterfahrung zwischen Mittelalter und Neuzeit", Frankfurt 1994

Rausch

Die Rauschformen der Neuzeit müssen nach alkoholischen und nicht-alkoholischen Räuschen unterschieden werden, und sind durch ihre hohe Ambivalenz gekennzeichnet. Alkoholräusche, die im Kontrollverlust über Affekte und Motorik endeten, wurden in der Öffentlichkeit erstmalig ordnungsrechtlich sanktioniert. Die trockenen Räusche (Kaffee, Tabak, Tee) werden zur Zeit ihrer Einführung kontrovers diskutiert, gelangen aber bald schon zu allgemeiner Akzeptanz. Kennzeichnend für den alkoholischen Rausch ist vor allem die Wende vom rauschhaften, gemeinsamen Lusttrinken zum einsamen Betäubungstrinken. Die allgemeine Entsinnlichung, die in der Neuzeit praktiziert wird, zeigt sich auch in der Betäubung der Sinne durch Alkohol (das heißt Trinken bis zum Umfallen, aber nicht aus Spaß am Rausch, sondern um „Nichts-mehr mitzukriegen").

Diese entsinnlichten Räusche verkörpern, neben der Metaqualität des trokkenen Rausches, einen Verlust an metaphysischer (Lebens)qualität, den ich zum Beispiel im mittelalterlichen Rausch noch darin erkenne, daß dieser, über die drogeninduzierte Wirkung hinaus, noch sinnlich-erotische Qualitäten umfaßte, denen die Erfahrung des Erhabenen, des Numinosen und Transzendentalen zugrunde lag[251].

Raum

Erfindungen und Entdeckungsreisen bewirkten die weitreichende Entgrenzung des Raumes für einige wenige Menschen (als abstrakter Kategorie) und sehen im Menschen (sprich: im Mann![252]) Maß und Mittelpunkt vieler Überlegungen; das heißt die „Vernunftkategorien" werden zum Maß, denen sich auch die emotionalen Qualitäten der Menschen unterzuordnen hatten. Die Räume der Alltagswelt werden dagegen extrem eingegrenzt. Die „Entzauberung der Welt" (M. Weber) vollzieht sich mit den Schrecken der Inquisition. Der geometrisierte Raum wirkt in seiner Berechenbarkeit auch auf die Struktur von Körper und Geist des neuzeitlichen Menschen und macht ihn zur beliebigen Variabel neuzeitlicher Raumkonfigurationen[253].

---

[251] J. Evola bezeichnet den Rausch als ein transzendentales Erlebnis; vgl. „Der Eros und die Spielarten des Rausches", S.86ff., in ders.: „Metaphysik des Sexus", Berlin/Wien 1983, dazu auch R. Otto: „Das Heilige", München 1932 (1. Auflage 1917) und G. Bataille: „Der heilige Eros", Ulm 1974

[252] Bereits Horkheimer und Adorno kennzeichnen den „Prozeß der Zivilisation" (N. Elias) als „patriarchal"; vgl. dies., a.a.O., S.10

[253] Vgl. dazu L. Benevolo: „Die Geschichte der Stadt", Frankfurt 1991 und W. Braunfels: „Abendländische Stadtbaukunst. Herrschaftsform und Stadtgestalt", Köln 1979

Subjekt

Regungen des Gefühls und der Seele werden hinter neu aufkommenden frühbürgerlichen Verhaltensstandards versteckt. Auch der Körper wird unsichtbar und entsinnlicht (ich denke dabei an die Gebundenheit der Frauen an die häuslichen Räume[254] und die Internierung von Obdachlosen und AußenseiterInnen[255] in die neuen Gefängnisse und Arbeitshäuser). Auch im Bereich des Gesundheits- und Sozialwesens kommt es zu einem Wechselspiel von Entgrenzung und Begrenzung: Entgrenzung im neuen, „ärztlichen" Blick (durch Mikroskope, Obduktionen, Untersuchungen) und gleichzeitige Begrenzung in Form der vollständigen Versachlichung des Körpers zum Objekt „wissenschaftlichen" Interesses[256].

Exkurse I-IV
Die Leibhaftigkeit der Zeit (I)

Nach der Darstellung der bekanntesten, kennzeichnenden Strukturmerkmale der Neuzeit, will ich an dieser Stelle noch einmal einige Charakteristika aufgreifen, die bislang zum Teil außen vor geblieben sind und deshalb viele Fragen offenließen. Meine Gründe dafür ergaben sich folgendermaßen: Während der Arbeit an den neuzeitlichen Räumen und Räuschen fiel mir bei der eigenen Vorgehensweise auf, daß ich die geschilderte Mechanisierung und Geometrisierung der dargestellten Epoche auf mein eigenes Vorgehen übertrug, Darstellung und Zeitstruktur gingen eine enge Verbindung ein. Beim Schreiben des Kapitels erlebte ich selber das Gefühl, mich an der Grenze zum Status der Untertanin zu bewegen, beziehungsweise Hofberichterstattung zu leisten. Ganz neuzeitlich, im Rahmen des Themas: der Stadtbewohner (und Frauen sowieso) reduziert auf die Funktion des schmückenden Beiwerks[257].

Aus der Vermutung heraus, in eine ideologische Zeitfalle geraten zu sein, suchte ich nach den Gründen für meine Unzufriedenheit. Dabei fiel mir folgendes auf: die Darstellungen des Außen, der Dinge und des Raumes gewannen an Dominanz über die BewohnerInnen der Stadt. Daraus folgere ich natürlich nicht, daß diese Kategorien unwesentlich sind, es sind aber letztlich nur einzelne Strukturmerkmale; die, für sich allein genommen, noch kein Deutungsmuster zulassen, da sie in erster Linie interne Konstanten des Systems darstellen.

---

254 Vgl. H. Wunder: „Er ist die Sonn', sie ist der Mond. Frauen in der Frühen Neuzeit", München 1992. Dazu auch I. Weber-Kellermann: „Die deutsche Familie. Versuch einer Sozialgeschichte", Frankfurt 1974
255 Vgl. U. Danker: „Räuberbanden im Alten Reich um 1700. Ein Beitrag zur Geschichte von Herrschaft und Kriminalität in der Frühen Neuzeit", Frankfurt 1988
256 Vgl. M. Foucault (1973, 1976), a.a.O.
257 G. Geiger schildert in ihrer Dissertation ähnliche Erfahrungen und nähert sich der Epoche der Neuzeit in (vorerst) „klassischer Weise"; vgl. a.a.O., S.92f.

Darum will ich an dieser Stelle noch einmal über Aspekte nachdenken, die bisher kaum genannt wurden, aber stark zeitstrukturbildend sind: 1. die StadtbewohnerInnen, 2. die zunehmende Entsinnlichung/Entkörperlichung des Menschen und 3. das Verhältnis von Entgrenzung und Begrenzung. Die drei Punkte werden in der Besprechung immer wieder ineinander übergehen, das liegt nicht etwa an Ungenauigkeit, oder Undifferenziertheit meinerseits, sondern an ihrer Struktur. Ich greife diese Aspekte auch deshalb auf, weil sie meines Erachtens wichtige Grundlagen für spätere Deutungsmuster industrialisierter Lebensformen darstellen; und während der Phase der frühen Moderne eine Entwicklung vollenden, die in der Neuzeit bereits ihren Ausgang nimmt. Um bei der späteren Betrachtung des Zeitalters der Moderne, seiner Räume und Räusche genau und vollständig arbeiten zu können, hier also noch einmal einige Strukturkonstanten der Neuzeit.

Das Verschwinden der BewohnerInnen oder Die leblose Stadt (II)

Mit der zunehmenden Militarisierung der Städte verschwindet der Mensch aus der Öffentlichkeit, sein körperliches In-der-Welt-Sein ist obsolet geworden. Wer es sich leisten kann, flüchtet in die Räume des Intimen. Doch was wurde aus denen, die sich eine Wohnung nicht leisten konnten? Was aus den AußenseiterInnen, die bislang fraglos in das Gemeinwesen integriert waren?[258] Im Zuge der Reformation wurden die alten Hilfsinstitutionen aufgelöst und ihre BewohnerInnen nun vollständig ausgegrenzt. „Mit der Proklamierung der Freiheit des Individuums gilt Armut als eklig und selbstverschuldet, die Armen werden zu den Parias der Gesellschaft."[259]

Die AußenseiterInnen, vorher fester Bestandteil der Gesellschaft, werden, wie andere StadtbewohnerInnen auch, aus dem Stadtbild verdrängt. Während frühbürgerliche StadtbewohnerInnen in *abschließbare* Räume „flüchten", „wandern" die AußenseiterInnen in die neuen, *geschlossenen,* und das heißt nicht autonom abschließbaren, Räume. *Geschlossen* im wahrsten Sinne des Wortes: in Zucht- und Arbeitshäuser. Mitte des 17. Jahrhunderts erfaßte eine weitreichende Internierungswelle ganz Europa: „Große Internierungshäuser werden geschaffen (...), die nicht einfach dazu bestimmt sind, Irre aufzunehmen, sondern eine ganze Reihe höchst verschiedenartiger Individuen, zumindest nach den Kriterien unserer Wahrnehmung: eingeschlossen werden arme Invalide, alte Leute im Elend, Bettler, hartnäckig Arbeitsscheue, Venerische, Sünder, Libertins aller Art (...) kurz alle, die hinsichtlich der Ordnung, der Vernunft, der Moral und der Gesellschaft Anzeichen von Zerrüttung zu erkennen geben."[260]

---

258 Vgl. B. Geremek: „Geschichte der Armut", Düsseldorf 1988
259 G. Geiger, a.a.O., S.109
260 Vgl. M. Foucault: „Psychologie und Geisteskrankheit", S.104f., Frankfurt 1970 und ders.: „Wahnsinn und Gesellschaft", Frankfurt 1969

Im gesamten europäischen Raum entstehen Armenhäuser, die ihre BewohnerInnen zur Zwangsarbeit verpflichten: „Die Härte der Bürger, die nur noch auf Mittel und Wege sinnen, die Armen unschädlich zu machen, steigert sich im ausgehenden 16. und v.a. im 17. Jahrhundert ins Ungemessene. In Paris werden Kranke und Invalide seit jeher in die Spitäler gesteckt und die Arbeitsfähigen zu zweien aneinandergekettet, mit der schweren und ekelerregenden Säuberung der Stadtgräben beschäftigt."[261] Neben der Bestrafung von Armut und/oder „Müßiggang" durch sichtbare Zwangsarbeit (zur Abschreckung) beschreibt Foucault die Unsichtbarmachung und Entkörperlichung des Strafsystems durch die „Geburt des Gefängnisses".

Nicht nur AußenseiterInnen „verschwinden" aus dem Stadtbild, auch die Frauen werden in *geschlossene*, von Männern *abschließbare* Räume, abgedrängt. Übrig bleiben Männer, sie werden die neuen Repräsentanten der Öffentlichkeit: „In dem Maße, wie die Frau verschwindet, gewinnt der Mann Kontur."[262] K. Theweleit identifiziert den neuen *Menschen*, als neuen *Mann*[263]. Mit der erzwungenen Dexualisierung der Frau: „Fast könnte man sagen, der Stoff, aus dem die >Verwandlung< des Mannes gemacht wird, ist der sich auflösende sexuell unberührte Leib der Frau"[264], gewinnt der Mann an Raum, „männliche" Gestaltungsprinzipien dominieren nun das Bild der Stadt. Städtebauliche Strenge und geometrisierte Formen prägen die Stadt und damit auch die Körper, der in ihr wohnenden Menschen[265].

Der entkörperte Mensch (III)

Wollte man eine Geschichte der Körperlichkeit und der Stadt schreiben, so wäre dies nicht denkbar ohne die Rekonstruktion gesellschaftlicher Machtverhältnisse und die gleichzeitige Dekonstruktion des Zustandekommens ihrer jeweiligen Praktiken und Werte[266]. Machtverhältnisse zu rekonstruieren bedeutet deshalb für mich immer (auch), geschlechtsspezifische Differenzen mitzudenken, vor dem Hintergrund des Wissens ihrer gesellschaftlichen Konstruktion[267].

Die zunehmende Entkörperlichung und Entsinnlichung des Menschen ist gekoppelt an die Verkörperung männlicher Herrschaft über die neuzeitliche Stadt. Der „Prozeß der Zivilisation" (N. Elias), der von männlichen Wissen-

---

261 Vgl. F. Braudel, a.a.O., S.71
262 Vgl. K. Theweleit: „Männerphantasien", 2 Bde., S.54, Frankfurt 1986
263 A.a.O., S.379
264 A.a.O., S.54
265 Vgl. z.B. H.-W. Kruft: „Geschichte der Architekturtheorie", 3. Auflage, München 1991
266 Vgl. R. Sennett: „Fleisch und Stein. Der Körper und die Stadt in der westlichen Zivilisation", Berlin 1995
267 Dazu sehr ausführlich N. Fraser: „Widerspenstige Praktiken. Macht, Diskurs, Geschlecht", Frankfurt 1994

schaftlern so gern und positiv beschrieben wird, vollzieht sich im Laufe der Entwicklung der Neuzeit als 1. planvolle Aneignung der Natur[268] und 2. unaufhaltsame Abstraktion und Formalisierung jeglichen Inhalts[269]; er erzählt eine „Geschichte der Entsagung" (Adorno/Horkheimer).

Mit der Zerstörung der *äußeren* Natur (Tiere, Pflanzen, natürliche Ressourcen) geht die Zurichtung der *inneren* Natur des Menschen einher. „Vernunft" heißt das Projekt dieser Disziplin und zeigt sich in der zunehmenden Beherrschung des Körpers[270].

Der neuzeitliche Mensch unterwirft sich dem nunmehr mechanischen Diktat der Zeit (durch die Uhr)[271]. Die vielfältige und komplexe Struktur seiner Persönlichkeit vereinzelt zum Individuum, sein Wirtschaften (früher auf Subsistenz gerichtet) orientiert sich an der aufkommenden Geldwirtschaft. Auch die neuen Genußmittel liefern ihren Beitrag zur Entsinnlichung des Menschen: ihre durchweg „entschleimende" Wirkung bewegt sich im Kontext der Entsexualisierung des Körpers[272] und seiner Zurichtung nach geometrischen Formen.

Diese „Geometrisierung des Leibes"(K. Theweleit), verkörpert in der Erfindung der Zentralperspektive, ist gebunden an die Künstlichkeit eines erdachten Raumes: mathematisch richtig, aber psychophysiologisch nicht real (im Sinne von erfahrbar)[273]. „Vernunft" ermöglicht jedoch nicht nur, sie ist vielmehr selbst schon, Beherrschung und Kontrolle[274], und setzt sie sich selbst zum Maß aller Dinge, so muß sie alles „Andere", „Unvernünftige"[275] ausschließen, als Preis für ein sich-selbst-Ertragenkönnen.

Zum Verhältnis der Begrenzung und Entgrenzung von Räumen (IV)

Mit der Einführung der neuen Genußmittel und Luxusgüter (hier: Gewürze, Seide, etc.) im späten Mittelalter, erlebten die Menschen eine erste Entgren-

---

268 Vgl. R. und D. Groh: „Die Außenwelt der Innenwelt. Zur Kulturgeschichte der Natur", Bd.2, S.83ff., Frankfurt 1996
269 Vgl. V. Rittner: „Handlung, Lebenswelt und Subjektivierung", in: V. Rittner (Hg.)/D. Kamper, a.a.O., S.13-66
270 Vgl. C. Wulf (Hg.)/D. Kamper: „Transfiguration des Körpers. Spuren der Gewalt in der Geschichte", Berlin 1989
271 Vgl. dazu H. Blumenberg: „Die Genesis der kopernikanischen Welt", 3 Bde., 2. Auflage, Frankfurt 1989
272 Vgl. K. Theweleit, a.a.O., S.492f.
273 Vgl. R. zur Lippe: „Naturbeherrschung am Menschen", 2 Bde., S.226, Frankfurt 1974
274 Die Gebrüder Böhme zeigen am Beispiel der Biographie Kants ein anankastisches, von den Doktrinen der Aufklärung vollständig beherrschtes, Leben, das sie als das „lebensweltliche Paradigma der modernen, vernunftgeleiteten Bürgerlichkeit" interpretieren; vgl. H. u. G. Böhme, a.a.O., S.431, Frankfurt 1985
275 Aus kritischer Perspektive zum „Anderen der Vernunft"; vgl. E. List: „Die Präsenz des Anderen. Theorie und Geschlechtspolitik", Frankfurt 1993

zung ihrer bislang relativ beschränkten Auswahl an Geschmacksstoffen. Dieser ersten Entgrenzung stand begrenzend die Einfuhr der Geldwirtschaft, die Kontrolle durch die Zünfte und neu aufkommende Verhaltensstandards „früher Bürger" entgegen. Mit dem Aufkommen der Reformation vollzieht sich diese Entgrenzung 1. spezialisiert nach Räumen und 2. geschlechtsspezifisch.

In der Neuzeit wird die Entgrenzung in Gaststätten, Kaffeehäuser und Tabakläden verlegt. Den Rauschzuständen, gleich welcher Couleur, werden spezielle Räume zugewiesen, sie werden begrenzt. Die Räume des Rausches sind fortan auch nicht mehr allen Bevölkerungsgruppen frei zugänglich. AußenseiterInnen, und auch Frauen, bleiben außen vor. Ihr Ausgeschlossen-Sein von den Rauschräumen (sprich: der Entgrenzung) wird von doppelter Ausgrenzung geprägt: 1. die Nicht-Teilhabe am Konsum der neuen Genußmittel bedeutet den Ausschluß *vom* Rausch (der gleichzeitig entsinnlicht) und 2. ihr Eingeschlossen-Sein (in *geschlossene und/oder verschließbare* Räume) vervollständigt die Entsinnlichung und Begrenzung *durch* den Raum. Entgrenzungszustände und das rauschhafte Neue, bleiben (vorerst) neuzeitlichen Männern, ihren „Erfindern", vorbehalten.

Ausblick

Im nächsten Kapitel meiner Zeitreise wird vom 19. Jahrhundert die Rede sein. Der zeitliche Schnitt, den ich setze, liegt am Ende des Ersten Weltkrieges, beziehungsweise Anfang der Zwanziger Jahre, mit denen ich im Anschluß (1.2.4) die Moderne des 20. Jahrhunderts beginnen lassen werde. Einleitend gebe ich eine kurze, allgemeine Darstellung dieser Zeit. Im Anschluß untersuche ich Rauschräume und Rauschzeiten, Räume des Gesundheits- und Sozialwesens und die darin agierenden Subjekte.

1.2.3 Räusche, Räume und Subjekte der neuzeitlichen Moderne

„Wir sind im Begriff zu erwachen, wenn wir träumen, daß wir träumen."
Novalis

Zeit – Räume

So wenig, wie es „das" Mittelalter oder „die" Neuzeit gibt, kann über „das" 19. Jahrhundert geschrieben werden, denn diese Epoche zeichnet sich durch ihre Vielfalt in Bezug auf Ungleichzeitigkeiten und kulturelle Differenzen im europäischen Raum aus. Ein Aspekt dieser Vielfältigkeit ist, daß die Entwicklungen, die sich in dieser Zeit vollziehen, realer werden. Realer in dem Sinne, daß sie sich verdichten, komplexer werden. Diese Tendenz trifft auch auf die Menschen des 19. Jahrhunderts zu: „alles wird intim, familiär, kompakt, konkret, die Helden (...) verwandeln sich aus unheimlichen Gerüchten (...) in Privatexistenzen, fix Angestellte, Straßenbekannte, die sich ansprechen lassen und auf alles antworten, denn sie sind aus demselben Material gemacht wie wir selbst."[276]

Das 19. Jahrhundert ist eine Zeit der Bilder, der Fotografien, die dieser Epoche (auch für uns) besondere Wirklichkeit verleihen. Nach einer langen Zeit, die ihren Blick vor allem in die Ferne (Entdeckungsreisen, Landschaftsmalerei, außenpolitische Schwerpunktsetzung) richtete, setzen die europäischen Staaten nach dem Wiener Kongreß ihre Aufmerksamkeit auf die jeweilige nationale Innenpolitik. Das 19. Jahrhundert gilt als Blütezeit der Geistes- Gesellschafts- und Sprachwissenschaften. In den Rechtswissenschaften entwickelt sich die einheitliche Rechtsprechung, die Germanistik systematisiert „deutsche Kultur und deutsches Sprachgut" (z.B. die Gebrüder Grimm), Humboldt legt die Grundlagen zur modernen Geographie, in der Archäologie gelingt die Entzifferung von Keilschrift und Hieroglyphen, asiatische Sprachen werden dechiffriert, was zur Geburt der Orientalistik führt. Neben allen chauvinistischen Schatten, die diese Entwicklungen begleiteten, entwickelte „Das junge Deutschland" der Vormärz-Bewegung (z.B. Heine, Büchner, Börne) ein eigenes Profil, sowohl für den einzelnen Menschen als auch im gesamtgesellschaftlichen Rahmen (wobei diese Entwicklungen nicht getrennt voneinander zu betrachten sind).

Weitere Aspekte der Entwicklungen im 19. Jahrhundert waren: 1. die Entwicklung des Kapitalismus (von der Frühzeit der Industrialisierung) zum Hochkapitalismus und 2. die Kopplung wissenschaftlicher Forschung an ihre technische Auswertung. Folge dieser Kopplung war (im zivilen Bereich) die enorme Expansion der Verkehrs- und Beleuchtungstechnik, während die im militärischen Bereich entwickelten neuen Waffentechniken im 1. Weltkrieg erprobt wurden. Die raumzeitlichen Auswirkungen der neuen Verkehrstechniken und der künstlichen Beleuchtung werden im Verlauf des Kapitels noch ausführlicher beschrieben.

Mit der zunehmenden Technisierung des Raumes entsteht, als neues Phänomen, auch der Lärm in der Stadt. A. Döblin beschreibt in „Berlin Alexanderplatz" lautmalerisch und expressiv diese Zeit: „Rumm rumm wuchtet vor Aschinger auf dem Alex die Dampframme. Sie ist ein Stock hoch, und die Schiene haut sie wie nichts in den Boden (...) Rumm rumm haut die Dampframme auf dem Alexanderplatz (...) Viele Menschen haben Zeit und gucken sich an, wie die Ramme haut. Ein Mann oben zieht immer eine Kette, dann pafft es oben, und ratz hat die Stange eins auf den Kopf. Da stehen die Männer und Frauen und besonders die Jungens und freuen sich, wie das geschmiert geht: ratz kriegt die Stange eins auf den Kopf. Nachher ist sie klein wie eine Fingerspitze, dann kriegt sie aber noch immer eins, da kann sie machen, was

---

276 Vgl. E. Friedell, a.a.O., S.939f.

sie will. Zuletzt ist sie weg, Donnerwetter, die haben sie fein eingepökelt, man zieht befriedigt ab. Alles ist mit Brettern belegt. Die Berolina stand vor Tietz, eine Hand ausgestreckt, war ein kolossales Weib, die haben sie weggeschleppt. Vielleicht schmelzen sie sie ein und machen Medaillen draus. Wie die Bienen sind sie über den Boden her. Die basteln und murksen zu Hunderten rum den ganzen Tag und die Nacht. Ruller ruller fahren die Elektrischen, Gelbe mit Anhängern, über den holzbelegten Alexanderplatz, Abspringen ist gefährlich (...) Über den Damm legen sie alles hin, die ganzen Häuser an der Stadtbahn legen sie hin, die Stadt Berlin ist reich, und wir bezahlen die Steuern."[277/278]

Der Städtebau ist geprägt von Neuerungen: es darf gebaut werden! Allenthalben entstehen in den großen Städten Boulevards und Schneisen, Warenhäuser, Museen, Sportstätten, Ausstellungsgebäude, Großraumkomplexe (Schule, Uni, Krankenhaus) und Passagen. Gleichzeitig wächst das Spekulantentum um Grundstücke und Gebäude, wodurch massenhaftes Wohnungselend und steigende Mieten produziert werden. L. Mumford beschreibt am Beispiel von drei Großstädten die Verhältnisse: „In London, New York und Paris gab es in der ersten Hälfte des 19. Jahrhunderts viele Stadtteile, von denen man zuverlässig sagen konnte: je schlimmer die Unterkunft, umso höher der gesamte Mietertrag des ganzen Gebäudes."[279]

Mit der zunehmenden Zerstörung der natürlichen Ressourcen (Gewässergüte, Luft- und Bodenqualität, etc.) wurde die Entsinnlichung der Menschen fortgeschrieben: Nützlichkeitsdenken, produktive Aneignung und gieriger Konsum verdrängten sinnliche Bedürfnisse und verleugneten die Wünsche des Körpers. Parallel zur massenhaften Verelendung proletarischer Bevölkerungskreise profitierte das erstarkende Bürgertum von diesen Entwicklungen und schaffte es, neue Räume zu etablieren, die vorwiegend durch ihre Privatatmosphäre geprägt sind[280].

Der Wandel vom alten Deutschland zur Industrienation vollzieht sich in dieser Zeit: „(...) in Berlin regieren nicht mehr Fichte und Hegel, sondern Siemens & Halske und statt der Brüder Humboldt die Brüder Bleichröder, in Jena gelangt als Nachfolger Schillers Zeiß zu Weltruf, in Nürnberg werden

---

277 Vgl. A. Döblin: „Berlin Alexanderplatz", S.144, München 1974
278 Zur Literatur der Moderne; vgl. z.B. U. Scholvin: „Döblins Metropolen. Über reale und imaginäre Städte und die Travestie der Wünsche", Weinheim/Basel 1985; H. Brüggemann(Hg. et al.): „Aber schickt keinen Poeten nach London - Großstadt und literarische Wahrnehmung im 18. und 19. Jahrhundert", Hamburg 1985; F. Stühler: „Totale Welten: der moderne deutsche Großstadtroman", Regensburg 1989; H. Suhr (Hg.)/T. Steinfeld: „In der großen Stadt. Die Metropole als kulturtheoretische Kategorie", Frankfurt 1990; S. Hauser: „Der Blick auf die Stadt. Semiotische Untersuchungen zur literarischen Wahrnehmung bis 1910", Berlin 1990
279 Vgl. L. Mumford, a.a.O., S.486f. Bleibt anzumerken, daß auch heute noch viele (meist) Gastarbeiter- und Asylantenfamilien von diesem Elend betroffen sind.
280 Vgl. z.B. G. Duby (Hg.)/P. Ariès „Geschichte des privaten Lebens", Bd.4, Frankfurt 1992

Dürers Werke von Schuckerts Werken abgelöst. Frankfurt am Main muß vor Hoechst weichen und an die Stelle der Farbenlehre tritt die Farben-AG."[281] Die wichtigsten Aspekte des Zeitalters der neuzeitlichen Moderne stelle ich jetzt noch einmal gesondert vor.

Verkehrstechnik

Als einen der wesentlichsten Veränderungsfaktoren beschreibt E. Friedell die Neuerungen der Verkehrstechnik: „Durch die blühende Natur begannen sich hastige schwarze Riesenschlangen zu winden, üble Dämpfe aus ihren Mäulern stoßend, zahllose Feuerschlote recken ihre grauen Hälse in den Himmel."[282] 1814 baute Stevenson die erste Lokomotive, 1820 wurde die Erfindung, nachdem es möglich war, Schienen zu walzen, praktikabel. 1835 fuhr der erste deutsche Dampfwagen zwischen Nürnberg und Fürth, 1837 zwischen Dresden und Leipzig.

Die Erfindung dieser neuen Technik bewirkte eine tiefgehende Veränderung der raumzeitlichen Wahrnehmung: „Geschwindigkeit wird zum Schlüsselbegriff für die raumzeitliche Erfahrung."[283] Mit der sich verändernden Geschwindigkeit geht die Vereinheitlichung der Zeit einher, die sich an die neue Technik anzupassen hat. Aus der vormals zyklischen Zeit entsteht der abstrakte lineare Zeitbegriff, schon bald ist die „Eisenbahnzeit allgemeine Standardzeit."[284] Die Reisezeit verkürzt sich durch die neue Technik um ein Drittel, eine Entwicklung, die W. Schivelbusch als „Vernichtung von Raum und Zeit"[285] bezeichnet.

Analog zu dieser raumzeitlichen Verschiebung vollzieht sich ein „Wirklichkeitsverlust in der Wahrnehmung": „Die Landschaften verlieren ihr Jetzt in einem ganz konkreten Sinne. Es wird ihnen durch die Eisenbahnen ihre lokale Zeit genommen. Solange sie voneinander isoliert waren, hatten sie ihre individuelle Zeit."[286] Jetzt geraten Natur und Landschaft zur Kulisse; die/der Reisende durchquert einen Raum aus erstarrter Zeit. Die neue Reizflut, die mit dem Reisen entsteht, sehe ich im direkten Zusammenhang zur Reizüberflutung in den wachsenden Großstädten, wobei die gleichzeitige Reizverarmung mitzudenken ist, die durch künstliche Überreizung entsteht.

Der Soziologe G. Simmel (1903) schreibt in seinem Essay „Die Großstädte und das Geistesleben"[287] über den Konstitutionsprozeß von Individuali-

---

281 Vgl. E. Friedell, a.a.O., S.1351
282 A.a.O., S.1027
283 Vgl. G. Geiger, a.a.O., S.123
284 Ebd.
285 Vgl. W. Schivelbusch: „Geschichte der Eisenbahnreise. Zur Industrialisierung von Raum und Zeit im 19. Jahrhundert", Frankfurt 1993
286 A.a.O., S.42
287 Vgl. in G. Simmel: „Das Individuum und die Freiheit", S.192-204, Frankfurt 1993

tät in der Zeit industrieller Moderne. Zentrale Aspekte seiner Argumentation beziehen sich auf die Geldwirtschaft[288], die moderne Maschinisierung und den schnellen Wechsel innerer und äußerer Eindrücke, die die Wahrnehmung ins Unübersichtliche steigern. Simmel beschreibt die Veralltäglichung von Kultur und deren Kommerzialisierung über die Transformation kulturbürgerlicher, elitärer Prinzipien hin zur exzessiven Selbstverwirklichung des Individuums in Form eines konsumfreudigen, hedonistisch orientierten Massenkonsums[289].

W. Benjamin entwickelt einen Großstadtbegriff auf der Grundlage der Stadtlyrik C. Baudelaires („Les fleurs du mal"). Dabei akzentuiert er primär die Bildstruktur der Großstadt, die er in Relation setzt zu den aufkommenden Lichtspielhäusern, die, im Gegensatz zum Medium der Photographie, Bewegung vermitteln. Im „Passagen-Werk" zeigt er die Großstadt Paris als erstes Zentrum der Entwicklung einer industriellen Moderne. Die neue, moderne Sinnlichkeit, so Benjamin, beinhaltet auch eine neue Ästhetik, die einen Gewinn für die Kunstproduktion bringt, weil sie ein hohes Maß an Bewußtsein beinhaltet. Gleichzeitig besteht, durch die unaufhörlichen Reize, eine ständige Überreizung der Menschen, denen sie sich durch Schutzmaßnahmen (z. B. „Blasiertheit") zu entziehen suchen. Was sich für Freud im „Schrecken" manifestierte, war für Benjamin der moderne, großstädtische „Choc".

In der Literatur erscheinen, parallel zu diesen frühen stadtsoziologischen Analysen, die neu aufkommenden Motive von Langeweile, Lasterhaftigkeit, Morbidität, Dandytum und die Eigenschaftslosigkeit von Dingen und Menschen[290]. Der Drang der Zeit (des 19. Jahrhunderts) zur Biologisierung von Stadtbildern, z.B.: die Stadt als vitale Zelle, pulsierend, zirkulierend (Geld, Waren, Verkehr), erscheint mir als ideologisch verbrämter Mythos zur Überdeckung zunehmender Leblosigkeit, Erstarrung und Fassadenhaftigkeit (und zeigt die Verschiebung des Lebens auf Suprastrukturen, das heißt weg vom Menschen, der sich als Rädchen in einem gigantischen Getriebe erfährt)[291].

Mit der Anpassung an die Geschwindigkeit des neuen Reisemediums verändert sich (in zweiter Instanz) auch der Blick auf die Landschaft. Sie wird (in der Wahrnehmung der/des Reisenden) jetzt zur vollen Entfaltung gebracht: „Hier erscheint nicht eine malerische Landschaft durch die Eisenbahn zerstört, sondern umgekehrt, eine an sich eintönige Landschaft wird durch die Eisenbahn erst in eine ästhetisch ansprechende Perspektive gebracht. Die Eisenbahn inszeniert eine neue Landschaft."[292] Schivelbusch spricht vom „pan-

---

288 Vgl. G. Simmel: „Philosophie des Geldes", Gesamtausgabe, Bd.6, Frankfurt 1989
289 Vgl. dazu H. Scheible: „Wahrheit und Subjekt. Ästhetik im bürgerlichen Zeitalter", S.373ff., Hamburg 1988
290 Vgl. z.B. J. Starobinski: „Kleine Geschichte des Körpergefühls", Konstanz 1987
291 Vgl. Filme wie „Moderne Zeiten", „Lichter der Großstadt" (C. Chaplin), oder „Metropolis" (F. Lang).
292 W. Schivelbusch (1993), a.a.O., S.58

oramatischen Blick", der mit seiner Fixierung auf den Gesichtssinn, das Sehen, gleichzeitig die Entfremdung von einer ganzheitlicheren sinnlichen Wahrnehmung vorantreibt.

Neben der Technik der Eisenbahn entwickelte sich die Dampfschiffahrt mit der zeittypischen Geschwindigkeit: 1807 fuhr das erste Dampfschiff auf dem Hudson von New York nach Albany. 1818 startete der erste Überseedampfer von New York nach Liverpool. Mit der Erfindung der Schiffsschraube 1829 wurden die Schiffe zu „Weltvehikeln" (E. Friedell). 1842 eröffnete ein regelmäßiger Dampferverkehr auf der Strecke Bremen-New York[293].

Anfang der 70er Jahre des 19. Jahrhunderts tauchten die ersten Fahrräder im Stadtbild auf. Und schon bald wurden sie fabrikmäßig hergestellt. Nach den ersten Prototypen, „Knochenschüttler" war die englische Bezeichnung, wurden bereits 1885 handliche Niederräder mit Luftreifen und Drahtspeichen gebaut[294]. Das Thema des beschleunigten Reisens wird auch in der zeitgenössischen, „utopischen" Literatur reflektiert[295].

Kunstlicht

Neben den Neuerungen in der Verkehrstechnik waren es im 19. Jahrhundert vor allem die Techniken der Beleuchtung, die raumprägend ihren Einfluß geltend machten. Neue Lichtquellen wurden erschlossen, größere Raumeinheiten konnten ausgeleuchtet werden und die Dauer der Beleuchtung machte fortan „die Nacht zum Tag."[296]

Ende des 18. Jahrhunderts kam es zu ersten Erneuerungen der traditionellen Beleuchtungstechnik. Erhellten bislang Kerzen und Öllampen den Raum, so kam es nun zur Einführung des Gaslichts, das, parallel zur Industrialisierung, im großen Rahmen als Industriebeleuchtung eingesetzt wurde und zu verlängerten Arbeitszeiten, beziehungsweise zur Schichtproduktion führte. Bereits 1810 wurde die erste Gesellschaft der Gasversorgung gegründet, die Gas durch Leitungsrohre (vergleichbar der Wasserversorgung) in die Häuser leitete.

Mit dem Anschluß an das öffentliches Versorgungsnetz verliert das ehemalige Ganze Haus die Autarkie der eigenständigen Herstellung von Energie für Heizung und Licht. Der Autarkieverlust muß allerdings im größeren Zusammenhang einer sich immer mehr arbeitsteilig organisierenden Markt- und Verkehrswirtschaft gesehen werden.

---

293 Das Thema des „Rädchens im Getriebe" findet sich auch in F. Kafkas Roman „Amerika", in der Passage „Der Heizer", S.9ff., Frankfurt 1981
294 Vgl. E. Friedell, a.a.O., S.1328
295 Und kann als Folge der Romantik interpretiert werden, z.B. Jules Vernes' „In 80 Tagen um die Welt" und „Captain Nemo".
296 Zur Geschichte der Stadtnacht; vgl. J. Schlör: „Nachts in der großen Stadt. Paris, Berlin, London 1840-1930", München 1994

Die neue Technik brachte freilich auch neue Gefahren: Explosionen und Vergiftungen, verursacht durch einen fahrlässigen Umgang oder defekte Leitungen. Als großer Nachteil des Gaslichts erwies sich sein hoher Sauerstoffverbrauch und die starke Raumerwärmung. Deshalb wurde in der Übergangszeit bis zur Erfindung der Glühbirne mit Bogenlicht experimentiert. Bogenlicht war offenes elektrisches Glühlicht, dem die Geschlossenheit der späteren Glühbirne noch fehlte. 1879 stellte Eddison erstmalig eine funktionierende Glühbirne vor. Und ähnlich dem Prinzip der Gasversorgung, wurden bereits 1882 erste Zentralstationen in London und New York gebaut, die den Strom ins Haus lieferten. Aus den Zentralstationen entwickelten sich die ersten Kraftwerke, wobei der Standort fortan dort eingenommen wurde, wo die Energie zur Stromerzeugung am billigsten war. Die modernen Großkraftwerke versorgten jetzt nicht mehr nur eine Stadt, sondern ganze Regionen.

Der Anschluß an das öffentliche Stromnetz wurde von der Bevölkerung ohne große Widerstände (anders als beim Gas) geduldet, denn Strom galt als „reine, geruchlose und körperlose Energie."[297] Es wurden medizinische Anwendungen erdacht, die vom galvanischen Strom (vergleichbar mit Reizstrom) bis zum Elektroschock reichten, denn Strom galt als etwas Gesundes, als Synonym für Vitalität und Leben. In den Jahren 1880 bis 1920 durchdringt die Elektrizität die moderne, großstädtische Zivilisation. In dieser Periode der Elektrifizierung entstand das moderne Nahverkehrssystem, Aufzüge, Telefone, Radios, aber auch neue Haushaltsgeräte und Lichtspielhäuser werden zu dieser Zeit erdacht und gebaut.

Mit den neuen Beleuchtungstechniken ändert sich auch das Bild der Straße: Im Mittelalter war die nächtliche Straße von Sperrstunden bestimmt. Mit Anbruch der Dunkelheit wurden die Stadttore geschlossen und die StadtbewohnerInnen hatten ihre Wohnhäuser zu verschließen. Nachtwächter patrouillierten mit Laternen in den Straßen. Ab dem 16. Jahrhundert entwickelten sich Ansätze fest installierter Beleuchtungskörper, mit Hilfe von Positionslichtern sollten einzelne Häuser erkennbar sein. Im späten 17. Jahrhundert gab es die erste, zentral organisierte, öffentliche Beleuchtung. Laternen wurden nicht mehr als Teil der Häuser, sondern als Teil der Straße installiert. Der absolutistische Staat sorgte auf diese Weise für Ordnung und Kontrolle innerhalb der Stadt. Dabei kam der Polizei eine wichtige Funktion zu: „Die Polizei des absolutistischen Staates schrieb vor, wie das Brot zu backen, das Bier zu brauen, die Schweine zu schlachten waren, sie kümmerte sich um jedes Detail des alltäglichen Lebens, das Unordnung und Unruhe hervorrufen konnte. Die Aufrechterhaltung von Ruhe und Ordnung war ihre erste Pflicht."[298] Bis zum Ausgang des 19. Jahrhunderts orientierte sich die öffentliche Beleuchtung

---

297 Vgl. W. Schivelbusch: „Lichtblicke. Zur Geschichte der künstlichen Helligkeit im 19. Jahrhundert", S.74, Frankfurt 1986
298 A.a.O., S.86

noch stark an den natürlichen Lichtverhältnissen: anhand von Leucht- und Mondscheintabellen wurde die abendliche Beleuchtungsstärke und -dauer bestimmt. Erst im späten 19. Jahrhundert konnte die Straße mit industriell produziertem Licht „erleuchtet" werden. Mit der radikalen Ausleuchtung von öffentlichen Räumen entstand ein System der Überwachung, Gegenüberwachung und gegenseitiger Überwachung. W. Schivelbusch interpretiert das häufig auftauchende Phänomen der Laternenzerstörung als Rebellion gegen die verordnete Ordnung: „Zum Gefühl der Omnipotenz, das im Akt des Feuer-Auslöschens erlebt wird (das psychoanalytische Urbild ist das Ins-Feuer-Urinieren), kam in den Laternenzerstörungen (...) noch die zusätzliche Befriedigung, symbolisch die Herrschaft auszulöschen, die die Laterne repräsentierte: Die Dunkelheit, die herrschte, nachdem die Lampe verlöscht war, repräsentierte ein Stück Unordnung und Freiheit."[299]

Im 19. Jahrhundert wandelte sich die Beleuchtung der Straße vom Eigenlicht, z.b. dem Positionslicht eines Hauses, zum Leuchtlicht, das eine ganze Straße auszuleuchten vermag. Aus barocker Festbeleuchtung wird die Beleuchtung des Nachtlebens: für Ordnung (sprich: Kontrolle) ist so gesorgt, und Geschäftigkeit (nicht zu verwechseln mit Leben, aber das ist Leben, das leer dreht) wird durch Leuchtreklamen und Schaufensterbeleuchtungen vorgetäuscht. Die neuen Lichttechniken verbreiten sich nicht nur im öffentlichen Raum, sondern auch in den neuen Räumen der Privatheit, von denen nun die Rede sein soll.

Privatheit und Idyllen

Neben der weiträumigen Ausleuchtung öffentlicher Straßen und Plätze änderte sich auch die Beleuchtung von Häusern und Wohnungen. Saßen die Familien und Hausgemeinschaften noch zu Beginn des 19. Jahrhunderts abends um die Kerze oder Petroleumlampe, so findet man sich an dessen Ende im Schein der Glühbirne zusammen und hört gemeinsam (zumindest in begüterten Kreisen) Grammophon oder Radio. Mit der Innenraumbeleuchtung erscheint die Gardine, die das Fenster einkleidet und die Bewohner vor den Blicken Außenstehender schützen soll: „Es galt jetzt (...) den Raum vor ungerufenen Blicken von außen, vor der kalten Nüchternheit des Tageslichts abzuschließen, ohne doch die Freude an der Helligkeit zu zerstören."[300] Mit dem neuen Drang nach Innen entstehen erste Bedürfnisse nach dekorativer Möblierung und Beleuchtung des Raumes[301]. Abgesetztes Licht aus Tiffany-Lam-

---

299 A.a.O., S.98
300 A.a.O., S.164
301 Zur Geschichte des Wohndesigns; vgl. W. Rybczynski: „Wohnen. Über den Verlust der Behaglichkeit", München 1987 und G. Selle/J. Boehe: „Leben mit den schönen Dingen. Anpassung und Eigensinn im Alltag des Wohnens", Hamburg 1986

pen, Glasmalerei und dunkle Vorhänge ziehen in die bürgerliche Wohnung ein. Mit der zunehmenden Arbeitsteilung wandelt sich auch die Funktion der Wohnung: für die Hausfrau, zuständig für die Innenwelt, ist sie Ort der Hausarbeit und ihrer reproduktiven Tätigkeiten[302]. Dem Mann, zuständig für die Außenwelt, dient sie zur Erholung. Die Räume des Privaten orientieren sich an der Entstehung eines neuen Familientyps mit klarer Rollenverteilung (und tragen zu dessen Entwicklung bei). Parallel zu dieser Rollenfestlegung (Stereotypisierung) vollzieht sich eine erste Individualisierung des einzelnen Familienmitglieds: die Bedeutung des Vornamens nimmt zu, Spiegel finden sich in immer mehr Wohnungen und Photographien[303] sind schon bald weitverbreitet. „Die" bürgerliche Familie pflegt Lektüre, sammelt Dekorationsgegenstände und schafft Haustiere an. Neue Räume eröffnen sich: Familien reisen im Sommer an die See, im Winter in die Berge.

Neben den genannten Entwicklungen kommt es zur zunehmenden „Verhäuslichung körperlicher Verrichtungen"[304], das allgemeine Schamempfinden steigt. Die Entwicklung privater Räume mit gediegener Ausstattung vollzieht sich vorerst im Bürgertum. Arbeiterfamilien leben häufig noch unter menschenunwürdigsten Umständen in den Ghettos der großen Städte[305]. Welche Rolle nahm zu dieser Zeit der Rausch ein? Wo fand er statt? Wer war beteiligt? Wie sah das aus?

Rausch – Zeiten: Alkohol und Industrialisierung

Im 19. Jahrhundert ist der Rausch durch zwei Merkmale gekennzeichnet: 1. finden im Laufe der Urbanisierung und technischer Neuerungen Veränderungen im Alkoholkonsum statt und 2. entsteht im Zuge medizinischer Entwicklungen eine breite pharmazeutische Industrie, die im großen Umfang bewußtseinsverändernde Präparate produziert.

Bis zum Ende des 18. Jahrhunderts war die Alkoholmenge, die zum Konsum zur Verfügung stand, abhängig vom Ernteertrag der Rohware, aus der sie hergestellt wurde. Seit dem ausgehenden 18. Jahrhundert wurden jedoch auch Kartoffeln, die in Mengen zur Verfügung standen, für die Schnapsproduktion verwendet, was zu einer extremen Produktionssteigerung führte. Vor allem die Armen tranken ungereinigten Kartoffelschnaps, der zusätzlich mit Fusel-

---

302 Vgl. die Geburt der bürgerlichen Familie aus der Romantik, z.B. E. Badinter: „Die Mutterliebe. Geschichte eines Gefühls vom 17. Jahrhundert bis heute", München 1984
303 1839 von Daguerre entwickelt.
304 Vgl. P. Gleichmann: „Die Verhäuslichung körperlicher Verrichtungen", in H. Korte (Hg.)/P. Gleichmann/J. Goudsblom: „Materialien zu Norbert Elias'Zivilisationstheorie", S.254-278, Frankfurt 1979
305 H. Zille hat das Milieu der Berliner Mietskasernen in Zeichnungen und Verfilmungen (z.B. „Der fünfte Stand" und „Mutter Krauses Fahrt in's Glück") eindrucksvoll dokumentiert.

ölen versetzt wurde; während sich in den Schichten der Reichen verfeinerte Liköre durchsetzten. Mit der Industrialisierung entstehen technische Neuerungen, die in ihrem Resultat dazu führen, daß immer weniger ArbeiterInnen immer mehr Branntwein/Schnaps in immer kürzerer Zeit herstellen können. Aus den alten Klein- und Nebengewerben entwickeln sich Mittel- und Großbetriebe (Schnaps- und Spritfabriken). Von diesen Neuerungen ist auch die Bierproduktion betroffen: durch die Erfindung der Kältemaschine (1870/71) wird die Unabhängigkeit von jahreszeitlichen Verhältnissen bei der Produktion erreicht, was Lagerung und Produktion in großen Mengen möglich macht[306]. Auch im Weinbau gibt es Neuerungen, aber da bleibt die alte Abhängigkeit von den natürlichen Witterungen bestehen.

Die verstärkte Produktion von Alkohol führte zu der Frage nach neuen Absatzmärkten. Als Antwort auf diese Frage entstand das Trucksystem. Beim Trucksystem zahlt der Fabrik- oder Gutsbesitzer einen Teil des Lohnes an die ArbeiterInnen in Form von Alkohol aus. „Diese Methode, einen Teil des Lohnes in Branntwein zu verabreichen, verbreitete sich rasch, bald nahmen sie Transport- und Bauunternehmer, die Besitzer von Kohlen- und Eisenbergwerken wie von Ziegeleien auch in Deutschland auf."[307]

Auf diese Weise wurde der erhöhte Schnapskonsum bei den ArbeiterInnen eingeführt und zur Gewohnheit. Neben dem Trucksystem waren es aber auch die katastrophalen Wohnverhältnisse (Enge und Überbelegung) der ArbeiterInnen und ihrer Familien, die zu Alkohol- und damit verbundenen Folgeproblemen führten. Nach extrem langen Arbeitsschichten und schwerer Arbeit führte der Weg für viele als erstes in die Kneipe. So interpretiert Engels: „Alle Lockungen, alle möglichen Versuchungen vereinigen sich, um den Arbeiter zur Trunksucht zu bringen. Der Branntwein ist ihnen fast die einzige Freudenquelle (...) Die Trunksucht hat hier aufgehört, ein Laster zu sein, für das man den Lasterhaften verantwortlich machen kann, sie wird ein Phänomen, die notwendige, unvermeidliche Folge gewisser Bedingungen auf ein, wenigstens diesen Bedingungen gegenüber, willenloses Objekt."[308/309] Freilich entgeht der bürgerlichen Analyse Engels, daß auch in anderen Schichten stark getrunken wurde, dies aufgrund eines gehobeneren Lebensstandards (Privatheit, Luxus) aber öffentlich nicht auffiel.

Neben dem Trucksystem kam es zu einer Konzentration von Großbrauereien auf regionaler Ebene. Zum Teil ist diese Entwicklung traditionell begründet (Bayern, Norddeutschland), zum Teil ist sie unmittelbare Folge zunehmender Verstädterung: die ArbeiterInnen zogen in die sich entwickelnden Städte, die Bierproduzenten zogen mit. Mit der Hochindustrialisierung gerät

---

306 Vgl. H.-C. Täubrich (Hg. et al.): „Unter Null. Kunsteis, Kälte und Kultur", München 1991
307 Vgl. I. Vogt, a.a.O., S.115
308 Ebd.
309 Dazu auch: R. und M. Hübner: „Der deutsche Durst. Illustrierte Kultur- und Sozialgeschichte", S.142ff., Leipzig 1994

das Trucksystem zunehmend in Verruf. Der Hauptgrund liegt in der Komplexität der maschinellen Produktion, die reibungsloses Funktionieren, also abstinentes Arbeiten, erfordert. Der „blaue Montag", der Tag, an dem vorher viele ArbeiterInnen der Arbeit fernblieben, wird zum Relikt trinkseligerer Zeiten. Während sich die Trinkgewohnheiten des Bürgertums seit der Einführung der heißen Getränke in Bezug auf den Alkohol domestizierten, wurde der Alkoholkonsum der ArbeiterInnen zum öffentlichen Problem, das auch von der sozialistischen Arbeiterbewegung aufgegriffen wurde. Lösungen des Problems wurden zum einen in der Abstinenz, zum anderen in der Mäßigkeit gesehen. Gerade die Kneipe galt zu der Zeit der Sozialistengesetze, die auch Ansammlungsverbote in der Öffentlichkeit beinhalteten, als wichtiger Ort zur Diskussion politischer Forderungen und Aktionen. T. Krämer-Badoni und F. Dröge beschreiben den Aufenthalt in der Kneipe als „zentrales Moment proletarischer Lebensführung."[310]

Während dieser Zeit kam es zur Ausbildung verschiedener Kneipentypen:

1. Eck- und Stammkneipe, die vor allem in Handwerkervierteln entstand,
2. klassische Arbeiterkneipe, von diesen häufig auch betrieben und als Versammlungsort genutzt,
3. große Saalbauten und Bierpaläste (Hasenheide, Tivoli und Concordia in Berlin),
4. gemischte Trinkgaststätten (Aschinger und Kempinski in Berlin),
5. Stehbierhallen[311].

Alkohol war zu allen Zeiten *das* Rauschmittel abendländischer Kultur schlechthin. Im 19. Jahrhundert gelangen in der Medizin jedoch entscheidende Fortschritte, die zur schnellen Verbreitung massenhaft hergestellter Arzneimittel führten. Die umfassende „Medikalisierung der Gesellschaft" (M. Foucault) nimmt hier ihren Beginn. Neben der therapeutischen Applikation von Medikamenten werden sie zur Herbeiführung neuer Rausch- und Betäubungszustände konsumiert, worauf ich jetzt eingehen werde.

Arzneimittel und Rauschgifte

Zu Beginn des 19. Jahrhunderts war der Gebrauch von Opium als Schmerz- und Beruhigungsmittel so gebräuchlich wie die heutige Konsumtion von Aspirin: „In einem zeitgenössischen Bericht heißt es, „daß es in jedem Dorf der Umgebung einen Laden gab, in dem sich die Laudanum-Fläschchen (Laudanum, eine Lösung aus Alkohol und Opium, ist die beliebteste Form, Opium

---

310 Vgl. F. Dröge (Hg.)/T. Krämer-Badoni: „Die Kneipe. Zur Soziologie einer Kulturform", S.105, Frankfurt 1987
311 A.a.O., S.100ff.

zu sich zu nehmen, W.S.) zu Hunderten auf der Theke stapelten, bereit zum Verkauf an die samstags aus den Fabriken strömenden Arbeiter."[312]

In der aufkommenden organischen Chemie des 19. Jahrhunderts wurde versucht, Wirksames von Unwirksamen zu trennen, um die Wirkung der Produkte zu optimieren. 1817 gelang Sertürner die Isolierung des Morphiums aus dem Opium[313], 10 Jahre später wurde Morphium zu kommerziellen Zwecken hergestellt. 1874 wurde durch die Bindung von Essigsäure an Morphium Diacetyl-Morphium (Heroin) gewonnen, das 1898 durch Bayer auf den Markt gelangte. Auch neuartige Mittel, die nicht in der Natur zu finden sind, wurden synthetisch hergestellt, zum Beispiel Dolantin, ein hochwirksames Schmerzmittel. Um 1850 wurden die subkutanen Spritzen erfunden, schon kurze Zeit später setzte sich die intravenöse Applikation von Schmerzmitteln durch. Mit der Einführung der Injektion wurde das Phänomen der Suchtwirkung erkannt: zuerst in den amerikanischen Sezessionskriegen (1861-1865) und kurz darauf im deutsch-französischen Krieg (1870-1871) bei verwundeten Soldaten, die längerfristig mit Morphium behandelt wurden. Mitte des 19. Jahrhunderts wurde der Wirkstoff der Koka-Pflanze Kokain entdeckt und in größeren Mengen in Pulverform hergestellt. 1860 gelang die Isolation des Hauptalkaloids Kokain, das seit 1862 von Merck auf kommerzieller Basis produziert wurde. In seiner Wirkung läßt sich Kokain als eine Vereinigung von Amphetaminen (Weckaminen) und Halluzinogenen beschreiben.

Die Auswirkungen der Industrialisierung lassen sich auch am verstärkten Gebrauch von Medikamenten ablesen: der von der Industrie vorgegebene Rhythmus der Arbeitszeiten bestimmt die Lebensweise der Menschen. Gab es im Mittelalter und auch in der Neuzeit für, beziehungsweise gegen alles ein „Kraut", so gibt es jetzt Pillen, die Körper- und Bewußtseinzustände künstlich manipulieren. Kokainhaltige Mittel zur Überwindung der Müdigkeit, morphiumhaltige Mittel zur Beruhigung der Nerven, Heroin enthaltende Mittel zur Beruhigung von Gemüt und Atmungsorganen. Neben den therapeutischen Gebrauch tritt schon bald der Mißbrauch. Zum einen erzeugt aus der Gewöhnung an die täglichen Dosen, zum anderen motiviert zur Stimulanz der Wahrnehmung und Erzeugung künstlicher Welten[314].

Von einer nationalen Drogengesetzgebung kann zu diesem Zeitpunkt keine Rede sein, da auch noch keine allgemeinen Erkenntnisse existieren. Erst Mitte der Zwanziger Jahre des 20. Jahrhunderts zeigten sich erste Ansätze zu einem Betäubungsmittelgesetz. Neben den neuen Rauschformen erscheinen Krankheiten, die zwar nicht unbedingt neu, dafür aber gehäuft auftreten. Zudem werden wichtige medizinische Fortschritte erzielt, die sich auch unmittelbar auf die städtebauliche Gestaltung der Städte auswirken.

---

312 Vgl. W. Schivelbusch (1988), a.a.O., S.217
313 Vgl. M. Seefelder: „Opium. Eine Kulturgeschichte", München 1990
314 Hier vor allem in literarischen Kreisen, zum Beispiel Verlaine, Rimbaud und Baudelaire; vgl. M. Kohtes: „Nachtleben. Topographie des Lasters", Frankfurt/Leipzig 1994

Zeit – Krank

Das 19. Jahrhundert wird als „Zeitalter der Medikalisierung" (M. Foucault) und des medizinischen Fortschritts bezeichnet. „Medikalisierung" definiert Foucault als eine Ausdehnung des Marktes medizinischer Dienstleistungen auf die breiten Massen[315]. Bereits Mitte des 18. Jahrhunderts entstanden erste Medizinaltopographien, statistische Erhebungen über Sterbefälle und Geburten, sowie die Häufigkeit einzelner Krankheiten, bezogen auf Regionen. Lebensweisen und Gesundheitszustände sollten auf diese Weise methodisch erfaßt werden; die Medizin entwickelte sich zur positivistischen Wissenschaft. Ansätze der Philosophie der Aufklärung durchdrangen auch den Bereich der Medizin.

1798 interpretiert Johann Karl Ostermann (in Anlehnung an Kant): „Medizinische Aufklärung ist der Ausgang eines Menschen aus seiner Unmündigkeit in Sachen, welche sein physisches Wohl betreffen."[316] Doch immer noch fehlten lebensrettende Medikamente und grundlegende Erkenntnisse über physiologische und pathologische Abläufe im menschlichen Körper[317]. 1789 errichtete Bamberg, nach dem Vorbild des Allgemeinen Krankenhauses in Wien, ein neues Krankenhaus, das sich auch den Grundsätzen des Wiener Hauses verschrieb. Nicht die Pflege stand mehr im Vordergrund des Interesses: „Das neue Krankenhaus war – anders als das alte Spital – ein Ort der Heilung und zugleich der medizinischen Forschung."[318]

1808 wird in Preußen im Ministerium des Innern eine Unterabteilung „Medizinalwesen" eingerichtet. Dieser Abteilung wurde die Sanitätspolizei als Kontrollorgan zugeordnet. 1835 wurde ein Regulativ erlassen, das infektiöse Krankheiten meldepflichtig machte, die Trinkwasserüberwachung vorschrieb, Desinfektionsmaßnahmen vorsah und Sanitätskommissionen in Stadt- und Landkreisen in die Planung nahm.

Als wichtige medizinische Präventivmaßnahmen dieser Zeit sollen an dieser Stelle zwei Maßnahmen erwähnt werden: a. 1807 wird von Bayern als erstem deutschen Staat die Impfpflicht (bezogen auf die Pockenschutzimpfung eingeführt), b. zur Malariaprophylaxe (Infektionen kamen bis ca. 1850 auch in Deutschland häufig vor) wurden weite Teile stehender Gewässer (z.B. die Rheinauen) trockengelegt.

In den 1830er Jahren brach eine neue Seuche über Deutschland herein: die Cholera. Ihre Ausbreitung wurde, anders als bei den vorangehenden Seuchen, von Anfang an kartographisch erfaßt, was zur Entstehung der medizinischen Kartographie führte: „Die Cholera kam. Sie wütete in München während des Winters 1836/37 und kostete knapp einem Prozent der Bevölkerung

---

315 Vgl. M. Vasold, a.a.O., S.255
316 Zitiert nach M. Vasold, a.a.O., S.215
317 G. Büchner läßt den Woyzeck Erbsen essen zu „medizinischen Forschungszwecken".
318 Vgl. M. Vasold, a.a.O., S.217

das Leben. Eine rationelle Therapie fehlte noch immer. Der Brockhaus empfahl als Gegenmittel: „Die besten und zuverlässigsten sind Furchtlosigkeit, eine einfache, nüchterne Lebensweise, Vermeidung von Erkältungen, Schwelgereien, Ausschweifungen, übermäßigen geistigen und körperlichen Anstrengungen."[319]

Von dieser Epidemie wurden besonders die armen Bevölkerungsschichten betroffen, die vielerorts in überbelegten Wohnungen hausten, ungefiltertes Trinkwasser aus den Flüssen entnahmen und allgemein katastrophalen sanitären Verhältnissen ausgeliefert waren. Robert Koch, späterer Entdecker des Choleravibrios, schrieb entsetzt über die alten Hamburger Gängeviertel: „Ich habe noch nie solche ungesunden Wohnungen, Pesthöhlen und Brutstätten für jeden Ansteckungskeim angetroffen wie in den sogenannten Gängevierteln, die man mir gezeigt hat, am Hafen, an der Steinstraße, an der Spitalerstraße oder an der Niedernstraße (...) Ich vergesse, daß ich mich in Europa befinde."[320] Der Infektionsweg lief über das Trinkwasser, beziehungsweise verseuchtes Grundwasser, wodurch Wohnviertel mit ungeregelter Abwasser- und Abfallbeseitigung der Infektionsgefahr besonders ausgesetzt waren.

Neben der Cholera, die Alt und Jung gleichermaßen traf, grassierten aber auch immer noch eine Unmenge an Kinderkrankheiten, die eine hohe Sterblichkeit verursachten: z.B. Diphterie, Poliomyelitis (Kinderlähmung), Meningitis (Hirnhautentzündung), Scharlach und Masern, um nur einige zu nennen. Unter den Erwachsenen war die Tuberkulose besonders verbreitet. Die Infektionskrankheiten konnten sich bei unzureichender Ernährung (niedrige Resistenz) und schlechten Umweltbedingungen besonders stark ausbreiten. Eine Medikalisierung auf breiter Ebene fand erst gegen Mitte des 19. Jahrhunderts statt.

Zu dieser Zeit entstand die Bakteriologie und die präventive Medizin, die eine Reihe staatlicher Maßnahmen bewirkten:
1. es wurden Kanalisationsanlagen gebaut,
2. die Trinkwasserversorgung wurde durch die Gesundheitsbehörden überwacht,
3. die Krankenversicherung (1888) geschaffen,
4. die Medizin wurde zu einer zunehmend spezialisierten Wissenschaft, wobei es zu verstärkter Zusammenarbeit von Medizin und Pharmakologie kam und erste wirksame Medikamente entwickelt wurden,
5. gleichzeitig nahm die internationale Zusammenarbeit in der Medizin zu.

Neben den erreichten Fortschritten ist allerdings zu bedenken, daß durch die zunehmende Schnelligkeit der Verkehrsmittel auch die Krankheitsverbreitung beschleunigt wurde, nicht zuletzt durch den aufkommenden Weltwarenverkehr und den Tourismus werden Krankheiten internationalisiert. Auch die

---

319 A.a.O., S.230
320 Nach M. Vasold, a.a.O., S.236

Kriege (und späteren Weltkriege) waren nicht unwesentlich an der Verbreitung von Infektionskrankheiten beteiligt, beziehungsweise begünstigten diese durch die erzwungenen Zustände des Mangels im Krieg. Mit der Industrialisierung urbanisierte sich der städtische Raum wodurch sich erstmals das Stadt-Land-Verhältnis bezüglich der Sterblichkeit zugunsten der Stadtbevölkerung verschob, denn die neuen medizinischen Angebote waren in der Stadt angesiedelt. Wie sah die Situation für den einzelnen Menschen aus? Wie war sie/er medizinisch versorgt?

Der kranke und der gesunde Mensch

Mit der Medikalisierung der Gesellschaft des 19. Jahrhunderts wurde den Körpern der Menschen neue Aufmerksamkeit entgegengebracht[321]. Das zeigt sich vor allem an umfangreichen Maßnahmen der Gesundheitsprophylaxe, die ab Mitte des 19. Jahrhunderts getroffen wurden. Mit der Veränderung der Scham- und Peinlichkeitsschwellen durch alle gesellschaftlichen Schichten ging die von P. Gleichmann beschriebene „Verhäuslichung körperlicher Funktionen" einher. K. Mönkemeyer greift diese Aussagen auf und beschreibt die Auswirkungen der Verhäuslichung an den Beispielen des Urinierens und Defäzierens in fortan geschlossenen, den Häusern angeschlossenen Räumen: „Mit der Zuweisung eines eigenen Raumes für die Faeces wird nicht nur die wachsende Distanz zu den menschlichen Produkten ausgedrückt; der Zugriff auf die Exkremente wird professionalisiert (...) Das Defäzieren als individuelle, konkrete Veräußerung wird zu einem abstrakten, kollektiven Problem."[322]

Neben die Verhäuslichung[323] tritt die allgemeine Popularisierung der körperlichen Reinigung: während der 1880er Jahre kommt es allerorts zur Einrichtung öffentlicher Bade- und Brauseanstalten. 1883 eröffnet das erste Volksbrausebad: „Mit dem öffentlichen Volksbrausebad wird die Grundlage der öffentlichen Körperreinigung gelegt. Der Körper soll aber nicht nur gereinigt werden, sondern auch ertüchtigt."[324] Neben das Volksbrausebad treten schon bald als neue Typen das Stadt- und Hallenbad, die Reinlichkeit[325] voraussetzen und das Baden zum Schwimmen als Lustveranstaltung organisieren.

Auch in den öffentlichen Schulen wird Reinlichkeitserziehung an oberste Stelle gesetzt. 1883 wird in Frankfurt der erste Schularzt eingestellt, 1884 das erste Schulbad errichtet. Durch den Turnunterricht soll die Disziplinierung

---

321 Vgl. J. Goudsblom: „Zivilisation, Ansteckungsangst und Hygiene. Betrachtungen über einen Aspekt des europäischen Zivilisationsprozesses", in: H. Korte (Hg. et al.), a.a.O., S.215-253; P. Gleichmann (Hg. et al.): „Macht und Zivilisation", Frankfurt 1984
322 Vgl. K. Mönkemeyer: „Schmutz und Sauberkeit", in: I. Behnke (Hg.): „Stadtgesellschaft und Kindheit im Prozeß der Zivilisation", S.66, Opladen 1990
323 Dazu auch A. Blok: „Hinter Kulissen", in: H. Korte (Hg. et al.), a.a.O., S.170-193
324 Vgl. K. Mönkemeyer, a.a.O., S.67
325 Vgl. S. Schall: „Immer sauber bleiben ... Eine Kulturgeschichte vom Bad und vom Baden", Berlin 1977

und Reinhaltung des Körpers vermittelt werden. Kellner, zeitgenössischer Pädagoge, faßt diese Anliegen folgendermaßen zusammen: „Wem Schmutz an den Kleidern und am Körper gleichgültig ist, wer nicht das Bedürfnis fühlt, den Leib von Zeit zu Zeit zu reinigen und wer im Kote sich behaglich fühlt, der ist der Gemeinheit verfallen und der Verführung leichter ausgesetzt. Reinlichkeit hält Leib und Seele gesund."[326/327]

Parallel zu den gesundheitlichen Präventionsmaßnahmen in Bädern und Schulen, zeigt sich die Anhebung der Sauberkeitsstandards in den neuen oder erneuerten Krankenhäusern: „Das Paradigma dieser Sauberkeitsausbreitung stellt das hygienische Krankenhaus dar. Im Krankenhaus spiegeln sich die verschiedenen Formen der Reinigung, der Hygienisierung der Gesellschaft wider."[328] Diese neue Sauberkeit resultiert zum einen aus den technischen Innovationen der Zeit und zum anderen aus der Ausdifferenzierung der Räume in private und öffentliche, die fortan verstärkter Kontrolle unterliegen. Auch die weitere Versachlichung und Objektivierung des Körpers kommt hier zum Tragen, denn einem Körperreinigungs*programm* unterziehen sich nur die, die ihren Körper als sich selbst gegenüber erfahren (Dissoziation).

Im 19. Jahrhundert bildeten sich zahlreiche Abstinenzler- und Temperenzler-Vereine mit dem Ziel, den Alkoholismus, eine weitverbreitete Krankheit, zu bekämpfen. Insbesondere von Seiten der Arbeiterbewegung wurden Versuche unternommen, Suchtprophylaxe und gesundheitliche Aufklärung zu betreiben; dabei waren die Motive abhängig von der jeweiligen politischen Ausrichtung der Gruppen: einigen ging es um die Motivierung der ArbeiterInnen für den politischen Kampf, anderen um Akzeptanz und Internalisierung bürgerlicher Ideologie. Während dieser Zeit entstanden auch die ersten Arbeiterwohlfahrtsvereine und Einrichtungen der Caritas.

Mit Beginn des 19. Jahrhunderts tritt der Hausarzt auf die Bildfläche der Geschichte. Er praktiziert vorerst in adeligen und bürgerlichen Kreisen, wird zum Vertrauten der Familie: „Die medizinische Betreuung der Familie wurde vom Verhältnis zum Arzt bestimmt. Der Arzt konnte über seine Zeit nach Gutdünken verfügen (...) Er kannte die ganze Familie und ihre Geheimnisse; wenn es die Sache erforderte, wurde er zum Verbündeten und war ihr behilflich."[329] Die ärztliche Betreuung der Armen sah freilich anders aus: „Die Therapie erfolgte punktuell und unregelmäßig, meist nur in Notfällen (...) Kurz, diese Art der medizinischen Versorgung hatte etwas Karitatives."[330/331].

Im Anschluß soll nun der Frage nach der Ausgestaltung des städtischen Raumes bezogen auf gesundheitsfördernde Maßnahmen nachgegangen wer-

---

326 Nach K. Mönkemeyer, a.a.O., S.69
327 Dazu auch B. Orland: „Wäsche waschen. Technik- und Sozialgeschichte der häuslichen Wäschepflege", Hamburg 1991
328 Vgl. K. Mönkemeyer, a.a.O., S.72
329 Vgl. G. Duby (Hg.)/P. Ariès, a.a.O., S.612
330 A.a.O., S.613

den. Welche Maßnahmen wurden getroffen, welche Resultate entstanden durch die Allianz von gesundheitspolitischen Vorgaben und städtebaulicher Gestaltung des Raumes?

Die saubere Stadt

Anfang des 19. Jahrhunderts wurden erste Vorstellungen konzipiert, die ein geordnetes Wachstum der Städte begünstigen sollten. Bauordnungen und Baupläne wurden erstellt und unterlagen polizeilicher Aufsicht. Sie dienten 1. der Sicherheit (z.B. Brandschutz) und 2. der städtebaulichen Ästhetik (z.B. Haushöhen, Abstandsflächen). Bezogen auf die hygienischen Verhältnisse wurde durch Absperrungsmaßnahmen von Stadtteilen bei Seuchengefahr (Cholera) versucht, die weitere Verbreitung von Krankheiten zu verhindern.

Mitte des 19. Jahrhunderts setzten umfangreiche Bemühungen zum Schutz der Gesundheit der StadtbewohnerInnen ein: gesundheitspolitische Vereine bildeten sich, Zeitschriften wurden gegründet, wissenschaftliche Grundlagen erarbeitet (Pettenkofer, Pasteur, Koch), Gesundheitspetitionen gelangten in den Deutschen Reichstag, und die Gesetzgebung sah sich zur Auseinandersetzung mit gesundheitspolitischen Themen gezwungen[332].

Vor allem die Überbelegung der Massenmiethäuser und die Problematik der bis dahin ungeregelten Ver- und Entsorgung führten angesichts ständig drohender Seuchenausbrüche (Cholera, Typhus, Pocken) zu ersten städtebaulichen Maßnahmen, die folgende Bereiche betrafen.

Wasserversorgung

Bereits Anfang des 19. Jahrhunderts kam es zu Engpässen in der Wasserversorgung. Die wenigen Brunnen in den Städten reichten nicht aus, um den Andrang der Menschen zu bewältigen. Häufig benutzten die StadtbewohnerInnen zu ihrer Versorgung Oberflächenwasser aus Flüssen, das ungefiltert getrunken wurde[333]. Die Infektionsgefahr beim Gebrauch dieses Wassers war denkbar hoch. 1820 wurden in Deutschland (nach englischem Vorbild) erste gußeiserne Wasserleitungen installiert und Wasserwerke errichtet. In der zweiten Hälfte des 19. Jahrhunderts hatte sich eine zentrale Wasserversorgung etabliert, deren Aufbau parallel zur Institutionalisierung des Feuerlöschwesens verlief.

---

331 Weitere Ausführungen über Gesundheitszustand, berufliche und familiäre Belastungen (von Frauen) können bei S. Bartholomeyczik: „Beruf, Familie und Gesundheit bei Frauen", Berlin 1988, nachgelesen werden.
332 Vgl. G. Hösel: „Unser Abfall aller Zeiten", München 1987
333 Vgl. M. Rodenstein: „Mehr Licht, mehr Luft. Gesundheitskonzepte im Städtebau seit 1750", Frankfurt/New York 1988

Abwasserbeseitigung

Die Choleraepidemien der 40er Jahre des 19. Jahrhunderts zwangen die Großstädte zu einer Neuordnung der Beseitigung von Abwässern. Erste Pläne zum Bau von Kanalisationen entstanden zu dieser Zeit. Dabei wurden die Abwässer, mit Wasser verdünnt (Schwemmkanalisation), in den nächsten Vorfluter geleitet. Im Ruhrgebiet wurde die Emscher von der Emschergenossenschaft zur systematischen Abwasserbeseitigung ausgebaut. Ab 1870 wurde vielerorts das Rieselfeldverfahren eingesetzt. Zu dieser Zeit entwickelten sich auch erste Verfahren zur biologischen, mechanischen und chemischen Abwasserbehandlung.

Abfallbeseitigung

Bis Mitte des 19. Jahrhunderts wurde Müll in Abfallsammelstellen oder Müllgruben aufbewahrt, die sich häufig in mangelhaftem Zustand befanden. Die Sammelstellen lagen oft in unmittelbarer Umgebung der Wohnbereiche und waren weder an den Bodenstellen ausreichend isoliert, noch nach oben hin abgeschlossen. Die Gefahr der Verseuchung des Grundwassers und die Anziehung tierischer Krankheitsüberträger war entsprechend hoch[334]. Mit den wachsenden Bevölkerungszahlen der Städte wuchsen auch deren Müllberge; und die Städte waren gezwungen, Ordnungsmaßnahmen zu ergreifen. Im letzten Viertel des 19. Jahrhunderts kam es zu wichtigen Regelungen, die die geordnete Beseitigung des Abfalls betrafen. War es vorher die Privatangelegenheit der AnwohnerInnen, für die Beseitigung des Abfalls aufzukommen, so wurde 1877 das erste Gemeindeabgabengesetz zur Finanzierung einer staatlichen Abfallentsorgung geschaffen.

Ende des 19. Jahrhunderts schuf Preußen das Kommunalabgabengesetz (1893), das die Beitragszahlung für Straßenreinigung und Müllabfuhr regelte. Weitere Regelungen zur Verbesserung der Entsorgung wurden durch Polizeigesetze und Ortsgesetze geschaffen. So regelte eine Polizeiverordnung von 1895, daß Müll nur noch in undurchlässigen, geschlossenen Müllkästen zu sammeln sei. Bis Ende des 19. Jahrhundert wurden Abfälle an zentralen Stellen abgelagert.

In den 60er Jahren des 19. Jahrhunderts wurden aber auch schon erste Versuche der Müllverbrennung durchgeführt. Hamburg errichtete 1894 seine erste Müllverbrennungsanlage. Mit der Ausgestaltung des öffentlichen Rechts wird der Bereich der Ver- und Entsorgung als öffentliche Aufgabe definiert, wodurch die Verantwortung beim Staat liegt, die entstehenden Kosten aber auf die AbnehmerInnen der staatlichen Dienstleistung entfallen.

---

334 Vgl. R. Kirbach: „Eine kurze Geschichte der Mülltonne", in: DIE ZEIT, Nr.22, S.88, 27.05.1994

Verbesserung der Wohnverhältnisse

Kennzeichen der Stadt der neuzeitlichen Moderne ist die enorme Nachfrage nach billigen Kleinwohnungen, die hohen Mieten und die chronische Überbelegung der Wohnungen. Durch die Spekulation mit Boden und Bauten wurden die Wohnpreise künstlich gesteigert. Das hatte Wohnungsüberbelegung, schlechten baulichen Zustand und bauliche Beengtheit zur Folge. Aus diesen Mißständen resultierten die katastrophalen sanitären Zustände, die immer wieder zum Ausbruch von Infektionskrankheiten führten. Bereits F. Engels kritisierte, wenngleich auf der Grundlage bürgerlichen Entsetzens, die Probleme englischer Arbeiterwohnbezirke.

Das Negativbild des deutschen Städtebaus verkörperte indes die Berliner Mietskaserne, die zeitgenössischen Stadtplanern wie Stübben, Brix und Baumeister Grund war, umfangreiche Verbesserungen der gesundheitlichen Zustände in die zukünftige städtebauliche Planung mit einzubeziehen. Bereits 1835 wurde durch das sogenannte Preußische Regulativ die sanitätspolizeiliche Kontrolle von Wohnungen ermöglicht. Die Fortsetzung dieser Kontrolle findet sich in dem Instrument der Wohnungsaufsicht, das den baulichen Zustand der Wohnung kontrollieren sollte. Der häufig vorkommenden Praxis, eine Wohnung überzubelegen, oder sie, nach unmittelbarer Fertigstellung, „trocken wohnen" zu lassen, konnte so vorgebeugt werden. Der allgemeinen Wohnungsnot und den steigenden Mieten konnte mit diesem Instrument jedoch nicht entgegengewirkt werden[335].

Städtebauliches Leitbild der Zeit war neben der gesunden auch die abgeschlossene Wohnung, unter der man eine Wohnung verstand, die ausschließlich den Mitgliedern einer Familie zustand, denn häufig konnte die Wohnungsmiete nur durch Untervermietung an KostgängerInnen oder MieterInnen einer Bettstelle aufgebracht werden[336]. Ein weiterer Leitgedanke zur abgeschlossenen Wohnung bestand in der staatlichen Förderung der Kleinfamilienideologie. Neben den Versuchen der Wohnraumkontrolle entstanden Ansätze zur Herstellung billiger Kleinwohnungen im Zuge der Stadterweiterungs- projekte. Und 1918 erfolgte ein erstes Gesetz zur Einschränkung der Baufreiheit und Bodenverwertung, das Spekulationsinteressen mildern sollte.

Neben Baumeister und Stübben waren es vor allem Unwin, Sitte und Howard, die der städtischen Entwicklung neue Impulse liefern sollten. Sitte setzte dabei im wesentlichen auf die Gestaltung der Stadt nach künstlerischen Gesichtspunkten. Von dieser Form der Gestaltung versprach er sich, mit bürgerlichem Kulturverständnis, einen bildenden Wert für die ärmeren Schich-

---

335 Die Kontrollfunktion dieses Instrumentes ist nicht nur aus den Perspektiven von Wohnungsnot und steigenden Mieten als problematisch zu bewerten, sondern bedeutet darüberhinaus einen Eingriff in die Freiheit der MieterInnen, über die Anzahl der in ihrer Wohnung lebenden Personen zu entscheiden.
336 Vgl. M. Rodenstein, a.a.O., S.146

ten und reichere Wahrnehmungsvielfalt. Howard legte das Modell der Gartenstadt vor, das im Unterschied zu Sittes Vorstellungen wesentlich sozialreformerischer geprägt war und sich also in der Tradition Baumeisters bewegt. Abschließend fasse ich, bevor die Reise weitergeht, noch einmal die wichtigsten Aspekte dieser Zeitstation zusammen.

Rausch

Im Zuge der Industrialisierung in den Städten wird auch die Alkoholproduktion technisiert und die KonsumentInnen zunehmend von der Herstellung entfremdet. Der Alkoholrausch wird zum Pendant harter Schichtarbeit und dient der psychischen Kompensation und Reproduktion. Während sich im Bürgertum der Alkoholkonsum domestiziert und verfeinert, wird der proletarische Rausch zum öffentlichen Problem stilisiert. Neben dem großen Angebot an Alkoholika wird eine breite Palette hochwirksamer, bewußtseinsverändernder Medikamente synthetisiert. Diese Medikamente, die mehrheitlich in der Schmerztherapie Anwendung finden, werden bereits im frühen 19. Jahrhundert auch als Rauschmittel konsumiert. Mit der fortschreitenden Applikation der Stoffe wird ihre suchtbildende Wirkung erkannt. Neben das, seit Jahrhunderten bekannte, Phänomen des Rausches tritt fortan die Sucht (als Krankheit).

Raum

Während des 19. Jahrhunderts entwickelt sich eine weitreichende Differenzierung der Räume und es etabliert sich eine Aufteilung der Räume nach den Kategorien „öffentlich" und „intim". Die Bildung gesellschaftlicher Klassen vollzieht sich analog zu dieser Raumdifferenzierung, beeinflußt die Bildung von Räumen und wird von diesen beeinflußt. Das Resultat dieser ungleichen Raumverteilung beeinflußt Gesundheitszustände und die Gebrauchsmuster der Konsumtion von bewußtseinsverändernden Stoffen.

Subjekt

Mit der Industrialisierung erleben die Menschen eine neue Ordnung der Zeit. Der neue Zeitgeist, der sich entlang der Rhythmen von Produktion und Distribution vollzieht, produziert eine Aufspaltung der Zeit in Arbeitszeit und Freizeit. Der Entsinnlichung der Arbeit schließt sich die entpersönliche Produktion an, die durch die Beliebigkeit der ProduzentInnen, ihre (potentielle) Austauschbarkeit, gekennzeichnet ist[337].

---

337 Vgl. A. Eggebrecht (Hg. et al.): „Geschichte der Arbeit. Vom Alten Ägypten bis zur Gegenwart", Köln 1980

Entdeckungen in der Bakteriologie und der Hygieneforschung bewirken erste wirksame Maßnahmen zum Schutz der Gesundheit. Das Interesse an gesundheitlichen Fragen setzt sich auch in der städtebaulichen Diskussion durch, wo neben Fragen der ästhetischen Gestaltung jetzt erste sozialreformerische Ideen kursieren. Mit der gesellschaftlichen Klassenbildung entstehen Interessenvertretungen der Arbeiterschaft, die einerseits eingeschränkt (Sozialistengesetze) und andererseits durch sozialreformerische Zugeständnisse (Einführung der staatlichen Sozialversicherung) befriedet werden soll.

Ausblick

Das nächste Ziel der Zeitreise wird „die" Moderne des 20. Jahrhunderts sein. Unter diesem Zeitabschnitt untersuche ich die Zeit vom Ende des Ersten Weltkriegs (1918) bis zu den Siebziger Jahren[338]. Dabei werde ich in einer kurzen Einführung einige zeittypische soziale und kulturelle Merkmale der Moderne vorstellen. Im Anschluß diskutiere ich die städtebaulichen Entwicklungen dieser Zeit vor dem Hintergrund des Wandels von der vorfordistischen zur fordistischen Gesellschaft und die damit verbundenen Formen der Modernisierung. Nach den Raummodellen der modernen Stadt untersuche ich die Rauschformen, die diese Zeit prägten (und von ihr geprägt wurden); und stelle ihre raumstrukturbildenden Merkmale dar. Zum Schluß bringe ich die wichtigsten Aussagen noch einmal auf den Punkt.

1.2.4 Räusche, Räume und Subjekte der Moderne des 20. Jahrhunderts

„Ich verlange von der Stadt, in der ich leben soll: Asphalt, Straßenspülung, Haustürschlüssel, Luftheizung, Warmwasserleitung. Gemütlich bin ich selber."
Karl Kraus

Das moderne 20. Jahrhundert

Mit dem Ende des Ersten Weltkriegs folgte in Deutschland eine Zeit des Umbruchs und der Verunsicherung, die zur Gleichzeitigkeit ungleichzeitiger Entwicklungen führte. Traditionelle Gesellschaftsmodelle und Rollenvorstellungen gerieten aufgrund politischer und ökonomischer Veränderungen ins Wanken. H.E. Holthusen resümiert in Erinnerungen an seine Studienzeit im Berlin der Zwanziger Jahre: „Wer um 1920 in Berlin war, hatte Gelegenheit,

---

338 Den „Rest" der Geschichte von Rausch, Subjekt und Raum, also die Zeit von der Mitte/Ende der Siebziger Jahre bis heute, werde ich in Kapitel 3, vor dem Hintergrund um die Auseinandersetzung von Moderne und Postmoderne analysieren.

eine Entwicklung zu studieren, die man je nach Perspektive als einen allgemeinen Verfall der Sitten oder als einen radikal emanzipatorischen, tabuzertrümmernden Entbürgerlichungsprozeß erklären konnte (...) Es war die Stunde der „Raffkes", der Schieber und Strichmädchen vom Kurfürstendamm und der „Koks"-Dealer am Bahnhof Zoo. Das Chaos trieb Blüten: in Nacht- und Nacktclubs, in Transvestitenlokalen und getarnten Spielbanken. Es war, was Gottfried Benn, (...) Dichter des späten Expressionismus, die *Orgie 1920* genannt hat: Papiergeldtaumel mit einem Aspekt von Tanz auf dem Vulkan."[339]

Vergleichbare (expressionistische) Bilder der Großstadt entstehen im Feuilleton der „Frankfurter Rundschau", das in teils dramatischer Form Stadtwirklichkeit reflektiert. Dazu ein Beispiel des jungen Joseph Roth: „Der Dollar tanzt Jazzband auf Himmelsleitern, Hände fuchteln durch die Luft und behindern den Straßenverkehr. Bettler krümmen sich an den Straßenecken, und die Gebresten, die sie dir fordernd zeigen, sind eigentlich Betriebskapital. Propheten durchziehen die Stadt und predigen einer verzweifelten Rotte Krieg oder Frieden. Menschen schlägt man ans Hakenkreuz, und die Glocken läuten: Judas ist auferstanden. Gymnasiasten fahren im Auto direkt von der Einsegnungsfeier zur Börse. Die Antike wird als klassisches Altmetall verhandelt. Der Kutscher auf dem Bock liest den Kurszettel; in der Filmbranche schlägt man ägyptische Schlachten. An den Straßenecken, in der Nacht, tuscheln geheimnisvolle Männer dir ins Ohr von Nackttänzen bis morgen früh. Die Welt ist irrsinnig."[340]

Kennzeichnend für diesen Zeitabschnitt ist die Modernisierung traditioneller Produktionsweisen (aufgrund technischer Innovationen), was mit dazu führte, daß alte, bislang gültige, gesellschaftliche Normen und Werte sich diesen Entwicklungen anzupassen hatten. Diese Veränderungen wurden vor allem für die Frauen dieser Zeit bedeutsam: wurden sie in der Kriegszeit dazu gedrängt die „Männerarbeit" in der gewerblichen Produktion zu übernehmen und dem Haushalt vorzustehen, so wurde gleich nach Kriegsende durch die Demobilmachung versucht, sie wieder in ihre alten Positionen (Hausarbeit, Beziehungsarbeit/Reproduktion) zurückzudrängen.

Entgegen allen Restriktionen und Verdrängungsbemühungen hatte sich das Bild der erwerbstätigen Frau in der Öffentlichkeit aber etabliert und prägte ganz entscheidend die Entwicklung der Moderne: „Die „neue Frau" erschien auf der gesellschaftlichen Bühne. Jung und befreit von den verknöcherten Konventionen und Moralvorstellungen der Kaiserzeit, galt sie den –

---

339 Vgl. H.E. Holthusen: „Joe, mach die Musik von damals nach! Meine intellektuellen Flegeljahre - Ein Hildesheimer Gymnasiast im Jahre 29: antibürgerlich und zeitgemäß", in: R. Pörtner (Hg.): „Alltag in der Weimarer Republik. Kindheit und Jugend in unruhiger Zeit", S.350, München 1993

340 Vgl. K. Prümm: „Die Stadt der Reporter und Kinogänger bei Roth, Brentano und Kracauer", in: K.R. Scherpe: „Die Unwirklichkeit der Städte. Großstadtdarstellungen zwischen Moderne und Postmoderne", S.85f., Hamburg 1988

bisweilen geschockten – Zeitgenossen als Inbegriff der vieldiskutierten Frauenemanzipation."[341]

Bereits 1910 waren von den insgesamt 8000 Beschäftigten bei Wertheim in Berlin 6000 weibliche Beschäftigte, zum größten Teil im Verkaufssektor tätig[342]. Der Anteil der Telefonistinnen wuchs von 10 % während der Jahrhundertwende auf 63 % im Jahr 1907. Frauen waren mehrheitlich in Berufen tätig, die als „typisch weiblich" definiert wurden: Verkäuferin, Kassiererin, Büroangestellte, Hauswirtschaftsangestellte. Es muß jedoch daran erinnert werden, daß einige dieser Berufe vorher ausschließlich Männern (Kassierer, Verkäufer, Sekretär) vorbehalten waren. Erst mit der Neudefinition „männlicher Berufe" wurden diese Berufe abgewertet und den Frauen überlassen (was diese Berufe allerdings nicht in ihrem Wert als Einstiegschance in die Teilhabe am öffentlichen Leben minderte, allerdings den Lohn senkte). Ein weiterer „klassischer" Sektor weiblicher Beschäftigung lag im Schuldienst und in der Krankenpflege; die Zulassung zum ordentlichen Studium wurde den Frauen allerdings erst 1919 durch die Weimarer Verfassung wieder ermöglicht[343].

Die zunehmende Berufstätigkeit der Frauen bewirkte ihre finanzielle Unabhängigkeit und wachsende Mobilität. Diese Veränderungen prägten zunehmend auch kulturelles und städtisches Geschehen. Aufgrund ihrer neuen finanziellen Situation war es Frauen erstmals wieder möglich, am öffentlichen Leben teilzuhaben, und sie kamen in die Lage, mit neuen Beziehungsformen zu experimentieren. Kultfigur in diesem Sinne dürfte wohl Marlene Dietrich gewesen sein, die schon zu dieser Zeit sang: „Kinder, heut abend, da such ich mir was aus, einen Mann, einen richtigen Mann. Wie er aussieht, mir egal, irgendeinen trifft die Wahl."[344]

Welche (weiteren) sozialen und kulturellen Neuerungen entstanden in der Stadt der Zwanziger[345]? Nach einer langen Zeit der Entsinnlichung und Körperlosigkeit entstand ein neues Gefühl der Körperlichkeit: Schwimmen als Freizeitsport, Bademoden und Sonnenbräune erlebten einen enormen Aufschwung. Neben der Erholung in Schwimmbädern und Parks („‚Pack' die Badehose ein"), war es besonders der Tanz und die Tanzveranstaltungen, die die StadtbewohnerInnen begeisterten: Charleston, Foxtrott und Shimmy durchdrangen die neuen Tanzpaläste: „Zu den heißen Rhythmen dieser Jazz-Tänze tobten Tänzer und Tänzerinnen über das Parkett, einen neuen Bewegungs-

---

341 Vgl. H. Vollmer-Heitmann: „Wir sind von Kopf bis Fuß auf Liebe eingestellt. Die Zwanziger Jahre", S.7, Hamburg 1993
342 Vgl. G. Geiger, a.a.O., S.164
343 Zum historischen Vergleich: bis zu Beginn der Neuzeit konnten sich Frauen an den medizinischen Fakultäten von z.B. Salerno und Marseille als Ärztin ausbilden lassen.
344 Wesentlich cooler und weniger angepaßt (an zwangsheterosexuelle Maßstäbe) war selbstverständlich Claire Waldoff.
345 Ein umfangreicher Überblick findet sich bei B.E. Werner: „Die Zwanziger Jahre", München 1962

spielraum genießend, der im krassen Gegensatz zu den gesitteten Schrittfolgen herkömmlicher Tänze stand."[346] Zu dieser Zeit entstand auch der moderne Ausdruckstanz (J. Baker, W. Nijinsky), der expressionistische Tanzstil (M. Wigman, I. Duncan) und der Grotesktanz (V. Gert). Ein weiteres Phänomen ist der Gigolo, der Eintänzer, der die Tanzsalons bevölkerte: Billy Wilder („Manche mögens heiß", „Blondinen bevorzugt") verdiente auf diese Weise, während eines Aufenthalts in Berlin, seinen Lebensunterhalt. Anita Berber, Berlins wohl bekannteste Tänzerin der Zwanziger Jahre, setzte mit ihrem exzessiven Lebensstil neue Maßstäbe (auch in bezug auf das damalige Frauenbild)[347]. Neben aller Bewunderung für ihre Einzigartigkeit erkannte Klaus Mann, der sie 1924 kennenlernte, ihre Außenseiterinnenrolle: „Man wies mit dem Finger nach ihr, sie war vogelfrei. Sogar für das Nachkriegs-Berlin war sie zu weit gegangen. Man besah sie mit leichtem Gruseln auf der Kabarettbühne, im übrigen war sie geächtet."[348] Rosa von Praunheim hat ihr Mitte der Achtziger Jahre mit der Verfilmung ihres Lebens[349] ein würdiges Denkmal gesetzt.

Eine weiterer Indikator für die neue Körperlichkeit war eine freiere Einstellung zur Sexualität. Dabei wurde auf Verhütung statt Abtreibung gesetzt. In Ehe- und Sexualberatungsstellen, von denen es in den Zwanziger Jahren allein in Berlin vierzig Büros gab (landesweit waren es 400), fand umfangreiche medizinische und gesundheitliche Aufklärung statt (was allerdings nicht über den schon damals existierenden § 218, das Abtreibungsverbot und die rigide Bestrafung bei bekanntgewordenem Schwangerschaftsabbruch hinwegtäuschen sollte).

Aufklärung fand auch im Bereich der Akzeptanz homosexueller Lebensstile statt: Magnus Hirschfeld (Berlins bekanntester Sexualwissenschaftler) setzte sich für Toleranz und Entkriminalisierung (Forderung nach Streichung des § 175) homosexueller Menschen ein. Die umfassenden Aufklärungs- und Informationskampagnen (im Bereich Gesundheit und Prophylaxe) dieser Zeit wurden von einer großen Gruppe bekannter KünstlerInnen mitgetragen, die in den folgenden Dreißiger Jahren mehrheitlich zur Emigration gezwungen wurden[350].

Die betonte Schnellebigkeit der Zwanziger Jahre stand im dialektischen Verhältnis zu einer sich rasant entwickelnden Inflation, in deren Verlauf er-

---

346 Vgl. H. Vollmer-Heitmann (Hg.), a.a.O., S.47
347 Vgl. dazu G. Stein (Hg.): „Femme fatale - Vamp - Blaustrumpf. Sexualität und Herrschaft. Kulturfiguren und Sozialcharaktere des 19. und 20. Jahrhunderts", Bd.3, Frankfurt 1985; S. Weigel (Hg.)/I. Stephan: „Weiblichkeit und Avantgarde", Hamburg 1987
348 Zitiert nach H. Vollmer-Heitmann, a.a.O., S.60
349 Vgl. Praunheims Film „Anita - Tänze des Lasters".
350 Eine vergleichbare Welle der Solidarität tauchte erst in den 80er Jahren mit den Live Aid Konzerten international bekannter (Rock)musikerInnen, z.B. T. Chapman, E. John, F. Mercury, B. Springsteen wieder auf.

kannt wurde, daß Werte, sowohl materielle als auch ideelle, langfristig nicht mehr realisierbar waren. Die Stadt der Moderne überließ sich freilich nicht vollständig der Dekadenz und dem Vergnügen[351], sie war auch eine Stadt, in der für das tägliche Leben und Überleben hart gearbeitet werden mußte. Mit der zunehmenden Modernisierung und Rationalisierung der Produktion, den steigenden Leistungsforderungen, bei gleichzeitiger Entwertung der Entlohnung, setzt die moderne Stadt für viele Menschen die Grenze individueller Selbstverwirklichung[352].

Wie reflektiert die moderne Stadt die angesprochenen Veränderungen in ihrer baulichen Gestalt? Darauf soll nun eingegangen werden.

Die moderne Stadt

Parallel zu den bereits kurz skizzierten Veränderungen sozialer und ökonomischer Strukturen vollzieht sich ein Wandel in den baulich-gestalterischen Anschauungen dieser Zeit. Dieser Wandel muß vor dem Hintergrund des Wandels von einer vorfordistisch strukturierten Gesellschaftsformation zur fordistischen Gesellschaft beschrieben werden. Ich beziehe mich im folgenden auf Veröffentlichungen M. Rodensteins[353], die diese gesellschaftlichen Prozesse genau beschreibt und analysiert.

Die vorfordistische Gesellschaft (1860-1918) war durch eine kapitalistisch organisierte Konkurrenzwirtschaft geprägt, die in der Konzentration von Kapital und seiner Monopolbildung ihren Ausdruck fand. Zwei Entwicklungslinien kennzeichnen den Vorfordismus: 1. die zunehmende Verschärfung sozialer Gegensätze und 2. das ökonomische Wachstum durch Fabrikarbeit. Die damit verbundene, zunehmende Ökonomisierung des Raumes und der Zeit führten auch zu neuen Anforderungen an die Umgestaltung der Städte, die sich folgendermaßen ausdrückten[354]:

1. Auflösung der Ökonomie des Ganzen Hauses,
2. Möglichkeit der kostengünstigsten Standortwahl für Betriebe,
3. beschleunigter Transport von Gütern und Personen,

---

351 Eine kritische Beurteilung der 20er Jahre („etwas maßlos Verlogenes") findet sich bei T.W. Adorno: „Eingriffe. Neun kritische Modelle", S.59-68, Frankfurt 1963; zur Kritik früher massenkultureller Phänomene (z.B. Jazz), vgl. ders.: „Zeitlose Mode. Zum Jazz", in: „Prismen. Kulturkritik und Gesellschaft", S.118-132, München 1963 und ders.: „Über den Fetischcharakter in der Musik und die Regression des Hörens", in: „Gesammelte Schriften, Bd.14", Frankfurt 1973
352 Vgl. K. Bloch: „Im >Roten Block< am Laubenheimer Platz. Arme Teufel, Antifas und unvergessene Genies - Wir >Kommunisten< und die braune Pest", in: R. Pörtner (Hg.), a.a.O., S.134-151
353 Vgl. M. Rodenstein (1988), a.a.O. und dies.: „Städtebaukonzepte - Bilder für den baulich-räumlichen Wandel der Stadt", in: H. Häußermann (Hg. et al.): „Stadt und Raum. Soziologische Analysen", S.31-68, Pfaffenweiler 1992
354 Nach M. Rodenstein (1992), a.a.O., S.36

4. verbesserte gesundheitliche und sanitäre Zustände,
5. Herstellung städtischer Ordnung und Repräsentation.

Mit dem Ende des Ersten Weltkriegs entstanden neue technische und organisatorische Produktionsmöglichkeiten, die zur Entwicklung einer fordistisch geprägten Gesellschaftsstruktur führten, die bis Mitte der 70er Jahre bestand. Namensgeber für den Fordismus ist der amerikanische Automobilhersteller Henry Ford, der 1914 mit dem Experiment begann, die ArbeiterInnen an dem von ihnen produzierten Mehrwert teilhaben zu lassen. Kennzeichnend für den Fordismus ist die Rationalisierung der Arbeit (durch Fließbandtechnik und tayloristische Arbeitsorganisation), die zur Massenproduktion führte, die bei entsprechender Nachfrage zu einer Reduzierung der Preise und einer Erhöhung der Löhne führte. Auf diese Weise wurde der Massenkonsum sichergestellt, beziehungsweise ermöglicht. Rationalisierung und Mechanisierung waren Ausgangspunkt erster städtebaulicher Reflektionen dieser neuen Entwicklungen.

Le Corbusier und die funktionelle Stadt

Corbusiers Modell der funktionellen Stadt basiert auf Vorstellungen einer gesellschaftlichen Entwicklung, die sich 1. am Fordismus orientierte und 2. die beschleunigte Zeit durch neue Raumbilder kompensierte. Corbusier erkannte schon sehr früh zwei Tendenzen der zukünftigen Stadtentwicklung: 1. den zunehmenden Autoverkehr und 2. den Auszug der Wohnbevölkerung aus den Innenstädten. In seinen städtebaulichen Modellen setzt er auf eine raumgreifende (im Sinne von Ausdehnung) und klar nach Funktionen gegliederte Lösung: „Schachbrettartig angeordnet findet sich in der Mitte der Stadt ein Hochhauszentrum, in dem die Büros der großen Gesellschaften untergebracht sind. Es ist der Sitz der Macht, das >Befehlszentrum< (...) Um die Bürotürme herum beginnt dann eine Zone reinen Wohnens mit Hochhäusern aus doppelstöckigen Wohnzellen (...) in denen die großbürgerliche Führungsschicht wohnt. Die Schicht der >Hilfskräfte< dieser Führer wohnt dann als Pendler mit ihren Familien in Gartenstädten, die eigentlich bereits außerhalb seines Stadtkonzeptes liegen. Dort wohnt auch „zusammen mit den Fabriken die Masse der Arbeiter, deren soziales Gleichgewicht sich leicht im Herzen der Gartenstädte herstellen lassen wird."[355]

Corbusiers städtebaulichen Modelle wurden in ihrer Radikalität in Europa nie ausgeführt, einige seiner (überarbeiteten) Grundsätze finden sich jedoch in der 1943 von ihm publizierten „Charta von Athen", die von einer ganzen Reihe von ArchitektInnen erarbeitet wurde.

---

355 Le Corbusier, zitiert nach M. Rodenstein (1992), a.a.O., S.54

Bruno Taut und das Konzept der Stadtkrone

Taut entwickelte 1919 das Konzept der Stadtkrone, „die als Ort einer intakten Stadtgemeinde ausgestaltet wurde."[356] Anders als Corbusiers Modelle wurde Tauts Konzept innerhalb der Planungspraxis der Weimarer Republik realisiert. Ab 1925 setzte unter Aufwendung erheblicher finanzieller Mittel der Massenwohnungsbau ein, es kam zu einer gesetzlichen Begrenzung der Mieten und der Einführung der Hauszinssteuer. Wohnungsgrundrisse wurden normiert und standardisiert: „Die Richtlinien für den öffentlich geförderten Wohnungsbau beinhalteten Minimalgrößen für Wohnungen und Zimmer, standardisierte Grundriß- und Ausstattungsregeln und technische Vorschriften, die familiengerechtes und >gesundes< Wohnen sicherstellen sollten."[357]

Der kommunale Siedlungsbau, angewiesen auf billiges Bauland, wurde in der Regel außerhalb der Städte realisiert. Er wurde sowohl von ArchitektInnen ausgeführt, die in der künstlerisch-ästhetischen Tradition Sittes standen, als auch von VertreterInnen der neuen Moderne (z.B. E. May, W. Gropius). Ausgangspunkt des Neuen Bauens war die Vorstellung eines neuen Menschen, einer neuen Gesellschaft, die vor allem auf intensiver Arbeit beruhte. Aus diesem Grund wurde auch der Aspekt der Erholung zum zentralen Motiv weiterer Siedlungsplanungen: Wohnen im Grünen und die Wohnung als Ort der Erholung. Zwei weitere Merkmale charakterisierten das Neue Bauen: 1. die Rationalisierung der Bauproduktion und 2. die Rationalisierung des Wohnens selbst. Die Modernen setzten „auf einfache schmucklose Formen und Maschinensymbolik, eine Architektursprache, die damals willkürlich und grotesk wirkte."[358/359]

Die Trennung von Arbeiten und Wohnen verwandelte Wohnviertel in Kompensationsviertel. Kompensationsviertel allerdings in erster Linie für moderne, arbeitende Männer, denn an ihrer erwerbsorientierten Arbeit wird Produktivität gemessen. Die unbezahlte Hausarbeit der Frauen erfährt eine weitere Entwertung und Erschwerung durch ihre Versetzung an den Stadtrand. Rationalisierung und Modernisierung griffen von der industriellen Produktion auf den Wohnbereich und die hauswirtschaftliche Produktionssphäre über. Dabei wurde insbesondere die Küche einer grundlegenden „Reformation" unterzogen: aus der multifunktionalen Wohnküche wurde die „Fabrik des Hauses".

1926 stellt Grete Schütte-Lihotzky ihren Entwurf der Frankfurter Küche vor, die z.B. als Standardausstattung für damalige Neubauten in Frankfurt übernommen wurde. Doch die häufig gepriesenen Vorteile der Rationalisie-

---

356 A.a.O., S.56
357 Vgl. H. Häußermann/W. Siebel: „Soziologie des Wohnens", in: H. Häußermann (Hg. et al.), a.a.O., S.91
358 H. Klotz (1987), S.20, zitiert nach M. Rodenstein (1992), a.a.O., S.56
359 Dazu auch P. Gössel/G. Leuthäuser: „Architektur des 20. Jahrhunderts", S.119ff., Köln 1994

rung (kurze Wege, leichteres Arbeiten) entpuppen sich als planerische Kurzsichtigkeit: „Die Rationalisierung der Küchenarbeit (...) erleichterte die Arbeit der Köchin, aber erschwerte die Arbeit der Mutter. Kinder hatten keinen Raum in der Küche. Also mußte die Hausfrau ihre durchgerechneten Wege der Köchin unterbrechen und in andere Räume laufen, um als Mutter nach den Kindern zu sehen."[360] Die standardisiert gefertigte Einrichtung der Küche bezog sich auf Abmessungen „durchschnittlicher weiblicher Körpermaße", womit (neben der Reduzierung der Frau auf ihre physische Funktion) in Bezug auf die zu leistende Hausarbeit eine klare Rollenzuweisung festgelegt war. Standardisierung und Modernisierung der Grundrisse legten also nicht nur die Wohnform, sondern auch die jeweilige Rolle der BewohnerInnen, fest.

Die neue Wohnkultur orientierte sich nicht nur in ihrer Grundrißplanung am Leitbild der Funktionalität (funktional für eine kapitalistisch-patriarchalisch strukturierte Gesellschaftsformation), auch die Inneneinrichtungen sollten möglichst „funktional" eingerichtet sein: Bauhaus-Design und avantgardistisches Dekor entstanden vor diesem ideologischen Hintergrund[361]. Die Grundrisse wurden dafür der Vorstellung einer funktional durchdesignten Wohnung angeglichen. Von freier Aneignung und kreativer Gestaltung der Wohnung und des Wohnumfeldes durch die BewohnerInnen kann daher keine Rede sein. Die autoritäre Pädagogisierung seitens avantgardistischer PlanerInnen enttarnt sich in einer Aussage E. Mays: „Ein Grundriß mag noch so organisch aufgebaut sein, die Abmessungen mögen noch so zweckmäßig berechnet werden, die ästhetischen Verhältnisse der Räume mögen noch so glücklich sein, im Augenblick, wo der minderwertige Hausrat seinen Einzug hält, schwindet die Harmonie."[362]

Planung im Nationalsozialismus

In den Jahren von 1933-1945 „wurde die städtebauliche Praxis als Mittel autoritärer politischer Herrschaft begriffen und ausgestaltet."[363] In den Zwanziger Jahren begonnene Modernisierungen und Rationalisierungen der Bauwirtschaft wurden fortgeführt, wenngleich unter Hinzufügung ideologischer Indoktrination. Das „Leitbild" nationalsozialistischer Siedlungsplanung bestand vor allem in der „Festigung der neuen Ordnung der Gemeinschaft der Volksgenossen (als klassenvereinigendes Konzept) unter nationalsozialistischer Führung."[364] Harlander/Fehl ordnen diesem „Leitbild" folgende Elemente zu:

---

360 Vgl. H. Häußermann/W. Siebel, a.a.O., S.101
361 Vgl. P. Gay: „Die Republik der Außenseiter. Geist und Kultur in der Weimarer Zeit 1918 - 1933", S.131ff., Frankfurt 1987
362 Zitiert nach: H. Häußermann/W. Siebel, a.a.O., 101f.
363 Vgl. M. Rodenstein (1992), a.a.O., S.57
364 A.a.O., S.57

„– das organische Stadtbild, das den hierarchischen Aufbau der neuen Gesellschaft zum Ausdruck bringen sollte,
– die funktionale Gliederung nach der Charta von Athen,
– die Auflockerung des Stadtgefüges,
– die Zeilenbebauung."[365]

Nationalsozialistische Planung bestand aus der ideologischen Verwertung gleichzeitig moderner und traditioneller Strömungen: Rationalisierung und moderne Urbanität auf der einen Seite, „Ganz Deutschland ein großer Garten" auf der anderen Seite. „Für den Siedlungsbau setzte sich die malerische, an die Landschaft angepaßte Straßenführung durch, denn sie entsprach nicht nur den Vorstellungen vom Festhalten am traditionellen künstlerischen Ausdruck, an Natur und Heimat (gegen die Bindungslosigkeit der wenig seßhaften Bevölkerung), sondern auch den technischen Erfordernissen der „vom Führer geförderten Automobilisierung."[366]

Die gegliederte und aufgelockerte Stadt

Der Wiederaufbau der Städte erfolgte in der Nachkriegszeit nur in Ausnahmefällen behutsam und dem ursprünglichen Stadtbild angepaßt (z.B. Freiburg, Nürnberg, Münster). Vielmehr setzt sich das bekannte Bild der aufgelockerten Bebauung fort. 1957 veröffentlichten Göderitz, Rainer und Hoffmann das Leitbild der „Gegliederten und aufgelockerten Stadt", an dessen Konzeptionalisierung sie bereits in den 40er Jahren mitgewirkt hatten. „Es wird nun in den Rahmen einer antiurbanistischen Ideologie gestellt, die sich aus dem Biologischen heraus legitimiert."[367]

Das Leitbild bewirkte ein Freiräumen der Städte für den wachsenden Verkehr und den Flächenbedarf der Wirtschaft. Es begünstigte die weitere Zersiedelung der Landschaft durch das Verschwinden der StadtbewohnerInnen an die Peripherie und erzwang die zunehmende private Motorisierung (zur Überwindung der immer weiter werdenden Distanzen zwischen Wohnort und Arbeitsplatz).

Weitere Leitbilder entstanden in den 60er Jahren: H. Reichow veröffentlichte 1959 sein Konzept der autogerechten Stadt. Es folgte das Konzept der „Urbanität durch Dichte", einer Zusammensetzung des Trabantenkonzepts Howards, der funktionalen Stadt der Charta von Athen und der Wohnhochhäuser Le Corbusiers. Das Konzept realisierte sich in den Großsiedlungen am Stadtrand. Unter dem Leitbild der „Funktionsschwächesanierung" erfolgte ein Leerräumen der Innenstädte zugunsten ökonomischer Expansion. Mit der zu-

---

365 A.a.O., S.58
366 Ebd.
367 Ebd.

nehmenden Verdichtung der Innenstädte durch Verkehr und Dienstleistungsunternehmen bei gleichzeitiger Verdrängung der angestammten Wohnbevölkerung kam es zu erster Kritik an der „Unwirtlichkeit der Städte."[368] In diesem Zusammenhang wurde erneut die Wichtigkeit gesundheitsbezogener Planung diskutiert.

Moderne Gesundheit

In der Zeit der Weimarer Republik werden gesundheitliche Gesichtspunkte des Städtebaus erstmalig in verfassungs- und landesrechtliche Grundlagen integriert und es entsteht eine erste Routine bei der Behandlung gesundheitlich-sanitärer Fragen. Erkenntnisse aus der medizinischen und hygienischen Forschung werden von den entstehenden Fachplanungen aufgegriffen. Gesundheitserhaltung und Prophylaxe werden im Rahmen der nunmehr institutionalisierten Wohnungspolitik betrieben. Die Zuständigkeit für die Erhaltung und Gewährung von Gesundheit spaltete sich in zwei Bereiche: 1. den Städtebau, der Maßnahmen zum Schutze der allgemeinen Gesundheit treffen sollte, und 2. die Krankenkassen, die individuell bei Krankheit betreuten und gesundheitliche Aufklärung betrieben.

1920 fehlten in Deutschland mindestens 1,5 Millionen Wohnungen. Die Überbelegung der wenigen Wohnungen und ihr schlechter baulicher Zustand waren dementsprechend groß. Im Altbaubestand, also den Mietskasernen aus der Kaiserzeit, herrschten teilweise erschütternde Zustände. Nach einer Wohnraumbesichtigung in Berlin berichtet Stadtrat Treffert 1927 in der Zeitschrift „Der Kassenarzt":

„Was sich am ersten Tag dem Auge bot, ist geradezu grauenhaft. Es wird uns eine Liste einiger Wohnungen überreicht: Brunnenstaße Nr.15: eine Wohnung von zwei Stuben, Kammer, Küche, bewohnt von zehn Personen, Brunnenstraße Nr.178: eine Einzimmerwohnung, bewohnt von elf Personen (...) Wir besichtigen die Wohnungen in der Friedrichsgracht. Beim Eintreten muß man sich erst an die Dunkelheit gewöhnen. In der Ecke des Korridors sitzt ein alter Mann. Bei unserem Eintreten bemerken wir erst, daß er sich auf das im Korridor befindliche Klosett niedergelassen hat. Jeder, der zur Wohnung will, muß durch diesen engen Gang an diesem Klosett vorbei, man gelangt dann in die sogenannte Küche, einen Raum von etwa zwei Quadratmeter, dunkel, ohne Licht und Luft, dazu ein Zimmer (...) Wir steigen auch in den Keller, etwa sieben Stufen tiefer, geraten in einen dunklen Raum mit Kellergewölbe, nicht ganz zwei Meter hoch. Eine Dame des Landtags fragt nach dem Wohnzimmer, die Frau antwortet: >Sie befinden sich im demselben<, >Und Ihr Schlafzimmer?< >Dasselbe.<.>Und die Küche?< >Auch diese befindet sich in diesem Raume.< (...) Es befindet sich in der Wohnung ein älteres Ehepaar

---

368 Vgl. A. Mitscherlich: „Die Unwirtlichkeit unserer Städte", Frankfurt 1971

und der Vater. Der ganze Raum ist etwa zehn Quadratmeter groß, und für diesen Raum zahlt die Familie 17 Mark monatlich Miete."[369]

Sanierungspläne für den Altbestand an Wohnungen existierten bereits in den 20er Jahren, ihre Umsetzung erfolgte jedoch erst während der NS-Zeit (und dann vor allem unter dem Aspekt politischer Kontrolle). Auch die Entflechtung von gewerblichen Betrieben und Wohnbereichen wurde nur sehr langsam vorangetrieben. Neben der Belastung mit Mangelkrankheiten waren die BewohnerInnen dieser Gebiete auch noch von Luftverunreinigungen, Lärm und Geruchsbelästigungen betroffen. Neben der zögerlichen Sanierung der Altbaugebiete entstand der Siedlungswohnungsbau, in dem die aktuellen medizinischen und sanitären Kenntnisse Berücksichtigung fanden. Auch den neuen körperlichen Bedürfnissen nach Licht, Luft, Freizeit und Erholung wurde in den neuen Siedlungen, die außerhalb der Stadt lagen, nachgekommen. Gute Lichtverhältnisse und stetige Belüftung wurde durch die Errichtung von durchgrünten Innenhöfen (bei Blockrandbebauung) und/oder Zeilenbebauung angestrebt. Dem Bedürfnis nach Freizeit und Erholung wurde durch die Anlage von Gärten entsprochen. Daß mit der weiten Entfernung der neuen Wohnorte zum Zentrum der Grundstein für die Probleme der Zukunft (zersiedelte Landschaft, Verkehrsbelastung) gelegt wurde, wurde zu der Zeit genauso wenig erkannt, wie die Verfestigung stereotyper Rollenmuster bei der Verteilung von Erwerbs- und Hausarbeit, die sich durch Normierung und Standardisierung der Wohngrundrisse ergaben.

Während der NS-Zeit wurden weniger öffentliche Mittel in den Wohnungsbau investiert, da die Gelder in den Autobahnbau, die militärische Aufrüstung und die Autarkie der Ernährung flossen. Da das Problem der Wohnungsnot weiter akut war, mußte auch weiterhin Siedlungswohnungsbau betrieben werden, wenngleich in verminderter Qualität. Das Interesse an einem gesundheitsorientierten Wohnungsbau wurde zu dieser Zeit parteipolitisch durch die Nationalsozialisten vereinnahmt und als Mittel der Indoktrination mißbraucht.

Die pervertierte Einstellung der nationalsozialistischen PlanerInnen vollzog sich auch in der politisch gesteuerten Verteilung von Siedlungswohnungen nach „rassenhygienischen" Gesichtspunkten: „Zur Ansiedlung taugt nicht jeder beliebige; man wird zu prüfen haben, ob die rassenhygienischen Voraussetzungen vorliegen, ob gute Erbmassen und Kinderreichtum bei den Voreltern festgestellt werden können; das Fehlen von Geisteskrankheiten und erblichen Belastungen ist ebenfalls Voraussetzung für die notwendigen rassenhygienischen Qualitäten der Siedlung."[370]

M. Rodenstein sieht in den Planungen der 30er und 40er Jahre, abgesehen von der Ideologie, allerdings wenig Unterschiede zu Planungen aus der Wei-

---

369 Zitiert nach H. Vollmer-Heitmann , a.a.O., S.160f.
370 Vgl. M. Rodenstein (1988), a.a.O., S.178

marer Zeit und auch der Nachkriegszeit[371]. Auch nach dem Krieg wurde zum Beispiel Modernisierung und Standardisierung im Wohnungsbau nach E. Neuferts Entwurfslehre (1937) betrieben und das Modell der durchgrünten, aufgelockerten Stadt fortgeführt. Dieses Modell entstand auch vor dem Hintergrund gesundheitlicher Erwägungen: es sollte die ausreichende Belüftung und Besonnung der Wohnungen sicherstellen und als Schutz vor industriellen Emissionen dienen. Die mit dem Auseinanderdividieren von Wohn- und Arbeitsbereichen verbundenen Probleme habe ich weiter oben bereits dargestellt.

In den 50er Jahren geriet das Thema eines gesunden Städtebaus wieder in die Diskussion. 1950 wurde die erste Zeitschrift *Städtehygiene* herausgegeben, die sich aus technisch-naturwissenschaftlicher Sicht mit der Gesundheit in der Stadt befaßt. 1957 entwickelten der Mediziner P. Vogler und der Städtebauer E. Kühn im Rahmen der Internationalen Bauausstellung Berlin einen Ansatz, den sie in ihrem Handbuch „Medizin und Städtebau" veröffentlichen: „Hier werden Aussagen der Medizin und des Städtebaus zusammengeführt, dem Städtebau eine neue wissenschaftliche Orientierung auf die Gesundheit der Menschen zu geben."[372]

In den 60er Jahren entstanden erste Protestströmungen in der Bevölkerung, die sich vornehmlich gegen die Flächensanierungspraxis, die Zersiedelung der Landschaft und den weiteren Straßenausbau richten. Dabei wurden vermehrt auch die Krankheiten thematisiert, die sich unter „Zivilisationskrankheiten" zusammenfassen lassen (Krebs, Krankheiten des Bewegungsapparats, Herz-Kreislauf-Krankheiten, Stress, psychische Erkrankungen, etc.).

In den 70er Jahren verstummten die Diskussionen um die „gesunde Stadt" und ihre BewohnerInnen. SozialarbeiterInnen und PsychologInnen begannen in den städtischen Krisengebieten (Sanierungsgebiete, Hochhaussiedlungen, Obdachlosenunterkünfte) für „Ruhe und Ordnung" zu sorgen. Probleme, deren gesellschaftlicher Ursprung sie zu Aspekten moderner Stadtplanung werden ließ, wurden individuiert, das heißt auf personalisierter Ebene an ihre Opfer weitergereicht. Mitte der 70er Jahre wurden erstmals die Suchtprobleme Jugendlicher, die in einer tristen Großstadtsiedlung leben, thematisiert. In dem Buch „Wir Kinder vom Bahnhof Zoo" erzählt Christiane F. von der in Gropiusstadt in Berlin herrschenden Trostlosigkeit und Verwahrlosung, die jede mögliche produktive Aneignung des Wohnumfeldes rigoros ausschließt und in ihrer Konsequenz zu Vandalismus[373] und/oder Autoaggression führt: „Man lernte in Gropiusstadt einfach automatisch zu tun, was verboten war. Verboten zum Beispiel war, irgend etwas zu spielen, was Spaß machte. Es war überhaupt eigentlich alles verboten. An jeder Ecke steht ein Schild in der

---

371 A.a.O., S.180
372 A.a. O., S.188
373 Vgl. K.D. Keim: „Macht, Gewalt und Verstädterung. Vorstudien zur Theoriebildung", Berlin 1985

Gropiusstadt. Die sogenannten Parkanlagen zwischen den Hochhäusern, das sind Schilderparks. Die meisten Schilder verbieten natürlich Kindern etwas."[374]

Mitte der 70er Jahre waren gesundheitspolitische Fragen im Städtebau weitgehend verrechtlicht, normiert und standardisiert. Die PlanerInnen konnten sich nun neuen Aufgaben zuwenden. Dazu gehörten vor allem Fragen der beginnenden Bürgerbeteiligung an Planungsvorhaben[375], schrittweise Planung und das Bemühen um mehr Interdisziplinarität. Anfang der 80er Jahre etablierte sich im Zuge der Entwicklung der Umwelt- und Raumwissenschaften auch die Stadtökologie, die sich unter anderem mit dem Verhältnis Mensch, gebaute Umwelt und Natur beschäftigt. Hier sind erste Ansätze gesundheitsbezogener Planung zu sehen[376].

Abschließend läßt sich feststellen, daß in der Medizin der Zeit der Moderne eine rasante Entwicklung stattfand, deren Erkenntnisse aber nur in Ansätzen Einfluß auf die Stadtplanung und -gestaltung gewannen (Licht, Luft, Hygiene). Krankheit wurde mehrheitlich individuell therapiert. Gesundheit war Voraussetzung für die Sicherung der Arbeitskraft, deshalb wurden neue Krankenhäuser errichtet, alte modernisiert. Sie standen an zentralen Orten und übernahmen primär die Aufgaben von Heilung und Forschung. In der Organisation ihrer Binnenstruktur wurde die zunehmende Differenzierung der einzelnen Fachgebiete fortgeschrieben[377].

Die Stadt der Moderne produzierte freilich nicht nur Krankheiten, sie wurde im Laufe ihrer geschichtlichen Entwicklung auch zum Zentrum vielfältiger Räusche von denen nun die Rede sein wird.

Stadträusche: Koks und Kippen

Geschwindigkeit, als Kennzeichen der Moderne, reflektierte sich auch in den veränderten Konsumgewohnheiten und KonsumentInnengruppen, die sich zu dieser Zeit ausprägten, und den Drogen, die konsumiert wurden. Zu Beginn der Zwanziger Jahre feierte der Tabak sein Comeback in neuer Form: der Zigarette. Zwar wurden Zigaretten bereits Mitte des 19. Jahrhunderts gehandelt und geraucht und stellten während dieser Zeit eine Alternative zur Zigarre dar, doch wurden sie erst um die Jahrhundertwende richtig populär. Bis zu dieser Zeit waren auch die Rauchutensilien Mundstück und Zigarettenetui zur Inszenierung des Rauchrituals unumgänglich. In den Zwanziger Jahren wurden diese Utensilien zu Relikten vergangener Zeit, denn mit der modernisierten Produktion wurden Zigaretten portioniert und verpackt geliefert. Das

---

374 Christiane F.: „Wir Kinder vom Bahnhof Zoo", S.23f., Hamburg 1978
375 Vgl. M. Andritzky (Hg.)/P. Becker/G. Selle: „Labyrinth Stadt. Planung und Chaos im Städtebau. Ein Handbuch für Bewohner", Köln 1975
376 Vgl. Umweltbundesamt (Hg. et al.): „Ökologisches Bauen", Wiesbaden/Berlin 1982; M. Kennedy (Hg.): „Öko-Stadt. Prinzipien einer Stadtökologie", 2 Bde., Frankfurt 1986
377 Vgl. A. Haas: „Krankenhäuser", Stuttgart 1965

"Rauchen aus der Schachtel" wurde zunehmend populärer, auch wenn noch bis in die Nachkriegszeit an Kiosken Zigaretten einzeln, beziehungsweise abgezählt verkauft wurden. Der Rauchvorgang wurde wieder einmal beschleunigt: nach Pfeife und Zigarre verkürzte er sich durch den vereinfachten Gebrauch (kein Pfeifestopfen, Zündfunken schlagen, Zigarrenende schneiden) und schnelleren Konsum. Der Gebrauch selbst wird zur informellen Zeiteinheit, der „Zigarettenlänge."[378]

Frauen der Emanzipationsbewegung des 19. Jahrhunderts forderten für sich das Recht zu rauchen und Hosen zu tragen. Zu Beginn des 20. Jahrhunderts war die rauchende Frau sozial akzeptiert, allerdings beschränkte sich die Toleranz auf das Rauchen von Zigaretten und im Haus. Vor allem die damalige Zigarettenwerbung kreierte die Zigarette zum „Symbol des Femininen."[379] Ähnlich sinnierte ein Wiener Literat: „Sie (fragt sich wer: die Frau oder die Zigarette oder beide?, S.T.) gehört zum Sekt, zu Hasardspiel und Liebe, zum Leichtsinn, zur Sünde, zur Poesie des Genießens."[380]

Welch starkes gesellschaftliches Tabu damit gebrochen wurde, kommentiert H. Vollmer-Heitmann: „Für Frauen war das Rauchen verpönt gewesen; nur Prostituierte, die ohnehin keinen Ruf zu verlieren hatten, rauchten ungeniert in der Öffentlichkeit."[381] Frauen konsumierten zu Beginn der Moderne, in den experimentierfreudigen Zwanziger Jahren, auch andere Drogen (z.B. Kokain), wenngleich dazu einschränkend gesagt werden muß, daß sich der Kreis der Konsumentinnen vorwiegend aus bürgerlichen Intellektuellen und Künstlerinnen zusammensetzte. Die Frauen bewegten sich dabei entlang der heiklen Grenze bürgerlich-chauvinistischer Doppelmoral, die sie leicht zu Objekten männlichen Voyeurismus werden ließ. So drängte sich Berlins Gesellschaft in den Vergnügungslokalen „Weiße Maus", „Apollo" und „Nelson"[382], um den Auftritten bekannter KünstlerInnen beizuwohnen. Dabei kam eine bürgerliche Mischung aus Faszination und Abscheu besonders zum Tragen, die sich auch in dem damaligen Frauenbild zeitigte: nach außen vorgetäuscht sexuelle Libertinage und nach innen praktiziert zementierte Beziehungsstrukturen. Rausch und Täuschung (im Sinne von Scheinhaftigkeit) lagen eng beieinander, sie bewirkten keineswegs die Emanzipation von konventionellen Beziehungsmustern.

Die schon erwähnte Anita Berber, „Königin der Bohème" und Berlins damals bekannteste Nackttänzerin, wütend über die Ignoranz künstlerischer Leistung: „Die Vorführung ist mir Ernst (...) Wir tanzen den Tod, die Krankheit, die Schwangerschaft, die Syphilis, den Wahnsinn, das Sterben, das Siech-

---

378 Vgl. W. Schivelbusch (1988), a.a.O., S.123
379 Vgl. z.B. die Remakes der Zigarettendosen von Lucky Strike (aus den 20er und 30er Jahren).
380 Vgl. W. Schivelbusch (1988), a.a.O., S.137
381 Vgl. H. Vollmer-Heitmann, a.a.O., S.25
382 Vgl. H. Greul: „Bretter, die die Zeit bedeuten. Die Kulturgeschichte des Kabaretts", Bd.1, S.185ff., München 1971

tum, den Selbstmord, und kein Mensch nimmt uns ernst. Sie glotzen nur auf unsere Schleier, ob sie nicht darunter etwas sehen können, die Schweine".

Kokain war während der Zwanziger Jahre *die* Droge von KünstlerInnen und LiteratInnen. Geredet wurde *Kokolores*, Folge vom gesnieften *Koks*. In Schlagern wurde Kokain besungen („Mutter, der Mann mit dem Koks ist da"), zahlreiche Verfilmungen drehten sich um das Thema Kokain („Kein Koks für Sherlock Holmes") und Stevenson warnte mit seiner Erzählung von „Dr. Jekyll und Mr. Hyde" vor den Gefahren des Kokains. Die KonsumentInnen nutzten die Droge vorwiegend zur Steigerung ihrer künstlerischen Leistungen und Produktivität. Der Konsum fand häufig in aller Öffentlichkeit statt und bestimmte im beträchtlichem Maße das künstlerische Umfeld: „anders als die Morphinisten der Vorkriegszeit schnupfte der Kokaingebraucher meist nicht individuell und abseits der Öffentlichkeit, vielmehr bildete sich Anfang der Zwanziger Jahre in den Großstädten, besonders in Berlin, erstmals eine regelrechte Kokainszene heraus, die sichtbar war, sich provozierend in der Öffentlichkeit bewegte und als moralische Bedrohung empfunden wurde."[383] Neben seinem Einsatz als Rauschmittel fand Kokain in der medizinischen Praxis Verwendung: als örtliche Betäubung bei Augenoperationen, in der Lumbalanästhesie und schließlich auch in den Experimenten des jungen Freud.

Die 20er Jahre können, was den Umgang mit Drogen anging, als experimentierfreudige und liberale Epoche bezeichnet werden. Die Tatsache, daß auch andere Verhaltensweisen rauschhaft ausgeübt wurden, z.B. der Tanz, die Freiluft- und Badekultur oder die zunehmende Motorisierung, haben dieser Tendenz sicher positiven Vorschub geleistet.

In den 30er und 40er Jahren wandelte sich das Bild der DrogenkonsumentInnen. Drogenkonsum (und allgemein abweichendes Verhalten) unterlag bei den Nationalsozialisten strengster Verfolgung (bis hin zur Ermordung): „In Deutschland (...) galten die >Giftsuchten< als Zeichen einer im Interesse des Volksganzen auszumerzenden Minderwertigkeit. Die Gesetze zur Verhütung erbkranken Nachwuchses, mit denen die Sterilisationspflicht bzw. die Zwangssterilisation bei Diagnosen wie Alkoholismus und Rauschgiftsucht 1933 eingeführt wurden (vgl. Baader/Schultz 1980), führte Alkoholiker und Opiatabhängige in gefährliche Nähe zur Kategorie des >lebensunwerten Lebens< und der physischen Vernichtung. Und in der Tat gibt es heute Schätzungen, denen zufolge rund 50.000 Alkoholiker und >Rauschgiftsüchtige< während des Nationalsozialismus ermordet wurden (Klee 1983)."[384]

1930 fand in der Medizin eine Entdeckung statt, die zu einem entscheidenden Durchbruch bei der Verbesserung der Behandlung von Infektionskrankheiten führte: das Penicillin wurde entdeckt; und in seiner Folge konn-

---

383 Vgl. S. Scheerer/I. Vogt (Hg.): „Drogen und Drogenpolitik. Ein Handbuch", S.363f., Frankfurt 1989
384 A.a.O., S.13

ten die Sulfonamide erfunden werden. Während der 40er Jahre wurden Polamidon und Dolantin im Rahmen der Schmerztherapie entwickelt. Zu dieser Zeit war man sich der Gratwanderung zwischen Schlaf und Sucht schon lange bewußt, was sich allerdings im Rahmen einer verschärften Gesetzgebung nur unwesentlich niederschlug (Haager Abkommen). Circa 4.000 Morphinderivate befanden sich auf dem Markt, vom Hustenblocker bis zum Heroin, von physiologisch neutral bis hochwirksam; Deutschland galt in Herstellung und Vertrieb von Drogen weltweit als marktführend[385]. 1938 erfand Hofmann im Rahmen von Untersuchungen über Mutterkornalkaloide für Sandoz, Basel, das LSD. Die halluzinogene Wirkung des LSD entdeckte Hofmann erst fünf Jahre später durch „Zufall". Für LSD als Droge interessierten sich vorerst jedoch nur die Militärs und Geheimdienste verschiedener Staaten, die LSD in ihre psychologische Kriegsführung einzuplanen hofften. Experimente an Soldaten und Langzeithäftlingen unter Einwirkung von LSD sind seit langem aus den USA bekannt.

Während der 30er und 40er Jahre wurde das aus den Zwanziger Jahren bekannte und lustvoll besetzte Rauschverhalten sanktioniert, oder in den Dienst nationalsozialistischer Propaganda gestellt. Rauschverhalten degenerierte zu Massenwahn und Führerkult. Lustvoll besetzte Räusche wie Rauchen, wurden, besonders bei den Frauen, negativ etikettiert, denn „Raucherbabies" waren der Ideologie der Volksgesundheit abträglich. Die abgeschnittenen diplomatischen Kontakte zum Ausland erschwerten zudem den kulturellen Genuß von z.B. Jazz-Musik, die als besonders subversiv galt[386] („Schamlosigkeit", „Durchmischung der Rassen", „Negermusik").

Die grauenhaften Menschenversuche in den Konzentrationslagern (unter Beteiligung deutscher pharmazeutischer Konzerne) zur „Erforschung" neuer Medikamente und Förderung medizinischer Erkenntnisse können hier nur erwähnt werden. Während der Zeit des Wiederaufbaus erlebten die(selben) Konzerne ihren großen Boom. Mit Hilfe intensiver Werbung und enormer Investitionen in Forschung und Produktion erschlossen sie sich mit einer Unmenge neuer Präparate (hier soll nur von den Psychopharmaka die Rede sein) neue Absatzmärkte. Angesichts der breiten Palette der Medikamente wurden sie nach folgenden Klassen spezifiziert:

1. Schmerzmittel (a. Opiate, z.B. Morphin, Heroin, Methadon, b. Analgetika, z.B. Aspirin und Paracetamol),
2. Schlaf- u. Beruhigungsmittel (a. Tranquilizer, b. Sedativa, c. Hypnotika),
3. Neuroleptika und Antidepressiva,
4. Amphetamine[387].

---

385 Vgl. G. Amendt: „Sucht - Profit - Sucht", Hamburg 1990
386 Zu denken wäre auch an die Haßtiraden gegen bekannte jüdische MusikerInnen (z.B. Benny Goodman).
387 Vgl. G. Amendt, a.a.O., S.47ff.

Die riesige Nachfrage nach Psychopharmaka erklärt sich meines Erachtens 1. aus dem Versuch der Vergangenheitsbewältigung und 2. aus dem mit dem Wiederaufbau verbundenen Stress. Mit der Zeit des „Wirtschaftwunders" war auch die erneute Warennachfrage und der Konsum verbunden, dessen Finanzierung erst einmal unter großer Anstrengung erwirtschaftet werden mußte[388]. Da viele Medikamente frei im Handel bezogen werden konnten, war die Selbstmedikation entsprechend groß. Je nach biochemischer Ausgangsstimmung, konnte aus einer Riesenauswahl an Pillen der gewünschte (oder auch zur Erhaltung der Arbeitsfähigkeit benötigte) Gemütszustand erzeugt werden. Diese künstliche Manipulation von Körper und Geist kann auch als negative Folge einer weiteren Versachlichung des menschlichen Körpers gesehen werden, wobei der damit verbundene Rausch (oder jetzt eher: die Vernebelung der Sinne) auf das Kriterium seiner Funktionalität reduziert wird.

Erst in den 60er Jahren wurde die unreflektiert positive Grundeinstellung zu den Pillen durch den „Contergan-Skandal", in dessen Verlauf Hunderte von Kindern behindert geboren wurden, erschüttert. Der Gebrauch von Medikamenten hatte sich spätestens zu dieser Zeit zu einem allgemeinen Verhaltensmuster entwickelt, das von allen gesellschaftlichen Schichten mitgetragen wurde; Tablettenkonsum war schließlich nichts Verbotenes. Die Behandlung Kranker und die Einstellung zu Krankheit, hatte sich allerdings analog zur Dichotomisierung gesellschaftlicher Räume gespalten: in 1. unkontrollierte Selbstmedikation in privaten Räumen und 2. staatlich organisierte (und kontrollierte) Krankenpflege als moderne Dienstleistung[389].

Ende der 60er Jahre wurde im Zuge der Ausbildung neuer gesellschaftlicher Subkulturen (Beatniks, Provos, Hippies, Studentenbewegung) erstmalig wieder der geschichtlich bereits bekannte Haschischkonsum erwähnt, der schon bald zum Massenphänomen avancierte[390]. Mit dem Gebrauch von Hasch und Cannabis verbanden viele der vorwiegend jugendlichen KonsumentInnen die Suche nach einem alternativen Lebensstil, den sie als Ausweg aus der als frustrierend erlebten Verspießerung ihrer Elternhäuser empfanden.

Auch LSD wurde durch die amerikanische Hippiekultur und ihre „Drogenphilosophen" (T. Leary: „Turn on, tune in, drop out") „camp". Wer sich auf der Suche nach neuen Dimensionen seines Bewußtsein befand, „schmiß" Trips[391]. Die Fragwürdigkeit und die Gefahren der (teilweisen) Verherrlichung

---

388 Vgl. z.B. B. Engelmann: „Wir hab'n den Kopf ja noch fest auf dem Hals. Die Deutschen zwischen Stunde Null und Wirtschaftswunder", Hamburg 1990
389 Vgl. die Psychiatrie-Debatte (R. Laing); dazu auch J. Bopp: „Antipsychiatrie. Theorien, Therapien, Politik", Frankfurt 1981 und G. Jervis: „Kritisches Handbuch der Psychiatrie", Frankfurt 1981
390 Zum Beispiel im Rahmen der „Flower-Power-Bewegung".
391 A. Huxley hat die Verkünstlichung der Wahrnehmung durch psychoaktive Substanzen (und deren gesellschaftspolitische Implikationen) schon sehr früh in seinem Roman „Schöne neue Welt" literarisch karikiert.

bewußtseinsverändernder Substanzen wurde überwiegend von EthnologInnen (z.B. Mead, Levy-Strauss, Duerr) diskutiert, die den Konsum von Drogen primär im kulturellen Kontext des jeweiligen Herkunftslandes verstanden wissen wollten. In psychotherapeutischen Kreisen wurde verschiedentlich mit LSD experimentiert (S. Grof).

Neben der schnellen Verbreitung der sogenannten „Szene-Drogen" (also Cannabis-Produkte, LSD, Heroin, Kokain, etc.) entstanden Süchte, die sich unabhängig von der Einnahme chemischer Substanzen entwickelten, z.b. Spielsucht, Kaufsucht, Geschwindigkeitssucht, Eßsucht, Sexsucht, in ihrer Wirkung (gesteigerte Ausschüttung körpereigener Endorphine, Glücksgefühl, Rausch) aber mit anderen Drogen vergleichen lassen. Daß sie erst seit den letzten Jahren als Süchte bezeichnet werden, liegt meines Erachtens an ihrer systemkonformen- und stabilisierenden Wirkung. Kaufrausch als Sucht zu definieren fällt einer Gesellschaft, die sich über Konsum und Profit, die Grundpfeiler ihrer Ökonomie, definiert, extrem schwer, da Sucht schließlich immer gleich mit Krankheit konnotiert wird. Die staatlichen Reaktionen auf die veränderten Konsumgewohnheiten und Sorten von Drogen verliefen extrem ambivalent (und logisch nicht immer nachvollziehbar, das heißt nach kapitalistischer Logik schon). Anhand ihrer Verbote und Hilfen soll die Entwicklung moderner Drogenpolitik kurz dargestellt werden, bevor ich wieder auf die räumliche Relevanz dieser Entwicklungen zu schreiben komme.

Die Verbote

Der Prozeß des rechtlich formalisierten Verbietens von Drogen vollzog sich über einen Zeitraum von mehr als fünfzig Jahren. Heroin, das seit Anfang des 20. Jahrhunderts in Massenproduktion synthetisiert wurde, gelangte zuerst als Hustenmittel auf den Markt. Zusammen mit Aspirin gehörte es zu den Verkaufsschlagern aus der Bayer-Produktpalette. Heroin, aber auch Kokain, Morphin konnten zu diesem Zeitpunkt problemlos über Apotheken bezogen werden. 1912 regten die USA ein internationales Drogenabkommen an, das mit der Haager Konvention beschlossen werden sollte. Das Abkommen sollte international verpflichtende Zusagen bezüglich des kontrollierten Handels und der Herstellung von Heroin, Morphin und Kokain enthalten. Deutschland, zu der Zeit weltgrößter Exporteur synthetischer Drogen, weigerte sich über drei Konferenzen, dem Abkommen beizustimmen. Nach dem verlorenen 1. Weltkrieg wurde Deutschland zur Ratifizierung des Opiumabkommens verpflichtet und angewiesen, entsprechende Verpflichtungen in seine nationale Gesetzgebung aufzunehmen. 1920 entstand das Opiumgesetz zur Durchsetzung des Haager Abkommens. Das Gesetz basierte jedoch nicht auf einem generellen Verbot, sondern auf der Regulation von Einfuhr, Ausfuhr, Herstellung und Verarbeitung, die unter behördliche Aufsicht gestellt wurden. 1923 regte ein Ausschuß des Völkerbundes ein völliges Produktionsverbot an, das 1924 in den Staaten beschlossen wurde. Deutschland produzierte zu dieser Zeit jährlich über eine Tonne Heroin. Im geänderten Opiumgesetz von 1929 findet sich ein Totalverbot für Rauchopium und Cannabis, nicht jedoch für Heroin. Selbst mit dem Einheitsübereinkommen von 1961 (Single Convention) kommt es zu keiner klaren Entschließung für ein Totalverbot. In der Fassung von 1972 wird der weiteren kontrollierten Herstellung zugestimmt, wenn dies dem Wohl der Allgemeinheit entspricht. Forschungen und Versuchsreihen unter Aufsicht wird weiterhin zugestimmt[392].

Die Hilfen

Die erste Phase der „Drogenhilfe" entstand während der Nachkriegszeit und war überwiegend ehrenamtlich organisiert. Aufgrund des geringen Drucks von außen gab es 1962 erst 18 stationäre Hilfseinrichtungen, 1968 waren es dann 26, mit insgesamt 1.000-2000 Betten. Ende der 60er Jahre änderte sich das Drogenkonsumverhalten und die Zusammensetzung der Konsumentinnen. Vorwiegend junge Menschen begannen Drogen zu gebrauchen; und aus diesem Kreis wuchsen Personen, die anfingen, sich professionell mit DrogenkonsumentInnen zu beschäftigen. Die Release-Bewegung der frühen 70er Jahre bestand aus dieser ersten Generation linker PädagogInnen, SozialarbeiterInnen, LehrerInnen, SchülerInnen und StudentInnen, die die entpolitisierende Wirkung von Drogen erkannt hatten und eine politisch motivierte Drogenpolitik auf ihre Fahne schrieben.

Dies hieß: Betreuung und Hilfsangebote organisiert über dezentrale Wohngemeinschaften, bewohnt von BetreuerInnen und Betreuten, Verzicht auf Abstinenzansprüche. Dieser weiche Kurs wurde nur für kurze Zeit geduldet: Mitte der 70er Jahre, als begriffen wurde, daß ein Ende der „Drogenwelle" nicht absehbar war, entschied sich der Staat für ein hartes Durchgreifen. Im Zuge dieser Entwicklung wurden die Häuser von Release geschlossen.

1974/75 begann die zweite Phase der „Drogenhilfe". Sie begann mit der Auflösung des politischen Anspruchs und einer Übernahme und Institutionalisierung durch etablierte Wohlfahrtsverbände. Gleichzeitig wurde die Professionalisierung und Spezialisierung des Berufsbildes „DrogenhelferIn" vorangetrieben. Trotz Einführung des dualen Finanzierungssystems und Reorganisation der Krankenhausfinanzierung wuchs das Drogenhilfesystem (denn die Betreuung der Süchtigen ist wenig personalintensiv, technisch nicht aufwendig und verursacht wenig an Betriebskosten, da ein Großteil der Arbeiten von der Kranken selber erledigt werden muß).

Die Einrichtungen der Drogenhilfe expandierten: Anfang der 80er Jahre gibt es 350 Kliniken und therapeutische Wohngemeinschaften, die von 45.000

---

392 Zur Übersicht über die Geschichte der internationalen Drogenpolitik(en); vgl. C. Bauer: „Heroinfreigabe - Möglichkeiten und Grenzen einer anderen Drogenpolitik", Hamburg 1992

Personen im Jahr durchlaufen werden, dazu kommt noch die ambulante Versorgung. Die Drogenhilfe entwickelte sich also von einem kleinen Zirkel von InsiderInnen zu einem staatlich organisierten Beratungs- und Therapievermittlungsangebot vergleichbar mit anderen modernen Dienstleistungsunternehmen. Therapiezentren, die teilweise als Ketten organisiert sind (Daytop, Synanon, Drogenhilfe Tübingen) offerieren unterschiedlichste Angebote. Das Geschäft mit der Sucht ist mittlerweile nicht nur für DealerInnen und Pharmakonzerne ein lukratives Geschäft. Die räumliche Reflexion dieses sozialen Wandels soll nun zum Abschluß des Kapitels diskutiert werden.

Der Raum: Orte und Unorte

Veränderte Konsumgewohnheiten und KonsumentInnengruppen, die mit der Moderne entstanden, schrieben sich auch in den veränderten Nutzungen und Ansprüchen an den gesellschaftlichen Raum fest. Alltagsdrogen (Alkohol, Nikotin, Medikamente) wurden im Laufe der Zeit „verhäuslicht", das heißt ihr Gebrauch findet mehrheitlich in privaten Räumen statt. Neben dem privatisierten Gebrauch werden Alltagsdrogen auch in öffentlichen und halböffentlichen Räumen konsumiert, solange bestimmte Bedingungen eingehalten werden: dabei ist vor allem die Ritualfunktion von Alkohol hervorzuheben, der in unterschiedlichsten Formen, je nach gesellschaftlichem Anlaß, angeboten wird. So wie Raum zum Wohnen und Arbeiten nutzungsspezifisch ausgewiesen wird, kommt auch den Aspekten Freizeit und Erholung wachsende Bedeutung zu. Um dem steigenden Bedarf gerecht zu werden, wurden auch diese Bedürfnisse funktionalisiert und durch die Ausweisung eigener Räume festgelegt.

Alltagsdrogen, wie Alkohol dürfen also legal an nutzungsspezifisch definierten Orten konsumiert werden. Anders ausgedrückt: ihrer Legalität wird durch Raumangebote entsprochen, beziehungsweise Raumangebote legitimieren ihr Vorhandensein. Drogen mit abweichendem Status, sogenannte „Szene-Drogen" (Cannabis, Kokain, Heroin, etc.), deren Erwerb, Handel und Besitz nach gültigem Betäubungsmittelrecht illegal ist, entwickeln durch ihren Verbotscharakter ein anderes Verhältnis zum Raum.

Da es diese Drogen und ihren Konsum eigentlich nicht geben darf, wird für sie auch kein Raum ausgewiesen. Der Konsum illegaler Drogen findet demnach an Orten statt, die sich mit den üblichen Kategorien „privater" oder „öffentlicher" Räume strukturell nicht ausreichend beschreiben lassen. Diese Orte sind von einer strukturellen Künstlichkeit geprägt, da sie eigentlich als nicht-existent gelten. Meiner Meinung nach ist es daher sinnvoller, von *Unorten* zu sprechen, oder von virtuellen Räumen, die erst durch die spontane Ansammlung ihrer NutzerInnen entstehen, sprich: sichtbar werden. Ein Unort wird erst durch Funktionsbelegung (hier: Drogenkonsum, Dealen, etc.) als „Ort" empirisch manifest.

Mit anderen Worten: würde jeder (legalen) Funktion, die innerhalb einer Stadt ausgeübt wird (Wohnen, Arbeiten, Erholen, etc.), eine bestimmte Farbe zugewiesen, so würde sich aus diesem Zusammenspiel ein mosaikartiges, farbiges Muster ergeben (vergleichbar mit einem Flächennutzungsplan), das sich über die gesamte Stadt ausdehnt. Werden jetzt noch die bis dahin aufgrund ihrer Illegalität nicht definierten Nutzungen hinzugefügt, so würden sich diese „Orte" wie blinde Flecken über andere Nutzungen legen. Die Unorte illegalen Drogenkonsums lassen sich in ihrer Struktur nur schwer beschreiben, da sie in einer räumlichen Grauzone zwischen sichtbaren Orten existieren und diese manchmal auch überschneiden. Sie bewegen sich, das als Versuch sprachlicher Annäherung, in einer Dialektik von existent/nicht-existent, wie der in ihnen gesuchte Rausch auch.

Existent im Sinne individueller Erlebbarkeit, nicht-existent unter dem Gesichtspunkt der örtlichen Sichtbarkeit. Von diesen Unorten wird im dritten Kapitel die Rede sein, wenn anhand eines konkreten Beispiels das Verhältnis von Rausch und Raum in der Stadt untersucht wird. Zum Abschluß dieser Passage noch einmal die wichtigsten Aspekte, geordnet nach den Lesarten:

Rausch

Moderner Rausch erscheint in dichotomisierter Form: 1. legal und verhäuslicht im Gebrauch, in Form von Alkohol, Medikamenten, Nikotin, etc., 2. illegal und diskriminiert in Form von Heroin, LSD, Cannabis, etc. Mit der Wahl der Droge, mit der sich KonsumentInnen berauschen wollen, wird auch der jeweilige Verhaltenskodex festgelegt, dessen Bewertung sich nach bürgerlichen Riten der Anerkennung oder Ausgrenzung vollzieht.

Raum

Fordistisch strukturierte räumliche Funktionsfestlegungen prägen auch den Rausch. Orte der Erholung und des Vergnügens, z.B. Kneipen, ermöglichen den legalen Rausch mit Alltagsdrogen. Illegale Drogen erhalten keinen Raum. Sie existieren in räumlichen Leerstellen, an Unorten. Die Stadt „gesundet", wird hygienisch sauber aufgeräumt. Gesundheitlich aufbereitet, steril und sterilisiert. Die geknebelte Stadt. Die Stadt als Karte, auf der geplant wird. Ihr oberster Stratege: die Ökonomie. Die Stadt als Malbuch. Nutzungen werden farblich eingetragen, Flecken bleiben.

Subjekt

Mit der Wahl der Droge wird auch der gesellschaftliche Status des Subjektes festgelegt. Dabei kommt es zu den erstaunlichsten Verschiebungen: aus einem ehemaligen Hustenmittel entwickelt sich eine Droge, die als Ausstiegsdroge schlechthin gilt: Heroin; und Kokain avanciert zum Lifestyle-Utensil gehobener Schichten. Die KonsumentInnen sitzen je nach Wahl des Rauschmittels, alkoholtrinkend vor dem Fernseher, Heroin injizierend auf der Bahnhofstoilette, koksend in der Bar. Die Differenzierung der medizinischen Fachbereiche wird perfektioniert. Auch in der Drogenhilfe kommt es zu Professionalisierung und Institutionalisierung. Die staatlichen Hilfssysteme entwickeln sich zu modernen Dienstleistungsunternehmen, an die Verantwortung für Bereiche delegiert wird, die vorher als gesamtgesellschaftliche Problembereiche (z.B. Stadt und Gesundheit) angesehen wurden.

Ausblick

Mit dem „Ende der Moderne" kommt es zu erneuten und weitreichenderen Brüchen im Verhältnis von Rausch, Subjekt und Raum. Deshalb werde ich, diesen Brüchen folgend, an dieser Stelle einen Schnitt legen. Der Fortgang der Geschichte von Rausch und Raum erfolgt in Kapitel 3 nach einer einleitenden Betrachtung der Kontroverse um „Moderne versus Postmoderne". Die an dieser Stelle bereits relevant werdende Debatte um Kontinuität und Kontingenz von Geschichte(n) will ich in den nun folgenden „Einsichten" kurz umreißen, womit gleichzeitig die bisher zurückgelegte Tour kritisch reflektiert werden soll.

1.3 Einsichten I

Beenden möchte ich dieses Kapitel mit einer kritischen Reflexion des bisherigen Arbeitsganges. Dabei geht es mir insbesondere um das Aufzeigen der inhaltlichen und methodischen Möglichkeiten und Grenzen hermeneutischer Explikation für die Genese der Thematik von Rausch, Subjekt und Raum. Die Reise durch die historischen Räume, Räusche und Subjekte konnte (vorerst) folgendes zeigen:

1. *Komplexität des Themas*, die aus der Vielzahl und Vielfalt der Lesarten entsteht, die jedoch alle notwendig sind für ein umfassendes, hermeneutisches Begreifen des Untersuchungsgegenstandes,
2. *Dreidimensionalität*, das heißt die Räumlichkeit der Thematik, die entsteht, wenn das historische Werden eines Themenfeldes vor dem Hintergrund seiner Kontinuitäten und Brüche betrachtet wird, und
3. *Sinn* historischer Epochen und ihrer Lesarten, wie er sich im Rahmen der hermeneutischen Explikation „aus sich selbst heraus" offenbart.

Das inhaltliche Verstehen dieses Sinns kann meines Erachtens am besten durch hermeneutische Methoden geleistet werden: „Hermeneutiken sind *Kunst*lehren des Verstehens, die die gefährdeten (...) und abgebrochenen Verstehenstraditionen in ihrer hermeneutischen Funktion durch methodische und kontrollierbare Verstehensprozeduren ersetzen sollen. Sie erweisen sich überall da als notwendig, wo es darum geht, unterbrochene Traditionen wieder aufzunehmen und *neu* anzueignen."[393]

Da in der Erforschung des Komplexes Rausch – Raum – Subjekt bislang noch keine Traditionen und Forschungserfahrungen existieren, war es für mich umso wichtiger, eine historische Rekonstruktion, als Grundlage für weitere Explikationen, zu schreiben. Diese Rekonstruktion soll eine *kritische* sein, das heißt, sie soll ein dekonstruktivistisches Verständnis von Historizität in ihre Interpretationen integrieren, anstatt historische Entwicklungen lediglich positivistisch und damit (letztendlich) affirmativ zu bestätigen.

Aktuelle Problemstellungen aus diesem Themenkreis machten mir deutlich, daß ihre Bewältigung nur vor dem Hintergrund der Analyse ihrer Geschichtlichkeit und der daran gekoppelten ideengeschichtlichen Kontexte (im Sinne der Foucaultschen „Episteme") geleistet werden kann. Dabei zeigt sich, daß die zunehmende Verdichtung gesellschaftlicher Entwicklungen partielle Fremdheit und/oder Distanz zur Geschichte erzeugen kann und damit zu einer Sprachlosigkeit im Heute führt. Diese Kluft kann mit Hilfe der Hermeneutik überwunden werden, beziehungsweise wird von ihr geschlossen[394].

So wichtig die Hermeneutik für das Verständnis des Vergangenen ist, so sehr zeigen sich hier jedoch auch ihre Grenzen für das Heute. Da eine historisch-interpretative Rekonstruktion stark von den in ihr zitierten Quellen lebt, liegen hier auch ihre Hauptkritikpunkte, zum Beispiel die (potentielle) Stilisierung historischer Vorgänge, oder die Idealisierung von Zusammenhängen (als handelte es sich um reine Argumentationsketten); dazu kommt die Auswahl durch die/den VerfasserIn und ihre/seine Verstehensbedingungen[395].

Kritik aus erkenntnistheoretischer (und forschungslogischer) Sicht besteht vor allem 1. in der Prozessualisierung des Verstehens durch die Historisierung des Verstehens und 2. in der Nicht-Abschließbarkeit des Verstehens: „Das philosophische Gewicht des Themas >Verstehen< liegt also darin, daß es in seiner unter Bedingungen des entstehenden Historismus *universalisierten und fundamentalisierten Fassung das Selbstverständnis der Vernunft selbst* berührt und damit seine Berücksichtigung in jeder Vernunfttheorie – nicht nur in der Theorie der hermeneutischen Vernunft – erzwingt."[396]

---

393 Vgl. H. Schnädelbach (1983), a.a.O., S.140ff.
394 Zur Bedeutung historischen Denkens; vgl. H.M. Baumgartner (Hg.)/J. Rüsen: „Seminar: Geschichte und Theorie. Umrisse einer Historik", Frankfurt 1976
395 Diese Kritik läßt sich allerdings auch auf Interpretationspraktiken von „aktuellen" Texten beziehen.
396 Vgl. H. Schnädelbach (1983), a.a.O., S.143

H. Schnädelbach kritisiert ferner die Figur des hermeneutischen Zirkels, nach der das Ganze aus dem Einzelnen und zugleich das Einzelne aus dem Ganzen zu verstehen ist; eine Kritik, die Heideggers ontologische Theorie des Verstehens (aufgrund ihrer spezifischen Zirkelhaftigkeit) nicht tangiert: „Das Dasein ist ein Seiendes, das nicht nur unter anderen Seienden vorkommt. Es ist vielmehr dadurch ontisch ausgezeichnet, daß es in diesem Seienden in seinem Sein um dieses Sein selbst geht. Zu dieser Seinsverfassung des Daseins gehört aber dann, daß es in diesem Sein zu diesem Sein ein Seinsverhältnis hat. Und dies wiederum besagt: Dasein versteht sich in irgendeiner Weise und Ausdrücklichkeit in seinem Sein. Diesem Seienden eignet, daß mit und durch sein Sein dieses in ihm selbst erschlossen ist. *Seinsverständnis ist selbst eine Seinsbestimmung des Daseins.* Die ontische Auszeichnung des Daseins liegt darin, daß es ontologisch *ist.*"[397]

In „Morbus hermeneuticus"[398] beklagt H. Schnädelbach gewisse hermeneutische Praktiken und ihre machtbestimmten Gültigkeitsansprüche als „Krankheit" und spricht von einer „Philologisierung der Philosophie", worin ich ihm nicht zu widersprechen vermag (und auch nicht möchte). Die Gefahr beim hermeneutischen Zugang, das zeigt sich schnell beim praktischen Arbeiten mit der Methode, sehe ich darin, daß es sehr verlockend ist, sich hinter Texten zu „verstecken" und das eigene kritische Denken zugunsten ausgedehnter Zitatmontagen zurückzustellen.

Das Potential eines hermeneutischen Zugangs sehe ich in genau den Aspekten, deren mögliche Gefahren und Kritik ich eben erwähnt habe. Warum nicht hinter Texten „verstecken"? Beziehungsweise, kann in diesem Zusammenhang überhaupt von „verstecken" gesprochen werden? Und: Wer spricht und wer versteckt sich? Warum keine „Philologisierung"? Es wäre doch auch denkbar, daß gerade mit der Reflektion auf Sprache die Vielfalt von Sprachspielen (und deren jeweiligen Gültigkeitsansprüchen) zum Ausdruck kommt und dadurch mit *einem* machtbestimmten Gültigkeitsanspruch gebrochen werden kann?

Weiterhin sehe ich in der Montage von Zitaten eine Möglichkeit, den Aspekt der Collagenhaftigkeit von Geschichte, den sie als Element ohnehin in sich trägt, kritisch zu reflektieren. Kritisches Denken wird über eine ausgiebige Zitationspraxis meines Erachtens nicht aufgegeben, sondern sogar erweitert, wenn in reflexiver Form über die Anwendung als Methode hinaus, ihre inhaltlichen Fragestellungen (zum Beispiel nach dem Verhältnis von Authentizität und Simulation der Geschichte) diskutiert werden können.

Die Simulation von Geschichte sollte bewußt vorausgesetzt werden, damit sie reflektiert eingesetzt werden kann. D. Kamper bringt dies mit kriti-

---

397 Vgl. M. Heidegger: „Sein und Zeit", S.12, Tübingen 1957; Hervorhebungen M. Heidegger.
398 Vgl. H. Schnädelbach: „Morbus hermeneuticus - Thesen über eine philosophische Krankheit", in: ders.: „Vernunft und Geschichte. Vorträge und Abhandlungen", S.279-284, Frankfurt 1987

schen Worten auf folgenden Punkt: „Wer auf sich als Einem besteht und nur als er selbst sprechen will, gibt Geistern das Wort, die uralt und müde sind. Wer auf die Stimmen der Anderen (auch der Toten) hört, bekommt – vielleicht – die Chance für einen eigenen Einsatz und einen Tonfall, der lebendig ist. In einem derart bestimmten Verhältnis kommt das Authentische, das Echte mit dem Simulierten, dem Täuschend-Ähnlichen nahe zusammen. Authentisch sein zu wollen ist immer Täuschung. Simulation kann gelegentlich gelingen. Dann ist sie immer authentisch. – In solcher Perspektive gibt es nur fremde Gedanken, die nicht so sehr durch Aneignung als durch >Anfremdung< eigentlich werden. Wie im Traum das Ich zum Schauplatz wird und alle Rollen hat, so taucht der Autor um den Preis seines Verschwindens in jene Zeit ein, die alle Autoren, die gehört werden können, zu Zeitgenossen macht, ganz gleich in welcher Epoche der Geschichte sie gelebt haben."[399]

Sicherlich gehört zur genauen, das heißt hier, im Rahmen der den Zielen der Arbeit angemessenen, historischen Rekonstruktion, eine gewisse philologische Akribie; dennoch entspräche es einem verkürzten Bild von Hermeneutik reduzierte man sie auf die Bereitstellung von Argumentationsmaterial aus der Vergangenheit. Ihr großes Potential sehe ich in ihrer Möglichkeit zum Sprechen zu bringen, was bislang im Schweigen lag[400] und (historische) Tiefenschichten kreativ und undogmatisch zu erschließen, das heißt als Text sichtbar werden zu lassen.

Darüber hinaus ermöglicht eine hermeneutische Perspektive, wie ich am Beispiel der Reise durch Rausch, Subjekt und Raum zeigen konnte:

1. die Rekonstruktion der Entfaltung einer zunehmenden Rationalisierung von gesellschaftlichen Normen, die sich auf die Ausgestaltung kultureller und individueller Lebensentwürfe niederschlagen und diese wiederum Normen bestätigen[401],
2. die „Raum-Zeit"-theoretische Reflektion,
3. Reflexionen über das notwendige Zusammenwirken von historischer Rekonstruktion und Dekonstruktion für eine kritische Geschichtsschreibung, und
4. die Entwicklung und Fortschreibung einer historischen Perspektive für ein noch zu entwickelndes differentiell-hermeneutisches Raumverständnis.

Eine der hermeneutischen Methode inhärente Grenze stellt sich mir in dem Fakt, daß es mit ihr nicht (mehr) möglich ist „zu den Dingen selbst" (E. Husserl) zu reisen, da sie, wenngleich dem Vergangenen (s)eine Realität nicht abgesprochen werden kann, nicht mehr konkret, im Sinne von leibhaftig, nach-

---

399 Vgl. D. Kamper: „Hieroglyphen der Zeit. Texte vom Fremdwerden der Welt", S.12f., München/Wien 1988
400 Auch wenn nicht immer und alles gesagt werden kann.
401 Dies zeigt sich zum Beispiel an der Pluralisierung und Individualisierung von Lebensstilen und eine, dazu in Wechselwirkung stehende, milieuzentrierte Stadtentwicklung.

vollziehbar und subjektiv bewertbar sind, abgesehen von (kollektiven) Erinnerungen und Deutungsmustern, die zeigen, daß Geschichte lebt[402]. Die historische Authentizität ist im nachhinein immer eine simulierte.

Darum soll im folgenden Kapitel, in einem zweiten Anlauf, der Versuch unternommen werden „zur Sache selbst" vorzudringen. Der nächste Abschnitt meiner Reise startet deshalb in der „frühen" Phänomenologie Husserls. Über deren Geschichte und weitere Entwicklung in der Philosophie Frankreichs und Deutschlands soll das Untersuchungskonzept der Arbeit um 1. einen strukturtheoretischen und 2. einen subjekttheoretischen Zugang erweitert werden. Diese beiden neuen Zugangsweisen werden für die Explikation der Trias von Rausch, Subjekt und Raum im Rahmen der empirischen Untersuchung, die in den Kapitel 3 und 4 folgt, von wesentlicher Bedeutung sein.

---

402 Vgl. C. Ginzburg: „Spurensicherung. Über verborgene Geschichte, Kunst und soziales Gedächtnis", Berlin 1983

2. Gedanken „zur Sache selbst"

„Was mir vorschwebt, ist eine Vernunft, die sich in der Lebenswelt verkörpert, verstreut, verdichtet, verändert, eine materiale Ordnung der Dinge also und keine bloße formale Regelung des Verhaltens, dafür aber eine unfertige Ordnung, die Raum läßt für Anderes, für Außerordentliches. Netze können sich zusammenziehen oder lokkern, doch sollten sie alles fassen, man müßte aus ihnen einen Strick drehen. Das Ungeregelte, Ungebärdige, Unberechenbare und Unwägbare würde verschwinden, doch um welchen Preis?
B. Waldenfels („In den Netzen der Lebenswelt")

War es im ersten Abschnitt der Reise noch nicht möglich „zu den Dingen selbst" zu reisen, so unternehme ich jetzt einen weiteren Versuch. Dazu reise ich vorerst in die „frühe" Phänomenologie Husserls und Heideggers und von dort weiter nach Frankreich zu Bergson und Merleau-Ponty. Unterwegs in Deutschland erfahre ich den „Aufbruch in die faktische Existenz", und die „Wende zum Konkreten" in Frankreich. Ich lerne die Unterschiede transzendentaler, metaphysischer und existentieller Phänomenologie kennen, und wie sich dies in der weiteren Entwicklung deutsch- beziehungsweise französischsprachiger Philosophie niederschlägt. Dazu gehört ein erneuter Abstecher ins Frankreich (diesmal) des Strukturalismus, der Epistemologie und des Neostrukturalismus, wo ich bereits bekannte Reisepartner (Foucault) wiedertreffe und neuen (Ricoeur, Derrida, Lyotard) begegne. Auch in Deutschland treffe ich auf „alte Bekannte" und „neue Geister". Aus Frankreich importiere ich den Strukturbegriff und prüfe seine Wirkung auf eine hermeneutisch geprägte Subjekttheorie, aus Deutschland exportiere ich den kritischen Subjektbegriff und untersuche sein Verhältnis zur Strukturtheorie. Ich grüble reisend, reise grübelnd zwischen den Ländern und deren Verständnis von Faktizität und Transzendenz. Und ich hoffe auf Anschlußtickets die „subjektive" und „strukturelle" Reiserouten (dialektisch) verknüpfen. Im zweiten Teil der Reise wechsele ich die Ebene und fokussiere den Blick auf Konkreteres am Beispiel einer „Soziologie des Alltags" (R. Grathoff). Dazu geht's unter anderem in die USA, wo ich von Schütz und Mead die Bedeutung der Interaktion erfahre. Die bereits eingeführten Begriffe von Struktur und Subjekt werden dabei heruntertransformiert auf die soziologischen Termini von Milieu und Lebenswelt, und es wird wieder versucht diese, diesmal unter Hinzufügung der Interaktion, in ihrer Wechselwirkung darzustellen. Im abschließenden dritten Teil ziehe ich die Netze (der Lebenswelt) ein und untersuche meinen Fang.

Was soll mit diesem umfangreichen theoretischen Ausholen gezeigt werden? Erstens will ich darlegen, warum ein so komplexes Phänomen wie die Trias von Rausch, Subjekt und Raum über ein historisch konzipiertes Sinnverstehen (Kapitel 1) allein nicht umfassend begriffen werden kann. Darum suche ich zweitens nach einer (philosophischen) Interpretation, die über die kritische Analyse des historischen Geworden-Seins hinausgeht, indem sie auf die individuelle Möglichkeit des Subjektes zur Transzendenz des faktisch Gegebenen verweist.

Da derartige Überlegungen wiederum vor dem Hintergrund ihres ideengeschichtlichen Kontextes zu verstehen sind, ist es wichtig, sie in ihrer Historizität begreifen zu lernen. Darum werde ich die weitere Konstruktion meines theoretischen Vorgehens wieder auf dem Hintergrund seiner Geschichtlichkeit aufbauen.

2.1 Methodologische Überlegungen II: Phänomenologie

E. Husserl (1859-1938) gilt als der philosophische Begründer der Phänomenologie, die er als wissenschaftliche Begründung der Philosophie verstand und diese als Grundlage für alle anderen Erkenntnisse[1]. Er wendet sich gegen Materialisierung und Psychologisierung seitens der Naturalisten, die Erkenntnis als eine Art Natur begriffen und Erkenntnis und Erkenntnistheorie auf Psychologie und Physiologie reduziert wissen wollten. H. Schnädelbach[2] begründet das (wieder) aufkommende Interesse an der neuen Ontologie mit: 1. der Krise des Historismus, 2. der Wiederentdeckung aktuell-gelebter Wirklichkeit und 3. Jugendstil und Neuer Sachlichkeit (in Literatur und Kunst) und sieht in den Interessen der phänomenologischen Bewegung ein „Primat der Seinsfrage vor der Erkenntnisfrage."[3]

Wie sieht der „Neuanfang" der Philosophie aus? Philosophie soll künftig „auf die Sachen selbst"(E. Husserl) zurückgehen: „Wir müssen alle unsere Theorien und vorgefaßten Meinungen >einklammern< (...) eine Art >Epoché< üben (...), das heißt >haltmachen< und einstweilen von allen Vorurteilen >absehen<."[4] Dieses (methodische) Vorgehen phänomenologischer Reduktion umfaßt folgende Schritte: 1. intentionales Bezogensein und Epoché, 2. Deskription und 3. Einstellung als „uninteressierter Zuschauer."[5]

Auf dieser Grundlage basiert die *eidetische Analyse*: „Diese zielt darauf, durch das Besondere (Konkrete, Existentielle) hindurchzusehen, um das We-

---

1 Vgl. P. Lübcke: „Edmund Husserl: Die Philosophie als strenge Wissenschaft", a.a.O., S.71ff.
2 Vgl. H. Schnädelbach (1983), a.a.O., S.234
3 A.a.O., S.243
4 Vgl. P. Lübcke, a.a.O., S.76
5 Vgl. G. Kleining: „Methodologie und Geschichte qualitativer Sozialforschung", in: U. Flick (Hg. et al.), a.a.O., S.11-22

sentliche (Ideale, Typische) zu entdecken."⁶ Aus den aus phänomenologischer Einstellung heraus gewonnenen Materialien sollen also allgemeine Wesenszusammenhänge herauspräpariert werden.

Husserl spricht von der *Gerichtetheit* des Bewußtseins und meint damit, daß Erfahrungen nicht bloße Erlebnisse sind, sondern Erlebnisse *von* etwas, sie besitzen *Intentionalität*. Dabei unterscheidet er nach *cogitatum* und *cogito* (oder *cogitatio*), eine Unterscheidung die bedeutungsvoll ist bei der Beziehung zur Intentionalität als ganzer: „Die Intentionalität beschreibt die vollständige Struktur, während >cogitatum< und >cogito< nur Bausteine dieser Struktur darstellen. Jede Erfahrung ist so strukturiert, was sprachlich dergestalt zum Ausdruck kommt, daß wir das Wort >Phänomen< auf zweierlei Weise gebrauchen. Wenn ich beispielsweise von dem Phänomen des blühenden Apfelbaums spreche, kann ich damit mein Erlebnis des Apfelbaums (>cogito<) wie auch den Apfelbaum selbst als Gegenstand meines Erlebnisses (>cogitatum<) meinen. Es ist die Aufgabe der Phänomenologie, die Erfahrungen – und damit die Phänomene – in ihrem vollen Umfang zu beschreiben."⁷

Über die Intentionalität hinaus ist die Wahrnehmungsfähigkeit an ihre *Sinnhaftigkeit* gekoppelt: „Ich kann einen Gegenstand nur sehen, in dem ich ihn mit *Sinn* verbinde, so daß der Gegenstand sozusagen durch seinen Sinn vermeint ist."⁸ Wahrnehmung vollzieht sich nach Husserl über die *direkte Anschauung*, bei der der vermeinte Gegenstand unmittelbar >gesehen< wird, und er bezeichnet diese als *Urerfahrung* oder *Urimpression*: „Diese direkte Anschauung – auch *Intuition* genannt – ist zugleich das höchste Erkenntnisprinzip."⁹ Die *Wahrheit* einer Wahrnehmung definiert er als „die volle Übereinstimmung zwischen Gemeintem und Gegebenem."¹⁰

Husserl will „zur Sache selbst" vordringen, wie sie sich durch sich selbst zeigt. In diesem Zusammenhang kann seine Philosophie als Erfahrungsphilosophie bezeichnet werden; er grenzt sich jedoch von traditioneller Erfahrungsphilosophie (Naturalismus, Empirismus, Positivismus) ab, indem er seinen Erfahrungsbegriff erweitert: „Zur Sache selbst gehen", >etwas erfahren<, >eine direkte Anschauung haben< heißt, etwas unmittelbar in einer ursprünglichen Gegenwärtigkeit gegeben haben."¹¹ Gegenwärtigkeit vollzieht sich dabei über eine Reihe von Perzeptionsakten, die sich zu einer Erfahrung synthetisieren. Auf die Erfassung der Gegenstände folgt die Beschreibung der Dinge, wie sie sich ursprünglich geben. Mit dieser radikalisierten Version des Erfahrungsbegriffs eröffnete Husserl ein umfassendes Erfahrungsfeld, zumal Erfahrungs-

---

6   A.a.O., S.18
7   Vgl. P. Lübcke, a.a.O., S.78
8   A.a.O., S.80
9   A.a.O., S.82
10 A.a.O., S.83
11 A.a.O., S.86f.

gegenstände (>cogitata<) als auch Erfahrungen (>cogitos<) beschrieben werden können, und zwar sowohl im direkten, *anschauenden* Zugang zum Erfahrenen als auch in dessen *Vermeinen*. Phänomenologische Deskription beinhaltet also 1. die Erfahrungsgegenstände (>cogitata<) und 2. die Erfahrungen (>cogitos<).

Das Wissen, wonach ein Wahrnehmungsakt auf anderen Wahrnehmungsakten aufbaut, beziehungsweise in sie eingebunden ist (als Glied einer Akthierarchie), theoretisiert Husserl über den Begriff der *Konstitution*. Dieser Begriff gewinnt bei der Wende von der Phänomenologie zur *transzendentalen Phänomenologie* besondere Bedeutung: die Konstitution wird zum Gegenstück der *transzendental-phänomenologischen Reduktion*. Reduktion meint „die Zurückführung einer Sache auf eine andere". Husserl erweitert den Begriff dahingehend, daß die Wahrnehmungsakte rückgeführt (rückverfolgt) werden sollen auf die Akte ihrer Konstitution (und deren Umfeld), das heißt, es wird nach den Konstitutionsbedingungen gefragt, unter denen sich Gegenstände auf ursprüngliche Art geben können. Ein Erfahrungsgegenstand kann also auf verschiedene konstituierende Akte zurückgeführt (reduziert) werden. Solche Bedingungen der Erfahrung, die dieser vorausgehen und ihren Charakter konstituieren, wurden von Kant *transzendentale* Bedingungen genannt. Und vor diesem Hintergrund ist Husserls Rede von einer transzendental-phänomenologischen Reduktion der Gegenstände der Erfahrung auf die sie konstituierenden Akte zu verstehen.

Der Begriff der *Reduktion* darf also nicht in seiner alltagssprachlichen Bedeutung als „Verminderung" oder „Verringerung" gesehen werden, sondern impliziert vielmehr einen Gewinn dadurch, daß Aussagen, über den Gegenstand hinaus, über dessen Konstitutionsbedingungen getroffen werden können. Auch die Verwendung des Begriffes *Konstitution* geht bei Husserl über die alltagssprachliche Verwendung („Festlegung" oder „Bildung") hinaus: denn weder *bilden* Akte einen Gegenstand, noch *legen* sie ihn *fest*. Die Wahrnehmung eines Gegenstandes (z.B. durch den Akt des Sehens) ist vielmehr konstituierend in dem Sinne, daß sie die notwendige Bedingung der anschaulichen Gegenwärtigkeit einer Sache bildet. Und insofern dieses Bedingungsverhältnis einer Sache vorausgeht, kann es als transzendental bezeichnet werden. Kurz gesagt: „Husserls >transzendentale Phänomenologie< (...) reflektiert (...) das in den Bewußtseinsakten Hervortretende als Voraussetzung für eine nüchterne, reine Beschreibung der >cogitatum< - >cogito<- Korrelation (...) mit ihren inneren Zusammenhängen."[12]

Husserls Entwicklung des Begriffes *Lebenswelt* vollzog sich über seine Auseinandersetzung mit dem modernen naturwissenschaftlichen Weltbild[13].

---

12 Vgl. P. Lübcke, a.a.O., S.99
13 Vgl. E. Husserl: „Die Krisis der europäischen Wissenschaften und die transzendentale Phänomenologie", 1936 in unvollendeter Form erschienen.

Dieses Weltbild unterscheidet (seit Galilei): 1. eine „objektive" Welt an sich und 2. eine „subjektive" Welt, wie sie uns Menschen erscheint. „Objektivität" wird über mathematische Meßbarkeit identifiziert, „Subjektivität" über inneres Erleben.

Husserl erkennt in dieser Zweiteilung der Welt einen „Mythos"; eine in Zeit und Raum ausgedehnte rein geometrische Welt betrachtet er als „Grenzfall": „Dieser Grenzfall macht ein *konstituierendes Gegenstandsgebiet* aus, da die Akte, in denen die geometrischen Gegenstände auf die direkteste Weise erfahren werden können, notwendigerweise eine Reihe von Akten voraussetzen, in denen sich eine Wahrnehmungswelt von Farben, Tönen, Gerüchen und Formen zu erkennen gibt."[14]

Diese Welt, dieses Gegenstandsgebiet, versteht Husserl als unsere Lebenswelt. Die Lebenswelt hat eine bestimmte *eidetische Struktur*, eine bestimmte *Typik*. Lebenswelt ist deren eidetische Struktur: „Jeder Gegenstand weist letzten Endes auf diese Lebenswelt zurück, die als eine wahrnehmbare Welt mit einer bestimmten eidetischen Struktur verstanden werden muß. Da die Lebenswelt als notwendige Bedingung jeder Erfahrung auftritt, kann sie mit Recht als transzendentale Bedingung bezeichnet werden."[15] Das Gegenstück zur Lebenswelt besteht im *transzendentalen Ego*: dieses gilt als *Identitätspol* und schafft den Zusammenhang in Dingerfahrungen. Es bildet die Voraussetzung jeglicher Erfahrung und ist deshalb transzendental. Das Ego ist: 1. ein Punkt, auf den Erfahrungen zurückgeführt werden können und 2. eine Einheit, die sich durch den Bewußtseinsstrom ständig konstituiert, beziehungsweise kontinuierlich reproduziert.

An dieser Stelle erscheint Husserls Phänomenologie problematisch, denn mit der Epoché werden nicht nur alle Theorien über die Dinge und die eigene Existenz eingeklammert, sondern es wird auch von der Existenz anderer abgesehen. Deshalb muß gefragt werden: Was ist mit denen, die nicht ich selbst sind? Wie gelange ich zu den anderen, wenn ich von ihrer Existenz absehe? Das Problem besteht also im Vorwurf des phänomenologischen Solipsismus, beziehungsweise seiner Intersubjektivität, womit die Frage aufgeworfen wird, wie sich die Erfahrung konstituiert, daß es ein anderes Ego als das meinige gibt?

Husserl räsoniert über den Weg, daß sich die Erfahrung meiner selbst als Einheit in einem Erfahrungsstrom mit einer Gegenstandswelt vollzieht. Diese Gegenstandswelt gehört zu meinem konkreten Ego, genauso wie mein Leib. Der Leib wird gesehen als ausgedehnter Körper (wie zum Beispiel ein Haus) mit dem Unterschied, daß er ein konkretes Ego besitzt. Mit der Erfahrung der eigenen Leiblichkeit vollzieht sich ein Wissen um das *Hierhergehören*. Der (eigene) Leib verweist auf ein *Hier*, während andere Körper *dort* sind. Eine

---

14 Vgl. P. Lübcke, a.a.O., S.101
15 Ebd.

potentielle Gleichheit besteht, wenn zu einem bestimmten Zeitpunkt ein Körper in mein Erfahrungsfeld tritt, der die gleichen Bewegungen vollführt, die ich hätte ausführen können, wäre ich *dort* gewesen. Dabei bleibt die Gleichheit auf die Leiblichkeit beschränkt und klammert gleiche Bewußtseinsakte aus. Mit der Annahme, daß der Leib des anderen von einem konkreten Ego und selbständigen Bewußtseinsströmen geprägt ist, „kann ich *analog* diesen fremden Körper als Leib eines anderen betrachten."[16]

Husserl bietet eine Lösung über den *Analogieschluß*[17], wobei er die Analogie auf die körperliche Leiblichkeit begrenzt: „Für Husserl sind Bewußtseinsakte jedoch von Anfang an Teil eines konkreten Ego mit eigener Leiblichkeit; ihm geht es um eine Analogie zwischen unserer leiblichen Körperlichkeit und der eines anderen Körpers, der unserem Leib ähnlich ist. Die Analogie faßt also den fremden Körper als Leib auf, ohne diesen fremden Körper als ein an den dahinterliegenden Bewußtseinsstrom Gebundenes zu begreifen. Ist die Leiblichkeit des fremden Körpers erst einmal hervorgetreten, so folgt der Rest von selber; denn die Leiblichkeit impliziert immer ein Bewußtsein, indem sie einen Teil des konkreten Ego konstituiert."[18]

Die Begründung der Autonomie des anderen scheint jedoch recht fragil, wenn ich den Einwand bedenke, daß die Erfahrung des eigenen Leibes ein inneres Erlebnis ist, das sich von anderen äußerlich nicht nachvollziehen läßt. Dies verweist (weiterhin) darauf, daß >der andere< für Husserl etwas Abgeleitetes und die Erfahrung davon etwas Vermitteltes darstellt, was „ihn" (den anderen) zum Phänomen, zu einem Gegenstand, erschließbar durch mein Ego, werden läßt. Klar ist, nach Husserls (idealistischer) Philosophie, daß nur existieren kann, was prinzipiell die Möglichkeit hat, Gegenstand eines Bewußtseins zu werden: „Aber Husserl scheint häufig weiter zu gehen und zu behaupten, daß die Existenz der Welt mit dieser Möglichkeit bereits voll bestimmt ist."[19]

Vor diesem Hintergrund (sprich: einer idealistischen Bewußtseinsphilosophie) ist die Kritik seiner SchülerInnen und NachfolgerInnen zu sehen, von denen M. Heidegger (1889-1976) sicherlich einer der bekanntesten ist[20]. Auch Heidegger versteht die Aufgabe der Phänomenologie darin, eine Sache, wie sie sich von ihr selbst her zeigt, sehen zu lassen, und er definiert ein Phänomen als „das-sich-an-ihm-selbst-zeigende", „das Offenbare". Ein Unterschied

---

16 A.a.O., S.104
17 Husserl steht damit in einer Tradition, die bis auf Descartes (1596-1650) zurückgeht und die sich auch bei Dilthey (vgl. Kap. 1.1) findet.
18 A.a.O., S.104f.
19 A.a.O., S.105
20 Ich kann an dieser Stelle nur auf weitere herausragende Zeitgenossen Husserls verweisen: z.B. N. Hartmann, M. Scheler und K. Jaspers, da es den Umfang der Arbeit (und auch mein Wissen) überfordern würde, sollte hier vertieft auf alle wichtigen phänomenologischen TheoretikerInnen eingegangen werden.

zu Husserl besteht jedoch darin, daß Heidegger Husserls Ich-Begriff mit der Einführung des Daseins-Begriffs ablöst, der die Existenz des Ich durch sein Dasein, beziehungsweise aus seinem Dasein heraus, definiert: „Das >Wesen< des Daseins liegt in seiner Existenz."[21]

Heideggers Hauptfrage ist die nach dem Sein des Seienden. Darum kritisiert er an Husserls Konstitutionsanalyse, daß sie nicht nach dem Seinscharakter des transzendentalen Egos fragt und entwickelt aus dieser Kritik die Daseinsanalyse, bei der das „sich-zu-sich-selbst-Verhalten" des Daseins im Mittelpunkt steht.

War für Husserl die phänomenologische Deskription die philosophische Methode schlechthin, so verändert sich dies bei Heidegger in eine Auslegung des Sinnes von Sein, womit er an hermeneutische Traditionen anknüpft. Dabei wird dem Verstehen(sbegriff) (wieder) eine zentrale Rolle zugedacht: es/ er gilt als Grundmodus des Seins des Daseins, als *Existenzial* (wie Heidegger sagen würde). In seiner Sprache klingt das so: „Verstehen ist das existenziale Sein des eigenen Seinkönnens des Daseins selbst, so zwar, daß dieses Sein an ihm selbst das Woran des mit ihm selbst Seins erschließt."[22]

Heidegger radikalisiert den (traditionellen) Verstehensbegriff Diltheyscher Prägung, dieser verstand unter Hermeneutik 1. das sich-selbst-Verstehen des Menschen und 2. das Verstehen kultureller Geistesobjektivationen; in existenzialontologischer Form: „Die Ausbildung des Verstehens nennen wir *Auslegung*. In ihr eignet sich das Verstehen sein Verstandenes verstehend zu. In der Auslegung wird das Verstehen nicht etwas anderes, sondern es selbst. Auslegung gründet existenzial im Verstehen (...) Die Auslegung ist nicht die Kenntnisnahme des Verstandenen, sondern die Ausarbeitung der im Verstehen entworfenen Möglichkeiten."[23]

Mit dieser selbstreferentiellen Explikation des Verstehens immunisiert Heidegger seine Philosophie gegen den Einwand, der hermeneutische Zirkel sei ein *circulus vitiosus*: „Aber in diesem Zirkel ein *vitiosum* zu sehen und nach Wegen Ausschau zu halten, ihn zu vermeiden, ja ihn auch nur als unvermeidliche Unvollkommenheit zu >empfinden<, heißt das Verstehen von Grund auf mißverstehen (...) Das Entscheidende ist nicht, aus dem Zirkel heraus-, sondern in ihn nach der rechten Weise hereinzukommen. Dieser Zirkel ist nicht ein Kreis, in dem sich seine beliebige Erkenntnisart bewegt, sondern ist der Ausdruck der existenzialen *Vor-Struktur* des Daseins selbst (...) Seiendes, dem es als In-der-Welt-sein um sein Sein selbst geht, hat eine ontologische Zirkelstruktur."[24]

H. Schnädelbach charakterisiert den Unterschied von Heideggers Phänomenologie zu der Husserls in der Wende von einer *Essential*ontologie hin zu

---

21 Vgl. M. Heidegger, a.a.O., S.42
22 A.a.O., S.144
23 A.a.O., S.148
24 A.a.O., S.153

einer *Existenzial*ontologie[25] und in der *Umbildung ontologischer Hermeneutik in hermeneutische Ontologie*. Es gäbe sicherlich noch viel mehr zu sagen über Heidegger und seine Zeit (vor allem die ab 1933), was allerdings den Rahmen dieser Arbeit weit überschreiten würde[26]. Darum reise ich an dieser Stelle weiter nach Frankreich, wo die Phänomenologie große Beachtung fand.

Phänomenologie in Frankreich

Die Auseinandersetzung mit der traditionellen Philosophie, wie sie sich im neukantianischen Denken reflektierte, fand im Frankreich der 30er Jahre statt. Dabei wurde insbesondere mit der klassischen Tradition Descartes „abgerechnet". Was wurde von Descartes vertreten? Zur Erinnerung: Descartes sah die Grundlage für die Erkenntnis im erkennenden Subjekt und seiner Selbstreflexivität begründet. Erkenntnis vollzieht sich unmittelbar, ohne ein vermittelndes Zwischenglied. Nicht Unmittelbares (äußere Dinge, Leib und über ihn die Zugehörigkeit zur Welt) ist *das Andere*, sprich: das, was sich einer direkten Reflexion entzieht. Descartes verfährt zweideutig: er hebt das Subjekt hervor, indem er es von der Welt trennt. Diese Tradition setzt sich im Neukantianismus Frankreichs fort, der von seinen Gegnern[27] im Rahmen folgender neuer Themen kritisiert wird: 1. die Situation (das Engagement), 2. die Körperlichkeit, 3. der Andere, 4. die Geschichte.

Die Wende zum Konkreten liegt in Frankreichs Verhältnis zur deutschen Philosophie, hier: Existenzphilosophie und Phänomenologie, begründet. Der *Aufbruch zur faktischen Existenz* (Husserls „Zur Sache selbst") wird in Frankreich als *Wende zum Konkreten* akzentuiert. Worin bestand diese Akzentuierung?

In drei Zügen soll die Existenz in einer Situation begründet werden: „Erstens handelt es sich um eine *körperliche* Existenz. Eben durch diese Körperlichkeit befindet sich das Subjekt je schon in einer bestimmten Situation. Zweitens handelt es sich um eine Existenz in einer Beziehung zu einer *anderen* Existenz, einer anderen Person. Und drittens handelt es sich um eine *engagierte* Existenz. Diese letzte Bestimmung faßt in gewisser Weise die beiden ersten zusammen. Das Subjekt *ist* in der Weise, daß es stets in eine Situation verwickelt oder in ihr >engagiert< ist – nämlich durch seine Körperlichkeit und seine Relation zu anderen. Zugleich befindet es sich in der Situation so, daß es sich durch sein Handeln für eine Sache einsetzen oder >engagieren< kann."[28]

---

25 Vgl. H. Schnädelbach (1983), a.a.O., S.250
26 Vgl. R. Safranskis Biographie über Heideggers Leben, seine Philosophie und sein Umfeld: „Ein Meister aus Deutschland. Heidegger und seine Zeit", München 1994
27 Zum Beispiel J.-P. Sartre und M. Merleau-Ponty.
28 Vgl. A. Grøn: „Der Aufbruch: die Wende >zum Konkreten<", in: P. Lübcke (Hg.)/A. Hügli, a.a.O., S.409

Ein Subjekt *ist* demnach 1. durch sein Engagement in Situationen, 2. durch seine Körperlichkeit und 3. durch seine Relation zu anderen. Viertens kündigt sich mit der Wende zum Konkreten eine Renaissance der Bedeutung von Geschichte (und der Bedeutung Hegels) an, die in folgendem Satz Sartres (1960) gipfelt: „Das Konkrete ist die Geschichte."

Nach dem Zweiten Weltkrieg kommt der *Existenzialismus* als philosophische Mode auf. Mode, weil er eigentlich nur eine Spielart verschiedener Existenzphilosophien darstellt, die nach den Grundzügen des menschlichen Seins fragen und sie im Begriff der Freiheit finden[29].

Der erste Bruch mit der Tradition wurde jedoch bereits um 1910 von H. Bergson (1859-1941) initiiert, als dieser sich auf die Suche begab nach der unmittelbaren Erfahrung. Bergson kritisiert den Verlust der Bedeutung des qualitativen Unterschieds von Bewußtseinszuständen, die er nach 1. Stärke, 2. Art des Zustandes und 3. Art ihrer Wiederholung unterscheidet. Aus dieser Kritik entwickelt er seinen zweiten Vorwurf, der an die zeitgenössische Psychophysik gerichtet ist, und auf ihre linearen Zeitvorstellungen zielt, eine Kritik an der cartesianischen Mechanisierung und Reduzierung von Bewußtseinszuständen auf quantitative Größen. Seine Methode zur Realisierung des unmittelbaren Bewußtseins besteht in einem Rückzug auf die Erfahrung des Unmittelbaren als einer *Intuition*: „das heißt als ein direktes Hineinversetzen dieses Bewußtseins in sich selbst als Objekt."[30]

Wie bekommen wir das Unmittelbare in den Blick? Indem wir uns an das halten, was uns das Bewußtsein unmittelbar gibt! Der Intuitionsbegriff Bergsons kennzeichnet „eine methodische Anstrengung, um sich in das, was dem Bewußtsein unmittelbar gegeben ist, hineinzuversetzen, das heißt in den zusammenhängenden Verlauf verschiedener Zustände, in das Dauern. Das unmittelbar Gegebene ist primär das eigene Dauern des Bewußtseins. Das bedeutet, daß die Intuition vor allem die Selbstauffassung des Ich ist (...) Die Intuition als Methode läßt sich daher charakterisieren als ein Eliminieren des Vermittelnden, alles dessen also, durch das das Gegebene >gebrochen< wird. Auf diese Weise >gereinigt<, kann sich das Bewußtsein sich selbst zuwenden: Es erfährt sich nun unmittelbar so, wie es in seiner >ursprünglichen Reinheit< gegeben war."[31]

Was ist nun das Vermittelnde, das eliminiert wird? Bergson bezeichnet es als das *Äußere*: „die äußere Welt, das >oberflächliche Ich<, das in diese Welt involviert ist. Die Pointe am Intuitionsbegriff ist der direkte Zugang des Ich zu sich selbst."[32]

---

29 Hier liegen dann auch die unterschiedlichen Akzentuierungen von z.B. Marcel, Sartre und Merleau-Ponty.
30 Vgl. A. Grøn: „Henri Bergson: Das unmittelbar Gegebene", in: P. Lübcke (Hg.)/A. Hügli, a.a.O., S.421.
31 A.a.O., S.422f.
32 A.a.O., S.423.

Aufgrund dieser kontrastiven Setzung (eines Innen und eines Außen) sind gemeinsame Fragen für Bergson nur sekundär: 1. der andere Mensch wird nur wenig beachtet, da er sich im Äußeren bewegt, 2. die Geschichte ist nach Bergson primär eine subjektive, innere Geschichte und 3. findet die Rolle der Sprache keine große Beachtung, da sich das unmittelbar Gegebene hinter ihr verbergen soll. Die Dualität seines Denkens befreit ihn daher nicht aus cartesianischen Denkmustern, die er kritisieren will, sondern reproduziert diese mit anderen Worten. Bergsons Unmittelbarkeitsphilosophie weist in einigen Zügen Ähnlichkeiten zur Phänomenologie Husserls auf, wird aber methodisch nicht konsequent durchgeführt: „Bergson beschreibt in gewisser Weise eine >Reduktion<, nämlich ein Zurückgehen zum unmittelbar Gegebenen. Dieses Unmittelbare ist dem Bewußtsein gegeben als das unmittelbar Erlebte/ Gelebte. Die naheliegende Folge dieses Zurückgehens auf das unmittelbar Erlebte wäre die Entwicklung eines Begriffs der Welt, wie sie unmittelbar erlebt wird, die menschliche Lebenswelt. Trotz verschiedener Ansätze wird ein solcher Weltbegriff von Bergson nicht ausgearbeitet."[33]

Die (französische) Akzentuierung der Phänomenologie auf die Themen Engagement, Leiblichkeit und das Verhältnis zum Anderen greift G. Marcel (1889-1973) auf[34] und denkt diese weiter: *Engagement* bedeutet nach Marcel die Wahrnehmung als eine unmittelbare Teilnahme des Subjekts an der Umwelt. Für ihn gibt es keine Grenze zwischen Subjekt und Welt. Während traditionell der Leib als der Mittler zwischen Subjekt und Welt gesehen wird, funktionalisiert das Ich, in der Philosophie Marcels, den Leib für seine unmittelbare Wahrnehmung. Engagement heißt: existieren, unmittelbar teilnehmen an der Welt, Sein in einer Situation und In-der-Welt-sein. Es umfaßt die ganze *Leiblichkeit*, der Leib ist die Inkarnation des Seins. Darüber hinaus ist der Leib mehr als Instrument, er ist die Bedingung für seinen instrumentellen Gebrauch. Der Leib schafft *Identität*: „Diese *Identität* kann wie folgt beschrieben werden: Die Wahrnehmung ist ein unmittelbarer Zugang zur Welt. Sie liegt jeder >Übersetzung< von Eindrücken bereits zugrunde. Dem entspricht, daß der Leib als mein Leib eine grundlegende Perspektive der Welt darstellt. Er hat für mich eine Sonderstellung, ist das Zentrum, von dem her sich meine Erfahrung und mein Universum ordnen."[35]

Marcels Wahrnehmungsbegriff verweist auf eine vorausgesetzte Leiblichkeit. Der Unterschied zum Materialismus, der den Menschen auf ihre/seine Körperlichkeit reduziert, ist der Gedanke des Leibes als meines eigenen. Durch die Begegnung mit der/dem Anderen reift das Wissen um das eigene Fremdsein und mit dessen Reflexion erschließt sich die/der Andere auf einer neuen

---

33 A.a.O., S.427
34 Vergleichbar der Dialogphilosophie Martin Bubers.
35 Vgl. A. Grøn „Gabriel Marcel: Existenz und Engagement", in: P. Lücke (Hg.)/A. Hügli, a.a.O., S.434

Ebene der Nähe. Sie/er wird zum *Du* und offenbart über ihr/sein Sein mich selbst: „Mit anderen Worten: Das Dialogverhältnis ist Bedingung, Voraussetzung dafür, daß das Selbst-Verhältnis verwirklicht werden kann."[36] Dieses Gegenseitigkeitsverhältnis des Erkennens wird getragen von innerer Bewegung, perspektivischen Brüchen, die Neues offenbaren und „trifft das traditionelle Subjekt-Objekt-Modell, dem zufolge das Objekt als Objekt von einem Subjekt gesetzt wird."[37] Damit verzichtet Marcel auf den Analogieschluss durch die Akzeptanz der/des Anderen und ihrer/seiner prinzipiellen Freiheit, die meine Identität erweitert und reflektiert.

Marcels Grundgedanken wurden von E. Mounier und P.L. Landsberg weitergeführt und erweitert: 1. entfaltet sich das Dialogverhältnis aus einer sozialen Perspektive und 2. wird der Zusammenhang zwischen dem geschichtlichen Charakter des Engagements und der Existenz betont. Dies kann mit dem existenzphilosophischen Begriffspaar der *Faktizität* und der *Transzendenz* ausgedrückt werden: Faktizität meint: ich lebe als geschichtliches Wesen, das heißt ich bewege mich immer in einer bestimmten Situation (durch meine Leiblichkeit und mein Engagement); und Transzendenz bedeutet: ich bin in einer Situation, die ich ändern möchte, indem ich mich auf eine Zukunft hin entwerfe. Durch mein Handeln übernehme ich die Verantwortung für die Gestaltung der Zukunft und bestimme mich daraus als Mensch. Darüberhinaus erweitert Landsberg den Begriff der Geschichtlichkeit um 1. den geschichtlichen Charakter der individuellen Existenz und 2. um den der kollektiven Geschichte[38].

Zu Frankreichs bekanntesten PhänomenologInnen gehört M. Merleau-Ponty (1908-1961). Dieser knüpft an Husserls Lebensweltbegriff an und kritisiert dessen „Idealismus" als Konzept mißverstandener Innerlichkeit und als Weiterführung des Cartesianismus: „Die Wahrheit >bewohnt< nicht bloß den >inneren< Menschen, vielmehr gibt es keinen inneren Menschen: der Mensch ist zur Welt (*est au monde*), er kennt sich allein in der Welt."[39] Er will den Menschen in die Welt zurückführen, aus der heraus sie/er sich erkennt. „Zur Sache selbst" (Husserl) heißt für Merleau-Ponty eine Bewegung zurück (zum Zusammenhang von Subjekt und Welt): „Phänomenologie ist Beschreibung der Phänomene, das bedeutet Beschreibung der Welt, die vor jeder Analyse, die ich von ihr machen kann, da ist."[40]

Wie ist der Zugang des Menschen zu ihrer/seiner Welt?: „Merleau-Pontys Antwort lautet, daß sich uns die Welt in der wahrnehmungsmäßigen Erfahrung (*l' expérience perceptive*) eröffnet; die Wahrnehmung oder Perzepti-

---

36 A.a.O., S.436
37 A.a.O., S.437
38 Vgl. dazu auch M. Halbwachs: „Das Gedächtnis und seine sozialen Bedingungen", Frankfurt 1985
39 Zitiert nach A. Grøn „Maurice Merleau-Ponty: Wahrnehmung und Welt", a.a.O., S.473
40 A.a.O., S.475

on ist die ›privilegierte‹ Erschließung der Welt, da alle anderen Zugangsweisen zur Welt (vor allem die wissenschaftliche Analyse) auf der Wahrnehmung aufbauen. In der Wahrnehmung zeigt die Welt ihre grundlegende Bedeutung als ›Lebenswelt‹, als die Welt, in der wir leben."[41] Wahrnehmen ist für ihn mehr als Empfangen von Eindrücken und theoretisches Anschauen, es ist Bewegen, Agieren und Orientieren. Wie Husserl spricht er von der *Sinnhaftigkeit* der Welt, die existiert, bevor wir ihrer bewußt werden und widerspricht Sartres Idee der *Absurdität* der Existenz. Er transzendiert Husserls Intentionalitätskonzept in dem Sinne, daß wir bereits vor einem bewußten Denkakt etwas intendieren, und deutet den Transzendentalcharakter der Husserlschen Phänomenologie um: nicht die Konstitutionsakte haben einen transzendentalen Charakter, sondern die Welt selbst als etwas vor uns Gegebenes. Im Verhältnis zu dieser transzendentalen Welt sind die „technischen und wissenschaftlichen Bestimmungen" abstrakt.

Wir leben leibhaftig in Raum und Zeit und können uns Dinge aneignen, sie *einverleiben*. Damit werden die Dinge Medien zur Gestaltung unserer Umwelt: „Wir nehmen die Welt mit dem Leib wahr, wir sind durch unsere Leiblichkeit in der Welt (...) Das Subjekt der Wahrnehmung ist der Leib."[42] Hinter dieser Aussage steckt eine doppelte Kritik: 1. richtet sie sich gegen den Cartesianismus und 2. gegen den Empirismus (und dessen Objektivitäts-Konzept), indem auf eine Welt rekurriert wird, die hinter, beziehungsweise vor dem Denken liegt[43]. Die Erfahrung der/des Anderen konstruiert Merleau-Ponty darüber, „daß der Körper eine metaphysische Struktur hat, indem er zugleich Objekt für einen Anderen und Subjekt für mich ist. ›Metaphysik‹ heißt hier das Erscheinen eines Seins jenseits der Natur und des Objekts" und: „wie verhält es sich mit der Existenz des Anderen? Diese gibt sich für mich nur durch den Leib des Anderen oder durch die Spuren, die dieser hinterlassen hat."[44] Eine Konstruktion meines Erachtens, die den kritisierten Cartesianismus nicht unbedingt glaubwürdig transzendiert, denn wird hier nicht die alte Dichotomisierung von Subjekt und Objekt im neuen Gewand von Leibphänomen und Leibobjekt vorgetragen? Und was ist mit der Gewalt, der Macht, dem Krieg (der/des Anderen)?

Merleau-Ponty entwickelt (s)eine dialektische Sozial- und Geschichtsphilosophie durch das In-Spannung-zueinander-Setzen von Wahrnehmung/

---

41 Ebd.
42 A. Grøn, a.a.O., S.479
43 Diese frühe Form der „Wissenschaftskritik" erscheint mir recht irrational und fehlidentifiziert, da sie sich letztendlich der Kategorien, die sie kritisieren will, doch wieder bedient, und deren implizite Ideologie, sprich: die Dichotomisierung der Welt in Subjekte und Objekte, weder durchschaut noch auflösen kann. Problematisch erscheint mir auch, und das ergibt sich aus meinem ersten Einwand, die verkürzte, positivistische Sicht auf Wahrnehmung und Dinge, die Gefahr läuft, sich zu einem unreflektierten Konstruktivismus zu verdichten.
44 A. Grøn, a.a.O., S.481ff.

Leib (als unmittelbarem Zugang zur Welt) und Geschichte/Sprache (als Abstraktion des Vermittlungszusammenhangs, in welchem wir existieren). Vor dem Hintergrund der vorgegebenen Welt, in der wir über unsere Leiblichkeit engagiert sind, bildet sich eine soziale und kulturelle Welt, in die sich die Wahrnehmungswelt verlängert und aus der eine dialektische Spannung resultiert.

Zusammenfassung: Drei Positionen „früher" Phänomenologie

1. die transzendentale Phänomenologie und phänomenologische Hermeneutik Husserls,
2. die metaphysische Phänomenologie und hermeneutische Ontologie Heideggers,
3. die existenzielle Phänomenologie Marcels und Merleau-Pontys.

Trotz großer Differenzen teilen sie eine Gemeinsamkeit, die sich (implizit) aus der, der Phänomenologie eigenen, Fragestellung ergibt, „eine Meditation über die Erkenntnis, eine Erkenntnis der Erkenntnis"[45] zu sein. Phänomenologie kann als Versuch gesehen werden, die Fundamente einer (kritischen) Wissenschaft neu zu begründen, beziehungsweise deren Voraussetzungen zu untersuchen und über (cartesianische) Logik hinauszudenken.

Unterschiede zeigen sich in der Akzentuierung, beziehungsweise philosophischen Fragestellung zwischen deutscher und französischer Phänomenologie.

In der deutschsprachigen Phänomenologie ging es
1. um die bewußtseinsphilosophische Begründung von Wahrnehmung und Erleben durch das Subjekt,
2. um die Kritik an dem sich etablierenden positivistischen Wissenschaftsparadigma,
3. um einen wissenschaftlichen Anspruch, der sich in vorrationalistisches rationalistisch versenkt.

In der französischsprachigen Phänomenologie standen folgende Akzente im Vordergrund der Philosophie: 1. Engagement, 2. Leiblichkeit, 3. der Andere.

Im Unterschied zu Husserls (idealistischem) Phänomenologiekonzept kritisierten französische PhänomenologInnen das cartesianische Paradigma und versuchten es über die „Wende zum Konkreten" aufzuheben. F. Taureck faßt die Hauptkennzeichen französischer Phänomenologie folgendermaßen zusammen[46]: 1. sie liefert kaum *logische* Analysen, 2. sie versucht die Reinterpretation, beziehungsweise Transformation des Cartesianischen Credos „Ich den-

---

45 Vgl. J.-F. Lyotard: „Die Phänomenologie", S.8, Hamburg 1993
46 Vgl. F. Taureck: „Französische Philosophie im 20. Jahrhundert. Analysen, Texte, Kommentare", S.10-21, Hamburg 1988

ke, also bin ich", 3. sie sucht nach Begriffen für die ursprüngliche, authentische Zeit.

In der Nachfolge sowohl französischsprachiger als auch deutschsprachiger Phänomenologie vertieften sich deren nationale Unterschiede im Rahmen folgender Denkrichtungen: Strukturalismus, Epistemologie und Neostrukturalismus in Frankreich, Hermeneutik und Kritische Theorie in Deutschland[47].

Ein grundlegender Auslöser dieser Entwicklung ist in den Rationalitätskonzept(ion)en französischer und deutscher PhilosophInnen zu sehen, die Ähnlichkeiten, aber auch Gegensätze, beinhalten[48] und über ihre Kontroversen den aktuellen Diskurs von „Moderne versus Postmoderne" reflektieren.

Ein weiterer Auslöser, der dem erstgenannten (möglicherweise) sogar vorausgeht, liegt in der unterschiedlichen Rezeption der Philosophie Heideggers: während in Frankreich Heideggers Werk (gemeint ist hier seine Abrechnung mit der philosophischen Metaphysik) im relativ unpolitischen Rahmen aufgenommen wurde[49], entwickelte sich im (Nachkriegs)deutschland eine harsche Kritik[50], die sich auf Heideggers frühe(re) politische Parteinahme für den Nationalsozialismus[51] und seine spätere „Unfähigkeit zu trauern" (A. Mitscherlich) bezog und eine umfassende Dekonstruktion seiner Arbeiten bewirkte.

Im folgenden gebe ich einen kurzen Überblick über die der Phänomenologie nachfolgenden Denkströmungen Frankreichs und Deutschlands, wobei sich mein Hauptaugenmerk auf den strukturalistischen Strukturbegriff (Frankreichs) und seine Potentiale für eine zu entwickelnde kritische Subjekttheorie und vice versa den hermeneutischen Subjektbegriff (Deutschlands) und seine Möglichkeiten für eine (dialektische) Verknüpfung mit dem Neostrukturalismus richtet[52]. Ausgangspunkt dieser Überlegungen ist meine Annahme eines Synergieeffektes für beide Theorierichtungen. Es geht mir also nicht um die

---

47 Beziehungsweise im englischen/amerikanischen/französischen/tschechischen Exil (während der Nazidiktatur).
48 Vgl. A. Wellmer: „Zur Dialektik von Moderne und Postmoderne. Vernunftkritik nach Adorno", S.48-114, Frankfurt 1985
49 Derrida arbeitete erst sehr spät über den „Geist"-Begriff in Heideggers Rektorats-Rede von 1933: „Vom Geist. Heidegger und die Frage", Frankfurt 1992
50 Adorno spricht vom Heideggerschen „Jargon der Eigentlichkeit".
51 Vgl. V. Farías: „Heidegger und der Nationalsozialismus", Frankfurt 1987; H. Ott: „Martin Heidegger. Unterwegs zu seiner Biographie", Frankfurt/New York 1988
52 M. Frank (1984), a.a.O., S.14f., verweist im Übrigen darauf, daß der Begriff „Struktur" von einem deutschen Theoretiker der Frühromantik, nämlich dem Philosophen F. Schleiermacher, in einer spezifisch modernen, französischen Verwendung in die hermeneutische Philosophie (!) eingeschrieben wurde. Schleiermacher definiert „Struktur" als: „ein System von Beziehungen zwischen Elementen, deren jedes (...) seine Bedeutung durch eindeutige Unterscheidung von allen anderen Elementen erwirbt. Diese Differenzierungs-Arbeit konstituiert (...) nicht nur Ordnungen wie die der Sprache, sondern ebenso die kulturellen, sozialen, ökonomischen und juridischen Ordnungen: kurz alle diskursiven Regularitäten, die die intersubjektive Kommunikation vermitteln."

Verknüpfung beider Denkrichtungen im Sinne einer neuen, dritten „Theorie", sondern um das Aufzeigen der jeweiligen Chancen und das Verstärken bislang ungenutzter Denkressourcen in einer integralen Betrachtung.

2.1.1 Nachfolge I: Frankreich

Strukturalismus

Während der 60er Jahre fand in Frankreich eine Abkehr von der phänomenologischen und existenzphilosophischen Dialektik statt, die sich durch den aufkommenden (klassischen) Strukturalismus vollzog, der sich über folgende Hautkategorien definieren läßt:
1. strukturelle Betrachtungsweise (der Linguistik): z.b. Ferdinand de Saussure,
2. Übertragung dieser Methode auf andere Geistes- und Gesellschaftswissenschaften: z.B. Claude Lévi-Strauss,
3. philosophischer Strukturalismus: z.B. Paul Ricoeur.

Gemeinsamer Ausgangspunkt dieser verschiedenen Schwerpunkte ist die Strukturanalyse nach Saussure (1857-1913), die sich mit der Sprache als Zeichensystem befaßt und dabei die Bedeutung des Zeichens neu bestimmt[53]. Generell steht ein Zeichen für etwas anderes und verbindet einen Namen mit einem Ding. Die neue Bedeutung liegt darin, daß ein Zeichen eine Doppeltheit besitzt: es verbindet nicht nur Ding und Name, sondern Vorstellung und Lautbild. Ein Sprachzeichen ist danach eine Einheit mit zwei Seiten: 1. dem Bezeichnenden (der Laut) und 2. dem Bezeichneten (der Begriff).

Daraus erwächst eine Dialektik der inneren Verbindung (von Laut und Begriff) und des inneren Gegensatzes (der Verbindung von Verschiedenartigem, das heißt zwei ungleichartigen Elementen). Dieser innere Gegensatz ist nach Saussure willkürlich (*arbiträr*) und impliziert, daß ein Zeichen eine gesellschaftliche und historische Größe ist, wodurch sich die Fragen nach gesellschaftlichen Konventionen und unbewußten, kollektiven Annahmen stellen.

Was charakterisiert nun ein Zeichen? Ein Zeichen erhält seinen Wert erst durch „innere" Beziehungen in der Sprache. Ein Zeichen konstituiert sich durch das, was es von anderen Zeichen trennt, das heißt es ist differentiell bestimmt. Saussures Strukturanalyse bestimmt die Sprache als ein System, genauer gesagt: als ein System innerer Unterschiede und damit innerer Abhängigkeitsverhältnisse. Dabei differenziert er 1. nach der Sprache als System (*la langue*) und 2. nach dem faktischen Sprachgebrauch, dem Sprechakt (*la parole*). Ein

---

53 Vgl. dazu R. Barthes: „Elemente der Semiologie", Frankfurt 1979

Sprachsystem ist demnach ein System, welches kollektive Ideen einer Sprachgemeinschaft zum Ausdruck bringt[54].
Andere Formen solcher Zeichensysteme wären die Schriftsprache, die Kunst, Rituale, Umgangsformen, Bekleidung[55]. Die (gesprochene) Sprache ist (also) ein semiologisches System, das gesellschaftlich eingebunden ist. Die strukturalistisch(e) (geprägte) Philosophie versuchte eine Erneuerung der dialektischen Philosophie, indem sie nach dem Verhältnis von Freiheit (Wille) und Struktur (Institution) fragte. Das Spannungsverhältnis von Subjekt und Struktur sollte aufgelöst werden durch die Unterstellung des Subjekts unter die Verfügungsgewalt der Strukturen[56].

Eine weitere sehr differenzierte Sicht entwickelte Paul Ricoeur, der über das Verhältnis von Struktur und Subjekt, Sprache und Welt, philosophiert vor dem Hintergrund einer Phänomenologie, die er in die Richtung einer philosophischen Hermeneutik (ähnlich der Gadamers) erweitert. Dabei kommt auch in seiner Philosophie dem Begriff der *Bedeutung* (vermittelt per Sprache) eine zentrale Position zu: „>Bedeutung< ist die universelle Vermittlung zwischen Subjekt und Welt. Die bedeutungsgebende Aktivität ist jedoch die des Subjekts. Zugespitzt formuliert ist das Subjekt der >Träger der Bedeutung<."[57] Im Unterschied zur phänomenologischen Subjektphilosophie wird jedoch „der Bedeutungsbegriff vom intentionalen Ziel des Subjektes entfernt und anderswo untergebracht."[58] „Anderswo" meint hier, daß die Sprache/der Sprachgebrauch als bedeutungsgebende Aktivität ausgesondert wird und ihrer/seiner Bedeutung ein Platz innerhalb eines Systems innerer Unterschiede zugewiesen wird. Damit verliert die Bedeutung ihre ursprüngliche Bedeutung (das heißt: aus ihren eigenen Regeln heraus), da innerhalb eines solchen Systems eher von Werten, das heißt von sich gegenseitig definierenden Größen, gesprochen werden muß.

Im Einvernehmen mit der Phänomenologie definiert Ricoeur Sprache als *Bedeutungsmilieu*, darüber hinaus erkennt er in der Sprache eine *Vermittlungsinstanz*: „Die Sprache ist Vermittlung (médiation) unserer Existenz als ein Sein-in-der-Welt. Sie ist >das *Medium*< oder jenes >Mittel< (milieu), in dem und durch das sich das Subjekt setzt und sich die Welt zeigt."[59]

Ricoeur argumentiert also vor einem subjektphilosophischen Hintergrund, jedoch mit dem Unterschied, daß er das Verhalten des Subjekts, das Selbstbe-

---

54 Vgl. A. Grøn: „Struktur und Sprache", in: P. Lübcke, a.a.O., S.515ff.
55 Dazu auch U. Eco: „Im Labyrinth der Vernunft. Texte über Kunst und Zeichen", 2. Auflage, Leipzig 1989
56 Dem Verschwinden des Individuums in den Strukturen setzt der Psychoanalytiker und Strukturalist J. Lacan (1901-1981) eine differenziertere Theorie des Subjekts entgegen, die auf einer Trias von Begierde, Selbstverhältnis und Verhältnis zur/m Anderen aufbaut.
57 Vgl. A. Grøn, a.a.O., S.531
58 Ebd.
59 A.a.O., S.532

wußtsein, sprachlich bestimmt und die soziale und historische Welt eines Subjektes als sprachliche Welt versteht. Er übernimmt die „Wende zum Konkreten" und entwickelt sie als eine hermeneutische: „Das Konkrete in hermeneutischer Regie ist der soziale und geschichtliche Vermittlungszusammenhang als ein Zeichenuniversum."[60] Dieser „Vermittlungszusammenhang" bestimmt auch seine Abgrenzung zum phänomenologischen Subjektbegriff, da nach Ricoeur die Selbstreflexion nicht durch unmittelbare Vergegenwärtigung, sondern durch soziale, sprachliche und historische Zusammenhänge bestimmt ist, woraus folgt, daß das Selbst-Verhältnis etwas Vermitteltes darstellt.

Neostrukturalismus

Die Kritik am Strukturalismus begann bereits im Vorfeld der 68er Unruhen in Paris, sie beinhaltete folgende Hauptpositionen: 1. Vorwurf der Geschichtslosigkeit (aus marxistischer Position), 2. Bemächtigung der Freiheit des Individuums und der Dynamik seiner Handlungen (aus existenzialistischer Perspektive), 3. Bestimmbarkeit des Begriffs der Struktur selbst[61]. Vor dem Hintergrund dieser Kritik und dem allgemeinen Abklingen des Strukturalismus kam es zu einer Verschiebung im Kräfteverhältnis der philosophischen Schulen der Vergangenheit, wobei zwei Schulen eine besondere Rolle zukam:
1. Epistemologie: Philosophen wie L. Althusser (1918-1990), J. Lacan (1901-1981) und M. Foucault (1926-1984) stehen in ihrer Tradition. Die französische Epistemologie betont die historische Tragweite ihrer Untersuchungsgegenstände und verknüpft (deshalb) wissenschaftstheoretische mit wissenschaftsgeschichtlichen Untersuchungen[62]. Ideengeschichtlich kann sie zurückgeführt werden auf A. Koyré (1892-1964) und G. Bachelard (1884-1962); sie folgte dem Motto: „Die Analyse einer Denkweise ist erst möglich, wenn wir durch die historische Arbeit unseren Blick geschult und geschärft haben."[63] Mit der Betonung der historischen Sichtweise gelingt es zu zeigen, wie Wissenschaft geworden ist.
2. Die Lehrmeister: den Lehrmeistern obliegt weniger die Veröffentlichung eigener Schriften als die Schulung kommender Generationen. Da an Frankreichs höheren Schulen dem Philosophieunterricht große Bedeutung beigemessen wird, gelten die Lehrmeister als besondere Autoritäten. Zu den bekanntesten Vertretern zählten: J. Lagneau (1851-1894), E. Chartier (1868-1951) und M. Alexandre (1888-1952). So ist zum Beispiel die frühe Verbreitung der Philosophie Heideggers, deren Bedeutung für die Fortschreibung

---

60 Ebd.
61 Vgl. S.G. Olesen: „Die neuere französische Philosophie", in: A. Hügli/P. Lübcke (Hg.), a.a.O., S.538ff.
62 Vgl. G. Bachelard: „Die Bildung des wissenschaftlichen Geistes", S.17f., Frankfurt 1978
63 Vgl. S.G. Olesen, a.a.O., S.540

moderner französischer Philosophie enorm ist, auf den Lehrmeister J. Beaufret (1907-1982) zurückzuführen[64].

Dekonstruktion

Neben der Bedeutung der „Schulen" kam es zur Veränderung der Wahl der Quellen und vor allem der philosophischen Arbeitsweise (also der Art und Weise zu lesen und zu schreiben): „Wo die Philosophie als Dekonstruktion entfaltet wird, zieht man die Konsequenz aus der Erfahrung der Philosophie in neuerer Zeit: daß sich nämlich das Systematische nicht vom Historischen trennen läßt."[65] Über die Dekonstruktion gelang die philosophische Fortschreibung des Strukturalismus zum Neostrukturalismus (oder auch Poststrukturalismus).

J. Derrida entfaltete dabei (s)einen Dekonstruktionsbegriff (der Metaphysik) der vor dem Hintergrund der Heideggerschen Forderung nach einer „Destruktion der Geschichte der Ontologie" zu verstehen ist. Destruktion meint „den Arbeitsprozeß, durch den aufgeteilt, in seine Elemente aufgelöst wird"[66]; dabei bezieht sie sich nicht auf Vergangenheit und Tradition, sondern auf Gegenwart und Zukunft, „in denen die Seinsfrage stets durch die Antwort der Selbstverständlichkeit schon verdeckt ist."[67] Die Verdeckung (impliziter) Vorannahmen bedeutet, „daß die Frage nach dem Sinn von Sein nicht gestellt werden kann, weil das Sein nicht in seiner Unterschiedenheit vom Seienden erfaßt wird."[68] Deshalb fragt Derrida nach dem Unterschied zwischen dem Sein und dem Seienden selbst und bezeichnet dieses/n als Differenz (la différance).

Das Prinzip der Dekonstruktion (bezogen auf die Differenz) findet sich auch in den Schriften Althussers, Lacans und Foucaults, mit jeweils unterschiedlichen Fokussierungen: Althusser spricht von „symptomaler Interpretation" mit folgendem Unterschied zu Derrida: „Während es Derrida darum geht, das Ungehörte (l'inoui) oder das Ungedachte (l'impensé) herauszuarbeiten, will Althusser das Unlesbare herauslesen."[69]

Lacan, der 1953 ein Seminar an der von ihm gegründeten Ecole freudienne eröffnete, versuchte die Psychoanalyse von der Ichpsychologie zu befreien. Er vermeidet dabei die Identifikation von Subjekt und Mensch: „Die Existenz ist nicht von Anfang an und vor allem nicht meine; das Bewußtsein hat seine Mitte nicht im Ich, sondern ist ganz und gar dezentriert."[70]

---

64 Vgl. R. Safranski, a.a.O., S.395ff.
65 Vgl. S.G. Olesen, a.a.O., S.540
66 A.a.O., S.541
67 A.a.O., S.542
68 Ebd.
69 A.a.O., S.546
70 A.a.O., S.551

Mit dieser Einstellung setzt sich Lacan deutlich von früheren Subjektphilosophinnen ab, dies jedoch mit der Intention, die „Geschichte des Subjekts" wiederherzustellen: „Die Psychoanalyse (re)konstruiert das, was das Subjekt in seinen Konstruktionen (Absichten, Plänen, Wünschen, Idealen usw.) nicht gesehen hat."[71] „Das Selbst ist ein Objekt": damit meint Lacan, daß das, was die/der AnalysandIn als Subjekt (re)konstruiert, sich erst im Laufe ihres/seines Lebens konstruiert, und diese Konstruktion wird in den Text hineingelesen. Lacan will diesen „Text", den er als unbewußten Diskurs versteht, mit den Mitteln der Sprachwissenschaft analysieren.

Foucault, auf den ich an anderer Stelle bereits eingegangen bin, arbeitet ebenfalls nach dekonstruktiven Prinzipien und Methoden, wenn er zum Beispiel in „Wahnsinn und Gesellschaft" (1961) versucht, das Ungesprochene zu rekonstruieren. Dabei spricht er vom „Geraune" des Wahnsinns, der sprechen will, von den historisch zum Schweigen gebrachten Stimmen, und resümiert: „Die Fülle der Geschichte ist nur in dem leeren und zugleich bevölkerten Raum all jener Wörter ohne Sprache möglich, die einen tauben Lärm denjenigen hören lassen, der sein Ohr leiht, einen tauben Lärm von unterhalb der Geschichte, das obstinate Gemurmel einer Sprache, die von allein spricht, ohne sprechendes Subjekt und ohne Gesprächspartner."[72] Auch wenn Foucault hier (in strukturalistischer Manier) von einer „Sprache, die von allein spricht, ohne sprechendes Subjekt" spricht, so liest sich sein Denken meines Erachtens doch als ein Versuch, in der Fülle der verlorenen Gegenwart des Menschen zu denken, ganz abgesehen von einer weiteren Untermauerung dieses Denkansatzes durch den, „der sein Ohr leiht", womit er ontologisch ein erkennendes Subjekt voraussetzt.

In seinen grundlegenden Vorlesungen zu der Frage „Was ist Neostrukturalismus?"[73] referiert M. Frank als zentrales Anliegen der NeostrukturalistInnen die Überwindung der Metaphysik (in den Fußstapfen Hegels und Nietzsches). Metaphysik, das ist „die Gewißheit einer übersinnlichen Welt"[74], deren Tod sich durch die „Aufklärung, durch Gebrauch der Kräfte der Naturbeherrschung und der Selbstbefreiung aus fremder Übermächtigung und Bevormundung"[75] vollzog.

J.-F. Lyotard (1979) bezeichnet diese Situation als „nachmodern", das heißt „als ein Denken unter den Bedingungen der Abgeschlossenheit (>clôture<) der Moderne."[76] „Moderne" bezieht sich in Frankreich (anders als in Deutschland) auf den historischen Zeitraum der Neuzeit insgesamt, meint

---

71 Ebd.
72 Nach: P. Gehring/B. Waldenfels (Hg.): „Innen des Außen - Außen des Innen. Foucault-Derrida-Lyotard" München 1994
73 Vgl. M. Frank: „Was ist Neostrukturalismus?", Frankfurt 1984
74 A.a.O., S.27
75 Ebd.
76 A.a.O., S.30

also >neuzeitlich< (im Sinne der kopernikanischen Wende), während „>postmoderne<: eine >condition< nach dem Tode der Metaphysik darstellt."[77] Ein Effekt der Aufklärung war (nach Lyotard), „daß sie mit der Hinterfragung ungerechtfertigter Positivitäten (...) zugleich die Basis ihrer eigenen Legitimität erschüttert hat"[78], wodurch sie sich dem Problem des Legitimitätsverlustes aussetzte.

Vor dem Hintergrund dieses historischen Krisenbefundes bezieht sich Lyotards Denken auf eine Gegenwart, die unausdeutbar geworden ist, da ihr (die) Regelwerke, Fixpunkte, Systeme, abhanden gekommen sind, wodurch eine Verständigung im Sinne des Konsensprinzips unmöglich wird: „>postmodern< heiße ein Denken unter Bedingungen des Verlusts eines >Metadiskurses< oder einer universalistisch konzipierten transzendentalen Vernunft."[79]

„Postmodernität" ist nach Lyotard ein Komplex von Veränderungen, die sich auf die Wissensbildung beziehen und die vor dem Hintergrund der wachsenden Informatisierung der Kommunikation zu sehen sind[80]. Tendenzen, die sich aus den genannten Veränderungen ergeben, sieht Lyotard (auch) in der Entmaterialisierung und einer daraus resultierenden Derealisierung des Wißbaren überhaupt[81]. Zunehmend komplexer werdende Informationen werden zunehmend indifferent; die Bewältigung des komplexen Wissens wird „pragmatisch" (im Sinne der Komplexitätsreduktion) organisiert, womit der irreversible „Zerfall narrativer Strukturen"[82] indiziert ist.

Mit dem Wegfall moderner Ideale wie Rationalität und Transparenz verbindet Lyotard auch den Verfall von Utopien, Metatheorien und „großen Erzählungen"[83]. Er kennzeichnet sein Denken durch „kleine Erzählungen", die zum Beispiel Minderheiten als Perspektive nehmen[84/85]. Methodisch arbeitet er mit „Sprachspielen"; diese „haben ihre Regeln nicht in sich selbst, sondern sie werden durch einen expliziten oder impliziten Vertrag zwischen den Spielern konstituiert. Ohne Regeln gibt es kein Spiel, man kann also sagen, daß ein Spielzug oder eine Aussage, die den Regeln nicht entsprechen, auszugren-

---

77 Ebd.
78 Ebd.
79 Vgl. M. Frank (1990), a.a.O., S.576
80 Zur Informatisierung gehört (auch): 1. die Kapitalisierung der Kommunikationsprozesse und 2. die Technisierung derselben; vgl. dazu T. Schuster: „Staat und Medien. Über die elektronische Konditionierung der Wirklichkeit", Frankfurt 1995
81 Dazu J.-F. Lyotard (et al.): „Immaterialität und Postmoderne", Berlin 1985
82 Vgl. P. Gehring/B. Waldenfels (Hg.), a.a.O., S.222f.
83 Dazu im Überblick I. Breuer (Hg.)/P. Leusch/D. Mersch: „Welten im Kopf. Profile der Gegenwartsphilosophie, Bd.2: Frankreich/Italien", S.193ff., Hamburg 1996
84 Vgl. W. Reese-Schäfer: „Lyotard. Zur Einführung", 2. Auflage, Hamburg 1989
85 In dem Sinne auch G. Deleuze: „Minderheitssprachen sind nicht einfach Subsprachen, Ideolekte oder Dialekte", sie sind „potentielle Mittel, die Mehrheitssprache in ein Minderheitlich-Werden all ihrer Dimensionen und Elemente zu überführen", in: ders.: „Kleine Schriften", S.29, Berlin 1980

zen sind."[86] Soziale Zusammenhänge funktionieren über „Sprachspiele" und umgekehrt: es herrscht ein dialektisches Verhältnis von Regulierendem und zu Regulierendem.

Lyotard fragt nach der Legitimation von Wissen und knüpft daran die Frage nach der Macht, der Verfügungsgewalt über dieses Wissen. Wissen wird nach seiner Aussage umgewandelt in Produktivkraft, verwaltet von einem Diskurs der Macht. Legitimitätserklärungen humanistischer oder idealistischer Art werden aufgegeben: „Man kauft keine Gelehrten, Techniker und Apparate, um die Wahrheit zu erfahren, sondern um die Macht zu erweitern."[87] Seine Diagnose einer postmodernen Gesellschaft umfaßt die Absage an Ideale und Utopien der Moderne: „Die postmoderne Wissenschaft ist diskontinuierlich, katastrophisch, nicht nachprüfbar im klassischen Sinne, paradox. Das hierzu passende Legitimationsmodell ist (...) das der als Paralogie (= Nebenvernünftiges) verstandenen Differenz."[88] Lyotards wissenschaftstheoretischen Argumentationsgänge beziehen sich auf 1. Gödels Unvollständigkeitssatz, 2. Mandelbrots Entdeckung der Fraktale und 3. Thoms Entwicklung einer mathematischen Sprache, die sogenannte katastrophische Diskontinuitäten klassifizieren kann[89].

Nach dieser kurzen Darstellung der Entwicklung französischer Philosophie, führt meine Reise wieder in die deutsche Philosophie, die sich nach den gemeinsamen Ursprüngen (mit Frankreichs PhilosophInnen) in der frühen Phänomenologie, im weiteren Verlauf beträchtlich unterschiedlich bis gegensätzlich entwickelte. Davon soll nun die Rede sein.

2.1.2 Nachfolge II: Deutschland

Kritische Theorie

Anders als in Frankreich wurde das Werk Heideggers während der 68er Unruhen in Deutschland einer kritischen Rezeption unterzogen, die im Rahmen einer umfangreichen Dekonstruktions-Arbeit Heideggers Denken aus seiner nationalen Beschränktheit löste und im Sinne des Pragmatismus (Peirce, Wittgenstein, Searle) und der Kritischen Theorie umschrieb. Die Kritik bezog sich vor allem auf die Konzeption der „Geworfenheit", beziehungsweise auf die „Vorgängigkeit" (zum Beispiel eines Diskurses) und kritisierte deren Seins-Ordnung, offenbart durch sich selbst, als deterministisch. Stattdessen geht sie von *Prägungen* aus, die die Potentiale kritischer Reflexion und Handlungs-

---

86 Vgl. W. Reese-Schäfer, a.a.O., S.24
87 A.a.O., S.28
88 A.a.O., S.29
89 A.a.O., S.35ff.

kompetenz besitzen: so spricht demnach nicht die Sprache (sich) selbst, sondern wir sprechen sie.

Die kritisch utopischen Ideale einer Hermeneutik, die sich der Analyse der inneren Bedeutung und des Sinns, der Bedeutung des Subjekts und der Frage der Geschichtlichkeit verschrieb, wurden von der Kritischen Theorie aufgenommen und weitergedacht: so entwickelte die frühe „Frankfurter Schule" ein undogmatisch marxistisches Denken im interdisziplinären Rahmen[90]. Sie steht dabei für eine „Philosophie, die die gesellschaftlichen Verhältnisse der Gegenwart zum Thema macht und auch ihre eigene gesellschaftliche Bedingtheit berücksichtigt."[91] Mit dieser kritischen Analyse gesellschaftlicher Verhältnisse soll 1. ein Denken überwunden werden, das Herrschaftsstrukturen stabilisiert/legitimiert, 2. kritische Theorie zu Macht und Herrschaft entwickelt werden, 3. Wege der Emanzipation und deren Praxis aufgezeigt werden.

M. Horkheimer, der Begründer der Kritischen Theorie, sieht die Aufgabe der Philosophie darin, den natürlichen Anspruch des Menschen auf Glück festzuhalten und die Umstände seiner Unterwerfung zu analysieren. Vor dem Hintergrund dieses Ansatzes entwickelt er in seinem Aufsatz „Traditionelle und kritische Theorie" (1937) eine Kritik an der mathematischen Naturwissenschaft und deren Theoriebegriff, der in einem positivistischen Selbstverständnis fußt[92] und den er als „traditionell" bezeichnet. Traditionelle Theorie läßt ihre gesellschaftliche Rolle unreflektiert, sie kann eine Theorie nicht auf ihre Vernünftigkeit hin befragen, weil sie die Herstellung von Tatsachen als vorgegeben hinnimmt. Horkheimer fragt nach den Funktionen von Theorie im Hinblick auf 1. die Herstellung der Tatsachen und 2. die Herstellung ihrer Erfahrungen. Daraus ergibt sich die Fragestellung der Kritischen Theorie, die gesellschaftliche Praxis auf ihre Vernünftigkeit/Unvernünftigkeit hin zu befragen. Die Kritische Theorie will somit 1. den gesellschaftlichen Zusammenhang traditioneller Theorien und deren Begrenzung thematisieren und macht 2. die gesellschaftliche Produktion zum Thema und kritisiert deren Ökonomie. Aus dieser Kritik sollen Perspektiven, Utopien und vernünftige Alternativen aufgezeigt werden, das heißt die Philosophie soll eine praktische sein.

Die Kritik an der Vernunft beinhaltet auch selbstkritische Fragestellungen, die sich in folgenden Fragen festhalten lassen: 1. Worin liegt der Maßstab zur Diagnostizierung von Unvernünftigkeit? und 2. Wenn kritisches Den-

---

90 So gehörten der Nationalökonom F. Pollock, der Literaturwissenschaftler L. Löwenthal, der Psychoanalytiker E. Fromm, der Philosoph H. Marcuse und T.W. Adorno, der Philosophie, Musik, Psychologie und Soziologie studiert hatte, zum Frankfurter Kreis.
91 Vgl. G. Figal: „Die Entwicklung der Frankfurter Schule", in: A. Hügli/P. Lübcke (Hg.), a.a.O., S.311
92 Vgl. G. Böhme (1994), a.a.O., S.338ff.
93 Kritisches Denken verstehe ich nicht als unabhängig von „Tatsachen", aber es bedarf keiner Legitimation durch sie.

ken sich durch eine Theorie artikuliert, dann ist diese auch durch Tatsachen einer bestehenden Gesellschaft geprägt. Wie ist also, vor diesem Hintergrund, kritisches, das heißt von „Tatsachen" unabhängiges, Denken möglich[93]? Diese Fragen münden in eine selbstkritische Theorie, die eine radikal vernunftkritische Perspektive einnimmt und den Vernunftanspruch der Kritischen Theorie in Frage stellt.

Für Horkheimer ist Vernunft „das Vermögen, die Beziehungen der Menschen zu regeln und die Leistungen, die von ihnen abverlangt werden, zu rechtfertigen. So schafft sie einen Ausgleich zwischen dem individuellen Nutzen und dem Nutzen der Gesellschaft."[94] Der „Ausgleich" wird durch Gewalt (im Sinne von Triebhemmung und -unterdrückung) erzielt, wobei diese Gewalt Zusammenleben und Erhalt konstituiert. Vernunft, die die Erhaltung der Gesellschaft über die des Individuums stellt, enttarnt Horkheimer ihres faschistischen Kerns: „Die neue, faschistische Ordnung ist die Vernunft, in der die Vernunft selber als Unvernunft sich enthüllt."[95]

Horkheimer sieht die Aufgabe der Philosophie in deren Kritik und Analyse der selbsterhaltenden Vernunft, der Aufdeckung ihrer Unvernunft, Unterdrückung und Hemmung: „Wenn, so lautet sein Argument, die Vernunft in sich gewaltsam ist, bleibt in ihr immer auch das aufgehoben, dem Gewalt angetan wird. Und weil außerdem der gewaltsame Zugriff der Vernunft nur möglich ist, indem dieser Zugriff sich auf etwas der Vernunft Vorgegebenes richtet, hat ein vernunftkritisches Denken das Verhältnis der Vernunft zu dem ihr Vorgegebenen derart nachzuzeichnen, daß es den gewaltsamen Zugriff der Vernunft auf das ihr Vorgegebene in seinem Vollzug und seiner Entwicklung beschreibt. Die Aufgabe des kritischen Denkens ist es, die Geschichte der selbsterhaltenden Vernunft zu schreiben."[96]

In der „Dialektik der Aufklärung"(1947) entwickelt er zusammen mit T.W. Adorno eine Vernunftkritik in der Konzeption einer dialektisch angelegten Geschichtsphilosophie. „Dialektisch" bezieht sich hier auf die „Verstrickung einer sich als Herrschaft vollziehenden Vernunft in ihre eigenen Netze."[97] „Aufklärung" meint dabei die Metaebene der Vernunft, sie ist „also nicht nur das Vermögen, um den Preis der Selbstbeherrschung die eigenen Interessen mit denen der Gesellschaft auszugleichen. Aufklärung ist damit auch nicht einfach dasselbe wie Selbsterhaltung; sie ist vielmehr der Vollzug der selbsterhaltenden Vernunft, sofern dieser ausdrücklich und bewußt auf das in der selbsterhaltenden Vernunft Unterdrückte bezogen ist: Wer sich >aufgeklärt< verhält, unterdrückt nicht etwa seine eigenen Triebe, um seine Interessen im Ausgleich mit den anderen in der Gesellschaft besser verfolgen zu können; er

---

94 Vgl. G. Figal, a.a.O., S.322f.
95 Vgl. M. Horkheimer: „Gesammelte Schriften", Band 4, S. 348, Frankfurt 1988
96 G. Figal, a.a.O., S.324
97 A.a.O., S.325

ist auch mehr oder weniger deutlich der Meinung, daß er nun in seinen Trieben nicht mehr befangen ist. Aufklärung ist nicht nur Vernunftherrschaft, sondern selbstbewußte Vernunftherrschaft, in der die Unterdrückung seiner selbst als ein Fortschritt begrüßt wird, weil man durch die Unterdrückung meint, vom Unterdrückten frei zu sein."[98/99]

Ziel der Aufklärung ist die Entzauberung und Zerstörung von Mythen und Natur, aber: sie scheitert. Horkheimer und Adorno konstatieren bereits im mythologischen Denken Versuche der Kontrolle der Natur im Sinne einer rationalen Ordnungsgebung und bezeichnen diese als „Mimesis", als Angleichung an die Natur zum Zwecke ihrer Beherrschung[100]. Aufklärung stellt sich dar als weiterentwickelte Mimesis, sie ist Naturbeherrschung und Naturverfallenheit zugleich, und darauf bezieht sich ihre Dialektik.

Ein Verständnis von Vernunft entwickelt sich demnach aus dem Verständnis von Natur, weshalb sich Vernunftgeschichte immer (nur) als Naturgeschichte schreiben läßt. In der Veröffentlichung „Negative Dialektik" (1966) äußert sich Adorno zu der von ihm vertretenen Methodologie als einem Verfahren, das sich einer ausgearbeiteten Theorie entzieht, dem sich sein Denken verweigert[101]. Adornos Ablehnung bezieht sich auf ein begriffliches Denken, „das sich seiner Gegenstände dadurch versichert, daß es diese in dem bestimmt, was sie sind."[102] Dieses Bestimmen kennzeichnet er als „dialektisches", „weil in ihm die unmittelbare Gegebenheit von etwas negiert wird, damit es sich, indem es bestimmt wird, in einer durch das Begreifen >vermittelnden< Gegebenheit zeigen kann."[103] Sein Konzept einer „negativen Dialektik" negiert das begreifende Denken, „damit sich der Vorrang des unmittelbar Gegebenen gegenüber dem begreifenden Denken zeigt."[104] Ging es Adorno in der „Dialektik der Aufklärung" um eine als Naturgeschichte zu schreibende Geschichte der Vernunft, so interessiert ihn nun, „wie man im Denken der Natur Rechnung tragen kann, sofern sie Anfang der Naturgeschichte ist."[105] Weil sich die ursprüngliche Natur unseren Blicken entzieht, seit die Welt vernünftig eingerichtet wurde, bedarf es der Negation dieses bestimmenden Denkens, das heißt der Bestreitung seines eigenen Anspruchs, damit sich Freiräume des Denkens entwickeln können „für die Erfahrung des Besonderen, des nicht im Begrei-

---

98 Ebd.
99 Die Unterdrückung des „Anderen der Vernunft" (G. u. H. Böhme) habe ich am Beispiel der Geschichte der Trias von Rausch, Subjekt und Raum ausführlich in Kapitel 1 dieser Arbeit dargestellt.
100 Ähnlich dazu H.P. Duerr (Hg.): „Der Wissenschaftler und das Irrationale. Beiträge aus Ethnologie und Anthropologie", Bde. 1-4, Frankfurt 1985; W. Jung: „Von der Mimesis zur Simulation. Eine Einführung in die Geschichte der Ästhetik", Hamburg 1995
101 Vgl. T.W. Adorno: „Negative Dialektik", S.137ff., Frankfurt 1975
102 Vgl. G. Figal, a.a.O., S.330
103 Ebd.
104 Ebd.
105 A.a.O., S.331

fen Identifizierten, mit Adornos Wort: des >Nichtidentischen<. Dieses Denken, von einer negativen Dialektik geprägt, denkt im Spannungsfeld einer sich selbst in Frage stellenden Vernunft und harrt in deren Widersprüchen aus (mit dem Verzicht auf allgemeine Begriffe und Theoriebildung). Wie ist nun „die denkende Erfahrung des Individuellen, des >Nichtidentischen< selbst möglich?"[106] Diese Frage löst Adorno über die Erfahrung von Kunstwerken, da sie ihm den Maßstab gibt, was die Erfahrung des Nichtidentischen und Individuellen ist. Vor diesem Hintergrund ist die Entwicklung (s)einer ästhetischen Theorie zu verstehen[107].

J. Habermas versucht in der Nachfolge der frühen Frankfurter Schule eine Rehabilitierung der Vernunft, indem er der Kritik Adornos und Horkheimers entgegenhält: „Die *Dialektik der Aufklärung* wird dem vernünftigen Gehalt der kulturellen Moderne, der in den bürgerlichen Idealen festgehalten (und mit ihnen auch instrumentalisiert) worden ist, nicht gerecht. Ich meine die theoretische Eigendynamik, die die Wissenschaften immer wieder *hinaustreibt*; ich meine ferner die universalistischen Grundlagen von Recht und Moral, die in den Institutionen der Verfassungsstaaten, in Formen demokratischer Willensbildung, in individualistischen Mustern der Identitätsbildung *auch* eine (wie immer verzerrte und unvollkommene) Verkörperung gefunden haben; ich meine schließlich die Produktivität und die sprengende Kraft ästhetischer Grunderfahrungen, die eine von Imperativen der Zwecktätigkeit und von Konventionen der alltäglichen Wahrnehmung freigesetzte Subjektivität ihrer eigenen Dezentrierung abgewinnt – Erfahrungen, die in den Werken der avantgardistischen Kunst zur Darstellung, in den Diskursen der Kunstkritik zur Sprache und in den innovativ bereicherten Wertregistern der Selbstverwirklichung auch zu einer *gewissen* illuminierenden Wirkung gelangen – wenigstens zu lehrreichen Kontrasteffekten"[108] und sieht einen „Ausweg aus der Subjektphilosophie" in einem Modell kommunikativer versus subjektzentrierter Vernunft[109].

Mit dem Begriff der „kommunikativen Vernunft" bezieht sich Habermas auf die sprachliche Intersubjektivität sozialen Handelns als primärer Lebensform des Menschen. So bilden nach ihm sprachliche Aushandlungsprozesse die Voraussetzung für die Reproduktion des sozialen Lebens überhaupt. Neben der Tätigkeit der Naturbeherrschung, kritisiert über Adornos und Hork-

---

106 Ebd.
107 H. Dubiel stellt in: „Wissenschaftsorganisation und politische Erfahrung. Studien zur frühen Kritischen Theorie", Frankfurt 1978, die Entwicklung der Frankfurter Schule auf zwei Ebenen dar: 1. die Theorieproduktion als reflexiven Ausdruck historischer Erfahrung und 2. die Theoriebildungsform und deren Forschungsorganisation.
108 Vgl. J. Habermas: „Der philosophische Diskurs der Moderne. Zwölf Vorlesungen", S.137ff., Frankfurt 1988
109 Dazu H. Gripp: „Und es gibt sie doch – Zur kommunikationstheoretischen Begründung von Vernunft bei Jürgen Habermas", Paderborn 1984

heimers Begriff der „instrumentellen Rationalität", sieht Habermas in der Praxis sprachlich vermittelter Interaktion eine zweite fundamentale Dimension geschichtlicher Entwicklung[110]. Die Bedeutung der Rationalität kommunikativen Handelns faßt er mit dem Begriff der „kommunikativen Rationalität". Er stellt fest, daß im Laufe der historischen Entwicklung der kommunikativen Lebenswelt zwei Handlungssphären herausgelöst wurden: 1. die ökonomische Produktion und 2. die politische Verwaltung, diese stehen nun als normfrei regulierte Systeme den kommunikativ organisierten Handlungssphären gegenüber. Eine soziologische Theorie der Moderne sieht er (deshalb) in der Verschränkung von Kommunikationstheorie und Systemkonzept (das heißt Systemanalyse).

Nachdem ich nun die wichtigsten Aussagen von Neostrukturalismus und Kritischer Theorie dargestellt habe, versuche ich in einer Verknüpfung der beiden Theorieansätze, gedacht als erste Überlegungen zu einer „Theorie" der Dialektik von Struktur und Subjekt, ihre inhärenten Potentiale synergetisch zu erweitern. Wie bereits dargelegt, ist der Strukturbegriff (französischer) (Neo)strukturalistInnen für deren Philosophie von zentraler Bedeutung, denn er verweist 1. über soziale, kulturelle, ökonomische und ökologische Ordnungen auf die Unhintergehbarkeit von Strukturen, 2. deren Dominanz/ Determinanz über das Subjekt und 3. verweigert er sich den Vernunftkonzeptionen der Moderne.

In der Kritischen Theorie und der Hermeneutik erhält dagegen das Subjekt eine zentrale Bedeutung: hier gilt dessen Subjektivität als Instanz jeder Sinnbildung, -veränderung und -deutung, indem es zum Beispiel kritisch hinterfragen und argumentieren kann[111]. Diese Betonung des Subjektbegriffs gründet in der (letztendlich und trotz aller Kritik) positiven Bewertung des neuzeitlichen Humanismus, der die Würde des Menschen an den Gebrauch ihrer/ seiner Freiheit band.

Daß sich beide Theorieansätze meines Erachtens komplementär zueinander verhalten, möchte ich am Leitfaden folgender Fragen zum Thema von Subjekt und Struktur weiterdenken, da mir diese von zentraler Bedeutung für die (hermeneutische) Explikation der Trias von Rausch, Subjekt und Raum erscheinen:

1. Was kann der strukturalistischen Rede vom „Verschwinden des Menschen" entgegengehalten werden? Dabei sollen Fakten weder wegdiskutiert, noch als „letzte Wahrheiten" dargestellt werden[112], vielmehr geht es um die

---

110 Vgl. A. Honneth: „Die zerrissene Welt des Sozialen. Sozialphilosophische Aufsätze", S.58ff., Frankfurt 1990
111 Zum Unterschied im Ansatz der Subjektkritik; vgl. A. Honneth: „Foucault und Adorno. Zwei Formen einer Kritik der Moderne", in: P. Kemper (Hg.): „Postmoderne oder Der Kampf um die Zukunft", S.127-144, Frankfurt 1988
112 Denn dies käme einer positivistischen Engführung der Vorstellung von Faktizität gleich.

Frage einer humanistisch begründeten Subjekt-Struktur-"Theorie" und einer daraus zu entwickelnden Handlungstheorie.
2. Wie kann also die menschliche Würde vor der Totalität von Regelsystemen „gerettet" werden? Und wie „rettet" sich ein Subjekt?
3. Wie ermöglicht eine Neudefinition von Individualität und Subjektivität (was nicht dasselbe ist) eine am Begriff des Individuums orientierte Theorie des Bewußtseins und der Praxis? Und welche Handlungskompetenz kommt dabei dem Individuum zu?
4. Wie kann der Tatsache Rechnung getragen werden, daß sich Sinn und Bedeutung nur im Rahmen von Ordnungen und Strukturen bilden können?
5. Welche Sinnkomponenten existieren bezüglich des Raumes?

Mit anderen Worten geht es um die Wahrung und Weiterentwicklung der Utopie von Lebendigkeit und Handlungskompetenz als eines kontra-faktischen Engagements für den Erhalt der Würde des Subjekts unter dem Gesichtspunkt einer Analyse der Strukturen, die es verschleiern. Die Verbindung neostrukturalistischer und subjektbezogener Ansätze scheint mir zu zeigen, daß vermeintlich irrationale (das heißt aus der „subjektiven" Sicht des Individuums) Aussagen eine innere Logik, Wahrheit, in der komplementären Setzung zu einem „objektiven" und scheinbaren „Außen" vorgegebener Strukturen offenbaren. Als Beispiel sei die „körperliche Einschreibung objektiver Strukturen" (P. Bourdieu) genannt, deren subjektive Bewältigungs- und Verarbeitungsstrategien meines Erachtens mit analysiert werden müßten, damit sich ein ganzheitliches Bild von den Wechselbeziehungen zwischen strukturierten und strukturierenden Merkmalen ergibt.

Um diesen Fragen nachzugehen verenge ich jetzt meinen Blickwinkel und wende mich den konkreteren Fragestellungen der phänomenologischen Soziologie zu, die, aus der Tradition der philosophischen Phänomenologie heraus, versucht eine „Soziologie des Alltags" (R. Grathoff) zu etablieren.

2.2 Methodologische Überlegungen III: Soziologie des Alltags

Vor dem Hintergrund der Tradition der phänomenologischen Philosophie Husserls (und Bergsons) entwickelte sich während der 40er Jahre in den USA eine phänomenologisch ausgerichtete Soziologie. Diese interpretierte die Konstitution sozialer Wirklichkeit und deren Sinnhaftigkeit über die Kommunikation und Interaktion zwischen Individuen und deren sozialer Umwelt, sowie über die Rekonstruktion kollektiver Deutungsmuster. Zentrale Fragestellungen waren dabei 1. das Verstehen des Alltagslebens und 2. die Aufdeckung unhinterfragter Annahmen. Im Rückgriff auf Husserls Eidetik sollte durch das Besondere hindurchgesehen werden, um das Wesentliche zu entdecken. Dabei wurde methodologisch Bezug genommen auf Husserls Epoché, das heißt auf das Absehen von Vorannahmen und Vorwissen. Auf dieser Grundlage und der des amerikanischen Pragmatismus[113] (Peirce, James, Dewey) entwikkelten sich auch die Ethnomethodologie (Garfinkel), der Symbolische Interaktionismus (G.H. Mead, Blumer) und die Wissenssoziologie (Berger, Luckmann).

In Anlehnung an A. Schütz (1899-1959), sollen in der Ethnomethodologie Strukturen einer als selbstverständlich angenommenen Lebenswelt sichtbar gemacht werden. Dabei wird gefragt, wie unterschiedliche Akteure wechselseitige Verständigung zustande bringen, das heißt es wird nach den formalen Strukturen sozialen Handelns gefragt, und es werden Basis-Interpretationsregeln erforscht, die Interaktion und Kommunikation ermöglichen. Soziale Realität wird dabei nicht mit Objektivität gleichgesetzt, sondern sie wird als Vollzugswirklichkeit verstanden, die Analyseebene erstreckt sich also auf die subjektiven Sinngebungsprozesse. Zentrale Bedeutung innerhalb dieses Theorieansatzes kommt den Begriffen der *Interaktion* und der *Identität* zu. Über den Pragmatismus war (bereits) ein holistisches Modell entwickelt worden, in dem *Handeln* und *Erfahren* als *interaktive* und *dialogische Prozesse* eine zentrale Rolle einnehmen[114]. Die Struktur des Handelns ist dabei geprägt von der wechselseitigen Orientierung der Individuen (auch mit der Natur).

G.H. Mead entwickelte mit seinem Schüler H. Blumer aus der Tradition der frühen Chicagoer Schule[115] (Thomas, Park) den Symbolischen Interaktionismus. Die Chicago School war stark beeinflußt von den Schriften G. Simmels, für den sich Soziologie nicht durch den Gegenstand, sondern durch die Methode bestimmte. Dabei sollten mit qualitativen Methoden Formen (Strukturen) sozialer Beziehungen, die aus Wechselwirkungen entstehen, analysiert werden. Mead weist die wechselseitige Produktion von Handelnden qua Identität und sozialer Ordnung in der Struktur der Interaktion nach[116]. Sprache wird bei ihm zum analytischen Ausgangspunkt interaktiver Prozesse und deren symbolvermittelnder Charaktere. Identität entwickelt sich aus der täglichen Handlung und Sprache im Umgang mit anderen Menschen und der(en) (Um)welt. Mit diesem interaktionistischen Konzept gelang es den alten Dualismus von „subjektiv" versus „objektiv", Struktur versus Subjekt, aufzulösen.

---

113 Vgl. K.-J. Bruder: „Pragmatismus", in: H. Kerber/A. Schmieder (Hg.), a.a.O., S.449-452; N.C. Stefansen: „Der amerikanische Pragmatismus", in: A. Hügli/P. Lübcke (Hg.): „Philosophie im 20. Jahrhundert", Bd.2: Wissenschaftstheorie und Analytische Philosophie, S.22-57, Hamburg 1993; I. Breuer (Hg.)/P. Leusch/D. Mersch: „Welten im Kopf. Profile der Gegenwartsphilosophie, Bd. 3: England/USA", Hamburg 1996
114 Vgl. dazu H. Joas: „Die Kreativität des Handelns", Frankfurt 1992
115 Vgl. R. Lindner: „Die Entdeckung der Stadtkultur. Soziologie aus der Entdeckung der Reportage", Frankfurt 1990
116 Vgl. G.H. Mead: „Geist, Identität und Gesellschaft", 3. Auflage, Frankfurt 1978

Die Individuierung und Sozialisierung eines Subjekts, ist ein gesellschaftsbildender und gesellschaftsgebundener Prozeß, dem einseitige Sozialisationstheorien nicht gerecht werden. Wenn an dieser Stelle von einem gesellschaftsbildenden Prozeß gesprochen wird (und werden kann), muß meines Erachtens bedacht werden, daß im Symbolischen Interaktionismus (gegenstandsbezogen) aus der Perspektive der Subjekte gedacht wird[117], und daß weder eine kritische historische, noch gesellschaftstheoretische Reflexion in diesen Theorieansatz eingeht; auch physisch direkt Erlebbares wird nicht hinterfragt. Daher ist die Reichweite der Explorationen eher begrenzt.

In der Tradition des Symbolischen Interaktionismus befindet sich auch der Labeling Approach. Nach diesem Ansatz wird untersucht, was aus einer Handlung gemacht wird, die als gesellschaftlicher Regelverstoß angesehen wird. Dazu werden soziale Kognitions- und Reaktionsmuster im sozialen Bezugssystem analysiert, um (zum Beispiel) abweichendes Verhalten zu verstehen.

In der von K. Mannheim und M. Scheler während der 20er Jahre begründeten Wissenssoziologie werden die gesellschaftlichen Voraussetzungen, Bedingungen, Prägungen etc. der Konstitution von Wissen analysiert. Thema ist die Relation von Wissen und Gesellschaft, das heißt mit den Worten Mannheims, es geht um die „Seinsverbundenheit des Denkens"[118] auf einer selbstreflexiven Ebene. Die zentralen Aufgaben der Wissenssoziologie lassen sich kurzgefaßt in folgenden drei Punkten darstellen: 1. Beschreibung spezifischer Bewußtseinsinhalte, 2. Beschreibung spezifischer Bewußtseinsfelder und 3. Herstellung des Zusammenhangs zwischen Bewußtseinsstrukturen und einzelnen Institutionen, beziehungsweise institutionellen Prozessen[119].

Nach dieser kurzen Einführung in die phänomenologische Soziologie[120] soll nun anhand der Begriffe *Milieu* und *Lebenswelt* gezeigt werden, wo deren Gemeinsamkeiten und Gegensätze liegen (und welche Raumwirksamkeiten auf der Ebene der Konstruktion von Wirklichkeit und Alltagsbewußtsein dies impliziert). Gleichzeitig soll mit diesem Vorgehen gezeigt werden, wie sich die philosophischen Aspekte von *Struktur* und *Subjekt* über den konkreteren soziologischen Maßstab von *Milieu* und *Lebenswelt* beschreiben lassen, wie sich ihr Spannungsfeld auf dieser Ebene reproduziert und wie sich deren scheinbare Dualität über einen dritten Aspekt, den der *Interaktion*, letztlich als Komplementarität offenbart.

---

117 Vgl. H. Joas: „Das Problem der Intersubjektivität. Neue Beiträge zum Werk George Herbert Meads", Frankfurt 1985
118 Vgl. A. Neusüss: „Wissenssoziologie", in: H. Kerber/A. Schmieder (Hg.), a.a.O., S.675
119 Vgl. P.L. Berger/B. Berger/H. Kellner: „Das Unbehagen in der Modernität", Frankfurt 1987
120 Eine umfassende Darstellung findet sich bei R. Grathoff: „Milieu und Lebenswelt", Frankfurt 1989

2.2.1 Milieu

E. Durkheim entwickelte den Begriff des „Milieus" zu einem Zentralbegriff der Soziologie. Er definiert das „innere soziale Milieu" bestehend aus Personen und Artefakten. Das aktive Element des „menschlichen Milieus" wird in seiner Theorie strukturell durch zwei Kategorien bestimmt: 1. durch das „Volumen" der Gesellschaft, beziehungsweise einer Gruppe (bezogen auf die Zahl der sozialen Einheiten) und 2. durch die „dynamische Dichte" (das heißt das Maß der Kommunikation). Das „äußere soziale Milieu", worunter er die umgebenden Gesellschaften versteht, wirkt auf die Grundbedingungen kollektiver Existenz nur in der Vermittlung durch das „innere Milieu."[121]

M. Halbwachs, ein prominenter Schüler Durkheims, denkt den Begriff des Milieus weiter. Er unterscheidet zwei Aspekte gesellschaftlichen Seins, denen sich die Mitglieder einer Gesellschaft unterordnen: 1. sind Menschen im Dienst der Gesellschaft tätig, das heißt sie bekommen bestimmte Aufgaben zugewiesen und 2. sind sie Mitglieder gesellschaftlicher Gruppen, deren Interesse auf sie selbst gerichtet ist. Diese Gruppen bezeichnet Halbwachs als „soziale Milieus", als „die Zone persönlicher Beziehungen, in der die Gesellschaft ihren Horizont nicht einschränkt, weil sie nicht mit der Erfüllung einer Funktion befaßt ist, sondern nur damit, in jedem ihrer Mitglieder das Bewußtsein seines gesellschaftlichen Ranges zu stärken, oder mit anderen Worten, in ihm das Kollektivleben zu intensivieren."[122]

P. Bourdieu definiert soziale Milieus über den Begriff des *Habitus*, den er folgendermaßen bestimmt: 1. als strukturierende, die Praxis wie deren Wahrnehmung organisierende Struktur und 2. als strukturierte Struktur. Objektiv klassifizierbare Lebensbedingungen (als strukturierende Struktur) bedingen eine Habitus, der als Erzeugungsprinzip (strukturierte Struktur) kultureller Praktiken und Symbole gilt. Die klassifizierbaren Praktiken bedingen die Konstitution sozialer Welten (als Raum von Lebensstilen) in einem System von klassifizierenden und klassifizierten Praktiken. Soziale Welten und die sie bedingenden (sowie die von ihnen bedingten) Lebensstile definieren Identitäten, die sich durch das Prinzip der Differenz bestätigen[123].

G. Schulze definiert „soziale Milieus" als große Personengruppen, „die sich durch gruppenspezifische Existenzformen und erhöhte Binnenkommunikation voneinander absetzen."[124] Mit „Existenzformen" sind Lebenssituation

---

121 Vgl. J. Feldhoff: „Milieu", in: Historisches Wörterbuch der Philosophie, Bd.5, S.1393-1395, Basel/Stuttgart 1980
122 Vgl. M. Halbwachs, a.a.O., S. 354
123 Vgl. P. Bourdieu: „Die feinen Unterschiede. Zur Kritik der gesellschaftlichen Urteilskraft", S.277ff., 5. Auflage, Frankfurt 1992
124 Vgl. G. Schulze: „Die Transformation sozialer Milieus in der Bundesrepublik Deutschland", in: P.A. Berger/S. Hradil (Hg.): „Lebenslagen, Lebensläufe, Lebensstile. Sonderband Nr.7, Soziale Welt", Göttingen 1990

(Einkommen, Bildung, Alter, Geschlecht) und mit „Subjektivität" (Wertvorstellungen, Deutungsmuster, Persönlichkeitsmerkmale) gemeint[125]. Weiteres Kennzeichen eines Milieus ist die besondere kommunikative Vernetzung und die partielle Gemeinsamkeit von Existenzformen. Dazu gehört ein gemeinsamer Umweltkontext und gemeinsame Interpretationen desselben. Die Aufmerksamkeit eines Milieus zielt 1. auf die Innenverhältnisse der jeweiligen Gruppe (Milieusemantik, spezielle Milieumerkmale, milieuindizierende Zeichen) und 2. auf ihre Außenverhältnisse (im Sinne der Interaktion, wechselseitigen Orientierung, Identitäts- und Rollenbestätigung).

2.2.2 Lebenswelt

Mit Schelers relationalem Begriff von Milieu: „Milieu ist also nur das, was ich als wirksam erlebe"[126], findet eine erste Annäherung an den Lebensweltbegriff statt, den E. Husserl (1936) im Rahmen seiner Wissenschaftskritik („Krisis der europäischen Wissenschaften") entwickelte. Zu Husserls wissenschaftstheoretischen Fragestellungen gehörte „die Aufklärung dieser Lebenswelt in ihrer allgemeinen, kulturinvarianten Struktur", das ist „der abstrakt herauszupräparierende Weltkern: die Welt der schlichten intersubjektiven Erfahrungen."[127]

Seine SchülerInnen entwickelten diese transzendental ausgerichtete Bewußtseinsphilosophie in die Richtung einer konkreten Wahrnehmungswelt („Alltagswelt") mundaner Prägung, die multiple Realitäten akzeptiert. Am Beispiel des Werkes von A. Schütz soll auf die Konkretion der Lebenswelt genauer eingegangen werden: Schütz verstand die Lebenswelt als eine Welt, wie sie in unserer vortheoretischen Erfahrung gegeben ist, wie wir sie erhandeln und erleiden. Das konkrete Hier und Jetzt gilt als das Zentrum der Lebenswelt des Subjekts. Von diesem Zentrum erstrecken sich räumliche, soziale und zeitliche Zonen, die aufgrund individueller Relevanzen geordnet sind. Schütz gliedert deren Ordnung nach den beiden folgenden Aufschichtungen: 1. Realitätsbereiche geschlossener Sinnstruktur (a. Realitätsakzent, b. Erlebnis- bzw. Erkenntnisstil, c. Phantasiewelten, d. Traumwelten), 2. Lebenswelt des Alltags (a. Erkenntnisstil der alltäglichen Lebenswelt, b. räumliche Aufschichtungen, c. Wirkzonen, d. zeitliche Struktur, e. soziale Struktur, f. Lebenslauf und seine ontologischen Grenzen, subjektive Bedingungen biographischer Artikulation und sozialer Ausformungen).

---

125 Dazu auch P.A. Berger: „Lebensstile - strukturelle oder personenbezogene Kategorie? Zum Zusammenhang von Lebensstilen und sozialer Ungleichheit", in: J. Blasius(Hg.)/J. Dangschat: „Lebensstile in den Städten. Konzepte und Methoden", S.137-149, Opladen 1994
126 Vgl. R. Grathoff (1989), a.a.O., S.415
127 Vgl. W. Fischer-Rosenthal: „Zum Konzept der subjektiven Aneignung von Gesellschaft", in: U. Flick (Hg. et al.), a.a.O., S.84

Schütz analysiert im nächsten Schritt das Wissen von der Lebenswelt nach folgenden Kategorien: 1. Wissensvorrat, 2. Relevanz und 3. Typik und stellt darauf aufbauend seine Erkenntnisse über die Konstitution subjektiven Wissens in den Rahmen seiner gesellschaftlichen Relevanz, indem er 1. die gesellschaftliche Bedingtheit subjektiven Wissens, 2. die Entstehung des gesellschaftlichen Wissensvorrats, 3. die Struktur des gesellschaftlichen Wissensvorrats und 4. die subjektiven Entsprechungen des Wissensvorrats darlegt[128]. Über die Entwicklung der Konstitution der Lebenswelt und ihres sinnhaften Aufbaus hinaus, entwickelt Schütz einen Handlungsbegriff, der Handeln und das Verstehen von Handlungen als Bewußtseinsleistung und (darüberhinaus) als gesellschaftliches Handeln begreift.

Nach Schütz entspricht der Lebenswelt ein transzendentaler Charakter; am Beispiel der menschlichen Lebenswelt zeigt er jedoch dessen Grenzen, oder mit anderen Worten: die Begrenzung der menschlichen Wahrnehmung: „Niemand glaubt, er könne nach gestern zurückkehren, niemand springt über den Berg, niemand versucht, den Mond vom Himmel herunterzuholen. Wenn der Mensch versucht, in die Haut eines anderen zu schlüpfen, scheitert er."[129]

Die Erkenntnis unserer Grenzen verweist zugleich auf die Transzendenz der Welt. Schütz verneint die Möglichkeit zur Erfahrung „außerweltlicher" Transzendenz[130], schließt jedoch Erfahrungen, die auf „innerweltlich Transzendentes" gerichtet sind, nicht aus[131]. Die Transzendierung alltagsweltlicher Grenzen gliedert Schütz nach „kleinen", „mittleren" und „großen" Transzendenzen: Als eine „kleine" Transzendenz beschreibt er, daß „der Mensch weiß, daß er das, worauf die gegenwärtige Erfahrung hinweist, schon früher einmal als es selbst erfahren hatte oder daß es ihm dem Typ nach bekannt ist."[132] Zu den „mittleren" Transzendenzen gehören die „Anderen" (also Mitmenschen, Angehörige einer Generation): hier überschneiden sich Welten unterschiedlicher Reichweite, sind jedoch nie vollständig identisch, das heißt sie transzendieren sich. Im Gegensatz zur „Grenze", die durch eine „kleine" Transzendenz überschritten wird, sind die Grenzen „mittlerer" Transzendenzen nicht überschreitbar. Dagegen kann aber, im Vergleich zu einer „großen" Transzendenz, über die Grenze hinweg auf einen Horizont geblickt werden. „Mittlere" Transzendenzen beinhalten die Möglichkeit der Erfahrung der/des Anderen als etwas Mittelbarem, „kleine" Transzendenzen enthalten die Möglichkeit der Erfahrung des Unmittelbaren. Zu den „großen" Transzen-

---

128 Vgl. A. Schütz/T. Luckmann (Hg.): „Strukturen der Lebenswelt", Bd. 1, 4. Auflage, Frankfurt 1991
129 Vgl. A. Schütz/T. Luckmann (Hg.): „Strukturen der Lebenswelt", Bd.2, S. 142f., 2. Auflage, Frankfurt 1990
130 Wenngleich er derartige Möglichkeiten mit dem Verweis auf religiöse Weltsichten nicht gänzlich bestreitet.
131 A.a.O., S.143
132 A.a.O., S.148

denzen gehören andere Wirklichkeiten, zum Beispiel der Schlaf oder der Traum. Dies sind Bereiche, in denen eine Abkehr vom alltäglichen Leben stattfindet, das Leben der alltäglichen Reichweite blendet sich für eine bestimmte Zeit aus und Alltagshandlungen können nicht vorgenommen werden, stattdessen wird geträumt.

Die Traumwelt setzt sich nach Schütz von den Alltagskonzepten der Wirklichkeit ab: „Die >Logik< des Traums ist nirgendwo die >Logik< alltäglichen Handelns. Und das Beachtenswerte an dieser anderen Wirklichkeit ist, daß jedermann in sie täglich bzw. nächtlich eintritt, indem er eine Erfahrungsgrenze überschreitet, hinter der keine gleichartige Erfahrung steht und aus der er wieder zurückkehrt, indem er wieder eine Grenze überschreitet. Im Gegensatz zu den Grenzüberschreitungen innerhalb der Alltagswirklichkeit kann er aber nur wenig mitnehmen und noch weniger herausbringen: Erinnerungen auf Hinweise und Hinweise auf Erinnerungen."[133]

Zu den weiteren „großen" Transzendenzen zählt Schütz die Abkehr vom Alltag im Wachen (Halbwachheit und Tagtraum), Ekstasen, Krisen und als letzte „große" Transzendenz den Tod; dieser zählt jedoch nicht als lebensweltliche Erfahrung, sondern (nur) durch das Wissen über ihn.

Grenzüberschreitungen dienen (auch) der Verständigung in der Lebenswelt, sie manifestieren sich über eine die Lebenswelt mitkonstituierende Bewußtseinsleistung: die Appräsentation. Anzeichen, Merkzeichen, Symbole und Zeichen bilden den semiotischen Beitrag zu Wahrnehmung und Verstehen. Als weiteren Beitrag zur Verständigung untersucht Schütz die Konstitution der Sprache in der alltäglichen Wirklichkeit, ihren Stellenwert als gesellschaftliches Bedeutungssystem, das Verhältnis von Gesellschaftsstruktur und Sprache, sowie die gesellschaftliche Verteilung von Sprache und deren subjektiven Korrelate.

H. Coenen zeigt die Vielschichtigkeit Schütz'scher Sozialontologie und die Verbindung zu Husserl, Durkheim, Merleau-Ponty (und dessen Konzept von Lebenswelt und leiblicher Existenz). Er bezeichnet die Schütz'sche Lebensweltkonzeption als eine „konstitutive Phänomenologie", da „Lebenswelt" bei Schütz folgendes meint: „das als selbstverständlich erfahrene alltägliche Wissen, dessen Inhalt jeweils von subjektiv konstruierten Interpretationen bestimmt wird. Die Welt, in der die Subjekte leben, ist nicht der Boden aller ihrer Interpretationen, sondern deren Produkt, deren Projektion."[134]

In Anschluß an Schütz thematisieren die Wissenssoziologen Berger und Luckmann Lebenswelt als „Alltagswelt" und die „gesellschaftliche Konstruktion von Wirklichkeit"[135] als dialektischen Prozeß der Synthese von 1. indivi-

---

133 A.a.O., S.165f.
134 Vgl. H. Coenen: „Diesseits von subjektivem Sinn und kollektivem Zwang. Phänomenologische Soziologie im Spannungsfeld zwischenleiblichen Verhaltens", S.87, München 1985
135 Vgl. P. Berger/T. Luckmann: „Die gesellschaftliche Konstruktion von Wirklichkeit. Eine Theorie der Wissenssoziologie", 5. Auflage, Frankfurt 1993

dueller Sinngebung und 2. kollektivem Zwang. Dazu nehmen sie eine Unterteilung nach Welt, Wissen und Wirklichkeit vor und interpretieren Wirklichkeit als „Qualität von Phänomenen (...), die ungeachtet unseres Wollens vorhanden sind" und Wissen als „die Gewißheit, daß Phänomene wirklich sind und bestimmbare Eigenschaften haben."[136] Sie bestimmen diese Alltagswelt als geordnet (in ihrer Wirklichkeit) und bereits objektiviert (durch Sprache oder geographische Positionierungen).

Wirklichkeit ordnet sich (primär) um das Hier des Körpers und das Jetzt der Gegenwart. Darüberhinaus (das heißt sekundär) existieren unterschiedliche Grade räumlicher und zeitlicher Nähe, beziehungsweise Ferne. Alltagswelt bestimmt sich zudem durch gesellschaftliche Interaktion, durch Sprache und durch Wissen[137]. Gesellschaft als „objektive" Wirklichkeit existiert über kollektiven Zwang und verkörpert sich 1. in der Institutionalisierung und 2. deren Legitimierung. Gesellschaft als „subjektive" Wirklichkeit entsteht durch 1. die Internalisierung von Wirklichkeit (primäre/sekundäre Sozialisation) und Bewahrung und Verwandlung subjektiver Wirklichkeit (zum Beispiel durch Routinisierung oder Krisenbewältigung), 2. Externalisierung und 3. Objektivation.

Geistige Vorläufer dieser Wissenssoziologie waren K. Marx, der menschliches Bewußtsein über gesellschaftliches Sein bestimmte; F. Nietzsches Theorie des „falschen Bewußtseins" und der Historismus. Während der 20er Jahre dieses Jahrhunderts diskutierten M. Scheler und K. Mannheim bereits die Regulation des Wissens als Dialektik von objektiver Faktizität und subjektiver Sinngebung. Dazu entwickelte Scheler eine Milieukonzeption auf der Grundlage „einer praktischen Welt von Dingen, die durch eine >natürliche Weltanschauung< erschlossen und als wirksam erlebt, nicht bloß theoretisch gewußt werden."[138]

J. Habermas (1981) interpretiert die Lebenswelt in der „Theorie des kommunikativen Handelns" als ein Korrelat von Verständigungsprozessen vor dem Hintergrund von Überzeugungen und einem Vorrat an Interpretationen. Dazu erweitert er den Schütz'schen Lebensweltbegriff um 1. eine dreifache symbolische Reproduktion von: a) kultureller Reproduktion, b) sozialer Integration, c) Sozialisation, 2. diese dreifache Reproduktion plus die materielle Reproduktion und 3. um die Gesellschaftsanalyse: a) aus der Binnenperspektive der Lebenswelt und b) aus der Außenperspektive des Systems. Habermas entwickelt eine kritische Gesellschaftstheorie über die Annahme einer „Entkoppelung von Lebenswelt und System" und einer „Kolonialisierung der Lebenswelt" durch das Überhandnehmen systemischer Steuerungsprozesse. Aus dieser

---

136 Vgl. P. Berger/T. Luckmann, a.a.O., S.1
137 Dazu auch Thomas Morus Akademie (Hg.): „Analyse und Interpretation der Alltagswelt. Lebensweltforschung und ihre Bedeutung für die Geographie", Bensberg 1985
138 Vgl. B. Waldenfels: „Lebenswelt", in: H. Kerber/A. Schmieder (Hg.), a.a.O., S.332f.

Perspektive entsteht seine Kritik an der sozialpathologischen Kehrseite von Rationalisierungsprozessen.

Der Begriff der Lebenswelt wird in der Biographieforschung wieder aufgegriffen, wenn es darum geht (latente und manifeste) Sinnstrukturen zu beschreiben, Sinnzusammenhänge zu dechiffrieren und Deutungs- und Handlungswelten aufzudecken. W. Fischer und M. Kohli interpretieren eine Biographie als „Bestandteil der Sozialwelt", wobei sie die wechselseitige Bezugnahme zwischen individueller, persönlicher Lebensgeschichte und allgemeiner, typischer Charakteristika einer historischen Zeit in einer bestimmten Gesellschaft betonen. Anhand der Präsenz des Leibes zeigen sie die dialektische Konstitution von Wirklichkeit als „der Alltagswelt vorgegebenen wie umgekehrt durch diese bestimmt. „Leib" als Erfahrungs- und Handlungszentrum ist rezeptiv und aktiv, steht also für die passive und aktive Strukturierung und Konstitution seines Erfahrungsfeldes."[139]

Sie verweigern eine dichotome Betrachtung innerhalb der Kategorien von „subjektiv" und „objektiv" für die Biographieforschung: „Das Problem kann nur gelöst werden, wenn der bislang konstatierten Ambiguität durch einen erweiterten dynamischen Strukturbegriff Rechnung getragen wird. Wir verstehen „Biographie" als alltagsweltliches Konstrukt, das die lebensweltliche Ambiguität vorgegebener *Regelhaftigkeit* und *Emergenz* gleichermaßen beinhaltet."[140]

In Anknüpfung an B. Hildenbrand sehen sie eine Möglichkeit in der systematischen Verknüpfung von Milieu- und Biographiestudien[141]. Weitergedacht wäre es im Rahmen einer Milieuanalyse möglich, den Einfluß allgemeiner Strukturen auf eine bestimmte Lebensgeschichte festzustellen und vice versa könnten am Beispiel des Besonderen einer individuellen Lebensgeschichte allgemeine Strukturen expliziert werden; auf diese Weise ließe sich die Wechselwirkung von Allgemeinem und Besonderem, Struktur und Subjekt zeigen.

Mit diesem Gedankengang schließe ich die Überlegungen über das Zusammenspiel von Lebenswelt und Milieu und werde jetzt versuchen eine Zusammenfassung der wichtigsten Aspekte dieses Kapitels und ihre Relevanz für die Weiterentwicklung dieser Arbeit aufzuzeigen.

---

139 Vgl. W. Fischer/M. Kohli: „Biographieforschung", in: W. Voges (Hg.): „Methoden der Biographieforschung", S.28, Opladen 1987
140 A.a.O., S.35
141 Vgl. B. Hildenbrand (et al.): „Biographiestudien im Rahmen von Milieustudien", in: M. Kohli/G. Robert (Hg.): „Biographie und soziale Wirklichkeit", Stuttgart 1984

2.3 Einsichten II

Was konnte mit diesem Kapitel gezeigt werden? Wie bringt es mich näher an die Trias von Rausch, Raum und Subjekt? Dafür gehe ich noch einmal an den Anfang dieses Abschnitts zurück: dort stand Husserls Forderung „zu den Sachen selbst" zu kommen. Dieser Ruf war Teil einer transzendentalen Erfahrungsphilosophie, die den Begriff der Erfahrung, über seine positivistische Konnotation hinaus, gebrauchte und weiterentwickelte. Seine Lebensweltkonzeption entwickelte Husserl (dabei) aus der kritischen Auseinandersetzung mit den Naturwissenschaften, die die Welt in eine subjektive und eine objektive gespalten hatten. Diese Vorstellung wird von Husserl verneint, denn er begreift Lebenswelt als transzendental, also bereits vorab gegeben, da sie die notwendige Bedingung jeder Erfahrung verkörpert. Das Problem, das sich dabei stellt, ist der Vorwurf der Intersubjektivität und des phänomenologischen Solipsismus, der keine befriedigende Lösung für das Verständnis der/ des Anderen bietet, außer über einen Analogieschluß, der auf das Konzept der Leiblichkeit rekurriert. Husserls Idealismus zufolge kann nur existieren, was prinzipiell die Möglichkeit hat, Gegenstand eines Bewußtseins zu werden[142]. Damit werden die Ressourcen (Intentionalität, Sinnhaftigkeit) der Wahrnehmung ausschließlich an das wahrnehmende Subjekt gebunden, womit meines Erachtens zwei wichtige Aspekte nicht ausreichend thematisiert werden, nämlich 1. die Situation des Dialogs zwischen (zwei) Menschen und 2. der Eigensinn von Objekten (zum Beispiel eines Raumes: Wald, Meer, etc.).

Heidegger führte erneut den Verstehensbegriff (als Grundmodus des Seins des Daseins) in die Phänomenologie ein; damit erweitert er sein metaphysisch ausgelegtes Phänomenologiekonzept um die hermeneutische Perspektive. Der Aufbruch in die faktische Existenz, der mit Husserl und Heidegger begann, manifestiert sich in Frankreich in der Wende zum Konkreten. Dabei *ist* ein Subjekt: 1. durch sein Engagement, 2. durch seine Leiblichkeit und 3. durch seine Relation zu anderen. Frankreichs PhänomenologInnen diskutieren die historische Dimension und unterscheiden zwischen Faktizität (das heißt: ich lebe durch mein Engagement als geschichtliches Wesen) und Transzendenz (das heißt: ich lebe in einer Situation und ich entwerfe mich auf eine Zukunft), es entsteht also eine existentiell geprägt Phänomenologie.

Allen drei Entwürfen ist gemein, daß sie „eine Meditation über die Erkenntnis, eine Erkenntnis der Erkenntnis" (Lyotard) reflektieren und in ihrer radikalen Besinnung auf das wahrnehmende Subjekt eine kritische Distanz zur „klassischen" Philosophie betonen. Die nationalen Unterschiede liegen darin, daß in Deutschland 1. Bewußtseinsphilosophie und Subjekttheorie, 2.

---

142 Aus kritischer Perspektive dazu H. Arendt (1948): „Was ist Existenzphilosophie?", Frankfurt 1990

Wissenschaftskritik (am positivistischen Wissenschaftsparadigma) und 3. rationales Verstehen des Vorrationalen betont wird, während in Frankreich 1. die Transformation des Cartesianischen Credos („Ich denke, also bin ich.") und 2. Engagement, Leib, der Andere, betont wird. In der Nachfolge vertieften sich diese Unterschiede zum einen durch eine unterschiedliche Heidegger-Rezeption, zum anderen durch die unterschiedlichen Vorstellungen von Rationalität.

In Frankreich entstand eine starke Philosophie um den Strukturbegriff, der im Spannungsfeld von Freiheit (Wille) und Struktur (Institution) geführt wird und im Denken der „Postmoderne" mündet. In Deutschland orientierte sich die Philosophie (hier: Hermeneutik und Kritische Theorie) am Subjektbegriff, der im Rahmen seiner Potentiale zur kritischen Reflexion, Handlungskompetenz und kommunikativer Vernunft, ein Denken der „zweiten Moderne" (M. Seel) evoziert. Beiden Theorierichtungen ist gemein, daß sie, wenngleich mit sehr unterschiedlicher Betonung, zeigen können, daß die Phänomenalität eines Phänomens nie selbst eine phänomenale Gegebenheit ist.

Im Spannungsfeld einer angenommenen Wechselwirkung von Struktur und Subjekt untersuchte ich, wie sich über den Begriff der Interaktion die angenommene Komplementarität manifestiert. Dabei zeigten sich im Rahmen einer ausführlicheren Diskussion der Begriffe Milieu und Lebenswelt weitere Annäherungen: Bourdieu zeigt Wechselwirkungen über sein Habituskonzept, Habermas über das Konzept von Lebenswelt- und Systemanalyse. Für die Biographietheorie zeigen Fischer und Kohli die Dialektik von Regelhaftigkeit und Emergenz und schlagen deshalb eine Verknüpfung von Milieu- und Biographieanalyse vor, um deren Relationen zu analysieren.

Diesem Vorgehen stimme ich zu, denn ich denke, daß auf diese Weise folgendes gezeigt werden kann: 1. kann das Subjektverständnis vor dem Hintergrund seines strukturellen Rahmens vertieft werden, wodurch auch neue Erkenntnisse über das Verhältnis von Mensch und Raum zu erwarten sind, 2. kann das Strukturverständnis über einen reflektierten „subjektiven" Hintergrund erweitert werden, was ebenfalls zu Weiterungen der Relation Mensch – Raum führen kann. Um den „schweren Sinn" (Merleau-Ponty) dieses Zusammenspiels zu fassen, bedarf es meines Erachtens einer dritten Überlegung, die darin besteht, daß es für das Sinnverstehen mehr als phänomenologisch konzipierter Ansätze bedarf, darum werde ich (zur Ergänzung) wieder auf hermeutische Interpretationen zurückgreifen.

Mein weiteres Vorgehen habe ich folgendermaßen geplant: Im ersten Schritt der empirischen Untersuchungen (Kapitel 3) folgt eine Analyse der konkreten Milieus der DrogengebraucherInnen (Junkies). Dazu gehört eine Reflexion des Verhältnisses von Struktur und Raum. Im zweiten Schritt werden Konzeptionen von Rationalität und deren Einfluß auf die Entwicklung räumlicher Strukturen diskutiert. Diese Ergebnisse sollen ihren Niederschlag in Gedanken über den Rausch finden; zum Beispiel, wie unterschiedliche

Muster von Akzeptanz beziehungsweise Nicht-Akzeptanz (Ausschluß) über Vernunftkonzeptionen entschieden werden. In diesem Zusammenhang werden „neue" Räusche (im Spannungsfeld von Moderne und Postmoderne) thematisiert. Im dritten Schritt geht es (endlich) ins Feld, wo Kontakt zu konkret Betroffenen aufgenommen wird, um von ihnen und aus ihrer Sicht über die Lebensbedingungen in der Drogenszene Informationen zu erhalten. Mit der Erkundung vor Ort soll einerseits gezeigt werden, wie Milieustrukturen auf Biographien einwirken und andererseits, wie Biographien Milieustrukturen prägen. Abschließend folgt eine kritische Reflexion des durchgeführten Vorgehens. Bevor wir nun den „konkreten" Raum, „die Sache selbst", betreten, hier noch einmal eine graphische Kurzübersicht über mein methodologisches Vorgehen:

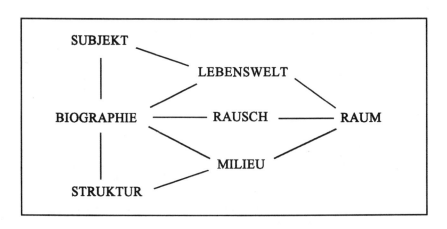

3. Diesseits von Moderne und Postmoderne

„Wenn unser Denken als Stadt Gestalt gewönne, kämen wir notwendigerweise zum Labyrinth."
F. Nietzsche

In diesem Reiseabschnitt gelange ich zu den Rauschräumen und deren NutzerInnen. Bevor ich dort jedoch lande, greife ich noch einmal auf die Einsichten (2.3) des letzten Kapitels zurück und kläre den Zusammenhang mit dem nun folgenden konkreten Feld. Im vorhergehenden Kapitel wurde das Verhältnis von Struktur und Subjekt (aus einer vorwiegend ontologisch orientierten Perspektive) besprochen. Dabei zeigte ich abschließend am Beispiel der Biographieforschung (und deren Fragestellungen) die Wechselwirkungen von Regelhaftigkeit und Emergenz, Struktur und Subjekt. Vor diesem Hintergrund will ich nun zwei Schwerpunkte, im Rahmen einer empirischen Feldstudie, setzen: der erste Teil befaßt sich mit der Vertiefung und Anwendung des Strukturbegriffs für die Explikation der Trias von Rausch, Subjekt und Raum (Kapitel 3), im zweiten Teil (Kapitel 4) geht es um die Vertiefung des Subjektbegriffs[1].

Folgende Überlegungen tragen zu dieser Strukturierung bei: Erstens gehe ich davon aus, daß jedes Subjekt in eine Vielfalt gesellschaftlicher sozialer Bindungen und (daraus resultierender) räumlicher Strukturen integriert ist, die normativ und konstituierend auf die Lebenswelt des Subjektes wirken. Darum ist eine Betrachtung dieser Milieus für das Verständnis der/des Einzelnen unerläßlich. Zweitens verfügt das Subjekt über individuelle Handlungskompetenz, trägt also zur Konstitution von Lebenswelten und Milieus in Form von deren räumlicher Ausprägung bei.

Wie sich dies im Rahmen einer biographischen Entwicklung darstellen kann, wird im nächsten Kapitel gezeigt. Ich werde also versuchen zu zeigen, wie sich die gesellschaftliche Konstruktion räumlicher und biographischer Entwicklungen 1. über Strukturmerkmale des Raumes und 2. über Strukturmerkmale von Biographie und deren lebensweltlichen Vollzug, darstellt, und behaupte, daß hier enge Korrespondenzen bestehen. Mit anderen Worten geht es um die Relation der gesellschaftlichen Vermitteltheit von Biographie und die intersubjektive Konstruktion derselben.

---

1 Dazu werde ich ein Fallbeispiel („Martin") und die von ihm erzählte Lebensgeschichte analysieren.

3.1 Struktur und Raum

Eine frühe Verwendung des Strukturbegriffs in der Soziologie findet sich in phänomenologisch, interaktionistisch orientierten Ansätzen[2], wenn dort von „kollektivem Zwang" die Rede ist. Alltägliche Wirklichkeit wird dabei (auch) über verständigungsorientiertes Handeln zwischen Subjekten konstruiert, systemfunktionale Zusammenhänge bleiben (jedoch) außen vor.

P. Alheit kritisiert an diesem Ansatz den „phänomenologischen Subjektivismus", das heißt die „Verabsolutierung einer hermetischen Binnenperspektive der Lebenswelt". Damit meint er, daß soziale Subjekte als Konstitutionszentren alltagsweltlichen Handelns in größeren sozialen Zusammenhängen gesehen werden müssen und daß ihre Interaktion abhängig ist von der historischen Entwicklung der Gesamtgesellschaft. In Übereinstimmung mit J. Habermas[3] interpretiert er die „kapitalistische Moderne" über 1. die sukzessive Entkoppelung von System und Lebenswelt und 2. die Durchdringung der Lebenswelt durch systemische Strukturen (in Formen ökonomischer und administrativer Rationalität)[4].

J. Habermas weist auf die dreifache „Fiktion", die der „hermeneutische Idealismus" der verstehenden Soziologie mit sich bringe, hin: 1. die scheinbare Autonomie der Handelnden, 2. die Unabhängigkeit der Kultur und 3. die Transparenz der Kommunikation[5], um zu zeigen, daß sich Lebenswelt nicht nur (subjektiv) biographisch konstruiert, sondern (objektive) gesellschaftliche Konstitutionsbedingungen Biographie mitkonstituieren[6].

Vor diesem theoretischen Hintergrund will ich im folgenden ersten Schritt untersuchen, wie sich räumliche Strukturen, gedacht als gesellschaftlich konstituierte Strukturen, auf biographische Entwicklungen auswirken, beziehungsweise beziehen. Erste Überlegungen dazu entstanden bereits in den frühen 30er Jahren, z.B. Graf Dürckheims „Untersuchungen zum gelebten Raum" (1932) oder E. Minkowskys „Le temps vécu" (1933). L. Binswanger (1933) und E. Strauss erarbeiteten ebenfalls zeitgleich Überlegungen zur räumlichen Verfassung des menschlichen Daseins im Rahmen psychopathologischer Studien. E. Cassirer untersuchte in der „Philosophie der symbolischen Formen" (1923-1929) die Entwicklung menschlichen Denkens, dazu auch Raum- und Zeitanschauungen in ihrem anthropozentrischen Raumbezug. G. Bachelard (1958) entwickelte eine „Poetik des Raumes" und O.F. Bollnow (1963) ver-

---

2 Zum Beispiel bei P.L.Berger/T. Luckmann; vgl. dazu Kapitel 2, Abschnitt 2.2
3 Vgl. J. Habermas (1981), a.a.O., S.229ff.
4 Vgl. P. Alheit: „Alltagsleben. Zur Bedeutung eines gesellschaftlichen >Restphänomens<", S. 38, Frankfurt/New York 1983
5 Vgl. J. Habermas (1981), a.a.O., S.224f.
6 Nach: P. Alheit/E.M. Hoerning (Hg.): „Biographisches Wissen. Beiträge zu einer Theorie lebensgeschichtlicher Erfahrung", S.12, Frankfurt/New York 1989

faßte die phänomenologische Studie „Mensch und Raum"; hier findet sich auch der erste etymologische Hinweis darauf, daß Raum durch menschliche Tätigkeit entsteht und bewußt wird [7/8].

Aus der Sicht einer kritischen Dekonstruktion entwarf M. Foucault (1976) ein Bild der Macht und Kontrolle über das Subjekt, das mit dem aufkommenden Interesse an biographischen Berichten entstand. Diese Sichtweise wurde von T.A. Markus, aus architekturhistorischer Perspektive, noch vertieft[9].

Im aktuellen Diskurs um Raumtheorien kritisiert D. Läpple deren „Befangenheit in physikalisch-geographischen Raumauffassungen"[10], wodurch eine gesellschaftswissenschaftliche Fundierung stadt- und regionalsoziologischer Forschung ausgeblendet wird[11]. Läpple versteht unter „Matrix-Raum" das Resultat menschlicher Syntheseleistungen vor dem Hintergrund gesellschaftlicher Entwicklungen und daran gekoppelter Erkenntnisinteressen. In Rückbindung an Durkheim, Halbwachs und Bourdieu entwickelt er ein Raumkonzept, das sich auf vier Hauptmerkmale stützt: 1. Raum als materiell-physisches Substrat, 2. gesellschaftliche Interaktions- und Handlungsstrukturen, 3. institutionalisiertes und normatives Regulationssystem und 4. räumliches Zeichen-, Symbol- und Repräsentationssystem[12] als abduktives Konzept. Auch hier zeigt sich die Wechselwirkung von Subjekt und Struktur durch das Verhältnis zwischen gesellschaftlichen Interaktions- und Handlungsstrukturen sowie einem institutionalisierten und normativen Regulationssystem.

In diese Richtung argumentiert auch P. Bourdieu, wenn er die Konstitution von Individuen „durch ihre Beziehung zu einem sozialen Raum oder, besser, zu Feldern als solchen" definiert[13]. Über das Konzept der Wechselwirkung physischen und sozialen Raumes entwickelt Bourdieu seine Vorstellung von „Ort", als einer 1. *absoluten* Stelle, an der etwas seinen Platz hat und 2. als einer *relationalen* Position/Stellung innerhalb einer sozialen Ordnung. Diese soziale Ordnung, das heißt deren Strukturen, schreiben sich körperlich ein; dies vollzieht sich „vermittels körperlicher Stellungen und Körperhaltungen, die durch jene in Raumstrukturen umgewandelten sozialen Strukturen organi-

---

7   Vgl. O.F. Bollnow: „Mensch und Raum", S.33, 7. Auflage, Stuttgart 1994
8   Die umfangreichste Übersicht zu Raumtheorien und Raumkonzeptionen fand ich bei A. Gosztonyi: „Der Raum. Geschichte seiner Probleme in Philosophie und Wissenschaft", Freiburg/München 1976
9   Vgl. T.A. Markus: „Buildings & Power. Freedom and Control in the Origin of Modern Building Types", London/New York 1993
10 Vgl. D. Läpple: „Thesen zu einem Konzept gesellschaftlicher Räume", in: J. Mayer (Hg.): „Die aufgeräumte Welt. Raumbilder und Raumkonzepte im Zeitalter globaler Marktwirtschaft", S.29, Loccum 1992
11 Dazu sollte allerdings festgehalten werden, daß auch in den gesellschaftswissenschaftlichen Disziplinen von weitestgehender Raumblindheit auszugehen ist.
12 Vgl. D. Läpple: „Essay über den Raum", in: H. Häußermann (Hg. et al.), a.a.O., S.196f.
13 Vgl. P. Bourdieu: „Physischer, sozialer und angeeigneter Raum", in: M. Wentz (Hg.): „Stadt-Räume", S.26, Frankfurt 1991

siert und sozial qualifiziert werden als Ausstieg oder Abstieg, Eintritt (Einschluß) oder Austritt (Ausschluß), Nähe oder Ferne."[14] Raumaneignung vollzieht sich also (auch) durch Machtbestätigung und -vollzug und ist an (soziales, kulturelles und ökonomisches) Kapital gebunden.
Eine weitere, vergleichbare, gesellschaftstheoretische Perspektive der räumlichen Entfaltung menschlicher Existenz vertritt M. Berman: „So wie Raum, Zeit und Materie die wesentlichen Qualitäten der physischen Welt abgrenzen und umfassen, so können Räumlichkeit, Zeitlichkeit und gesellschaftliches Sein als die abstrakten Dimensionen angesehen werden, die gemeinsam alle Facetten der menschlichen Existenz ausmachen. Konkreter heißt das, daß jede dieser abstrakten existentiellen Dimensionen als soziales Konstrukt lebendig wird, das die empirische Realität formt und gleichzeitig durch sie geformt wird. Daher entsteht die räumliche Ordnung der menschlichen Existenz aus der gesellschaftlichen Produktion von Raum, der Konstruktion von menschlichen Geographien, welche das Sein in der Welt sowohl reflektieren als auch gestalten."[15]

3.1.1 Exkurs zur Entwicklung von Raum und Rationalität

Im eingangs benannten Sinne werde ich nun versuchen die Geschichte von Rausch, Raum und Subjekt wieder aufzugreifen und weiterzuschreiben. Dazu knüpfe ich an die letzte Station der Zeitreise, die in der Moderne des 20. Jahrhunderts spielte, an und versuche ihre Fortschreibung. Daß eine solche Fortschreibung nicht unproblematisch ist, zeigt sich anhand folgender Fragen, die sich mir stellten:
1. Wie kann Geschichte im Sinne einer „großen Erzählung" weitererzählt werden, angesichts des von ihr produzierten Terrors und der Gewalt gegenüber ihren Subjekten[16]? W. Benjamin zeichnete schon sehr früh eine Vernunftkritik, in der er Geschichte als „eine einzige Katastrophe, die unablässig Trümmer auf Trümmer häuft"[17] charakterisiert. R. Musil spricht im „Mann ohne Eigenschaften" von der Fatalität einer vollkommenen zivilistischen Ordnung: „so behaupte ich, das ist der Kältetod, die Leichenstarre, eine Mondlandschaft, eine geometrische Epidemie!"[18]
2. Welchen Sinn kann also eine Ortsbestimmung der Gegenwart haben, wenn, angesichts der Geschichte, der Sinn selbst suspendiert scheint? J. Baudril-

---

14 A.a.O., S.27
15 Vgl. E.W. Soja: „Geschichte: Geographie: Modernität", in: M. Wentz (Hg.), a.a.O., S.75
16 Dazu D. Diner (Hg.)/S. Benhabib: „Zivilisationsbruch. Denken nach Auschwitz", Frankfurt 1988
17 Vgl. W. Benjamin: „Über den Begriff der Geschichte", in: R. Tiedemann (Hg.)/H. Schweppenhäuser: „Gesammelte Schriften. Bd.2", S.697f., Frankfurt 1980
18 Vgl. R. Musil: „Der Mann ohne Eigenschaften", S.464, Hamburg 1952

lard[19] konstatiert im Sinne des Posthistoire eine Entfernung aus der Ära der Geschichte in die der Simulation und fragt: Wenn Geschichte der Ort der Entfremdung ist, wäre das Ende der Entfremdung nicht auch das Ende der Geschichte? Und wenn Geschichte eine immense Simulation bedeutet (im Sinne einer linearen Zeitvorstellung und deren Prinzip von Ursache und Wirkung), wäre dies dann nicht auch die Zeit ihres eschatologischen, teleologischen Endes (und damit des Endes historischer Vernunft überhaupt)?

3. Ist zu fragen, inwieweit es überhaupt einen Sinn ergibt, eine Periodisierung der kulturellen Geschichte nach Moderne beziehungsweise Postmoderne vorzunehmen? Denn ist es überhaupt möglich, die Totalität des Lebens in einer *zeitlichen* Sinneinheit zu erfassen?

Desweiteren gehört an diese Stelle ein Hinweis auf den inflationären und unreflektierten Gebrauch beider Begriffe (Moderne/Postmoderne), den W. Welsch am Beispiel „Postmoderne" folgendermaßen karikiert: „Man kreuze Libido und Ökonomie, Digitalität und Kynismus, vergesse Esoterik und Simulation nicht und gebe auch noch etwas New Age und Apokalypse hinzu – schon ist der postmoderne Hit fertig."[20/21]

Eine ernsthafte(re) Auseinandersetzung mit erkenntnistheoretischen Grundlagen, Unterschieden und aktuellen Positionen moderner und postmoderner PhilosophInnen betreibt A. Wellmer, der auf drei Formen von Vernunft- und Subjektkritik, die in der Auseinandersetzung um Moderne und Postmoderne von Bedeutung sind, verweist:

1. die psychologische Kritik des Subjektes und seiner Vernunft. Die Vorstufe dieser Kritik findet sich bei S. Freud und seiner Entdeckung des Anderen der Vernunft im Inneren des Subjekts, das heißt der Entdeckung libidinöser Kräfte,
2. die Kritik der „instrumentellen" oder „identitätslogischen" Vernunft (sprich: Nietzsche, Adorno/Horkheimer, französische NeostrukturalistInnen),
3. die sprachphilosophische Kritik des sinn-konstitutiven Subjekts (Wittgenstein und Derrida), das heißt „die philosophische Destruktion rationalistischer Konzeptionen des Subjekts und der Sprache; insbesondere (...) die Dekonstruktion der Vorstellung, das Subjekt mit seinen Erlebnissen und Intentionen *sei die* Quelle sprachlicher Bedeutungen."[22]

---

19 In: D. Kamper: „Nach der Moderne. Umrisse einer Ästhetik des Posthistoire", in: W. Welsch (Hg.): „Wege aus der Moderne. Schlüsseltexte der Postmoderne-Diskussion", S.164, Weinheim 1988
20 Vgl. W. Welsch: „Unsere postmoderne Moderne", S.2, 4. Auflage, Berlin 1993
21 Eine vergleichbar kritische Sicht findet sich bei K. Laermann: „Lacancan und Derridada. Über die Frankolatrie in den Kulturwissenschaften", S.34-43, in: Kursbuch 84, Berlin 1986
22 Vgl. A. Wellmer (1985), a.a.O., S.70ff.

Differenzen zwischen moderner und postmoderner Philosophie wurzeln (demnach) in den verschiedenen Akzentuierungen ihrer Vernunftbegriffe. So entwickelte Habermas, als Vertreter sogenannter „moderner" Philosophie, einen konsenstheoretischen Vernunftbegriff, aus der Einsicht in die sprachliche Intersubjektivität sozialen Handelns[23], während Lyotard, als Vertreter einer „postmodernen" Philosophie, aus der Annahme der Irreduzibilität des Pluralismus der Sprachspiele einen pluralistischen, punktualistischen Vernunftbegriff erarbeitete[24].

Lyotard betrachtet eine Periodisierung der Geschichte in Moderne und Postmoderne in dem Sinne als verfehlt, als er die Postmoderne bereits in der Moderne enthalten sieht: „die Postmoderne ist schon in der Moderne impliziert, weil die Moderne – die moderne Temporalität – in sich einen Antrieb erhält, sich selbst im Hinblick auf einen von ihr unterschiedenen Zustand zu überschreiten. Und mehr als das: sich sogar in eine Art letzte Stabilität aufzulösen, nach der z.B. das utopische Projekt strebt, aber ebenso das einfache politische Projekt, das in den großen Emanzipationserzählungen enthalten ist. Die Moderne geht konstitutiv und andauernd mit ihrer Postmoderne schwanger."[25]

Demnach kann, sowohl aus „modernen" als auch „postmodernen" Positionen heraus, konstruktiv philosophiert werden. Mit der Eröffnung dieser Möglichkeit, denke ich, daß es möglich ist, Geschichte weiterzuschreiben, allerdings ist dann (dabei) auf die besondere Entwicklungsdynamik historischer Prozesse einzugehen, das heißt Brüchen und Differenzen ist besondere Aufmerksamkeit zu widmen[26/27]. Weiterhin sehe ich in der reflektierten Weiterschreibung der Geschichte eine Chance ein überkommenes Konzept von Geschichtlichkeit (hier beziehe ich mich auf dessen lineare Zeit-Raum-Darstellung) zu transzendieren, wenn unter Einbezug kritischer Alternativen erkenntnistheoretischer Art handlungstheoretische und handlungsorientierte Perspektiven entwickelt werden könnten, die sowohl moderne als auch postmoderne Vernunftkonzeptionen beinhalten würden. Diese handlungstheoretische Erweiterung der Geschichtskonzeption könnte sowohl Habermasens Konzept „kommunikativer Vernunft" einbeziehen als auch Lyotards „pluralistische Sprachspiele"[28].

---

23 Vgl. J. Habermas: „Theorie des kommunikativen Handelns", 2 Bde., Frankfurt 1995 und ders.: „Vorstudien und Ergänzungen zur Theorie des kommunikativen Handelns", Frankfurt 1995
24 Vgl. J.-F. Lyotard: „Der Widerstreit", München 1987
25 Vgl. J.-F. Lyotard: „Die Moderne redigieren", in: W. Welsch (1988), a.a.O., S.205
26 Vgl. z.B. W. Welschs transversales Vernunftkonzept; in ders.: „Vernunft. Die zeitgenössische Vernunftkritik und das Konzept der transversalen Vernunft", S.613ff., Frankfurt 1996
27 Dazu auch K.-O. Apel (Hg.)/M. Kettner: „Die eine Vernunft und die vielen Rationalitäten", Frankfurt 1996
28 Erste Überlegungen zu einem solchen Konzept und dessen Bedeutung für ein neues Verständnis von „Raum" werde ich in Kapitel 5 in Form einer systematischen Perspektiven-Triangulation vorlegen.

Entscheidend wäre nach meiner Ansicht, über die Fortschreibung erkenntnistheoretischer Positionen hinaus, die Entwicklung von (aus diesen Positionen und deren Implikationen) abgeleiteten Handlungsperspektiven, die reflektiertes Handeln fördern könnten, auch/oder vor allem im Sinne einer kritisch und kommunikativ ausgerichteten Raumplanung, die, anstelle technokratischen ExpertInnentums, interdisziplinär und zivil, Bezug nimmt auf die Belange der betroffenen BürgerInnen[29]. Im Hinblick auf mein Thema (der Rauschräume und ihrer BewohnerInnen) wären dabei folgende Fragestellungen denkbar:

1. Wie kann mit heterogenen Denk- und Lebensformen (unter Beibehaltung ihrer Akzeptanz) demokratisch umgegangen werden?
2. Wie kann (soziale) Gerechtigkeit unter Aufrechterhaltung des Differenzprinzips verwirklicht werden?
3. Von welcher Gleichheit muß ausgegangen werden, damit ein angestrebter Konsens die gleichzeitige Anerkennung der/des Anderen nicht verletzt?

Auf diese Fragen werde ich im Laufe der Arbeit noch vertieft zu schreiben kommen (Kapitel 5). Doch bevor das geschieht, möchte ich noch einmal kurz die bislang geschilderten Perspektiven und Argumentationsstränge zusammenfassen: Im ersten Schritt (Kapitel 1 und 2) geht es mir um die Entwicklung einer Perspektive des Verstehens, dazu gehört 1. der erkenntnistheoretische Aspekt (Hermeneutik und Phänomenologie) und 2. dessen methodologische Umsetzung.

Ich fasse hier Erkenntnis und Methode in einem Schritt zusammen, da mein jeweiliges Erkenntnisinteresse die Wahl der Methode bestimmt. Mit dem erarbeiteten Wissen reise ich nun in mein eigentliches Untersuchungsfeld. In einem Zwischenschnitt knüpfe ich an die bereits erzählte Geschichte von Rausch, Raum und Subjekt an und verfolge diese bis in die aktuellen Räume und zu deren NutzerInnen. Aus der Verknüpfung des Gewußten mit dem Neuen, also dem Untersuchungsfeld, kann ich dann in einem zweiten Schritt weitere Lesarten aufwerfen, womit ich zur zweiten Perspektive, nämlich der des Handelns (Kapitel 5) komme. Doch vorerst soll die Geschichte wieder aufgegriffen und bis in die aktuellen Räume hineingeschrieben werden.

---

29 Dazu auch P. Alheit: „Zivile Kultur. Verlust und Wiederaneignung der Moderne", Frankfurt 1994

3.2 Räume zwischen Moderne und Postmoderne

Der zeitliche Schnitt, mit dem dieser Abschnitt beginnt, liegt in der Mitte der Siebziger Jahre[30], von dort verfolge ich die weitere Entwicklung bis in die Neunziger Jahre. Im ersten Abschnitt werden allgemeine Veränderungen im Verhältnis von Stadt- und Sozialstrukturen diskutiert[31]. Anschließend analysiere ich die neuen Rauschzustände und Rauschsubstanzen und untersuche deren Verhältnis zum Raum und dessen NutzerInnen. Die damit einhergehende Feldstudie bezieht sich auf die Dortmunder Drogenszene, die mir durch jahrelanges berufliches Engagement in der Drogenberatung bestens vertraut ist[32]. Weiterhin zeige ich Maßnahmen kommunaler Drogenpolitik und deren räumliche Wirkungen auf, als repressive Eingriffe in das Leben von Szeneangehörigen, die von dieser Politik betroffen sind[33].

So wenig es möglich war von „dem" 19. Jahrhundert zu sprechen, oder „der" Moderne, kann jetzt, wie bereits dargelegt, in einer Dichotomie von Moderne versus Postmoderne gesprochen werden. Zu viele Überschneidungen, Entwicklungen, die sich gegenseitig einholen, ineinander verstrickt sind, zu viele offene Fragen, als daß eine eindeutige Zuordnung möglich und/oder gewünscht wäre.

Aufgrund der zunehmenden Komplexität städtischer Strukturen und regionaler Differenzen, will ich daher versuchen, in bildhaften Annäherungen einige wesentliche Kennzeichen dieser Räume zwischen Moderne und Postmoderne, die ich fortan (Post)moderne nennen werde, darzustellen.

Vorweg gehört ein Verweis auf den Übergang von fordistischen zu postfordistischen gesellschaftlichen Strukturen: Bis Mitte der Siebziger Jahre wurden Raum- und Sozialstrukturen vom Fordismus geprägt, der durch folgende Hauptmerkmale gekennzeichnet war: 1. Taylorisierung und Mechanisierung, 2. Polarisierung von Qualifikation und Verantwortung, 3. Massenkonsum, 4. Institutionalisierung, 5. Sozialgesetzgebung, Tarifautonomie und Herausbildung eines Wohlfahrtsstaates. In ihrer räumlichen Reflektion führten diese Merkmale zur funktionalen Hierarchie der Quartiere einer Stadt und zu einer Hierarchisierung der Städte untereinander. Auf das inhärente Kon-

---

30 Dies ist auch der ungefähre zeitliche Beginn der Diskurse um die sogenannte Postmoderne in Philosophie und Soziologie. Zur Genealogie des Begriffs „Postmoderne"; vgl. W. Welsch (1988), a.a.O., S.1-43 und ders. (1993), a.a.O., S.9-43
31 Zum Beispiel die Mehrfachkodierung von Räumen und die Ausdifferenzierung funktionaler und fiktionaler Räume.
32 Meine Untersuchung bezieht sich in erster Linie auf die „Szene" der KonsumentInnen illegaler Drogen (sprich: Opiate, Kokain, Cannabis-Produkte). Substanzen also, die unter das BetäubungsmittelGesetz fallen.
33 Mit „Szene" meine ich das Drogenmilieu (speziell der FixerInnen) und dessen sozial-räumliche Strukturen.

fliktpotential der Funktionalisierung von Räumen und der mit ihnen verbundenen Nutzungen im Sinne der Modernisierung bin ich an anderer Stelle[34] bereits eingegangen[35]. Die sich anschließende Krise des Fordismus sieht A. Lipietz 1. als Krise des Taylorismus selbst und 2. in der tayloristischen „Rigidität"[36].

M. Rodenstein verweist in diesem Zusammenhang auf technische Innovationen (insbesondere in der Mikroelektronik) und neue Produktionskonzepte (zum Beispiel just-in-time), die den Übergang zum Neofordismus einläuteten[37]. Kennzeichnend für den Neofordismus ist 1. die Flexibilisierung (von Wirtschaftseinheiten, Kapital und Arbeit) und 2. die Erschließung der „Ressource Information" (zum Beispiel über just-in-time, das heißt der Nachfrage angepaßte Produktion, aber auch neue Produktionskonzepte wie Arbeit in Kleingruppen)[38].

Welche raumstrukturellen Konsequenzen sind mit diesen Entwicklungen verbunden[39]? 1. die neuen Wachstumsbranchen siedeln nicht in allen Städten an, 2. neue Bereiche (zum Beispiel Forschung und Entwicklung, Dienstleistungssektor) präferieren Standorte in der Stadtmitte, 3. bei einer Häufung von Wachstumsbranchen kommt es zu erheblichen Bodenpreissteigerungen, die, bei gleichzeitig reduziertem Sozialen Wohnungsbau, zu neuer Wohnungsnot führen. Gleichzeitig ist von sehr unterschiedlichen ökonomischen Ausgangssituationen in den Großstädten auszugehen, die sich zwischen starkem Wachstumsdruck und Stagnation bewegen.

Der Expansionsdruck erfolgreicher Unternehmen führt zu Bodenwertsteigerungen, die wiederum Spekulation, Modernisierung und Umwandlung (von Miet- in Eigentumswohnungen) beschleunigen. Parallel zu diesen Prozessen vollzieht sich eine räumliche Segregation, die einkommensschwache und sozial benachteiligte BewohnerInnen aus den Innenstädten verdrängt[40]; zum einen durch Wirtschaftsunternehmen, zum anderen durch finanzstärkere Bevölkerungsschichten.

Die Krise des Fordismus, beziehungsweise Postfordismus, reflektiert sich auch in der baulichen Umgestaltung der Städte. Dabei sind zwei Tendenzen seit Anfang der Achtziger Jahre hervorzuheben: 1. die ökologische Stadterneuerung und 2. der sogenannte postmoderne Städtebau.

---

34 Vgl. die Abschnitte 1.2.3 und 1.2.4 in dieser Arbeit.
35 Dazu auch J. Dangschat: „Segregation - Lebensstile im Konflikt, soziale Ungleichheiten und räumliche Disparitäten", in: J. Blasius (Hg.)/J. Dangschat, a.a.O., S.426-445
36 Vgl. A. Lipietz: „Zur Zukunft der städtischen Ökologie. Ein regulationstheoretischer Beitrag", in: M. Wentz (Hg.), a.a.O., S.129-136
37 Vgl. M. Rodenstein (1992), a.a.O., S.60f.
38 Dazu auch D. Harvey: „Die Postmoderne und die Verdichtung von Raum und Zeit", in: A. Kuhlmann (Hg.): „Philosophische Ansichten der Kultur der Moderne", S.48-78, Frankfurt 1994; sowie ders.: „Geld, Zeit, Raum und die Stadt", in: M. Wentz (Hg.), a.a.O., S.149-168
39 Vgl. z.B. I. Helbrecht: „Gestaltbarkeit und Stadtmarketing", Basel 1993
40 Vgl. dazu A. Schoen (Hg.): „Die Janusgesichter des Booms", Frankfurt 1989

Die ökologische Stadterneuerung entstand aus der erneuten Thematisierung von Stadt und Gesundheit im Zuge der Umweltschutzpolitik zu Beginn der Siebziger Jahre. Die Ökologie, als vernetzte Betrachtungsweise, nahm, in einer Entwicklung über die Landschaftsplanung, Einzug in die Stadtplanung. Ökologische Stadterneuerung im Sinne humanökologischer Orientierung entstand vor dem Hintergrund eines naturwissenschaftlichen Ansatzes[41]. Mit wachsendem Körper- und Gesundheitsbewußtsein entstand zudem auch ein neues Interesse an einer gesunden Wohnumwelt. Biologisches Bauen und Wohnen, Wohnumfeldverbesserung und die Verbesserung nachbarschaftlicher Kontakte standen auf dem Programm städtischer Erneuerungs- und Umgestaltungsprogramme. Dabei wurde erstmalig auch der Versuch unternommen, die BewohnerInnen mit ihren Ideen in die Planungen einzubeziehen[42].

Neben der ökologischen Stadterneuerung, die vor allem ökologische und soziale Schwerpunkte setzte, entwickelte sich der postmoderne Städtebau, der gestalterisch neue Maßstäbe setzen will. Sein Mittel ist die Collage. Mit Hilfe der Collage sollen die verlorengegangenen Utopien der Moderne, beziehungsweise ihre gescheiterten Versuche und der damit verbundene Verlust von Zeit und Geschichte, in einer Stadt als „Ort der wiedergefundenen Zeit" (J.P. Kleihus) realisiert werden. Die Collage bricht weder mit Traditionen, noch wertet sie ab; sie bewegt sich zwischen Vergangenheit und Utopie, sie bedient sich der Zeit als Zitat[43].

Im Rahmen der kritischen Rekonstruktion der Stadt verweist M. Rodenstein auf drei Grundtypen postmoderner Bezugnahme auf die Geschichte: 1. Rekonstruktion des Einzigartigen, 2. bewußte Verfremdung des Vergangenen, 3. Kontradiktion des Vergangenen[44]. Kritische Rekonstruktion? Die Ideologie von „der Stadt als Satz" enttarnt M. Rodenstein als Phrase: „Der postmoderne Städtebau – bildungsbürgerlich und patriarchalisch – erhält seine Realisierungschancen neben öffentlichen Aufträgen oft als Folge neuer Expansions- und Selbstdarstellungszwänge großer Firmen (...) Der postmoderne Städtebau strukturiert für die expandierenden und kapitalkräftigen Unternehmen und deren Angestellte nicht nur Räume, sondern scheint auch neues städtisches Territorium dazu zu erobern. Er setzt wachsende gesellschaftliche Macht in die Beherrschung neuen städtischen Raums um."[45]

(Post)moderner Raum reflektiert (auch) dem Neofordismus inhärente Strukturen von Macht und Gewalt, was sich am Beispiel der Realisierung von

---

41 Vgl. H. Sukopp: „Ökosystem Stadt", in: Mittlere Landesanstalt f. Ökologie (Hg.): „Landschaftsentwicklung und Forstplanung Nordrhein-Westfalen", Düsseldorf 1980
42 Vgl. K. Selle (Hg.): „Mit den Bewohnern die Stadt erneuern. Der Beitrag intermediärer Organisationen zur Entwicklung städtischer Quartiere", Bd. 1, Dortmund 1991
43 Zur Kritik an postmoderner Geschichtsauffassung; vgl. B. Schmidt: „Postmoderne - Strategien des Vergessens", Darmstadt 1986
44 Vgl. M. Rodenstein (1992), a.a.O., S.64
45 A.a.O., S.65

Städtebaukonzepten (postmodern versus ökologisch) darstellen läßt und eine Verschiebung gesellschaftlicher Kräfte impliziert. Dabei definiert der Platz, den Subjekte im Raum einzunehmen vermögen, auch deren gesellschaftliche Stellung (und umgekehrt). Die daran gekoppelte jeweilige Möglichkeit zur Aneignung von Raum bestimmt im großen Maße Sinnbildungs- und Identitätsfindungsprozesse; mit Bourdieu gesprochen geht es um „die körperliche Einschreibung der Strukturen der sozialen Ordnung."[46] Diese „Einschreibungen" städtischer Strukturen wirken in bislang unterschätztem Maße auf die Ausgestaltung und Entwicklung individueller Biographien und Lebensentwürfe.

3.2.1 Die gewalttätige Stadt

Die „körperliche Einschreibung" sozialer Ordnung kann für Menschen, die von dieser Ordnung abweichen, beziehungsweise aus ihr ausgeschieden werden, durchaus disziplinarische Züge annehmen[47]. K.D. Keim definiert in seiner Analyse städtischer Gewaltformen „Gewalt als Struktureigentümlichkeit von Urbanisierung"[48]. Mit der Verfügungsgewalt über gesellschaftlichen Raum (zum Beispiel Eigentumsrechte oder Ordnungsgewalt) werden gesellschaftliche Machtverhältnisse festgeschrieben, die Gewaltverhältnisse legitimieren. Verbunden ist damit eine Gewalttätigkeit, die von der physischen Gewalt, über Festhalten, Schädigen bis zu Zerstören und Verdrängen reicht. Nach Keim werden in der Stadt verschiedene Formen von Gewalt praktiziert:

1. kriminelle Gewalt (Erwerbsgewalt, Zerstörungsgewalt, etc.),
2. nicht-kriminelle Gewalt (Gesundheitsschädigung, Verdrängung, unmittelbarer Zwang durch Polizei),
3. „verdeckte" Gewalt (Gewalt als drohendes Handlungspotential von Institutionen).

Keims Definition „nicht-krimineller" Gewalt (also „Gesundheitsschädigungen, Verdrängung und Polizeigewalt", die sich im Widerspruch zu den verfassungsrechtlichen Garantien der Menschenwürde, des Rechts auf körperliche Unversehrtheit, etc. befinden, aber durch das staatliche Gewaltmonopol legitimiert werden) mündet in einer Definition von „stadtstruktureller Gewalt", die dann vorliegt, „wenn durch Nutzungsarten oder Nutzungswandel unmittelbar gesundheitsschädigende oder verdrängende Wirkungen hervorgerufen werden."[49]

---

46 Vgl. P. Bourdieu (1991), a.a.O., S.27
47 Vgl. die frühe und inzwischen klassische Studie M. Foucaults: „Wahnsinn und Gesellschaft", Frankfurt 1969
48 Vgl. K.D. Keim (1985), a.a.O., S.12
49 A.a.O., S.24

Stadtstrukturelle Gewalt kann zwar nicht als originäre Struktureigentümlichkeit (post)modernen Städtebaus gesehen werden, denn ihre Tradition reicht weit in die Anfänge neuzeitlicher Stadtplanung zurück, doch wird sie in der (Post)moderne fortgeführt, wenn zum Beispiel Unternehmen alteingesesse StadtbewohnerInnen verdrängen oder durch monofunktionale Nutzungsbestimmungen die weitere Verödung der Innenstädte vorangetrieben wird.

3.2.2 Die „saubere" Stadt

Ein weiterer Aspekt (post)modernen Städtebaus ist seine Verquickung mit der Vorstellung von einer gesäuberten, aufgeräumten Stadt. Sichtbar bleibt, was nach kapitalistisch-patriarchalen Ansprüchen beliebt; StadtplanerInnen inszenieren gelungene Scheinwelten: die „Kostümierung geliehener Identitäten" (Habermas), die „Orte des Als ob" (Posener), die „Stadt aus der Theaterwerkstatt" (Durth). „Postmodernismus und der Hang zur städtischen Sauberkeit korrespondieren miteinander. Beide heucheln. Die schönen Kulissen verbergen so manche Korruption, die hinter ihnen steckt, Scheinwelten; >Persilmentalität< verdeckt die Unfähigkeit zur Gemeinschaft und >reinigt< die Mehrheitskultur und das öffentliche Gewissen von Ausländern, Prostituierten, Pennern, avantgardistischen Künstlern und Drogenabhängigen."[50]

Weniger die Dichotomisierung von Privatheit und Öffentlichkeit, als das Entstehen von sichtbarer und unsichtbarer Stadt scheint mir kennzeichnend für (post)moderne Realitäten. Sichtbar sind die glänzenden Fassaden konsum- und leistungsorientierter Cities, die ihr Wachstum mit neuem Selbstbewußtsein präsentieren. Im Schatten (post)moderner Sichtbarkeit lebt die unsichtbare Stadt (und deren „Leichen"). Hier findet statt, was noch nicht verplant, funktionalisiert und benannt wurde, wenn man diese blinden Flecken im Stadtbild als Freiräume betrachten will; hier findet aber auch genau das statt, was längst verplant, funktionalisiert und benannt wurde, wenn man diese Räume als offene Gefängnisse versteht. Am Beispiel der Biographie des Junkies „Martin" werde ich im nächsten Kapitel zeigen, was es für Betroffene bedeutet, wenn sie in diese sichtbare Unsichtbarkeit gedrängt werden.

Sichtbare und unsichtbare Stadtwelten scheinen weite Teile des städtischen Raumes zu belegen, ihr virtueller Charakter verleiht den Cities eine Aura des Scheinhaften, Transitorischen, was die genannte Künstlichkeit noch verstärkt[51]. Doch ist diese Virtualität nicht möglicherweise gewollt, bewußt inszeniert, um von den Schatten der Stadt, dem Anderen, abzulenken?

---

50 Vgl. L. Reisch: „Stadt und Öffentlichkeit", in: V. Hauff (Hg.): „Stadt und Lebensstil. Thema: Stadtkultur", S.29, Weinheim/Basel 1988
51 Zur Virtualität städtischer Räume; vgl. (aus positiver Sicht) V. Flusser: „Raum und Zeit aus städtischer Sicht", in: M. Wentz (Hg.), a.a.O., S.19-24; sowie (mit negativem Blick) P. Virilio: „Der negative Horizont. Bewegung- Geschwindigkeit - Beschleunigung", Frankfurt 1995

3.2.3 Die „unwirkliche" Stadt

(Post)moderne Räume sind konkret und abstrakt zugleich. In ihnen manifestieren sich eine Unzahl sozialer Prozesse in verdichteter Form als Raum: „Alle gesellschaftlichen Praktiken sind stoffliche Prozesse. Sich fortpflanzen, arbeiten, essen, sich zerstreuen, lernen, sich bilden, spielen, schöpferisch tätig sein, sich streiten, lehren, zuhören, sich lieben, sich bekriegen (...) all dies sind stoffliche Prozesse und haben als solche eine räumliche Dimension. Sie erfolgen nicht >in< einem Raum: Sie sind der Raum, sie weben ihren Raum, zumindest den menschlichen Raum, den der menschlichen Geographie und auf alle Fälle den städtischen Raum."[52]

Dadurch, daß alle soziale Praxis, alles Handeln, hochgradig komplex und stofflich ist, wird es zu Raum, beziehungsweise Raum ist verdichtetes Handeln. Raum wird dadurch greifbar, sinnlich wahrnehmbar, wirklich. Die andere Seite seiner Wirklichkeit kennzeichnet sich durch den Grad ihrer Abstraktion: Moderne Technologien (zum Beispiel Mikroelektronik) führen zur Erweiterung von Informationspotentialen und zu einer Abstraktion von räumlichen Strukturen[53], die M. Castells als die „informatisierte Stadt" bezeichnet.

Techniken der Informatisierung beziehen sich zum Beispiel auf den Geldverkehr, die Zeit, den städtischen Raum. Wer zum Beispiel einmal bewußt mit Scheckkarte seine Rechnungen begleicht, erfährt am eigenen Leibe die Immaterialität dieser Informatisiertheit und die Entmaterialisierung der Körper- und Dingwelt mit dem gleichzeitigen Gefühl des „anything goes", das die Beziehung von Konkretion und Abstraktion so lebendig beschreibt[54].

Zu den weiteren Kennzeichen von Räumen, diesseits von Moderne und Postmoderne, gehört 1. die „Pluralisierung der Lebensstile" (U. Beck) und 2. die Individualisierung ihrer BewohnerInnen. Beide Merkmale tragen zur Entwicklung (post)moderner Strukturen bei, und umgekehrt verstärkt die städtische (Post)moderne die neuen Lebensstile und -entwürfe. Produkte dieses sozialen Wandels sind unter anderem veränderte Wohn- und Freizeitbedürfnisse[55], in deren Folge auch neue Formen von Konsum und Genuß entstehen, auf die ich jetzt eingehen werde.

---

52 Vgl. A. Lipietz, a.a.O., S.130f.
53 Vgl. P. Weibel: „Die virtuelle Stadt im telematischen Raum. Leben im Netz und in Online-Welten", in: G. Fuchs/B. Moltmann/W. Prigge (Hg.): „Mythos Metropole", S.209-227, Frankfurt 1995 und T. Großklaus: „Medien - Zeit. Medien - Raum. Zum Wandel der raumzeitlichen Wahrnehmung in der Moderne", Frankfurt 1995
54 Über das Verhältnis von „konkreten" und „abstrakten" Räumen; vgl. auch M. Augé: „Orte und Nicht-Orte. Vorüberlegungen zu einer Ethnologie der Einsamkeit", Frankfurt 1994
55 Vgl. G. Schulze: „Die Erlebnisgesellschaft. Eine Kultursoziologie der Gegenwart", 4. Auflage, Frankfurt/New York 1993

3.3 Räusche zwischen Moderne und Postmoderne

Neben der Pluralisierung und Individualisierung von Lebensentwürfen und -stilen ist eine Tendenz zur Enttraditionalisierung zu bemerken, die sich auf Veränderungen in der deutschen Eß- und Trinkkultur bezieht. Der traditionell hohe Normierungsgrad heimischer Produkte und Rezepte („Rheinischer Sauerbraten", „Erdinger Weißbier", „Königsberger Klopse", etc.) verlor durch die Internationalisierung der Märkte, Veränderungen in der Lebensmitteltechnologie und durch die Migrationsschübe mit Beginn der Siebziger Jahre an Gewicht und es entstand ein diversifiziertes Nahrungsangebot[56].

Pizza, Gyros, Döner, Artischocken, Kiwis, Litschis eroberten deutsche Märkte und Mägen. Mit Ouzo, Retsina, Metaxa usw. wurde das Angebot an Alkoholika erweitert und Cannabis-Produkte, Party-Drogen, Speed, LSD, Kokain und Heroin gibt es mittlerweile in jeder größeren Stadt auf dem (illegalen) Drogenmarkt zu kaufen. Das „Recht auf Genuß" und die freie Wahl der bevorzugten Nahrungs- und Genußmittel scheint gesellschaftlicher Konsens zu sein.

Dennoch ist (selbst) der Konsum von Alkohol, einem anerkannten Rauschmittel, von einer hohen gesellschaftlichen Ambivalenz geprägt. Einerseits besteht ein großes und extrem spezialisiertes Angebot, das aber andererseits nur unter Beachtung kulturell akzeptierter Verhaltensnormen ausgeschöpft werden darf (oder eben auch nicht!); wer übermäßig und unter Mißachtung bürgerlicher Normen trinkt, erfährt schnell die Grenzen gesellschaftlicher Liberalität. Auch beim Tabakkonsum ist eine ansteigende Rigidisierung festzustellen, die sich in zunehmenden Rauchverboten (in öffentlichen Räumen) manifestiert.

3.3.1 Die Bedeutung illegaler Drogen

Die große Ausnahme vom „Recht auf Genuß" bilden die illegalen Drogen, deren privater Erwerb und Konsum durch das Betäubungsmittelgesetz nicht nur verboten, sondern unter Strafe gestellt ist. Das Verbot dieser Drogen hat zur Folge, daß es, anders als bei Tabak und Alkohol: 1. keine Qualitätskontrolle, 2. keine Preiskontrolle, 3. keine VerbraucherInnenaufklärung, 4. kei-

---

56 M. Horx zeigt in seinem Essay: „Voll im Trend", Zeitmagazin Nr.50, 9.12.1994, S.40-45, Frankfurt 1994, die Entwicklung deutscher Trinkkultur von der biederen Erdbeerbowle im Nachkriegsdeutschland, über Lambrusco- und Chiantiorgien in den späten 60ern, Pils,- Guiness- und Altbier-Kampftrinkgelage der 70er, Champagnerkick als life style der 80er und Mineralwasser in Designerflaschen der 90er Jahre. Vorläufiger Endpunkt (und Niedergang) dieser Entwicklungen: die neuen „energy drinks" der Jugendlichen.

nen KonsumentInnenschutz, gibt[57]. Eine erste verfassungsrechtliche Überprüfung des Drogen (hier: Cannabis)verbots im März 1992 löste die bundesweite „Recht auf Rausch-Debatte" aus. Dabei wurde unter Berufung auf Artikel 2 des Grundgesetzes („Recht auf freie Entfaltung der Persönlichkeit") diskutiert, ob dieses Recht auch das Recht auf Selbstschädigung einschließt (denn Rauchen, Trinken und Suizid werden straffrei behandelt).

Anfang 1994 novellierte das Bundesverfassungsgericht Karlsruhe das bisherige Drogen(straf)recht in der Weise, daß anstelle des Legalitätsprinzip, das eine prinzipielle Verfolgung jeder strafbaren Handlung vorsieht, das Opportunitätsprinzip zur Anwendung gelangt, wodurch Strafverfolgung in das Ermessen der jeweiligen Strafverfolgungsbehörde gestellt wird, was bedeutet, daß zum Beispiel der Besitz einer geringen Menge „weicher" Drogen nicht unbedingt strafrechtliche Konsequenzen mit sich bringt[58]. Die Folgen der bislang praktizierten Prohibition sind vielfältig und umfassen folgende Schwerpunkte: 1. Auswirkungen auf die KonsumentInnen, 2. Auswirkungen auf das Gesundheitssystem, 3. Auswirkungen auf den Raum[59].

Auswirkungen auf die KonsumentInnen

Folge der Prohibition ist ein erhöhtes Gesundheitsrisiko, das von der Infektionsgefahr (Abszesse bis Aids) durch den gemeinschaftlichen Gebrauch von Spritzbestecken (*needle sharing*), über die Beschaffungsprostitution[60], die Selbstmedikation (es besteht ein beachtenswerter Trend zur Polytoxikomanie) und riskante Konsumtionsformen (Applikation in Muskeln, Leistengegend, oder Hals) reicht.

Die soziale Diskriminierung der Betroffenen (Schule, Arbeitsplatz, Wohnung, Beziehung) entwickelt sich häufig zur chronischen Vereinzelung, denn innerhalb der Drogenszene, mit ihren harten (Über)lebensbedingungen, die von der täglichen Gewalt diktiert werden, ist Solidarität so gut wie unmöglich. Die Bedrohung der/des einzelnen verstärkt sich noch durch Polizeieinsätze, verdeckte ErmittlerInnen, die (neu eingeführte) KronzeugInnenregelung, repressive soziale Betreuungsverhältnisse und institutionellen Zwang. Die Illegalisierung der Drogen treibt die Preise in die Höhe und zwingt die

---

57 Vgl. I. Vogt: „Krankmachende Lebenswelt - Drogen und Gesundheitspolitik", Vortrag vom 22.06.1991 in Frankfurt/Main im Rahmen der Perspektivtagung „Drogenpolitik".
58 Diese Änderung löste eine bundesweite Debatte über tolerierbare Grenzmengen aus; vgl. Zeitungsmeldungen in: Die ZEIT (6.5.94, 13.5.94, 27.5.94), Frankfurter Rundschau (18.5.94), Die Woche (26.5.94), TAZ (18.5.94), Bayernkurier (7.5.94), Rheinischer Merkur (16.5.94), Der Spiegel (24.1.94, 2.5.94, 31.10.94).
59 Die Auswirkungen auf den Raum diskutiere ich gesondert und ausführlich in Abschnitt 3.4 am Beispiel der Stadt Dortmund.
60 Zur Problematik der Beschaffungsprostitution; vgl. A. Pant/D. Kleiber: „Sex und HIV auf dem Drogenstrich", in: Aktuell. Das Magazin der Deutschen AIDS-Hilfe, S.44-45, Berlin 1993

KonsumentInnen zu kriminellen und/oder ordnungswidrigen Handlungen, die auch NichtkonsumentInnen (zum Beispiel Kinder, Jugendliche, AnwohnerInnen, Kaufleute) schädigen. Der volkswirtschaftliche Schaden, der durch die Illegalität entsteht, ist enorm[61].

Auswirkungen auf das Gesundheitssystem

Innerhalb des Gesundheitssystems werden Drogenabhängige häufig aus der „normalen" Versorgung ausgegrenzt. Das liegt zum einen an dem erheblichen Mangel an (qualifizierten) Entgiftungsmöglichkeiten[62], aber auch an der weit verbreiteten Einstellung, daß Drogenabhängige schwierige und unbeliebte PatientInnen sind[63].

Die Praxis der abgesonderten Therapie- und Beratungsangebote geht auf Planungen der Siebziger Jahre zurück (und betrifft auch die Gruppe der AlkoholikerInnen und der SpielerInnen), die Praxis der Ausgrenzung an den Rand der Gesellschaft dagegen ist schon wesentlich älter. Abstinenzorientierte Angebote, die den Großteil der Therapieangebote ausmachten, konnten sich vielerorts nicht durchsetzen und/oder waren von hohen AbbrecherInnenquoten gekennzeichnet, so daß ab Mitte der Achtziger Jahre niedrigschwellige Angebote entwickelt wurden. Niedrigschwellig heißt: Akzeptanz der/des Süchtigen als Mensch (inklusive ihrer/seiner Sucht) und Hilfsangebote ohne Vor(ab)bedingungen[64]. Der niedrigschwellige Sektor wurde allerdings nicht allein aus der Einsicht in verfehlte sozialtherapeutische Maßnahmen entwickelt, sondern entstand auch aus einem eklatanten Versorgungsnotstand heraus, der immer mehr Süchtige auf die Straße, das heißt in die weitere Verelendung, trieb und umgehende Maßnahmen erforderlich machte. Die Kritik an der gegenwärtig praktizierten Drogenverfolgung und Ausgrenzung Süchtiger ist vielfältig und reicht von verfassungsrechtlichen Bedenken bis zur konkreten Anklage der Verletzung grundlegender Menschenrechte[65].

---

61 Vgl. K.-H. Hartwig: „Argumente für eine ökonomisch-rationale Drogenpolitik", in: Akzept e.V. (Hg.): „Leben mit Drogen. Akzeptierende Drogenarbeit als Schadensbegrenzung gegen repressive Drogenpolitik", S.136-144, Berlin 1991
62 Eine Entgiftungsmöglichkeit kann meines Erachtens erst dann als qualifiziert betrachtet werden, wenn Junkies die freie Wahl über die Art ihres Drogenentzuges geboten wird, also „warme" (medikamentös gestützte) oder „kalte" (Verzicht auf Medikamente) Entgiftung.
63 In der Nachtbetreuung der Drogenberatung (Notschlafstelle „RELAX") wurde mir wiederholt von FixerInnen berichtet, daß sie notwendige stationäre Klinikaufenthalte auf ihre eigene Verantwortung hin abbrachen, weil ihnen für die Zeit ihrer Aufenthalte kein Methadon zur Substitution der auftretenden Entzugserscheinungen angeboten wurde. Anstatt sich (substituiert) für eine Zeit lang kurieren zu lassen, mußten sie (krank) wieder auf die Straße, die „Szene", den Strich, um der „Shore" (Heroin) hinterherzujagen.
64 Im sozialtherapeutischen Jargon gesprochen geht es darum „die Menschen dort abzuholen, wo sie gerade stehen."
65 Vgl. Akzept e.V. (Hg.): „Menschenwürde in der Drogenpolitik! Ohne Legalisierung geht es nicht", Kongreß vom 3.-6. Juni 1993 in Hamburg (Universität), Berlin 1994

Neben dem grundsätzlichen Verbot bestimmter Drogen existiert eine informelle gesellschaftliche Einteilung dieser Drogen in sogenannte „AussteigerInnen-Drogen" (Heroin), die gesellschaftlich negativ bewertet und deren KonsumentInnen mit einem Stigma behaftet sind, und in sogenannte „Leistungsdrogen" (Kokain). Dazu zählen auch „Party"- und „Designerdrogen" (Ecstasy, Speed, LSD), die zwar nicht legal zu erwerben sind, aber dennoch als gesellschaftlich „chic" und „in" bewertet werden. Die positive Bewertung der (neuen) „Leistungsdrogen" erzeugt Diskrepanzen in den Realisierungsformen möglicher Lebensstile, wobei die Akzeptanz von „Leistungsdrogen" eine positiv besetzte Differenzierung von Lebensstilen zum einen und eine negativ besetzte, institutionell und normativ verordnete Ungleichheit zum anderen bewirkt.

Diesen beiden Formen des Gewinns beziehungsweise Verlustes, des Aufstiegs und Abstiegs (sub)kultureller, drogengebrauchender Milieus und den damit verbundenen sozialräumlichen Konsequenzen will ich im folgenden Exkurs am Beispiel der jugendkulturellen Techno-Szene und der (türkischen) Rap-Szene nachgehen. Am Ende des Exkurses werde ich zeigen, inwiefern sich diese beiden Milieus von der Szene der Junkies unterscheiden und worin die wesentlichen Differenzen bestehen. Im Anschluß folgt dann eine differenzierte Untersuchung des Drogenmilieus in Dortmund, seiner (räumlichen) Strukturen und BewohnerInnen.

Jedes dieser eben genannten (sub)kulturellen Milieus hat seine eigene „Sprache" entwickelt, die 1. vor dem Hintergrund lebensweltlich geteilten Wissens und Übereinstimmens zu verstehen ist und 2. abhängt von der gesellschaftlichen Akzeptanz und/oder Nicht-Akzeptanz. Eine wichtige Rolle für diese jugendlichen Milieus spielt die Musik. Sowohl die Inhalte als auch die Form ihrer Produktion transportieren ein lebensweltlich orientiertes Ausdrucksfeld, das weit über eine sprach- und kommunikationsorientierte Ebene hinausreicht. Musik verkörpert in diesen Milieus eine Melange aus Sinnlichkeit und Protest und kann zudem als ein rauschinduzierendes Stimulanz verstanden werden.

D. Toop bringt diesen Aspekt auf den Punkt: „Jede Musik (...) hatte schon immer die Funktion, neben anderen Stimulanzien, die wilde Seite der Leute hervorzubringen, sie über ihre Scham und Scheu triumphieren zu lassen, den Leuten zu helfen, durchzudrehen und Aufstände anzustiften, wenn ihnen denn nach Aufständen zumute war. Genauso läuft es mit Besäufnissen, Sex, Randalieren in Konzerthallen und zu schnellem Autofahren. Ohne ein Bedürfnis nach solcher Musik säßen wir alle im Schaukelstuhl und hörten Bing Crosby."[66]

---

66 Vgl. D. Toop: „Rap Attack", S.258f., München 1994

3.3.2 Exkurs über Rauschmontagen: Die einen dürfen, die anderen nicht

Techno

„Techno ist wie eine Droge, eine Sucht. Techno ist ein magischer Zauber, wie Voodoo. Nichts als Musik in einem Raum. So minimal und einfach wie früher, als die Leute ekstatisch zu Trommelmusik tanzten."
A. Meyer (WochenZeitung 32/94)

Auffallend an den neuen Räuschen erscheint mir vorerst folgendes: Erstens vollzieht sich die Perfektionierung ihrer technisierten Erstellung und die Manipulation der Wahrnehmung (zum Beispiel durch Party-Drogen)[67] parallel zur technologischen „Aufrüstung" der Cities und Techno-Locations[68]. Ein weiteres, vergleichbares Beispiel dafür (unabhängig vom Konsum irgendwelcher Drogen oder auch nicht) sehe ich in den seit kurzem in Großstädten entstehenden Cyber-Cafés, wo sich Menschen in den virtuellen Räumen von Computernetzen treffen und miteinander kommunizieren, zum Beispiel in Berlin (im Tresor, Friseur, WMF und Boogaloo)[69].

Zweitens werden Rauschzustände durch ihren hohen Technisierungsgrad erneut beschleunigt; diese Beschleunigung über Drogen und Beats ist als ein Zugeständnis an allgemeine gesellschaftliche Beschleunigungsphänomene zu verstehen. Ecstasy und Speed, besonders bei Jugendlichen und jungen Erwachsenen beliebte Drogen, sind in den Techno-Discotheken der Innenstädte besonders verbreitet[70] und bilden im Verbund mit einem immer schneller werdenden Technosound (zum Beispiel der Gabber-Variante, die über 200 bpm = beats per minute erreicht), die Grundlage des Rausches.

H. Ahrens, Drogenexperte und Soziologe aus Berlin, beschreibt den Ecstasy-Rausch als „Gesamtkunstwerk aus monotoner Tekkno-Musik, Tanz, Lichtshow, Laser, Dekoration, Klamotten, Discjockey und den übrigen stimulierten Personen."[71] Das Gesamtsetting fraktalisiert dabei die teilnehmenden Subjekte in winzige Bits: „Allein die Gesten und das Lächeln bleiben wahrnehmbar, zerhackt vom Stroboskop, das mit seinen kurzen Lichtintervallen ruckartige Bewegungen produziert. Vierhundert Hühnerköpfe im Tekkno-Takt zum Lärm einer Düsenmaschine."[72] Ahrens beschreibt den Erfolg

---

67 A. Shulgin: „Pikhal - A Chemical Love Story", Berkeley 1992
68 Techno-Veranstaltungen sind schon lange nicht mehr an (klassische) Orte, wie etwa Discotheken, gebunden; häufig finden die Veranstaltungen in Räumen, die eine besondere Authentizität vermitteln sollen, etwa: Baustellen, Schwimmbäder, Züge, alte Werkhallen, statt.
69 Vgl. A. Koenig: „Ein Zuhause für die Grenzenlosen", in: Die ZEIT, Nr.10, 3.3.1995, S.102
70 Ersten Umfragen zufolge soll circa jede/r dritte RaverIn (Rave = Techno-Veranstaltung) Erfahrungen mit Party-Drogen gemacht haben.
71 Vgl. M. Kriener/W. Saller: „Die mit der Pille tanzen", in: Die ZEIT, Nr.37, 10.9.1993, S.13ff.
72 Ebd.

von Ecstasy über den „Heartopener"-Effekt der Droge, das heißt intensive Gefühle von Liebe, Frieden und Gemeinschaft, die die Jugendlichen in einer immer schneller und fremder werdenden Welt voller Risiken meistens nicht mehr unmittelbar erleben.

Drittens reflektiert sich die Entwicklung zur „Zwei-Drittel-Gesellschaft" auch über ihren Drogenkonsum. So wird beispielsweise hochwertiges Kokain überwiegend von jungen Weißen konsumiert, während Crack, das sind Kokainbasen, beziehungsweise aufgekochtes, mit Backsoda und Ammoniak versetztes Kokain, fast ausschließlich von Schwarzen in den Armenghettos der USA konsumiert wird[73]. Diese Tendenzen sind auch für europäische Großstädte festgestellt worden, so zeigen sich auch in der ursprünglich als exclusiv angesehenen Techno-Szene und ihren Clubs erste Verelendungsanzeichen (also: gestreckte Drogen, erste Todesfälle, steigende Gewaltbereitschaft).

Dennoch wird die Techno-Szene, im Unterschied etwa zur Junkie-Szene, in der Öffentlichkeit von einer grundsätzlichen Akzeptanz getragen. Dies hat zwei Gründe:

Zum einen korrespondiert die Rauschhaftigkeit der Techno-Szene mit einer allgemeinen gesellschaftlichen Orientierung und Steigerung von Risikobereitschaft und Erlebnisorientierung, zum anderen legitimiert sie sich über eine hohe wirtschaftliche Kaufkraft. „Ecstasy-User tanzen zwischen den Fronten, zwischen der perspektivlosen Junkie-Negation und der allgemein gesellschaftlich akzeptierten Extremsportler-Grenzsituationen-Verliebtheit. 48 Stunden Durchtanzen schmeckt auch schon mal nach Triathlon oder Extremklettern. Grenzerfahrungen gehören mittlerweile zur ganz normalen Bürohengst-Biographie wie ehedem Weltkrieg Zwo, Verwundung, Kriegsgefangenschaft und schwere Zeit."[74]

Die Überidentifikation des Techno-Milieus mit gesellschaftlich vorgegebenen Leistungskonzepten manifestiert sich über einen auffallend hohen Anstieg bei den ErstkonsumentInnen von „Leistungsdrogen"[75], während die Zahlen der ErstkonsumentInnen von Heroin rückläufig sind. Die Wertvorstellungen des Techno-Milieus orientieren sich an einer nach kapitalistischen Grundsätzen organisierten Leistungsbereitschaft, die Alternativen ausschließt: „Miesepeter und Schlaffis haben auf Technoparties nichts verloren. Auch WG-erfahrene Ökos, die an ihrem Joint ziehen, werden als altväterlich verlacht."[76]

---

73 Über den Drogengebrauch in Ghettos; vgl. J. Mowry: „Oakland Rap", Hamburg 1993 und ders.: „Megacool", Hamburg 1993
74 Vgl. D. Diederichsen: „Die Elenden & die Erlebenden. Drogen, Techno, Sport", in: Die Beute: „Politik und Verbrechen - Winter 1994/95", S.11, Berlin 1994
75 Von 1992 auf 1993 stieg der Erstkonsum von Kokain um 24,4%, Amphetamine um 15%, sonstige synthetische Drogen um 82%. Die Zahl der ErstkonsumentInnen von Heroin sank von 10.452 (1992) auf 8.377 (1993) Personen.
76 Vgl. A. Vollbrechtshausen: „Partykinder und Technoschwule", in: P. Walder (Hg.)/N. Saunders: „Ecstasy", S.314, 2. Auflage, Zürich 1994

Dieser Aussage entspricht die Offenheit der Techno-Szene für Vermarktung und Einflußnahme durch die Werbung, deren WerbestrategInnen sie (die jugendlichen RaverInnen) als die neue Traumzielgruppe gilt[77]: so veranstaltete der Zigaretten-Konzern Camel (Reynolds Tobacco) im August 1994 einen dreitägigen Airave[78] zum Preis von 499,-DM pro TeilnehmerIn. Tausende Jugendliche meldeten sich, um bei dem Spektakel, das unter dem Motto „Die Bewegung bist du selber" stattfand, dabei zu sein. Auch Sportartikel-Firmen (Puma und Adidas) sponsern die Techno-Szene, nachdem diese alte Sportschuhe aus den Siebziger Jahren von oben genannten Firmen zum angesagten „Clubwear"[79] proklamierten. Für eine weitere Verbreitung des Techno-Stils sorgt der Privatfernsehsender VIVA, der fünfzig Prozent seiner A-Charts aus Techno-Versionen speist. Auch die Getränkeindustrie verdient nicht schlecht im „Raveland"[80], allen voran die Produzenten der neuen Energiedrinks „Red Bull"[81] und „Flying Horse".

Techno inszeniert sich bundesweit, dabei zählen zwei Veranstaltungen zu den mittlerweile (weltweit) bekanntesten: 1. der Mayday, eine Großveranstaltung, die dreimal jährlich in Köln, Berlin und Dortmund stattfindet und pro Veranstaltung cirka 350.000 DM für die VeranstalterInnen einbringt und 2. die Love Parade, an der 1994 über 100.000 Menschen unter dem Motto „Friede, Freude, Eierkuchen" auf dem Kurfürstendamm in Berlin teilnahmen[82]. Informationen über derartige Parties entnehmen die InteressentInnen den Fan-Magazinen (Frontpage, RaveLine, Groove und TenDance)[83], VIVA-News und entsprechenden Zugängen im Internet.

P. Walder interpretiert die Techno-Gemeinde als „Konsumgemeinschaft in der Konsumgesellschaft" und konstatiert eine kritiklose, konsumorientierte Haltung zu gesellschaftlichen Prozessen: „Aus Widerspenstigen sind Party-Junkies geworden."[84] Die kritiklose Ästhetisierung des Selbst im Alltag ist in einer engen Verbindung mit (s)einer gleichzeitigen Kommerzialisierung zu

---

77 Vgl. TEMPO: „Wirtschaftswunder Techno: Der wilde Tanz ums große Geld", in: TEMPO 2/95, S.32-42; S. Bettermann/E. Hartmann: „Bumm Bumm-Tanzen bis zum Umfallen: Techno", in: FOCUS 36/94, S.171-174
78 Die „Airave-Mega-Party" startete in Frankfurt und ging über Kreta, Amsterdam, zum „Chill-Out" nach Köln („Chill-Out" = Relaxen von einer anstrengenden Party). 1995 wurde Los Angeles angeflogen, „der wilde Tanz" um das Camel fand dann in der angrenzenden Wüste von Nevada statt.
79 Gemeint ist die Mode, die im Techno-Milieu angesagt ist.
80 Szeneübliche Bezeichnung für das Techno-Milieu.
81 Vgl. Werben & Verkaufen. Annual 51.52: „Der innovative Muntermacher", S.90f., München 1994; W. Pauser: „Dr. Pausers Werbebewußtsein. Texte zur Ästhetik des Konsums", S.71ff., Wien 1995
82 Im Sommer 1996 lag die Zahl der TeilnehmerInnen nach Schätzungen der VeranstalterInnen mittlerweile bei ca. 750.000 Menschen.
83 Vgl. C. Berger: „Techno", Wien 1994
84 Vgl. P. Walder (Hg.)/P. Anz: „Techno", S.194, Zürich 1995

verstehen[85], die frühere Ansätze einer Kombination von Ästhetik und Sinn annulliert, beziehungsweise ad absurdum führt[86]: „Spätes Preußentum, allerneuester Geschäftssinn und ausgeprägte Coolness gehen hier eine ganz neue Verbindung ein."[87] Der (an)ästhetische Minimalismus der Techno-Musik entspricht dabei (s)einem moralischen Minimalismus und wird deshalb querbeet durch alle Feuilletons der bildungsbürgerlichen, linksliberalen Presse kritisiert: „Doch halt! – wo sind die Transparente geblieben, die Inhalte, die Anliegen? Statt zu marschieren wird gezappelt und gehopst, statt Parolen gibt's maschinelles Gedröhn."[88] Ungeachtet dieser Vorwürfe feiert die Szene sich selbst und persifliert endaufgeklärte Sinnsprüche der Moderne von „Völker, hört die Signale" zu „Völker, leert die Regale", von „Gefühl und Härte" zu „Gewühl bei Hertie", vom „Kampf gegen den Konsumterror" zum „Kampf für die wahre Welt des Konsums."[89]

Wenngleich ein unübersehbarer moralischer Nihilismus und eine neue Anästhetik hier zunehmend an Raum gewinnen, kann deren Charme und Kreativität nicht geleugnet werden, denn mit traumtänzerischer Sicherheit werden in der Techno-Szene vordergründig repressive Enteignungstendenzen künstlerisch aufgegriffen und in avantgardistischen Formen performiert: „Bei der Parade der Antiwerte tritt leichtherzige Selbstvergessenheit an die Stelle produktiver Selbstfindung. Doch die Tänzer betreiben keine *Mimesis ans Verhärtete*, sondern einen Kult der *Selbstmedialisierung* (...) Selbstmedialisierung heißt der Simulation entrinnen, indem man den medialen Ort ihres Erscheinens real körperlich einnimmt (...) Eine Rolle zu mimen wird hier als Technik eingesetzt, die selbstvergessene Identität mit ihr zu partizipieren: Man macht sich wechselseitig was vor, und siehe, es wird wahr in einer Sonderzeit und in einem Sonderraum, in der entrückten Zone des Techno-Schalls."[90]

Die „Selbstmedialisierung" als Inszenierung beginnt das Inszenierte zu ersetzen. Techno-Kultur, als digitalisierte Lebenswelt in einem Raum der Simulationen, verweist zudem auf neue Vorstellungen von Leiblichkeit und ein in-der-Welt-Sein, das Ideen vom Cyberspace und Hyperraum auch sinnlich real werden läßt:

„Das sind die Laborkinder! (...) Hier tanzt die Gentech-Generation! Körper, die die Machbarkeit ihrer selbst demonstrieren. Generierte Bodies, die

---

85 Vgl. P. Kemper: „Der Kampf um das richtige T-Shirt", in: Frankfurter Allgemeine Zeitung, 12.04.1995, S.37; T. Lau: „Vom Partisanen zum >Party-sanen<„ in: Frankfurter Rundschau, 18.07.1995, S.12
86 Der knallharten Kommerzialisierung und gesellschaftlichen Integration entsprechen Reproduktionszwänge (auch und gerade) auf der lebensweltlichen Ebene, deren systemkonforme Instrumentalisierung auf diesem Weg erreicht wird.
87 Vgl. Der Spiegel: „Tanzen für den Frieden", Heft 27, S.102, Hamburg 1995
88 Vgl. W. Pauser: „Friede! Freude! Eierkuchen!", in: Die ZEIT, Nr.28, 7.7.1995, S.65-66
89 Vgl. P. Kemper, a.a.O., S.37
90 Vgl. W. Pauser, a.a.O., S.66, Hervorhebung im Originaltext.

ihre Grenzen zu übersteigen gelernt haben und deren inszenierte Erotik und Androgynität darauf verweisen, daß sie selbst auf Sex verzichten können, weil sie sich im Labor erzeugen und fortpflanzen werden."[91] Narzißtische Selbsterschaffungsphantasien, wie obiges Zitat, verweisen meines Erachtens darauf, wie sehr die neuen Formen von Verdinglichung in einer zunehmenden Entmaterialisierung gesellschaftlicher Wirklichkeit begründet liegen. Im Techno-Milieu verkörpern sich (post)moderne räumliche Entwicklungstendenzen insbesondere über ein enges Wechselspiel von Verweltlichung und Entweltlichung, von Bindung und Erhabenheit.

Über den Einzug (post)moderner Technologien und Drogen auf den Raves entwickeln sich neue Formen von Sinnlichkeit und Erotik auf der Körper-Ebene. Sie dekonstruieren und denaturalisieren alte Körperschemata und Beziehungsformen (zum Beispiel die Fixierung auf Zwangsheterosexualität). Die Raves sind also auch als Experimentierfelder für neue Formen von Identität und als Orte der Zelebration kollektiver Trance-Erlebnisse („Celebration Generation") zu verstehen[92].

Dabei kommt der neuen Droge Ecstasy eine besondere Bedeutung zu. Sie gilt als *die* „körperliche" Droge, die mit den neuen Leibschemen am besten korrespondiert: „keine Droge macht Sex so geil synthetisch-virtuell (...) XTC verändert Sex vom körperlichen zum sinnlichen Erlebnis. Und von sinnlichen zum virtuellen. XTC pusht und zähmt Sex."[93]

Der frühe (post)moderne Ruf des „anything goes"[94] feiert im Techno-Milieu ein kreatives Revival, das im Rahmen einer alters-, geschlechts-, und schichtübergreifenden Ausdifferenzierung und Individualisierung vormals festgefügter Identitätsmuster, biographischer Zuschreibungen und deren räumlicher Realisierungen, zu verstehen ist. Das alte Konzept der „Erlebnisgesellschaft" (im Sinne Goffmanns[95]) gewinnt dabei an neuer Bedeutung: „Es ist ein neuer Typ von *Action* im Entstehen, der genußvoll zelebrierte Spektakel und oppositionelle Widerrede gegen die inflexiblen Institutionen dicht und bunt ineinander webt."[96]

Auch S. Neckel bezieht sich auf diese neue Erlebnisorientierung, doch verweist er, über deren Inszenierung von Individualität hinaus, auf inhärente Rationalitätsstrukturen, die Selbstkontrolle, Selbstüberwindung und extreme

---

91 Vgl. P. Walder: „Body & Sex", in: P. Walder (Hg.)/P. Anz, a.a.O., S.200
92 Vgl. F. Böpple/R. Knüfer: „Generation XTC. Techno und Ekstase", Berlin 1996
93 Vgl. A. Vollbrechtshausen, a.a.O., S.205
94 Vgl. P. Feyerabend: „Wider den Methodenzwang", Frankfurt 1983. Bleibt zu fragen, ob dem Milieu die „Regeln" nach denen „gespielt" wird (im Sinne Feyerabends) auch wirklich bekannt sind.
95 Vgl. E. Goffmann: „Interaktionsrituale", darin speziell: „Wo was los ist - wo es *action* gibt", S.164-292, 3. Auflage, Frankfurt 1994
96 Vgl. T.T. Heinze: „Partisanen des Partikularen", in: D. Kamper (Hg.)/C. Wulf: „Anthropologie nach dem Tode des Menschen", S.91, Frankfurt 1994

Leistungsbereitschaft zu ihren (modernen) Prinzipien erheben[97]. Am Beispiel städtischer Marathonläufe demonstriert er die subjektive Zurschaustellung rationaler Leibkonzepte von LäuferInnen, deren Inszenierung und Inkarnation einer „leibhaftigen Vernunft" (B. Waldenfels), vor dem Spiegel der städtischen, Erfolg imaginierenden Kulisse[98].

Diese neue Körperlichkeit, die daran gekoppelten Konzeptionen von Disziplin, Vernunft und die Ästhetisierung von Lebensstilen, diskutiert auch R. Shusterman, der dem neuen Interesse an einer „Somatik der Darstellung" und einer „Somatik des Erlebens" nachgeht[99]. Der Grundtenor dieser neuen Trends korrespondiert mit U. Becks Überlegungen zu einer „Wahlbiographie", nach der es nicht mehr um das *Finden*, sondern vielmehr um das *Er*finden des Subjektes und seiner Authentizität (im Raum) geht. R. Shusterman verweist in diesem Kontext auf R. Rortys „ästhetische Ethik", die auf ein dezentrales, pluralistisches und zufälliges Selbst rekurriert, das sich über ein Konzept von „starker Dichtung und Ironie" immer wieder neu realisiert, weil es kein „wahres Selbst" zu entdecken gibt[100/101].

Die (musikalischen) Wurzeln des Techno liegen in der europäischen Elektronikmusik (und Electronic Body Music) der frühen Achtziger Jahre, zum Beispiel Kraftwerk, DAF, Eno und Cage. Es existieren allerdings auch Verweise auf Kompositionen Stockhausens, Bergs, Saties und Schönbergs[102]. Struktur, Klang und Konsistenz bilden die Schlüsselelemente elektronischer Musik[103]. Diese Musik entsteht aus der Digitalisierung von Tönen, das heißt durch die Transformation von akustischen Tönen in den binären Code (0-1)[104].

Im Unterschied zur (mittlerweile klassischen) Rock- und Popmusik können die einzelnen Stücke beliebig abgemischt werden; dadurch ist nicht mehr die/der jeweilige SängerIn die Kultfigur des musikalischen Geschehens, son-

---

97 Vgl. S. Neckel: „Die Macht der Unterscheidung. Beutezüge durch den modernen Alltag", Frankfurt 1993
98 Vgl. S. Neckel/H. Berking: „Stadtmarathon. Die Inszenierung von Individualität als urbanes Ereignis", in: K.R. Scherpe (Hg.), a.a.O., S.262-278
99 Vgl. R. Shusterman: „Die Sorge um den Körper in der heutigen Kultur", in: A. Kuhlmann, a.a.O., S.241-277
100 Vgl. R. Shusterman: „Kunst Leben. Die Ästhetik des Pragmatismus", S.209-246, Frankfurt 1994; R. Rorty: „Kontingenz, Ironie und Solidarität", 3. Auflage, Frankfurt 1995. Auf Rortys Position werde ich im nächsten Kapitel noch ausführlich zu schreiben kommen.
101 Eine kritische Diskussion dieser Gedanken findet sich bereits im Spätwerk Foucaults, der zur „Ästhetik der Existenz" allerdings auch „die Verantwortung und das Engagement der Intellektuellen" rechnete; vgl. W. Schmid: „Denken und Existenz bei Michel Foucault", Frankfurt 1981
102 Zum avantgardistischen Hintergrund moderner Musik; vgl. G. Marcus: „Lipstick Traces. Von Dada bis Punk - Kulturelle Avantgarden und ihre Wege aus dem 20. Jahrhundert", 3. Auflage, Hamburg 1995
103 Die Bedeutung der Melodie entfällt.
104 Gruppen wie *Kraftwerk* („Wir sind die Roboter") und *Das Modul* („1110011") greifen dieses Thema in ihren Kompositionen auf.

dern die/der DJane, die/der eine technisierte, genauer gesagt: digitalisierte Interpretation vornimmt[105/106]. Die Klangmuster, die dabei entstehen, enthalten (post)moderne Züge wie Collagierung, Auflösung narrativer Zusammenhänge, ständig wechselnde Perspektiven und eine zunehmende Konturenlosigkeit[107/108].

Vergleichbare Aspekte (post)moderner Kompositions- und Zitationskunst finden sich auch im Rap, *der* musikalischen Ausdrucksform der HipHop-Kultur. Bevor ich auf diese Kultur zu schreiben komme, möchte ich im Vorfeld einige Gemeinsamkeiten dieser beiden (jugendlichen) (Sub)kulturen darstellen, denn Techno und Rap eint eine postmoderne Ästhetik, die sich aus folgenden Elementen speist[109]:

1. aneignendes Recycling versus die originäre Schöpfung von „Texten",
2. eklektizistische Mischung von Stilen/Stilformen,
3. Einsatz neuer Technologien und Produktion als Massenkultur,
4. Angriff auf konventionelle Autonomie und künstlerische Reinheit,
5. Betonung des Lokalen und zeitlich Bedingten.

Vergleichbar sind auch die neuen Techniken, die bei der Musikproduktion zum Einsatz kommen. Sie erinnern, durch den von ihnen erzeugten Collageneffekt, an dekonstruktivistische Kunst. So wird zum Beispiel beim Sampling eine Auswahl und Kombination bereits existierender Stücke und Soundtracks getroffen, die zu einer neuen Komposition zusammengefügt werden. Darüberhinaus werden durch weitere spezielle Misch-, Schneide- und Kratztechniken Effekte erzielt, die ehemalige Sinneinheiten eines Stückes zerlegen und in seinem Gehalt neu zusammensetzen.

Dazu darf es des besonderen technischen Geschicks der DJ's (Diskjokkeys) und (beim Rap) des Improvisationstalents der MC's (Masters of Ceremony). DJ und MC schaffen in der Kombination eines rhythmischen Sprechgesangs (MC) vor dem Hintergrund eines neu gesampleten Soundtracks (DJ) ein Werk, das weder unverletzlich noch endlich ist. Es ist vielmehr zeitgebunden, unbeständig und hochgradig kontingent[110]. Anders als bei der Techno-Kultur kommt im Rap der Bedeutung der Sprache eine besondere Gewichtung zu. Die wichtigsten Aspekte dieser neuen Sprachkunst werde ich nun in einem Ausflug in die Kultur des HipHop analysieren.

---

105 Aktuelle „Szenegötter/Szenegöttinnen" sind zum Beispiel Sven Väth (Frankfurt), Marusha (Berlin), WestBam (Berlin), Laurent Garnier (Paris) und Moby (New York).
106 Vgl. U. Poschardt: „DJ-Culture", Hamburg 1995
107 Vgl. E.A. Kaplans Studie über (post)moderne Rockvideos und MTV: „Rocking around the Clock. Music Television, Postmodernism, And Consumer Culture", New York/London 1987
108 Vgl. die Techno-Sendung „Housefrau" des DJs Mate Galic, die von VIVA zweimal wöchentlich zur besten Sendezeit ausgestrahlt wird.
109 Vgl. R. Shusterman: „Die hohe Kunst des Rap", in: ders. (1994), a.a.O., S.157-207
110 Dieser Überlegung entspricht das fehlende Notationssystem im Rap und die Tatsache, daß nur wenige schriftliche Formen dieser Musik-Collage existieren.

HipHop

„...Wortstaub trieb durch Straßen zerbrochener Musik, Autobahnen und Preßlufthämmer. Das Wort, zerbrochen, zerstampft, zerbarst in Rauch ..."
W. Burroughs („Nova Express")

HipHop-Kultur, die sich derzeit noch in einem Grenzbereich zwischen Ästhetisierung und Kommerzialisierung versus Underground bewegt[111], bringt über großstädtische Themen wie Kriminalität, Drogen und Rassismus ein politisiertes Verständnis von Besonderheit in ihren Texten und Vertonungen zum Ausdruck. Rap, „die Volksmusik der an den Rand gedrängten Jugendlichen"[112], entstand in den Straßenbanden-Milieus der Ghettos US-amerikanischer Großstädte wie Los Angeles und New York. Hier hörten sich Gruppen wie zum Beispiel Ice T, Public Enemy, Ice Cube und Beastie Boys die Probleme der benachteiligten (afro-amerikanischen) Jugendlichen an und nahmen sie, ihr kreatives Potential und ihre Wut, zum Vorbild für eine Musik, die selbstbewußt Besonderheit (zum Beispiel im Sinne ethnischer Autonomie) intoniert, sprich: Rap und HipHop.

Rap, die „Poesie der Straße" (U. Poschardt), hat eine lange Geschichte[113]. So reichen die Wurzeln bis in den Savannengürtel Westafrikas, wo die Griots, eine Musikerkaste, eine Form von Sprechgesang als oral history praktizierten. Diese nichtschriftliche Form der Informationsverbreitung funktioniert wie eine singende Zeitung oder ein Geschichtsbuch. Ein anderer historischer Zweig des Rap findet sich in den afroamerikanischen Toasts der Karibik[114]. Das Toasting des Reggae wurde über die großen Migrationsschübe aus der Karibik (Jamaika, Kuba) in den 30er Jahren nach New York importiert, wo es in den MigrantInnen-Vierteln der Stadt schnelle Verbreitung fand. In diesen alten Ghettos (Bronx, Harlem, Brooklyn) kann eine dritte Wurzel des heutigen Rap ausgemacht werden.

Der Rap entwickelte sich hier aus der Straßenecken-Singerei (der Doo-Woop Zeit) und deren A-capella-Repertoire zu konventionalisierten Wortstreiten und Wortspielen. Diese Sprachspiele („The Dozens", „Signifying", „Dissing") gehen auf das afrikanische Erbe von alten Beleidigungs- und Schlagfertigkeitswettbewerben zurück. Sprachbeherrschung („sweet talk") hatte einen hohen kulturellen und sozialen Status in der Welt des Ghettos[115]. Im Rap

---

111 Zur Kritik an der Kulturalisierung von Protestbewegungen; vgl. D. Diederichsen: „Wie aus Bewegungen Kulturen und aus Kulturen Communities werden", in: W. Prigge (Hg.)/G. Fuchs/ B. Moltmann, a.a.O., S.126-138
112 Vgl. Der Spiegel: „Agitpop aus dem Ghetto", Heft 17, S.134, Hamburg 1995
113 Zur Geschichte des Rap; vgl. D. Toop, a.a.O., S.41ff.
114 "Toast" meint einen rap-ähnlichen rhythmischen Sprechgesang.
115 Zum Verhältnis von Sprache und sozialem Status im Ghetto (von Philadelphia); vgl. R. Abrahams: „Deep Down in the Jungle", Chicago 1970

werden die sprachlichen Traditionen des Ghettos aufgegriffen. Rap thematisiert Probleme des Ghettolebens wie Drogen, Prostitution, Zuhälterei und Gewalt und kompensiert über die ritualisierte Form der Streitgesänge („MC-battles", „dissing campaigns") potentielle Gewalttätigkeiten in den Vierteln der Gangs.

M. Davis schildert in seiner Studie über L.A. die Situation der Jugendarmut und Gewalt in Ghettos wie Compton und Inglewood und deren Beherrschung durch den mafiaähnlich organisierten Handel mit Crack (und allen anderen Drogen)[116]: „Dabei hat sich die Umgebung, aus der Rap entsteht, ins Extreme und Surreale gewandelt: ihr Verfall, ihr Desinteresse an menschlicher Würde und menschlichem Leben. Sogenannte Mole People (Maulwurf-Menschen) leben in den Tunneln der nicht mehr benutzten Eisenbahn in Manhattan (...) und manch großstädtischer Bezirk sieht wesentlich schlimmer aus als das Chaos der Filme, die nach der Apokalypse spielen."[117/118]

Über die rhythmische Sprachkunst des Rap hinaus, verkörpert dieser eine eigene Körperpoesie und Körperkultur, die sich zum einen aus der Tradition (Bebop, Soul-Train, Funkateers) und zum anderen aus Innovationen (Helikopter, eine Drehung im Kopfstand um die eigenen Achse; Electric Boogie, Körper wie aus Plastik, Breakdance) entwickelt hat. Zu diesem weiteren Umfeld, sprich der HipHop-Kultur, zählt auch die Graffiti-Kunst[119] und ein besonderer Kleidungsstil („street wear"). Das Verhältnis dieser männerdominierten Kultur zu Frauen ist gespalten, so wurden Frauen-Bands erst in den letzten Jahren populärer[120]. Immer wieder kommt der latente und bisweilen offene Sexismus der Rap-Szene zum Tragen[121].

HipHop-Kultur in Deutschland

Das neue (ethnische) Selbstbewußtsein jugendlicher Straßengangs[122] stieß auch in Deutschland, und hier vor allem bei den jungen TürkInnen (der zweiten Generation), auf große Resonanz. Sie, die hier geboren sind, wehren sich ge-

---

116 Vgl. M. Davis: „City of Quartz. Ausgrabungen der Zukunft in Los Angeles", S.311ff., Berlin/Göttingen 1994
117 Vgl. D. Toop, a.a.O., S.266
118 Vgl. M. Matussek: „Armee im Schatten", in: ders.: „Showdown. Geschichten aus Amerika", S.144-154, Zürich 1994
119 Graffitis stehen in der Tradition der „tags", das sind Namenskürzel, die zur Markierung von Straßenbandenrevieren gebraucht werden.
120 Zum Verhältnis von Frauen und Rap; vgl. C. Greig: „Will you still love me tomorrow? Mädchenbands von den 50er Jahren bis heute", S.225ff., Hamburg 1991
121 Aus kritischer Sicht dazu G. Jacob: „Agit-Pop. Schwarze Musik und weiße Hörer. Texte zu Rassismus und Nationalismus - HipHop und Raggamuffin", 2. Auflage, Berlin 1993
122 Dieses Selbstbewußtsein ist häufig biographisch bedingt; viele Eltern der jungen afroamerikanischen und karibischen RapperInnen sympathisierten in ihrer eigenen Jugend mit der Black-Panther- und/oder der Bürgerrechtsbewegung.

gen eine Assimilationsfalle, die sie „deutscher als die Deutschen" werden läßt, und gegen die passive Haltung ihrer Eltern: „Die ersten Türken, die in den Sechziger Jahren nach Deutschland kamen, waren keine Schwächlinge. Doch ihre Philosophie war es ruhig zu bleiben und zu ertragen. Die zweite Generation kennt sich in dieser Gesellschaft genausogut aus wie die Deutschen und will sich nicht mehr verstecken."[123]

Als kulturelle Avantgarde wehren sich die türkischen RapperInnen gegen AusländerInnenhaß und gegen die Zwänge der islamischen Tradition; dabei verweisen sie auf ihren besonderen kulturellen Status, der sich zwischen der türkischen Kultur ihrer Eltern und der Integration in europäische Verhaltensmuster bewegt: „Wir dürfen uns nicht mehr mit den Identifikationsmodellen abfinden, die man uns bisher angeboten hat. Wir sind Türken, wir sind keine Deutschen, wir sind wir. Und wer wir sind, müssen wir jetzt langsam mal definieren."[124]

Die Kulturalisierung und Kommerzialisierung dieser unkonventionell daherkommenden Besonderheit ist für die nächsten Jahre absehbar: „Bei 800.000 Türken in Deutschland und ein paar Millionen in der Türkei ist die Rechnung einfach: Kommerz plus Agitationspop gleich Umsatz."[125] An dieser Stelle tritt dann auch der Januskopf der Kommerzialisierung deutlich hervor, der zum einen Orte schafft und Besonderheit zelebriert, diese Besonderheit jedoch nur scheinhaft inszeniert und in ihrer sozialpolitischen Sprengkraft entschärft, so daß (letztendlich) nach den Pfeifen der Financiers zu tanzen ist[126], womit die ursprüngliche Originalität und Subversivität enteignet wird.

Von dieser Tendenz sind nicht nur die InterpretInnen betroffen, sondern im ganz besonderen Maße auch die KonsumentInnen[127]. Jugendkulturen und Gegenkulturen werden „nicht mehr gelesen (...), sondern genauso kulturalistisch behandelt und entsorgt, wie sie vorher sozialpädagogisch und soziologistisch reduziert worden sind."[128/129] Auf diese Weise gerät die Besonderheit, sowohl des Rap- als auch des Techno-Milieus, zum Schein, denn die Authentizität, die in die Welt gesetzt werden soll, kann nur noch bedingt als autonom veränderndes Handeln realisiert werden. Noch krasser liegt der Fall in der Kultur der Junkies, für die schon lange niemand mehr singt.

---

123 Vgl. S. Düfel: „HipHop Müzik", in: Die ZEIT, Nr.23, 02.06.1995
124 Vgl. Der Spiegel: „Agitpop aus dem Ghetto", a.a.O., S.132
125 A.a.O., S.133
126 Nach dem Motto: Wes Brot ich eß, des Lied'ich sing'.
127 Vgl. A. Kuhlmann: „Kultur und Krise. Die Inflation der Erlebnisse", in: W. Prigge (Hg.)/G. Fuchs/B. Moltmann, a.a.O., S.115-125
128 Vgl. D. Diederichsen (1995), a.a.O., S.131
129 Aktuelle Beispiele dieser soziologistischen Reduzierung und Beschränkung auf die Deskription von Phänomenen finden sich regelmäßig im „Spiegel", der jüngst die soziologische Diagnose der „Tribalisierung" der Jugendkulturen zitierte; vgl. Der Spiegel: „Vergeßt alle Systeme", Heft 33, S.154-160, Hamburg 1995

Junk-Kultur

„Break on through to the other side..."
The Doors

Die HeldInnen der Generation vor Techno und Rap sahen anders aus und hatten andere Konturen: von Chet Baker bis Jimi Hendrix, Nick Cave und Lou Reed war deren Drogenkonsum bekannt bis legendär (Janis Joplin)[130]. Lange Zeit verkörperten sie einen hohen sub- bis hochkulturellen Status[131]. Inzwischen hat sich diese Bewertung geändert und der Konsum harter Drogen gilt als Synonym für gesellschaftlichen Ausstieg/Abstieg und persönliches Versagen. Verfolgt man dabei die Berichterstattung in den Medien, so wiederholt sich (nach einer Phase zeitweiliger Toleranz oder zumindest Bemühen um Verständnis) ein Image aus den Siebziger Jahren, das den Junkie als bleiches, langhaariges, hohläugiges Wesen darstellt, Opfer und Täter in einem, vogelfrei[132]. D. Diederichsen bringt den darin enthaltenen Zynismus auf den Punkt: „Sie sehen aus wie Zonis, die sich nicht an den Westen gewöhnen können, wie zu dünne Alkies, faded as my jeans, sie haben sichtbare Krankheiten und sie können sich nicht auf den Beinen halten, einige führen riesige ekelhafte Hunde mit sich. Sie bieten sich keiner Veredelung oder Romantisierung mehr an."[133]

Die Dichotomisierung von aktuellen Rauschformen in gesellschaftlich akzeptierte, wie am Beispiel der Techno-Kultur gezeigt, und kriminalisierte, wie das Beispiel der Junkie-Szene belegen wird, reflektiert meines Erachtens die eingangs geführte Kontroverse um den Diskurs von „Moderne" und „Postmoderne": In einer „modernen" Gesellschaft, die ihre Werte an formalistischen, analytischen und funktionalen Kategorien festmacht, liegt (irrationaler) Protest am Terror rationalistischer Werte im Gebrauch illegaler Drogen, die Irrationalität schlechthin verkörpern. In einer „postmodernen" Gesellschaft, gekennzeichnet durch den Verlust „moderner" Rationalität und Werte, Irrationalismus als „anything goes" und Rationalisierungsprozessen, die sich längst auf Meta-Ebenen verschoben haben (Gen-Technologie, Cyberspace, etc.), werden „postmoderne" (Leistungs- und Party)drogen als Ausdruck eines allgemeinen Irrationalismus akzeptiert. Die alten Drogen der „Moderne" wer-

---

130 Vgl. D. Sugerman: „Wonderland Avenue. Sex & Drugs & Rock'n Roll", München 1993; H. Shapiro: „Drugs & Rock'n Roll. Rauschgift und Popmusik", Wien 1989
131 Vgl. N. Cohn: „AWopBopaLooBop ALopBamBoom. Pop History", Hamburg 1976; J. Wölfer: „Die Rock- und Popmusik. Eine umfassende Darstellung ihrer Geschichte und Funktion", München 1980
132 Vgl. die Spiegel-Titelstory: „Alles, was knallt", in: Der Spiegel, Heft 6, S.50-69, Hamburg 1995
133 Vgl. D. Diederichsen (1994), a.a.O., S.8

den dabei als AussteigerInnen-Drogen diskriminiert und ihre KonsumentInnen als Fossile vergangener Zeiten im milden Fall bestaunt, im harten Fall kriminalisiert[134].

Abgesehen von der Verwendung illegaler Drogen zur Berauschung bieten sich Unmengen legaler, kommerzialisierter Rauschzustände. Ob Fußballspiel oder Konzerte in ausverkauften Arenen: tausende besuchen Freizeitveranstaltungen zu ihrer persönlichen Berauschung. Zunehmende Motorisierung und Auto-Boom sorgen zudem für einen technokratischen Geschwindigkeitsrausch. Und schließlich gibt es noch den Kaufrausch, einen Rausch materiellstatussymbolischer Natur. Gemeinsam ist allen diesen Drogen und Räuschen, daß sie nicht mehr Medium von Erkenntnis und Genuß, sondern Medien des Konkurrierens (um gesellschaftlichen Status und Raum) beziehungsweise Medien des Aufstiegs oder Abstiegs (und damit des Gewinnes oder Verlustes von Raum) darstellen.

Angesichts der scheinbar multiplen Optionen, die sich dem Subjekt zu seiner weiteren Individualisierung bieten und angesichts der Chancen seiner Integration in ein spezielles Milieu, das sein Muster von Erlebnisorientierung teilt, wird der Schatten dieser Entwicklung, nämlich Ausgrenzung und Ausschluß einzelner Subjekte und/oder auch ganzer (Sub)kulturen, unterinterpretiert und entpolitisiert wahrgenommen. So beobachtet W. Welsch, daß die alten Anomie-Konzepte angesichts der zunehmenden Pluralisierung ihre Bedeutung verlieren[135]. Als Argument, das diese Beobachtung stützen soll, wählt er eine Betrachtung des gewandelten Verständnisses von Kunst und Psychiatrie, die beide die „Identität im Übergang" zum Thema nehmen. Obwohl dieser kreative und unkonventionelle Umgang mit dem Thema einiges verspricht (und auch erfüllt), wird darüber leider der politische und ethische Umgang mit Formen der Abweichung vermieden, zugunsten einer Ästhetisierung des Problems: „Nicht die Abweichung als solche, sondern ihre Form entscheidet über gesellschaftliche Anerkennung oder Ächtung."

Deshalb soll an dieser Stelle noch einmal auf die Bedeutung von Anerkennung und Akzeptanz für die Realisierung subjektiver Authentizität eingegangen werden, die entscheidende Aspekte für die Ausprägung biographischer Struktur und für die Handlungspotentiale des Subjektes im Raum darstellen.

---

134 So findet sich in aktuellen Berichterstattungen über die FixerInnen-Szenen nicht selten ein selbstgerechtes (und zynisches) Erstaunen darüber, daß es diese Szene überhaupt noch gibt; wo doch, im „Zeitalter von AIDS", viele längst gestorben sein *müßten*, das heißt nach Meinung der BerichterstatterInnen: *sollten*.
135 Vgl. W. Welsch: „Identität im Übergang. Philosophische Überlegungen zur aktuellen Affinität von Kunst, Psychiatrie und Gesellschaft", in: ders.: „Ästhetisches Denken", S.168-200, 3. Auflage, Stuttgart 1993

Die Bedeutung der Anerkennung für die Verfügung über Raum

A. Honneth fragt in einer kritischen Auseinandersetzung mit postmoderner Theorie, ob sich Subjekte überhaupt, das heißt unabhängig von normativen Rückbindungen, in solipsistischer Form, verwirklichen können?[136] Oder bedürfen sie der gesellschaftlichen Anerkennung? Honneth interpretiert die Verwirklichung von Freiheit über eine interaktive Bindung an gesellschaftliche Formen sozialer Anerkennung. Er indiziert, über den angenommenen Verfall industriebezogener Wertmilieus, eine Pluralisierung der Lebensformen und deren mangelnden sozialen Rückhalt. Durch das Fehlen der alten Orientierungsmuster kann eine intersubjektive Anerkennung nicht mehr realisiert werden und es entsteht ein „Anerkennungsvakuum", das die Wahl vorfabrizierter Lebensstile bedingt.

„Anerkennung" definiert Honneth intersubjektivitätstheoretisch (unter Berufung auf G.H. Mead) auf drei Ebenen: der Liebe, des Rechts und der Solidarität[137]. Zu diesen drei Ebenen zählen die Aspekte der 1. „individuellen Selbstverwirklichung", 2. der „normative gesellschaftliche Rahmen" und 3. „die Reproduktion des gesellschaftlichen Lebens"; diese (Reproduktion) „vollzieht sich unter dem Imperativ einer reziproken Anerkennung, weil die Subjekte zu einem praktischen Selbstverhältnis nur gelangen können, wenn sie sich aus der normativen Perspektive ihrer Interaktionspartner als deren soziale Adressaten zu begreifen lernen."[138]

Werden diese Formen der Anerkennung nicht akzeptiert beziehungsweise verweigert, so kann dies zu gravierenden Folgen für ein Subjekt führen, die folgende Ausprägungen annehmen können:

1. die leibliche Integrität wird berührt (durch Haft, Obdachlosigkeit, Krankheit),
2. die moralische Selbstachtung wird berührt (durch den strukturellen Ausschluß bestimmter Rechte, durch die Verweigerung der moralischen Zurechnungsfähigkeit, durch sozialen Ausschluß und Entrechtung),
3. die evaluative Form der Mißachtung (durch Herabwürdigung kollektiver und individueller Lebensweisen, durch Beleidigung, Entwürdigung und die evaluative Degradierung durch kollektive Deutungsmuster)[139].

Grundsätzlich stimme ich Honneth in seiner Argumentation für eine intersubjektivitätstheoretische Begründung der Bedeutung von Anerkennung zu, auch in Hinsicht auf seine Diagnose eines „Anerkennungsvakuums". Doch seinem

---

136 Vgl. A. Honneth: „Desintegration. Bruchstücke einer soziologischen Zeitdiagnose", S.17f., Frankfurt 1994
137 Vgl. A. Honneth: „Kampf um Anerkennung. Zur moralischen Grammatik sozialer Konflikte", S.114ff., Frankfurt 1994
138 A.a.O., S.148
139 A.a.O., S.212ff.

Argument (und dessen theoretischer Implikation), mit dem er dieses Vakuum begründet, sprich: dem nur negativ gesehenen „Verfall industriebezogener Werte", kann ich nur begrenzt zustimmen. Denn mit dem Entstehen dieses Vakuums, resultierend aus einem Verlust, wird nicht nur (traditionelles) Handlungspotential enteignet, indem lediglich „vorfabrizierte Lebensstile" angeboten werden, sondern es entsteht theoretisch die Möglichkeit, daß neue Handlungspotentiale und Lebensstile entwickelt werden können, wenn die Formen der bisherigen Anerkennung flexibel genug wären, diese zu integrieren.

Neben der Frage der Anerkennung steht für mich deshalb die Frage nach Integration und Partizipation, wobei selbstverständlich Anerkennung die Basis für eine solche Integration darstellt. Möglicherweise müßte für die Durchsetzung dieser Integration über eine Flexibilisierung der Anerkennung nachgedacht werden, die über die Werte einer industriebezogenen Moderne hinausgeht, und diese gleichzeitig integriert[140].

Nachdem ich an den vorhergehenden Beispielen (des Techno- und des Rap-Milieus) Formen der Akzeptanz, die sich (auch) an deren inhärenten Kapitalisierungs- und Kommerzialisierungspotentialen orientieren, und die damit verbundenen räumlichen Realisierungen dieser Szenen untersucht habe, will ich im folgenden zeigen, welche sozialräumlichen Konsequenzen mit Formen der Nicht-Akzeptanz verbunden sind. Bereits G. Simmel und N. Elias erkannten die Tendenz der Unsichtbarmachung bestimmter Räume und die dieser Raumvernichtung zugrundeliegende Nicht-Akzeptanz, beziehungsweise Sanktion der von der allgemeinen Norm abweichenden Lebensstile[141]. Die daran gekoppelte, institutionell und normativ verordnete Ungleichheit der ausgegrenzten, ihrer Individualisierungschancen beraubten und somit benachteiligten Subjekte, deren biographische Selbstverwirklichung durch Raumentzug und/oder Internierung in Zwangsräume verhindert wird, wurde bereits unter verschiedenen Gesichtspunkten analysiert[142].

Bezogen auf mein Thema, die Explikation von Rauschräumen und Lebenswelten von (großstädtischen) Junkies, werde ich nun die vielfältigen For-

---

140 Diesen Fragestellungen werde ich vertieft in Kapitel 5 nachgehen, wenn handlungstheoretische Perspektiven relevant werden, die versuchen Gleichheit und Besonderheit, Gerechtigkeit und Differenz zu verbinden.
141 Vgl. G. Simmel: „Der Arme" und „Der Raum und die räumlichen Ordnungen der Gesellschaft", darin: „Exkurs über den Fremden", in: ders.: „Soziologie. Untersuchungen über die Formen der Vergesellschaftung", Gesamtausgabe Bd.11, S.512-555 und S.687-790, Frankfurt 1992
142 M. Foucault (1969, 1970) analysierte die historischen Spuren des Wahnsinns, R. Wöbkemeier (1988) untersuchte die literarische Thematisierung „erzählter Krankheit", E. Klee (1978) den Totalitarismus psychiatrischer Einrichtungen, E. Goffman (1973) die Interaktionsverläufe in totalen Institutionen und N. Elias/J.L. Scotson (1965) analysierten im Rahmen ihrer (klassischen) Gemeindestudie in einer englischen Kleinstadt die Funktionsprinzipien und Mechanismen der sozialen und räumlichen Ausgrenzung und Stigmatisierung „Ortsfremder" durch „Eingesessene", wobei die generationenübergreifende Wirkung von Vorurteilsstrukturen und kollektiver Mißachtung beispielhaft transparent wird.

men der Nicht-Akzeptanz des Junkie-Milieus und die damit einhergehende Raumvernichtung ausführlich interpretieren. Alle Formen der Nicht-Akzeptanz, wie von Honneth beschrieben, also: 1. Mißachtung der leiblichen Integrität, 2. Angriff der moralischen Mißachtung und 3. evaluative Mißachtung, konnten von mir für diese städtische (Sub)kultur festgestellt werden[143].

3.4 Das Beispiel Dortmund

In diesem Abschnitt wird das Verhältnis von Rausch und Raum am konkreten Beispiel der Stadt Dortmund untersucht. Eingangs werde ich die Situation, wie sie sich für die von illegalen Drogen Abhängigen darstellt, beschreiben. Im Anschluß daran folgt die Darstellung des Systems der Drogenhilfe und der Beziehung aller Betroffenen (also Abhängigen, AnwohnerInnen, Kaufleute, SozialarbeiterInnen, Polizei, Ordnungsamt, etc.) und ihrer laufenden Diskurse untereinander.
Mit Hilfe von Karten, die Aufschluß über Nutzungen des Raumes durch die Betroffenen geben, werde ich die Diskussion über den Bezug von Drogen(sucht) und Stadtstruktur einleiten. Dabei werden die identifizierten Orte auf ihre Struktur und Qualität hin untersucht und es wird gezeigt, welchen Einfluß räumliche Strukturen auf die biographische Entwicklung von Abhängigen nehmen. Das heißt, es werden die Wechselwirkungen von Lebenswelt und Milieu beschrieben.

Drogen(sucht) und Stadtstruktur als Bühne der Gewalt

Der Konsum von Drogen wie Heroin und Kokain, ihr Verkauf und Erwerb, gilt nach deutschem Betäubungsmittelgesetz als illegale und strafbare Handlung. Anders als bei den Drogen Alkohol und Tabak, die als Genußmittel gelten und unter das Lebensmittelgesetz fallen, gilt der illegale Drogenkonsum als nicht akzeptabel. Neben allen Hilfsangeboten, die für Süchtige bestehen, existiert ein nationaler Plan zur Rauschgiftbekämpfung, der Drogenhandel und -konsum rigoros verfolgt. Daß TäterIn (DealerIn) und Opfer (Abhängige) einheitlich nach Sonderstrafrecht (Betäubungsmittelstrafrecht) behandelt werden, ist ein juristisches Kuriosum, dessen verfassungsrechtliche Überprüfung immer wieder verlangt wird[144].

---

143 Die Formen der Mißachtung werden in Kapitel 4 (im Rahmen der Fallanalyse) noch einmal aufgegriffen.
144 Vgl. L. Böllinger: „Akzeptierende Drogenarbeit - Drogenstrafrecht und Verfassung", in: Akzept e.V. (1991), a.a.O., S.102-135

Die Kriminalisierung der illegalen Drogen hat schwerwiegende Folgen: sie treibt die Drogenpreise in unkontrollierbare Höhen, sie fördert Beschaffungskriminalität und -prostitution, sie führt zu Störungen von AnwohnerInnen und Geschäftsleuten in vom Drogenhandel betroffenen Vierteln und sie fördert die Verharmlosung legaler Drogen (Alkohol, Medikamente, Tabak, etc.). Für die Abhängigen bedeutet die Kriminalisierung ein Leben mit erhöhtem Gesundheitsrisiko, soziale Isolation, Haftstrafen, Obdachlosigkeit, Depression und häufig auch einen frühen Tod. Kriminalisierung konstituiert Biographien, die von Brüchen gekennzeichnet sind; Versuche erneuter Integration werden auf diese Weise erschwert, sofern sie überhaupt realisierbar sind[145].

Im Teufelskreis der Kriminalisierung sind Abhängige gezwungen, kriminelle Delikte zu begehen, um das Geld für die Drogen zu beschaffen. Da es sich dabei oft um hohe, täglich aufzubringende Summen handelt (circa 300,- DM für die Tagesration „Stoff" ist dabei guter Durchschnitt) sind sie gezwungen zu stehlen, wo es sich lohnt, also in den Innenstädten, in denen Luxusartikel und Wertgegenstände mehrheitlich gehandelt werden. Monofunktional strukturierte Städte, die das Wohnen zugunsten eines ungebremsten Angebots und Konsums von Luxusgütern aufgegeben haben, laden zur illegalen Aneignung der angebotenen Waren förmlich ein. Eine so strukturierte Stadt fördert den Ansturm der KundInnen auf ihr einseitig angelegtes Zentrum; deshalb liegt es für Drogenabhängige auch nahe, in diesen Gegenden der Prostitution nachzugehen, denn hier finden sich die (männlichen) Kunden, die für die angebotenen Dienste auch das nötige Geld aufbringen.

Die BewohnerInnen angrenzender Wohnbezirke fühlen sich häufig belästigt durch achtlos weggeworfene Spritzen und sehen ihre Kinder den Gefahren des Kontaktes mit Drogen hilflos ausgesetzt. Geschäftsleute fürchten um ihre Umsätze durch ausbleibende Kundschaft und fortgesetzten Ladendiebstahl. Sie fordern und finanzieren eine „härtere Gangart"[146] im Umgang mit den Süchtigen. Der Frage nach dem Suchtpotential der von ihnen angebotenen Waren werde ich später nachgehen.

Die Konkurrenz erlaubten und unerlaubten Nutzens innerstädtischer Räume legt Machtstrukturen und Hierarchien bloß, die unter den InteressentInnen existieren. Die elende Wirkung der „körperlichen Einschreibung" (Bourdieu) dieser sozialen Ordnung manifestiert sich besonders in der Gruppe der Outdrops unter den DrogenkonsumentInnen, also denen, deren Sucht öffentlich sichtbar wird (durch Obdachlosigkeit und/oder anderweitig fehlende soziale Infrastruktur). An ihnen wird zur Erfüllung ihrer „Sündenbock-Rolle" ein Exempel bürgerlicher Disziplinierung mittels Abschreckung durch Ausgrenzung praktiziert, das andere KonsumentInnen warnen soll. Öffentliche Äch-

---

145 Vgl. D. Stöver: „Akzeptanz von DrogengebraucherInnen - Sozialpolitische Hintergründe und Perspektiven", Vortrag vom 22.06.1991 in Frankfurt auf der Perspektiventagung „Drogenpolitik".
146 Diese wird oft erkauft über private Schutzdienste, die sogenannten „schwarzen Sheriffs".

tung reguliert jedoch nicht nur das Maß (inszenierter) Abschreckung, sie ist gleichzeitig Gradmesser unterlassener Hilfeleistung und Indikator zunehmender politischer Härte.

Die DrogengebraucherInnen

Bei einer Übertragung der von der Deutschen Hauptstelle gegen Suchtgefahren ermittelten Zahlen auf Dortmund, ist hier von folgenden geschätzten Zahlen behandlungsbedürftiger Abhängiger auszugehen:
ca. 20.000 Alkoholabhängige,
ca. 8.000 Medikamentenabhängige,
ca. 1.600 Drogenabhängige (Opiate), davon cirka 20% HIV-positiv,
ca. 2.000 SpielerInnen,
ca. 60.000 RaucherInnen[147].

Die Zahl der Drogenabhängigen in Dortmund stieg in den letzten zehn Jahren rapide an. Wurden beim Sozialpsychiatrischen Dienst (SD) des Gesundheitsamtes Anfang der Achtziger Jahre cirka 60 Heroinabhängige pro Jahr neu bekannt, so stieg diese Zahl Anfang der Neunziger auf 174 Menschen. Registriert wurde diese Gruppe von DrogenkonsumentInnen:
1. durch die Inanspruchnahmen von Hilfe durch den SD,
2. durch Mitteilung von Eltern, Freunden, Sozialamt an den SD,
3. durch „Mitteilung in Strafsachen" des Ministeriums für Arbeit, Gesundheit und Soziales,
4. durch Meldung von Polizei und Ordnungsamt.

Dem Sozialpsychiatrischen Dienst sind derzeitig cirka 1.600 Drogenabhängige (Opiate) bekannt, von denen sich mindestens 600 in akuter Abhängigkeit befinden, (nicht akut kann heißen: in Haft, in Therapie, zur Zeit abstinent). Diese Zahlen sagen natürlich noch nichts über die hohe Dunkelziffer in diesem Bereich. Die Beratungsstellen und auch die Polizei schätzen die Zahl akut Drogenabhängiger jedoch auf mindestens 1.200 Menschen. MitarbeiterInnen der AIDS-Hilfe Dortmund halten auch diese Zahl noch für untertrieben. Ungefähr ein Viertel der bekannten Abhängigen konnte im vergangenen Jahr längerfristig betreut werden[148]. Viele andere konnten durch weitere Hilfsangebote erreicht werden (Café „FLASH", Notschlafstelle „RELAX"). Der bereits zu Beginn der Neunziger verzeichnete Trend zur Polytoxikomanie (Mehrfachabhängigkeit) hält ungebrochen an. Konsumiert wurden hauptsächlich Heroin, Kokain, Diazepane, Barbiturate, Amphetamine und Alkohol in wechselnden und/oder festen Kombinationen[149].

---

147 Vgl. Stadt Dortmund: „Suchtbericht 1993", S.11, Dortmund 1994
148 Vgl. Drogenberatungsstelle Dortmund: „Jahresbericht 1994", S.2, Dortmund 1995
149 Die toxikologischen Befunde der Obduktionen zeigten, daß in über 90% der Fälle Mischintoxikationen vorlagen.

Die zwischen 1989 und 1990 verzeichneten Drogennotfälle stiegen drastisch an: 1989 wurde 367 Menschen als Drogennotfälle in Dortmunder Krankenhäusern aufgenommen. 1990 waren es bereits 491 Einsätze, die von Rettungswagen und Notarzt gefahren wurden. Dazu kommen noch weitere 150 Fälle, bei denen ein Einsatz ohne Notarzt erfolgte. Die Zahl der Notfälle ist in den letzten drei Jahren (1991-1993) wieder rückläufig, dies korrespondiert mit einer größeren Anzahl an Personen, die nur einmal als Notfall behandelt wurden.

Bei der Betrachtung der Notfalleinsätze zeigt sich 1. eine deutliche Verschiebung von den öffentlichen Fundorten in die privaten und 2. eine Verlagerung in die äußeren Stadtteile. Beide Tendenzen verweisen meines Erachtens auf die seit 1991/92 praktizierte und immer wieder forcierte Verdrängung der Abhängigen aus der Innenstadt[150].

Ort des Notfalls

	Öffentlichkeit	öffentl. Gebäude	Wohnung
1991 - 1992	86,2 %	1,9 %	11,3 %
1993	59,6 %	7,8 %	30,7 %

Lokale Verteilung der Notfälle in Dortmund

	Innerhalb Wallring	weitere Stadtmitte	übrige Stadtteile
1991-'92	74,8	15,6	8,0
1993	46,2	25,1	25,1

Die Zahl der Drogentoten bietet keinen Anlaß zur Beruhigung: zwar ist die Zahl der Drogentoten in den letzten beiden Jahren geringfügig zurückgegangen, doch bietet diese kurze Zeitspanne noch keine sichere Grundlage für die Annahme, daß mit einem allgemeinen Rückgang zu rechnen ist[151].

---

150 Zum Notfallgeschehen in Dortmund; vgl. die Studie von A. Franke: „Drogennotfälle und Drogentodesfälle in Dortmund im Zeitraum 1990 - 1993. Quantitativer Teil", S.57ff., Dortmund 1994
151 Vgl. A. Franke, a.a.O., S.7. Die Entwicklung der Todesfälle in Bremen habe ich aus dieser Tabelle herausgelassen, da ich nicht Regionen, sondern lediglich das Verhältnis BRD - Dortmund vergleichen wollte.

Entwicklung der Drogentodesfälle in der BRD und Dortmund

	1988	1989	1990	1991	1992	1993
BRD Zuwachs	670	991 +47,9%	1491 +50,5%	2125 +42,5%	2099 -1,2%	1738 -17,2%
Dortmund Zuwachs	16	33 +106,3%	54 +63,6%	54 0%	52 -3,9%	44 -15,5%

A. Franke verweist in ihrer Studie darauf, daß das durchschnittliche Alter der Drogentoten 1993 bei 27,1 Jahren lag, niedriger als in den Vorjahren. Dies könnte meines Erachtens mehreres bedeuten: 1. die Qualität der Drogen nimmt ab, 2. das Konsumverhalten wird riskanter, 3. die angebotenen Hilfsmaßnahmen greifen nicht und 4. der Beginn der Abhängigkeit erfolgt früher. Unter Berücksichtigung des Geschlechts der Toten zeigt sich bei den Frauen ein durchschnittlich niedrigeres Sterbealter, dieses liegt bei 23,1 Jahren[152]. Dabei ist ein steigender Anteil von Frauen bei den Drogentoten festzustellen (1990: 13 % -> 1993: 27 %). Beide Entwicklungen könnten möglicherweise darauf zurückzuführen sein, daß ein Leben in der „Szene" für Frauen größere Risiken (Gewalt, HIV, Tod durch Überdosierung) aufweist.

Bei den Fundorten zeigt sich in den Jahren 1990 bis 1992 eine Verlagerung von den öffentlichen Orten in die privaten und sonstigen Orte (zum Beispiel Krankenhaus, Hotel, Haft). Diese Entwicklung wird 1993 nicht mehr bestätigt[153].

Fundorte der Drogentoten 1990 - 1993

Fundort	1990 n=53 Anzahl	%	1991 n=54 Anzahl	%	1992 n=52 Anzahl	%	1993 n=44 Anzahl	%
Öffentlichkeit	26	49,1	23	42,6	20	38,5	20	45,5
Wohnung	7	13,2	6	11,1	4	7,7	3	6,8

Die Zahlen über die Fundorte, sowohl der Notfälle als auch der Toten, zeigen, daß mindestens die Hälfte dieser Menschen in der Öffentlichkeit, in öffentlichen Räumen, gefunden wurde. Unabhängig von der Verdrängung in private

---

152 A.a.O., S.16
153 A.a.O., S.29

Räume oder in Randgebiete der Innenstadt taucht das Problem als ein öffentlich sichtbares wieder auf. Angesichts dieser Zahlen scheint es mir daher wichtig, die von Drogenabhängigen genutzten Räume auf ihre Struktur hin zu untersuchen[154] und vorher zu fragen, wieviel Raum ihnen zugestanden wird.

Die Wohnsituation der Abhängigen

In Anbetracht der (allgemeinen) katastrophalen Lage auf dem Dortmunder Wohnungsmarkt, ist die Chance für Junkies, eine Wohnung zu finden, extrem gering[155]. Ungefähr 25 % der betreuten Abhängigen sind deshalb auch obdachlos. Insgesamt sind es wahrscheinlich wesentlich mehr, denn nicht alle werden betreut und viele geben als Adresse den letzten Wohnsitz an, wo sie meist schon längst nicht mehr wohnen. Insbesondere Frauen leben häufig verdeckt obdachlos, bei Bekannten, Verwandten und Freiern. Als kurzfristige Wohngelegenheit bietet die Notschlafstelle „RELAX" Unterkunft und Betreuung. Andere kurzfristige Übernachtungsmöglichkeiten, z.B. in Hotels, werden nur Kranken und besonders gefährdeten Abhängigen aufgrund einer ärztlichen Bescheinigung vom Sozialamt finanziert. Wer aber wird schon als besonders gefährdet anerkannt?

Viele Süchtige schlafen deshalb „draußen", machen „Platte" (auf Heißluftschächten, Baustellen, in Parks und Tiefgaragen) oder bei Bekannten aus der „Szene". Mit dem Streß, draußen zu schlafen, ist die weitere gesundheitliche Gefährdung, aber auch die Gefahr, überfallen und ausgeraubt oder vergewaltigt zu werden, verbunden. Auch die Schlafplätze bei Bekannten sind in aller Regel nicht umsonst, häufig werden sie mit Drogenabgabe und/oder Beischlaf bezahlt, was den Streß, dem Süchtige täglich ausgesetzt sind, zusätzlich erhöht.

Besonders Frauen und jugendliche Stricher übernachten aus Not bei ihren Freiern, die solche Situationen häufig ausnutzen. Das Risiko, das die Betroffenen dabei eingehen, ist hoch: HIV-Infektionen, Gewalt und Raub wurden bereits genannt[156]. Ein Großteil der namentlich bekannten Abhängigen wohnt im Bereich der Innenstadt, beziehungsweise in der Nordstadt, häufig in überteuerten Wohnungen und innerhalb bereits belasteter Wohnumfelder (hohe Arbeitslosigkeit, Armut, Bereitschaft zu Gewalt). Konsequenz daraus ist für viele Drogenabhängige die weitere Verwahrlosung, die nur zu oft zu Kündigung und Räumung der Wohnung führt.

---

154 Vgl. Karte 1.
155 Aufgrund der engagierten Betreuung durch die beiden Mitarbeiterinnen des Projektes „Wohnraumbeschaffung für stabilisierte Drogenabhängige", das an die DROBS angegliedert ist, konnten von 73 betreuten Personen 24 in eigene Wohnungen und 4 in Übergangswohnungen/Container vermittelt werden.
156 Vgl. die ausgezeichneten Sonderberichte zur Situation betroffener Frauen und jugendlicher Stricher, in: Aktuell. Deutsche AIDS-Hilfe, Hefte Nr.2, S.16-36 und Nr.3, S.18-31, Berlin 1992

Das Drogenhilfesystem der Stadt Dortmund

Hilfe bei Drogenproblemen, wird in Dortmund von zwei Beratungsstellen geleistet: 1. der Drogenberatungsstelle (DROBS), Träger: Gesellschaft für paritätische Sozialarbeit, 2. der Drogenberatung im Sozialpsychiatrischen Dienst des Gesundheitsamtes (SD). Ihre Arbeit erstreckt sich vom Erstkontakt, über Krankenhausbesuche, Betreuung in der Justizvollzugsanstalt bis zur therapeutischen Nachsorge. Folgende Angebote werden den KlientInnen angeboten: 1. Vermittlung von Therapieplätzen/Entgiftungsplätzen, 2. Vermittlung stationärer/ambulanter Therapien, 3. ambulante Nachsorge/psychosoziale Betreuung, 4. Vermittlung in die Methadon-Substitution[157].

Suchtbegleitende Hilfe wird über die niedrigschwellige, akzeptierende Drogenarbeit geleistet. Diese Hilfen orientieren sich primär an der derzeitigen Lebenssituation der/des Betroffenen, ihren/seinen aktuellen Problemen und setzen den Willen zur Abstinenz nicht voraus. Zielgruppe sind dabei meist langjährig Abhängige, die aus gesundheitlichen Gründen einen Entzug nicht durchstehen würden[158], oder dies nicht mehr wollen. Ziel der Hilfen ist die erste Kontaktaufnahme und eine Schadensbegrenzung und -minimierung der Suchtfolgewirkungen[159].

Die Selbsthilfegruppen

In Dortmund existiert eine Vielzahl von Selbsthilfegruppen, die das gesamte Spektrum vom Abstinenzparadigma bis zur Akzeptanz von Sucht als Lebensstil umfassen:
1. der Drogengesprächskreis des Kreuzbundes basiert auf Abstinenzanspruch und -pflicht seiner Mitglieder. Es existieren neuerdings aber auch zwei Gesprächskreise für Noch-KonsumentInnen. Gespräche mit Ex-UserInnen und Betroffenen sollen den KonsumentInnen eine Vorstellung von einem drogenfreien Leben vermitteln,
2. Narcotics Anonymous (NA) bieten sich gegenseitig Hilfe, um abstinent zu bleiben. Ein weiterer Aspekt ist die zugesicherte Anonymität,
3. der Elternkreis drogenabhängiger Kinder trifft sich in Zusammenarbeit

---

157 Die Entwicklung der Methadonsubstitution und deren Vergabepraxis in Dortmund steckte zu dem Zeitpunkt der Recherche noch in den Anfängen und wird deshalb nur am Rande geschildert. Inzwischen konnten mit Hilfe der verschiedenen Substitutionsprogramme erfolgversprechende Entwicklungen in der Junkie-Szene erzielt werden, die sich jedoch teilweise durch eine anhaltende Beigebrauchspraxis der KlientInnen und eine Suchtverlagerung in den zunehmenden Alkoholkonsum relativiert.
158 Zum Beispiel, weil sie an AIDS im fortgeschrittenen Stadium erkrankt sind.
159 Um dieser Gruppe von Betroffenen realistische Überlebenshilfen zu bieten, wurden in Frankfurt und Hamburg erste FixerInnenstuben eröffnet, wo Süchtige unter hygienischen Bedingungen ihre Drogen konsumieren können; vgl. F. Tinnappel: „Wer „drücken" will, meldet sich an der Theke", in: Frankfurter Rundschau Nr.51, S.3, 1.3.1995

mit der DROBS einmal im Monat in deren Räumen, um über Erfahrungen, Enttäuschungen und familiäre Konflikte zu sprechen,
4. Junkies, Ex-UserInnen und Substituierte (JES) fordern die Akzeptanz von Sucht als Lebensstil. Sie arbeiten an der Verbesserung der Lebensbedingungen für Süchtige. „Safer use", „safer sex", Substitution und Entkriminalisierung sind zentrale Themen von JES. Die Gruppe ist bundesweit organisiert und arbeitet eng mit „Akzept", dem Verein für akzeptierende Drogenarbeit, zusammen. In Dortmund, wie auch in anderen Städten, betreibt JES ein kleines Café, in dem drogenabhängige BesucherInnen sich zum Selbstkostenpreis verpflegen und Beratung in Anspruch nehmen können.

Neben den therapeutisch-individuellen und beratenden Hilfen verfolgt die Dortmunder Drogenpolitik ordnungsrechtliche Interessen. Aufgrund der permanenten Überlastung der sozialtherapeutischen Infrastruktur in Dortmund nehmen längst nicht alle Süchtigen die gebotenen Hilfsangebote an und stehen stattdessen auf der Straße. Spätestens zu diesem Zeitpunkt wird Sucht zum sichtbaren räumlichen Problem. Die an den Raum gebundenen Probleme von Sucht werden aber nicht nur durch die mangelnde Infrastruktur manifest, sondern sie zeigen sich dort, wo mit den Raumansprüchen der Abhängigen, die Raumansprüche anderer NutzerInnen, zum Beispiel AnwohnerInnen und Geschäftsleute, konfligieren. Da Macht sich auch über ihr Aneignungspotential von Raum definiert, spiegelt der Raum soziale Hierarchien und daran gebundene Zugriffsmöglichkeiten. Diese Machtzuweisungen werden durch stadtentwicklungspolitische und ordnungsrechtliche Maßnahmen entscheidend mitbestimmt.

Drogenpolitik als Ordnungspolitik

Die Dortmunder Drogenpolitik folgt im wesentlichen zwei Interessen: 1. sozialen Interessen, 2. ordnungsrechtlichen Interessen. Die sozialen Interessen zeigen sich an der Organisation des kommunalen Drogenhilfesystems, das in seinen Grundzügen (Beratung, Therapievermittlung, etc.), aber auch in relativ neuen Bereichen (niedrigschwellige Angebote, Substitutionsbehandlung), ausgebaut wurde. Innerhalb der verschiedenen Institutionen ist ein Bemühen um kollegiale Zusammenarbeit erkennbar. Der Kontakt zu anderen Institutionen gestaltet sich dagegen nicht so transparent. In der sogenannten „Citykonferenz" bemühen sich die VertreterInnen aller von der Drogenproblematik betroffenen Organisationen (Gesundheitsamt, DROBS, Polizei, Staatsanwaltschaft, Jugendamt, Ordnungsamt, VertreterInnen der Parteien, SprecherInnen des städtischen Einzelhandels, etc.) um einen gemeinsamen Konsens hinsichtlich der weiteren Formen von Drogenhilfe und stadtgestalterischen Maßnahmen[160]. Daß der Schein dieses „Runden Tisches" trügt, zeigt sich in der repressiv praktizierten Ordnungspolitik der Stadt.

Hier wird deutlich, daß es nur im geringen Umfang um Kompromisse, grundsätzlich aber um die Vertreibung der Drogenabhängigen aus der Innenstadt geht[161]. Dieser harte Kurs soll auch in Zukunft beibehalten werden. Das „Haus der Drogenhilfe" hat da nur Alibifunktion und stellt ein seichtes Zugeständnis an die Sozialverwaltung der Stadt dar. Fraglos wird die weitere Verdrängung der Drogenszene gewährt und praktiziert, zudem bekommen die Geschäftsleute von der Stadt das Recht eingeräumt, mit privaten Schutzdiensten („Schwarze Sheriffs") Vertreibung zum Teil (auch) durch Gewalt in Eigeninitiative voranzutreiben[162]. Die erwähnte Wohnungsnot und Obdachlosigkeit der Abhängigen bleibt bis auf kleine Ausnahmen unbewältigt. Die Süchtigen und ihre SprecherInnengruppen werden im Gegensatz zu AnwohnerInnen und Geschäftsleuten bei der Beteiligung an stadtteilbezogenen Entwicklungsmaßnahmen (hier: der City) bisher ignoriert.

Zur „Minimierung der Drogenproblematik"[163] wurden Gegensteuerungsmaßnahmen für das Ordnungsamt und Einsatzkonzepte für die Polizei entwickelt: im Mai 1990 formierte sich ein informeller, ämterübergreifender Arbeitskreis, dem folgende VertreterInnen angehörten: die LeiterInnen des Ordnungsamtes, des Straßenverkehrsamtes, des EinwohnerInnenmeldeamtes, der AusländerInnenbehörde sowie Schutz- und Kriminalpolizei. Die TeilnehmerInnen dieser Runde sollten für die sinnvolle Koordination gegensteuernder Maßnahmen sorgen. „Die genaue personelle Ausgestaltung dieses Gremiums wurde bewußt offengelassen. Im Bedarfsfall werden Vertreter aus den Bereichen Betreuung/Fürsorge und Städtebau hinzugezogen."[164]

Auf der Grundlage dieser Arbeitsgruppe entstand eine besondere Einsatzgruppe, die zur „Drogenbekämpfung" eingesetzt wird. Sie besteht aus MitarbeiterInnen des Ordnungsamtes und soll im wesentlichen die verschiedenen städtischen Randgruppen und Minderheiten (Junkies, Punks, Obdachlose, AlkoholikerInnen und Straßenprostituierte) observieren, die Verteilung der Gruppen im Stadtgebiet registrieren und eine Situationseinschätzung vorlegen. Zusammen mit der Polizei soll so dem „Szenegewerbe" Einhalt geboten werden. Seitens der Polizei wird versucht, durch ständige Präsenz uniformierter Beamter Drogenhandel und -konsum zu kontrollieren.

---

160 Zu den „stadtgestalterischen Maßnahmen" ist anzumerken, daß sich diese bis jetzt auf eine verkehrsplanerische Maßnahme beschränken. Dabei wurde eine Einbahnstraßenregelung im Schwanenwallviertel festgelegt, um die Lärmbelastung durch das hohe Fahrzeugaufkommen der Autofreier, die den dort ansässigen Drogenstrich frequentieren, zu entschärfen.
161 Die Stadt Dortmund folgt damit dem veralteten fordistischen Prinzip einer Drogenpolitik zwischen „Zuckerbrot und Peitsche", die in ihrer grundsätzlichen Einstellung zu „Sucht" und „Rausch" auf dem mentalen Stand der Drogendiskurse der Siebziger Jahre stehengeblieben ist.
162 Zur (latenten) Gewalt privater Schutzdienste; vgl. D. Dorn: „Platz da! Uns die Stadt", in: Berliner Tinke Magazin Nr.5, S.9-10, Berlin 1994
163 Vgl. Stadt Dortmund: „Suchtbericht 1991", Dortmund 1991
164 A.a.O., S.135

Der Deal zwischen Ordnungsamt und Polizei scheint geglückt, denn stolz heißt es im neuen, also zwei Jahre später herausgegebenen Suchtbericht 1993: „Durch die ständige Präsenz dieser Einsatzgruppe hat es vielfältige Kontakte zu dem Personenkreis der Nichtseßhaften, Alkoholiker, Punker, Drogenabhängigen und Straßenprostituierten gegeben. Allein dadurch konnte das von diesen Gruppierungen ausgehende Fehlverhalten in einer erheblichen Zahl von Einzelfällen eingedämmt werden. Daneben war notwendig, auch durch Maßnahmen wie Platzverweise, Anzeigen und Ordnungsverfügungen gegen diese Gruppen vorzugehen. So haben die Verstöße gegen den Anleinzwang für Hunde, das aggressive Betteln, das Urinieren in der Öffentlichkeit, das Anpöbeln von Passanten und das Gröhlen im alkoholisierten Zustand im Vergleich zu Vorjahren abgenommen. Die Straßenprostituierten verlassen bei Sichtkontakt zu den mittlerweile durch häufige Kontrollen von Person bekannten Außendienstmitarbeitern zumindest zeitweise ihre Standorte."[165]

Wie sich die „vielfältigen Kontakte" zwischen Polizei und verschiedenen Minderheiten gestalteten kann im Jahresbericht 1992 der Polizei[166] nachgelesen werden:

Maßnahmen des Einsatztrupps Brückstraße

Festgestellte Betäubungsmittelverstöße	1.185
Festhalten	850
Festnahmen	
Verstoß gegen das Betäubungsmittelgesetz	387
Haftbefehle	75
Sonstige	53
Strafanzeigen (Betäubungsmittelgesetz, Raub etc.)	748
Einsatz- und Ermittlungsberichte	148
Vernehmungen	126
Personenüberprüfungen	9.928
Platzverweisungen	7.333
Ingewahrsamnahmen	
Betäubungsmittelkonsumenten	216
Prostituierte	133
Belehrungen Prostituierte	92
Blut- und Urinproben	14
ED-Behandlungen	170

---

165 Vgl. Stadt Dortmund: „Suchtbericht 1993", Dortmund 1994, S.77
166 In: Stadt Dortmund (1993), a.a.O., S.110

Der Versuch, auf diese Weise die „Szene" in der Innenstadt zu zerschlagen, hatte neben dem kurzfristigen Vertreibungseffekt lediglich eine weitere Dezentralisierung des Problems zur Folge. Auch AnwohnerInnen, PassantInnen und Gewerbetreibende fühlen sich angesichts des riesigen Polizeiaufgebots in der City nicht wohl. Und wer als Reisende/r die Stadt besucht und aus dem Bahnhof auf dessen Vorplatz tritt, wird bereits hier durch ein Aufgebot des Bundesgrenzschutzes begrüßt, das auf dem Bahnhofsumfeld patrouilliert.

Weitere Maßnahmen des Ordnungsamtes sind gewerberechtlicher Art: so wurden Aktionen gegen bekannte „Problembetriebe" des Gaststätten- und sonstigen Vergnügungsgewerbes durchgeführt, die Sperrzeitverkürzungspraxis wurde im Brückstraßenbereich weitestgehend ausgenutzt und „einschlägige Betriebe" wurden stärker überwacht.

Eine Dortmunder Besonderheit sind die „Platzverweise" und „Ansammlungsverbote", die mit dem OrdnungsbehördenGesetz und dem PolizeiGesetz zur „Aufrechterhaltung der öffentlichen Sicherheit und Ordnung" begründet werden. „Platzverweis" heißt: Aufenthaltsverbot in einem bestimmten Bereich der Öffentlichkeit, in der Regel dort, wo sich die „Szene" aufhält und Drogengeschäfte abgewickelt werden; „Ansammlungsverbot" bedeutet, daß nicht mehr als zwei Personen der offenen „Szene" zusammenstehen dürfen. Diese Aufenthaltsverbote umfassen in Dortmund folgende Orte:

1. öffentliche Grün- und Erholungsanlagen,
2. alle der Öffentlichkeit zugänglichen sonstigen Flächen,
3. Pausenhofflächen, offene Pausenhallen, Grünanlagen und Sportaußenanlagen, soweit sie der Öffentlichkeit zugänglich sind,
4. die der öffentlichen Benutzung dienenden Stadtbahnanlagen einschließlich der Zu- und Abgänge,
5. die öffentlichen Toilettenanlagen.

„Kein Ort nirgends" für Junkies? Es sieht so aus, denn neben der öffentlichen Stigmatisierung und Ächtung wird ihre kommunalpolitisch abgesegnete Vertreibung aus der Stadt betrieben. Die Orte, an denen sie sich aufhalten, dürften demnach gar keine offiziellen, öffentlichen Orte sein, da es die DrogenkonsumentInnen dort schließlich nicht geben soll. Sie leben daher eher an Unorten, die ich jetzt anhand von Karte 1 (Seite 202) näher beschreiben will.

Spuren: Orte und Unorte

Die Orte, an denen sich die Süchtigen treffen, liegen relativ verstreut im Innenstadtgebiet und können nicht genau festgelegt werden, da für diese Orte keine offizielle Nutzung (zum Beispiel als anerkannter Treffpunkt für Junkies) festgeschrieben ist. Deshalb kommt es (meist nach Polizeieinsätzen, Razzien) immer wieder zu Verschiebungen. Derzeitiger Haupttreffpunkt ist der Bahnhof, sein Umfeld und die angrenzenden U-Bahn-Unterführungen,

Karte 1: Aufenthaltsorte und Hilfsangebote in der Dortmunder Innenstadt

Aufenthaltsorte

1. Hauptbahnhof
2. U-Bahn-Unterführung (Freistuhl-Königswall)
3. Bereich Untere Kuckelke
4. Brückstraße
5. Museumspark
6. Stadtgarten
7. Westpark
8. Petrikirche/Westenhellweg
9. Wohngebiet: Schwanenwall (Strich)
10. Wohngebiet: Steinstraße/Heiligegartenstraße (Strich)
11. Wohngebiet: Bornstraße/Steinstraße (Strich)

Hilfsangebote

12. Drogenberatungsstelle
13. Gesundheitsamt
14. AIDS-Hilfe
15. Streetwork
16. Selbsthilfe (JES-Café)

die in Richtung Innenstadt verlaufen. Hier wird mit Drogen gehandelt und hier werden Drogen konsumiert (vor allem in den öffentlichen Toiletten der U-Bahnanlagen). Der Bahnhofsplatz, der während der Tagesstunden gut besucht ist von Reisenden etc., scheint als relativ anonymer, schwer kontrollierbarer Platz gut geeignet für Drogendeals, auch ist die unmittelbare Nähe zur City für die Abhängigen von Vorteil (Beschaffungskriminalität). Das Petrikirchen-Umfeld, direkt in der City am Westenhellweg, und die Brückstraße erfüllen ebenfalls diese Funktionen.

Bei allen drei Orten fällt auf, daß sie während des Tages in ihrer Funktion als Hauptgeschäftsbereiche relativ belebt sind. Während dieser Zeit können diese Räume verhältnismäßig unauffällig als Rauschräume genutzt werden, da diese Art der Nutzung überlagert wird von anderen Nutzungen (Reisen, Einkaufen, Bummeln). Nach Ladenschluß ändert sich das Gesicht der Orte, sie sind plötzlich wie leergefegt, bis auf kleine Gruppen von Menschen, die hier verloren stehen, und allein schon durch die sonstige Leere und Stille der Orte auffallen. Die Orte verwandeln sich zu Unorten, ohne Funktion, Leerstellen ab 18:30 Uhr, die erst morgens wieder (offiziell) belebt werden.

Die Straßen Schwanenwall, Born- und Steinstraße, die direkt in die City führen, sind den ganzen Tag über gut befahren. „Kunden" nutzen diese Straßen, die gleichzeitig der Arbeitsplatz (->Beschaffungsprostitution) vieler DrogenkonsumentInnen sind, um sich hier billig „bedienen" zu lassen[167]. Die Konflikte, die sich daraus ergeben, liegen vor allem in den Klagen seitens der AnwohnerInnen, die sich über Lärm und Atmosphäre von Auto- und Straßenstrich beschweren. Dabei wird die Problematik ausschließlich zu Lasten der DrogengebraucherInnen definiert; daß die Freier die Probleme ebenfalls mitverursachen, kam bislang in den (männerdominierten) BürgerInnenanhörungen nicht zur Sprache.

Die Bereiche Stadtgarten, Museumspark und Westpark werden von vielen Süchtigen als Ruheraum genutzt, wo sie Drogen konsumieren und danach „abhängen" können. Viele obdachlose Junkies schlafen hier (im Winter) nachts auf den Heißluftschächten der angrenzenden städtischen Gebäude und (im Sommer) in den Grünbereichen, weil diese Orte als relativ störungsfrei (wenig Polizeikontrollen) gelten. Da sich hier bevorzugt auch andere städtische Minderheiten niederlassen, zum Beispiel obdachlose AlkoholikerInnen, kommt es immer wieder zu Rivalitäten zwischen den Gruppen.

---

167 Der Verdienst einer/eines Beschaffungsprostituierten, die/der ihren/seinen Erwerb in Drogen umsetzt, ist viel niedriger (meist 50,- DM/Kunde) als im Falle der/des Erwerbsprostituierten. Dazu kommt eine wesentlich größere Gefahr ausgeraubt, vergewaltigt, ermordet zu werden, wie eine bislang ungeklärte Mordserie im Drogenmilieu (Straßenstrich) zeigt. Häufig werden riskante Sexualpraktiken und der Verzicht auf Schutzmaßnahmen (Präservative) seitens der Freier gefordert, denen sich süchtige „Prostituierte" aufgrund ihrer Geldnot selten verweigern (können). Mir wurde auch von Fällen berichtet, in denen den Abhängigen ihr Geld von Zivil- und Schutzstreifen der Polizei abgenommen wurde, ohne Quittung versteht sich (!).

Noch mehr Rauschräume!

In diesem Abschnitt stelle ich Projekte und Maßnahmen (realisierte, geplante, notwendige) vor, die überlebenssichernde und wiederbelebende Qualitäten für die „Szene" der Junkies bieten; diese fasse ich in zwei Hauptlinien:
1. die konkreten, alltagspraktischen, suchtbegleitenden Überlebenshilfen (Karte 2), die Abhängige dringend brauchen, wenn ihnen, angesichts der Folgen der derzeitigen Kriminalisierung, überhaupt eine Überlebenschance bleiben soll, und
2. ein liberalisiertes Verständnis von Raum (seiner rechtlichen, technischen und funktionalen Planung und Nutzung), das Rauschzustände (und potentielle Sucht) als möglichen Lebensstil akzeptieren lernt[168].

Die bereits besprochenen ordnungsrechtlichen Maßnahmen wie Ordnungsgelder, Platzverweis und Ansammlungsverbot konnten das Problem des Drogenkonsums im Innenstadtbereich nicht in den Griff bekommen. Vielmehr wurde durch die praktizierte Härte, Bestrafung und Zerschlagung der „Szene" der Kontakt zu den Abhängigen erschwert. Daß ordnungsrechtliche Maßnahmen nicht greifen (können), liegt meines Erachtens an der ihnen selbst innewohnenden Sucht, eine unbewußte und deshalb auch unreflektierte Vorstellung vermeintlicher Ordnung, die sich aus (klein)bürgerlichen Wertvorstellungen zusammensetzt, durchsetzen, beziehungsweise aufrechterhalten zu wollen. Ein Stadtbild auf der Grundlage eines verlängerten Selbstbildes ist in meinen Augen freilich nichts anderes als eine narzißtisch fundierte (männliche) Omnipotenzphantasie, die ihre verdrängten Schwächen in eine diskursive Absegnung von Machtpraktiken zur rechtlichen Entmündigung von (vermeintlich triebstärkeren) Minderheiten umdeutet.

Die Folgen einer solchen Politik schlagen sich im Alltag der Ausgegrenzten nieder:

1. verstärkte Kontrollen lassen die Drogenpreise explodieren,
2. die Süchtigen sacken noch tiefer in die Beschaffungskriminalität und -prostitution,
3. ihr Wunsch nach „Zusein" und suizidale Tendenzen verstärken sich,
4. das Risiko einer Verhaftung steigt,
5. das Risiko einer HIV-Infektion steigt,
6. letzte persönliche Bindungen werden aufgegeben, wodurch sich die weitere psychische Verwahrlosung noch verstärkt.

Sozialtherapeutische Maßnahmen, ausgestattet mit einer an den Bedürfnissen der Betroffenen orientierten Infrastruktur, sind daher dringend erforderlich. Die Akzeptanz von (nach bürgerlichen Wertmaßstäben) abweichenden Le-

---

168 Auf den zweiten Aspekt (Handlungsperspektiven) werde ich vertieft in Kapitel 5 eingehen.

bensstilen und die Aufgabe des Abstinenzparadigmas sind dabei von besonderer Relevanz[169].

Im weiteren besuche ich nun die konkreten Rauschräume Café „FLASH" und die Notschlafstelle „RELAX", die sich beide im „Haus der Drogenhilfe" in zentraler Lage zur „Junkie-Szene" befinden[170]. Beide Einrichtungen sind mir aufgrund meiner mehrjährigen beruflichen Zugehörigkeit zur Drogenberatungsstelle bestens vertraut. Während dieser Zeit arbeitete ich dort als Sozialarbeiterin im „RELAX". Diese berufliche Einbindung entschärfte auch die üblichen Probleme, die normalerweise mit der Erkundung eines (sub)kulturellen Untersuchungsfeldes verbunden sind (sprich: Feldeinstieg, Kontaktaufnahme, Vertrauensgewinn, etc.). Möglicherweise machte meine langjährige Teilnahme an der praktischen Sozialarbeit diese Arbeit überhaupt erst möglich.

Ich denke, es ist nicht einfach damit getan (sofern dies überhaupt möglich ist), ein Feld zu betreten, Informationen zu sammeln und dann das Feld schnellst möglich wieder zu verlassen. Wer wirklich „sein" Feld erkunden will, der sollte auch dazu bereit sein, sich einzugestehen, daß diese Räume von Menschen bewohnt werden, die ein Recht darauf haben, die jeweiligen Spielregeln, die im Feld gelten, mitzubestimmen, denn schließlich leben *sie* in diesen, von der/dem ForscherIn so genannten, Feldern und das bedeutet für Betroffene mehr und Grundlegenderes: es geht um *ihre* Lebenswelten[171].

Dennoch war mein Blick in diese Räume kein ethnologischer, denn ich war dort mit praktischen Aufgaben (Betreuung, Beratung, Krisenintervention) befaßt, die den Abhängigen unmittelbar zugute kamen, so daß meine wissenschaftlichen, teilnehmenden Beobachtungen in den Hintergrund traten, zugunsten sehr menschlicher Kontakte mit „meinen" KlientInnen. Diese Beziehungen hinderten mich allerdings nicht an der wissenschaftlichen Beschäftigung mit „Junkie-Lebenswelten", sondern kamen dieser vielmehr zugute, in der Weise, daß ich im Laufe der Zeit lernte, die Probleme der Abhängigen (auch) mit deren Augen zu sehen, und das heißt ihre Gefühle, Gedanken ernstzunehmen und ihre Sprache zu lernen[172].

Im folgenden Abschnitt unternehme ich einen Streifzug durch zwei Dortmunder Rauschräume. Anhand der Darstellung dieser Räume sollen konkrete Milieustrukturen transparent gemacht werden.

---

169 Vgl. dazu R. Gerlach/S. Engemann: „Zum Grundverständnis akzeptanzorientierter Drogenarbeit", 2. Auflage, Münster 1994
170 Die zentrale Lage niedrigschwelliger Angebote ist von hoher Bedeutung für die „Szene", die auf eine leichte Erreichbarkeit von Drogenhilfeeinrichtungen dringend angewiesen ist.
171 Zur Forschungsethik im Feld; vgl. R. Girtler: „Methoden der qualitativen Sozialforschung", 3. Auflage, Wien/Köln/Weimar 1992
172 Zur Bedeutung (sub)kultureller Sprache; vgl. R. Girtler: „Würde und Sprache in der Lebenswelt der Vaganten und Ganoven", München/Wien 1992 und ders.: „Randkulturen. Theorie der Unanständigkeit", Wien/Köln/Weimar 1995

Das Café „FLASH"

Das Café, das sich auch als Kontaktladen versteht, zählt zu den niedrigschwelligen Angeboten, die in Dortmund für Drogenabhängige existieren. Seine Geschichte beginnt im Jahr 1986, als in Dortmund erstmals systematische Streetwork[173] durchgeführt wurde. Im Herbst 1987 kam das erste „Junkie-Frühstück" ergänzend hinzu, gefrühstückt wurde damals noch in den alten Räumen der Drogenberatungsstelle (Kampstraße).

Nach dem Umzug und der Erweiterung der Beratungsstelle (Beurhausstraße) wurde dort 1991 das erste Café eröffnet; dabei zeigte sich schon schnell, daß der Verlust der unmittelbaren räumlichen Nähe[174] zur Klientel Auswirkungen auf die BesucherInnenzahl hatte. Viele Junkies, die vorher regelmäßig kamen, blieben jetzt weg. Aufgrund zunehmender Probleme und Konflikte im Innenstadtbereich Dortmunds wurde auf der Grundlage eines Ratsbeschlusses der Stadt ein ehemaliges Versicherungsgebäude (in der City) gekauft und ausgebaut. In diesem „Haus der Drogenhilfe" (Schwanenwall) wurden Café, Beratung, Notschlafstelle und Selbsthilfegruppen zentral untergebracht.

Das neue Café bietet Platz für cirka 50 - 60 BesucherInnen. Nur Junkies sollen Einlaß finden; Freier, Zuhälter und DealerInnen bleiben draußen. Im Café gelten drei einfache Regeln: 1. kein Dealen, 2. kein Konsum von Drogen und 3. keine Gewalt/Androhung von Gewalt. Das „FLASH" versteht sich als „Ruheraum vom Alltagsgeschäft"[175] und bietet den Abhängigen folgende (über)lebenspraktische Hilfen: Duschen, Waschen, Kleiderkammer und Lagerkeller, desweiteren: Spritzentausch[176], Kondomvergabe, sowie die Möglichkeit zur Einrichtung einer Postadresse und zur Annahme von Telefongesprächen über ein Club-Telefon.

Hier können Junkies zum Selbstkostenpreis frühstücken, warme Mahlzeiten kaufen (mittags), sich unterhalten oder einfach auch nur abhängen. Es existiert eine Info-Börse, an der wichtige Informationen ausgehängt werden können. Neben den lebenspraktischen Hilfen bieten die MitarbeiterInnen des Cafés vielfältige Beratungs- und Betreuungsangebote: juristische und medizinische Beratung[177], Hilfe bei Behörden- und Ämtergängen, bei Wohnproblemen und allgemeine Krisenintervention. Als im Frühjahr 1993 die Zerschlagung der offenen Drogenszene seitens der Stadt begann, kam es zu einem

---

173 Streetwork meint die aufsuchende Betreuung; vgl. G. Fellberg: „Hartes Pflaster - Lesebuch zur Straßensozialarbeit", Bensheim 1982; W. Steffan: „Streetwork in der Drogenszene", Freiburg 1989
174 Die Kampstraße liegt unmittelbar in der City, die Beurhausstraße im Cityrandbereich.
175 Vgl. Jahresbericht Café „FLASH" 1993, S.4, Dortmund 1993
176 Das „FLASH" tauscht im Monat durchschnittlich (jeweils) 12.000 Nadeln und Spritzen.
177 Dazu gehört auch die basismedizinische Betreuung, also: Verbände, Wundversorgung, Notfallhilfe, etc.

Ansturm auf das Café[178], das bald schon überlastet war: Überfüllung, Streß und Gewalt waren an der Tagesordnung. Ärger gab es auch vor der Haustür, wo sich die „Szene" versammelte, die aus Platzgründen keinen Einlaß in das „FLASH" mehr fand und nun vor der Haustür dealte. Dies führte zu erheblichem Ärger mit den AnwohnerInnen und Kaufleuten in der Umgebung. Das Café-Team entschloß sich daher: 1. die Öffnungszeiten zu verlängern[179], 2. Club-Ausweise an seine BesucherInnen zu verteilen[180] und 3. ein neues Konzept zu entwickeln.

Gleichzeitig wurde seitens der Stadt eine ständige Polizeipräsenz vor den Türen des „FLASH" installiert, um die Überwachung der BesucherInnen sicherzustellen. Dies gab erneuten Anlaß zu gegenseitigen Provokationen und Übergriffen; Situationen, die sich erst entschärften, nachdem sich das neue Konzept des Cafés durchzusetzen begann.

In einem Gespräch mit der Leiterin des „FLASH"[181] wurde mir die aktuelle Situation folgendermaßen dargestellt: Mit den neuen Öffnungszeiten kam es zu einer Entzerrung des BesucherInnenstroms. Zur Zeit wird das Café von durchschnittlich 130 bis 150 Personen, von denen ungefähr 40 % weiblichen und 60 % männlichen Geschlechts sind, täglich aufgesucht. Es wurden neue Angebote aufgenommen: 1. Frauen- und Kinderfrühstück[182] am Mittwochmorgen und 2. das Projekt „Freizeit und Kultur"[183] am Donnerstagnachmittag, die beide von den BesucherInnen sehr positiv beurteilt werden. Im Bereich der medizinischen Versorgung registrieren die MitarbeiterInnen eine wachsende Nachfrage, allgemein konzentriert sich der (starke) BesucherInnenandrang auf die Vormittagsstunden. Daß aus Geldmangel keine Streetwork mehr durchgeführt werden kann, bezeichnet Frau Löde als „Verlust"; Bedürftige, die den Weg zum Café nicht schaffen, werden nicht erreicht[184].

Hinsichtlich der baulichen Ausgestaltung des Cafés besteht Unmut unter den MitarbeiterInnen, dieser bezieht sich 1. auf die unübersichtliche Gestal-

---

178 Es gibt Absprachen zwischen Polizei und SozialarbeiterInnen, daß die Polizei das Café nicht zu betreten hat. Dennoch kam es immer wieder zu polizeilichen Übergriffen, die mit der Begründung „Gefahr im Verzug" durchgeführt wurden.
179 Die Öffnungszeiten wurden von der Öffnung am Vormittag bis in die Abendstunden verlängert, das Café wurde also zur Tageseinrichtung.
180 Die Club-Ausweise wurden in einer groß angelegten öffentlichen Aktion auf der „Platte" (offene Drogenszene) im November 1993 verteilt.
181 Das Gespräch mit Susanne Löde (Diplom-Sozialpädagogin) fand am 9.3.1995 im „FLASH" statt.
182 Dieses Angebot richtet sich ausschließlich an Frauen und bietet einen geschützten Rahmen zum Austausch und Gespräch, insbesondere auch für substituierte Mütter (und ihre Kinder).
183 Das Projekt „Freizeit und Kultur" besteht seit Dezember 1993 und veranstaltet Spielenachmittage, Sportveranstaltungen, Tagesausflüge, Freizeitfahrten, Kunstausstellungen und Videovorführungen. Es ist offen für alle Interessierten, setzt aber eine aktive Beteiligung am jeweiligen Programm voraus.
184 Streetwork wird zur Zeit von „JES" (Junkies, Ex-User und Substituierte) und den „MIMIS" (einem Team von Sozialarbeiterinnen der Mitternachtsmission) praktiziert.

tung der Bäder und WC-Anlagen, die in Notfällen schnelle Hilfseinsätze blokkiert und 2. auf den Eingangsbereich, der die BesucherInnentheke nicht richtig integriert. Auch die Größe und Zentralität des „FLASH" scheint überdimensioniert, besser wäre es, dezentral drei kleinere Kontaktläden zu betreiben und zusätzliche (räumliche) Angebote für Substituierte[185] bereitzuhalten. Alle genannten Probleme hätten vermieden werden können, wären die MitarbeiterInnen in die Umbauplanung einbezogen worden. Die unmittelbare Nähe zu den Räumen der Beratung erzeugt weiteren Konfliktstoff, so stellt es für einige Abhängige ein Problem dar, durch den Pulk der Junkies, die vor dem „Haus der Drogenhilfe" stehen, hindurchzugehen, um die Beratung aufzusuchen. Kontakt zu den AnwohnerInnen im Viertel besteht kaum und bezog sich auch in der Anfangsphase des Cafés lediglich auf eine Einladung zu einer Informationsveranstaltung.

Die Notschlafstelle „RELAX"

Die zweite große, niedrigschwellige Einrichtung für Drogenabhängige in Dortmund ist das „RELAX". „RELAX" entstand 1992 in der DROBS (Beurhausstraße) und bezog noch im selben Jahr die Dachgeschoßetage des Drogenhilfehauses. Die Notschlafstelle bietet acht Übernachtungsmöglichkeiten (plus zwei Notbetten) und öffnet abends um 21 Uhr. Hier bietet sich die Möglichkeit vierzehn Tage in Folge zu übernachten (Verlängerungen sind möglich), auszuruhen und Abstand vom Szene-Alltag zu finden. Um dies zu gewährleisten gelten auch hier die Hausregeln: 1. kein Dealen, 2. keine Gewalt/ Gewaltandrohung und 3. kein Konsum von Drogen. Der Verlauf eines Abends kann in etwa wie folgt geschildert werden: in wohngemeinschaftsähnlicher Atmosphäre wird hier zu Abend gegessen, ferngesehen, diskutiert, etc.
Es gibt eine medizinische Erstversorgung und Beratungsgespräche (falls erwünscht). Zum „RELAX" gehört ein Nottelefon, das ab 20 Uhr abends bis zum nächsten Morgen besetzt ist. Die Notschlafstelle ist für viele ihrer BesucherInnen weit mehr als ein Dach über dem Kopf, denn hier finden sie häufig zum ersten Mal wieder einen Raum, der nicht von Drogen und Verfolgung bestimmt ist. Es ist immer wieder erstaunlich zu sehen, welche Wandlung obdachlose, ausgehungerte Menschen durchmachen, wenn sie wieder Gelegenheit haben, ein Leben unter einigermaßen geregelten Bedingungen zu führen. Unter diesen Voraussetzungen ist es für viele erst möglich, ihre weiteren Lebensperspektiven zu überdenken. Dennoch kommen die meisten der NotschläferInnen erstmal mit einem Berg ungelöster Probleme und zudem hoch dosiert[186] im „RELAX" an.

---

185 Die „Junkie-Szene" des Kontaktladens ist nicht so einheitlich wie sie auf den ersten Blick scheint, so bestehen große Unterschiede hinsichtlich der Interessen von FixerInnen und Substituierten. Hinzu kommt, daß Substituierte häufig einen schwunghaften Handel mit Medikamenten betreiben, oder ihren Suchtersatzstoff (z.B. Codein) verkaufen.

Betreute Personen und geschlafene Nächte 1994

Männer	149 (138)	73 % (75,4 %)
Frauen	55 (45)	27 % (24,6 %)
Gesamt	204 (183)	
Übernachtungen Männer	2.864 (2.410)	85 % (72,5 %)
Übernachtungen Frauen	505 (916)	15 % (27,5 %)
vorhandene Plätze	8	100 %
durchschnittliche Belegung pro Nacht	9,5 (9,1)	
durchschnittliche Auslastung		118,75 % (114 %)

(Zahlen vom Vorjahr in Klammern)[187]

Aufgrund seiner Größe hat das „RELAX" das Glück, kein Massenbetrieb zu sein, so daß sich immer Raum für Gespräche findet. Der Umgang der Junkies untereinander ist sehr viel entspannter als im täglichen Drogenmilieu draußen (und auch im „FLASH"). Dies liegt sicherlich mit daran, daß sie im „RELAX" Intimität für sich beanspruchen können. Die Notschlafstelle ist offen für Männer und Frauen, die allerdings in getrennten Räumen übernachten. Erfahrungen anderer Notschlafstellen zeigten, daß diese Trennung ein Schutz für die Frauen ist, die häufig gezwungen sind, sich tagsüber zu prostituieren, und wenigstens nachts ihre Ruhe wollen. Abgesehen von den Schlafräumen, sind alle anderen Räume für jede/n BenutzerIn zugänglich.

Das Angebot der Notschlafstelle beschränkt sich auf die Zeit von 21 Uhr bis 8 Uhr morgens, dann wird die Stelle bis zum Abend geschlossen. Der Aufenthalt tagsüber ist also nicht möglich, wäre aber dringend erforderlich, um die Betreuung zu optimieren. Insgesamt ist die Notschlafstelle das ganze Jahr über in ihrer Kapazität ausgelastet. Im Winter besteht oft sogar ein solcher Andrang um einen Platz als Notaufnahme, daß nicht allen, die übernachten wollen, ein Schlafplatz angeboten werden kann. Insgesamt schliefen im Jahr 1994 149 Männer (73 %) und 55 Frauen (27 %) im „RELAX". Die Männer übernachteten 2.864 (85 %) mal im „RELAX", die Frauen 505 (15 %) mal. Die Zahlen zeigen, daß weniger Frauen und dazu seltener im „RELAX" übernachten, was folgende Gründe hat:

---

186 Da im „RELAX" keine Drogen konsumiert werden dürfen, geschieht dies meist unmittelbar vor der Aufnahme. Entsprechend „dicht" (hoch dosiert) kommen die Abhängigen dann an. Es passiert immer wieder, daß Junkies beim Essen mit dem Kopf in die (vollen) Teller fallen. Sehr zum Ärger der wacheren „SchläferInnen", die oft großen Wert darauf legen, sich ansprechbar und strukturiert darzustellen.

187 Vgl. Jahresbericht Notschlafstelle „RELAX" 1994, Dortmund 1995

1. greifen sie eher auf andere Übernachtungsmöglichkeiten zurück (Freund, Freier, Eltern),
2. bemühen sie sich mehr und eher um die Verbesserung ihrer Lebenssituation,
3. finden sie leichter eine neue Wohnung/Zimmer,
4. existiert seit Mitte 1994 eine eigene Frauenübernachtungsstelle als Tageseinrichtung.

Der Verlauf eines Abends und das Befinden der KlientInnen wird von den diensthabenden MitarbeiterInnen dokumentiert. Hier einige Auszüge aus Dienstbucheinträgen, die zeigen, was so alles abends passiert[188]:

„20.07.: Ab kurz vor 21 Uhr geht die Klingel und es scheint nicht aufzuhören (...) Bis kurz nach 22 Uhr sind dann alle da, unsere Aufnahmekapazitäten sind restlos erschöpft!!! (...) G. und F. haben sich gut eingelebt, sind gesprächig und kooperativ. Auch A. redet und redet. ...

28.10.: Der Abend beginnt zuerst etwas hektisch. M. kam sehr dicht hier an und reagierte sehr aggressiv auf die Ansprache der anderen „Schläfer". Nachdem er gegen 22:30 Uhr schlafen gegangen war, wurde es aber schnell ruhig. C. hatte sich auch eine schöne Mischung (Pillen und Bier) fertig gemacht. Längeres Gespräch mit einer Frau, deren Sohn anscheinend Heroin raucht, wegen weiterer Informationen an DROBS verwiesen (...) M. ist heute morgen wie ausgewechselt. Hat gute Laune, will zum Arzt und sich dann bei seiner Beraterin melden. ...

14.11.: V. hat sich maßlos aufgeregt, weil H. so laut schnarcht. Er wollte unbedingt, daß wir H. in ein anderes Zimmer verlegen. Dies haben wir nicht getan (...) Das Angebot im Wohnzimmer zu schlafen hat V. auch abgelehnt, denn da sei es trotz Lüften zu verqualmt. ...

17.11.: Neue Leute, neue Atmosphäre. Längeres Gespräch mit S. geführt. Ihm geht es psychisch und körperlich sehr schlecht (...) E. hat Eingewöhnungsprobleme, verwechselt uns hier mit einem Hotel. Die anderen waren äußerst hungrig und plünderten unsere Nachtischreserven. ...

19.12.: M. ist absolut zu und ihm geht's körperlich sehr mies. Seinen Zustand finde ich langsam besorgniserregend. C. ist körperlich auch völlig daneben. In's Krankenhaus will sie absolut nicht, hat aber vor am Dienstagmorgen zu „Therapie sofort" zu gehen. Überraschungsgäste waren B. und U.. Sie haben heute ihre Therapie abgebrochen. Sie wissen jetzt nicht, was sie tun sollen."

---

188 Vgl. DROBS (Hg.)/Notschlafstelle: „Nacht für Nacht...", Dortmund 1993

Fazit

Beide Projekte, Café „FLASH" und Notschlafstelle „RELAX", beinhalten erste Ansätze zu einer Drogenpolitik, die sich in ihren Grundzügen verstärkt mit den Verbindungen zwischen gesellschaftlichen und subjektiven Entwicklungstendenzen befassen müßte. Insbesondere im Bereich der Vernetzung von Drogenmilieu und Biographie der/s einzelnen Betroffenen könnte vertieft geforscht werden. Weitere Projekte müßten vor diesem (theoretischen) Hintergrund entwickelt werden. Ich kann an dieser Stelle nur einige meines Erachtens vordringliche Projekte nennen, eine Gesamtkonzeption und Koordination aller möglichen Maßnahmen würde den Rahmen dieser Arbeit sprengen:

1. Schlafstelle für jugendliche DrogenkonsumentInnen: Jugendliche ohne festen Wohnsitz, als TrebegängerInnen in der Stadt umherziehend, sind besonders gefährdet und wissen nachts oft nicht wohin. Für sie müßte dringend ein Aufenthalts- und Übernachtungsangebot in zentraler Lage (Hauptbahnhof) geschaffen werden[189], damit sie erste Gelegenheit zur Stabilisierung erhalten und einen (möglichen) Ausstieg aus der Sucht überdenken könnten.
2. Notrufsäulen und Spritzenautomaten müßten im gesamten Stadtgebiet aufgestellt werden, damit die Gefahr von Todesfällen und HIV-Infektionen herabgesetzt wird.
3. Spezielle Angebote für drogenkonsumierende Frauen, die dem Streß der täglichen Geldbeschaffung (Prostitution) besonders ausgesetzt sind, in Form eines eigenen Kontaktladens (wie zum Beispiel Café Hydra in Berlin) und eigene Übernachtungsmöglichkeiten.
4. Benutzung der städtischen Park- und Grünanlagen: in den Parkanlagen (z.B. Westpark, Stadtgarten, Museumspark), die von vielen Junkies zum Ausruhen genutzt werden, wäre an die Schaffung überdachter Aufenthaltsmöglichkeiten zu denken.
5. Benutzung öffentlicher Plätze in der City: die Benutzung der Plätze „Leeds", „Amiens", „Willy Brandt", „Hansa", „Alter Markt", „Reinoldikirche", „Petrikirche" als innerstädtische Treffpunkte sollte auch den DrogenkonsumentInnen erlaubt sein.

Neben diesen ersten Maßnahmen bedarf es langfristiger Handlungskonzepte, die ich an dieser Stelle noch nicht diskutieren will[190]. Karte 2 nimmt erste (Über)lebenshilfen auf und zeigt mögliche Räume:

---

189 Am Hauptbahnhof hält sich, neben der Drogenszene, die männliche, meist minderjährige, Stricherszene auf.
190 Auf handlungstheoretische und handlungsorientierte Perspektiven werde ich in Kapitel 5 ausführlich eingehen.

Karte 2: Notwendige Maßnahmen

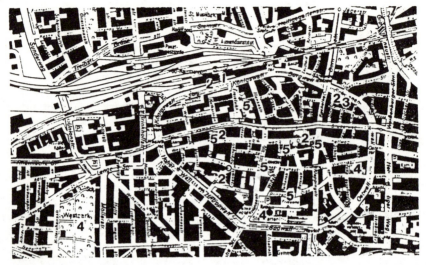

(Über)lebenshilfen
1. Übernachtungsstelle für jugendliche DrogenkonsumentInnen
2. Notrufsäulen und Spritzenautomaten
3. Angebote (speziell) für Frauen
4. Aufenthaltsmöglichkeiten in Parks und Grünanlagen
5. Öffentliche Plätze als mögliche Treffpunkte

3.5 Einsichten III

Was konnte mit dieser ersten (strukturbezogenen) Explikation der verschiedenen Rauschräume gezeigt werden? Ausgehend von dem Untersuchungsraster, das ich aus der Trias von Rausch, Raum und Subjekt am Ende des zweiten Kapitels entwickelt habe (siehe Tabelle Seite 161), konnte ich:
1. Die Wechselwirkungen zwischen den Strukturmerkmalen „Raum" und „Biographie" darstellen. Dabei lag der Schwerpunkt in der Analyse des strukturellen Rahmens (als gesellschaftlicher Konstruktion), der die Entwicklung von „Biographie" prägt.
2. Konnte ich das Drogenmilieu (der Junkies) und seine Wirkung auf a. seine BewohnerInnen und b. sein sozialräumliches Umfeld, und umgekehrt, die Wirkung dieses Umfeldes auf die Drogenszene analysieren.

3. Zeigte sich dabei, daß das „Verschwinden des Menschen" abhängig ist von den Strukturen, unter denen sie/er lebt. Am Beispiel des Dortmunder Drogenmilieus zeigte sich eine Strategie (Ordnungspolitik), die über Raumvernichtung (Zerschlagung der offenen Drogenszene) die grundlegenden Bedingungen subjektiver Entwicklung (Biographie) negiert. Die Unorte, von denen dabei die Rede war, stellen sich als negativ dialektisch gedachte Orte, als deren Schatten, dar. Sie verkörpern ein räumliches Paradoxon.
4. Konnte ich darstellen, daß gesellschaftlicher Konsens, beziehungsweise Dissens, über Integration oder Ausschluß entscheidet und daß die jeweilige Praxis an Konzeptionen gültiger Rationalitätsdefinitionen gekoppelt ist. Dies untersuchte ich am Beispiel des akzeptierten Techno-Milieus und des teilakzeptierten Rap-Milieus, dem ich das ausgegrenzte FixerInnen-Milieu gegenüberstellte.

Gesellschaftlicher Raum (und darin enthalten seine diversen Milieus) konstituiert sich demnach über 1. die Aushandlung des Verhältnisses sozialer und räumlicher Strukturen und 2. über gesellschaftliche Zuschreibungsprozesse, denen kollektive Deutungsmuster zugrunde liegen[191]. Existiert allgemeiner Konsens über ein (Rausch)phänomen, so bestehen Realisierungschancen (Integration), besteht Ablehnung (Dissens), so kommt es zu Stigmatisierungsprozessen.

Eine positiv besetzte, das heißt nach kollektiven Deutungsmustern akzeptierte, (Sub)kultur kennzeichnet sich durch 1. (potentiell mögliche) Integration und 2. Kommunikation mit gesamtgesellschaftlichen Räumen. Bezogen auf ein Subjekt, oder eine Gruppe, bedeutet dies ein relativ harmonisches Verhältnis zwischen gesellschaftlicher und personaler, gruppenbezogener Ich-Identität. Dazu gehört (auch) die grundsätzliche Akzeptanz der jeweiligen biographischen Entwicklung. Positiv bewertete (Sub)kulturen pflegen also einen (kommunikativen/integrativen) Austausch mit anderen (sub)kulturellen Gruppen; dies impliziert, daß diese Gruppen bewußt *einer* Welt angehören, aber ihre Differenzen akzeptieren.

Anders gelagert ist der Fall, wenn eine (Sub)kultur gesellschaftlich nicht akzeptiert wird. Gesamtgesellschaftlicher Dissens bedeutet für eine solche (Sub)kultur 1. Stigmatisierung und 2. (teilweisen) Ausschluß. Dies führt zur bereits besprochenen räumlichen Verdrängung, gesellschaftlichen Isolation und problematischen biographischen Entwicklungen. Da keine Kommunikation mit gesamtgesellschaftlichen Räumen besteht, beziehungsweise diese (beiderseitig) gestört verläuft, entsteht eine Differenz, die die (sub)kulturelle Identität negativ besetzt. Die Folge dieser gestörten Kommunikation: sie ist einseitig und basiert auf einer herrschaftlichen Machtausübung der stärkeren

---

[191] Vgl. dazu auch E. Goffman: „Stigma. Über Techniken der Bewältigung beschädigter Identität", 11. Auflage, Frankfurt 1994

Gruppe (also der gesamtgesellschaftlichen), ist die einer negativen Integration, in deren Folge Differenz negiert, beziehungsweise sanktioniert, wird. Resultat dieser Negation ist die Herausbildung von Unorten und Unpersonen, denen das Recht des Lebens in *einer* Welt mit anderen (Sub)kulturen entzogen wird, indem ihre autonomen Räume, die Grundlage biographischer Entwicklung, zerstört und/oder verdrängt werden.

Nach dieser vorwiegend strukturbezogenen Explikation der Rauschräume wende ich mich nun (noch) genauer ihren BewohnerInnen zu. Dabei interessiert mich insbesondere die biographische Entwicklung der Junkies, die der ausgegrenzten FixerInnen-Szene angehören. Der Blick von außen, das heißt mit Hilfe bestimmter Strukturmerkmale, läßt viele Deutungen zu, doch was sagen die Betroffenen? Wie verläuft ihr Leben und was erzählen sie darüber? Wie stark ist ihre Handlungskompetenz und wie verwirklichen sie ihren Eigensinn? Wie sehen sie ihre Räume und wovon träumen sie? Davon wird im folgenden Kapitel die Rede sein.

4. Der nichtssagende Raum und die Stimmen im Schweigen

„Scharf und milde, grob und fein,
Vertraut und seltsam, schmutzig und rein,
Der Narren und Weisen Stelldichein:
Dies Alles bin ich, will ich sein,
Taube zugleich, Schlange und Schwein."
F. Nietzsche („Die fröhliche Wissenschaft")

Aufbauend auf den ersten empirischen Teil meiner Überlegungen, die ich im Sinne einer strukturbezogenen Entfaltung aktueller innerstädtischer Rauschräume und ihrer NutzerInnen schrieb[1], will ich die Empirie nun auf der Ebene einer subjektzentrierten Darstellung fortführen. Als Annäherung an diesen Subjektbezug wähle ich die Form einer „soziologischen Erzählung"[2], die den Zusammenhang von Subjekt und Raum vertiefen soll. Analog zu den einleitenden Bemerkungen des dritten Kapitels über Struktur und Raum, in dem die Wechselwirkungen von Subjekt, Struktur und Raum aus strukturanalytischer Perspektive dargestellt wurden, steht im folgenden das Subjekt im Mittelpunkt des Interesses. Dies geschieht freilich wieder aus der Verknüpfung mit den Kategorien Raum und Struktur, deren Wechselwirkungen gar nicht oft genug betont werden können[3].

Der Schwerpunkt dieses Kapitels liegt in der Verknüpfung von Raumstruktur und Biographie (im Sinne erzählter Geschichte), wobei ich versuchen werde, den „schweren Sinn" (Merleau-Ponty) der Empirie, aus dem Material selbst, in Form einer exemplarischen Fallanalyse, zu interpretieren. Für diese Vorgehensweise beziehe ich mich auf die von mir in Kapitel 2 entwickelte theoretische Konstruktion, nach der ich versuche, strukturtheoretische _und_ subjekttheoretische Ansätze zu verbinden. Ich versuche dies im Sinne einer kritischen und differentiell angelegten Hermeneutik[4], die offen ist für die Rede des Subjekts und gleichzeitig die in einer Erzählung auftretenden strukturellen Zwänge mit zu berücksichtigen vermag; denn diese struktur el-

---

1   Vgl. Kapitel 3.
2   Vgl. H. Bude: „Die soziologische Erzählung", in: T. Jung/S. Müller-Doohm: „>Wirklichkeit< im Deutungsprozeß. Verstehen und Methoden in den Kultur- und Sozialwissenschaften", S.409-429, Frankfurt 1993
3   Dazu der Historiker Jacques Le Goff: „Die Suche nach dem Menschen führt zwangsläufig immer noch über die Evolution von Strukturen", zitiert nach: H. Bude (1993), a.a.O., S.426
4   Unter _kritisch_ und _differentiell_ verstehe ich den reflexiven Einbezug gesellschaftlicher Machtverhältnisse und Herrschaftsstrukturen.

len Zwänge verweisen meines Erachtens auf übergreifende soziale Strukturen, die erst im Rahmen ihrer hermeneutischen Analyse transparent werden. Mit dieser Art des Vorgehens will ich mich gleichzeitig in die Richtung eines von mir noch zu entwickelnden Ansatzes für ein differentiell-hermeneutisches Raumverständnis weiterbewegen, das vor dem bereits angelegten theoretischen Konzept einer Verknüpfung hermeneutischer und strukturanalytischer Perspektiven zu verstehen ist.

Ein differentiell-hermeneutisches Raumverstehen beinhaltet, so mein erster Definitionsversuch, das selbstbewußte Sprechen und Handeln eines Subjekts in der relativen Leere (s)eines Raumes, der (s)eine sinnhafte Bedeutung für das Subjekt erst durch den kritischen Rückbezug auf subjektive Narrationen generiert. Erst der erzählte, beziehungsweise erzählbare, Raum wird, so meine Vermutung, bewußt wahrgenommen[5] und gewinnt dadurch (s)eine (subjektive) Bedeutung und Gehalt. Bedeutung im weitesten Sinne, zum Beispiel über Erinnerungen in Form von Bildern, oder als Photo, das eine bestimmte Stimmung und/oder Vorstellung weckt[6]. Die Ich-Identität(en) der erzählenden Person und ihre Raumerfahrungen realisieren sich dabei über das In-Beziehung-treten zu konkreten Orten und deren reflexive Erzählungen. Die Funktion der Sprache sehe ich deshalb als Medium der Aneignung von Wirklichkeit, die über das konkrete (verändernde) Handeln erstellt wird.

Aufgrund meines gegenstandsbezogenen und abduktiven Vorgehens kann ich an dieser Stelle nur erste, vorläufige, Ideen zu einem solchen Raumverständnis skizzieren, die sich erst am Ende des Kapitels, beziehungsweise im fünften Kapitel, als komplexes Gesamtbild in Form einer systematischen Perspektiven-Triangulation, zusammenfügen werden[7]. Die Verwirklichung „subjektiver" Realität im Raum ist gekoppelt an leibliches Handeln und Sprechen. Diese beiden Aspekte bilden die materiale Grundlage für die subjektive Aneignung von Raum.

4.1 Subjekt und Raum

An dieser Stelle wende ich mich nun dem Beispiel meiner Fallanalyse zu. Deren Geschichte soll „biographisch" erzählt und aus subjektzentrierter, hermeneutischer Perspektive interpretiert werden. „Biographisch" erzählt heißt für mich zweierlei:

---

5   Zum Beispiel im alltagsweltlichen Sinn als Ort.
6   Vgl. dazu auch Werkbund Archiv (Hg.): „Bucklicht Männlein und Engel der Geschichte. Walter Benjamin: Theoretiker der Moderne", Gießen 1990
7   Dabei werde ich die Ergebnisse meiner Analyse auf drei miteinander verknüpften Ebenen darstellen: 1. Ontologie, 2. Methodologie, 3. Handlungstheorie.

1. wird die Fallgeschichte *vom „Fall"* selbst, das heißt dem betroffenen Subjekt, erzählt und interpretiert,
2. erzähle und interpretiere *ich* die Fallgeschichte.

Die Erzählung bewegt sich also auf zwei Ebenen, da sie zwei Erzählerpersonen und Erzählperspektiven einnimmt, wobei sich der Sinn der Erzählung aus der Ordnung der erzählten Geschichte selbst ergibt und damit (möglicherweise) mehrere Sinnperspektiven impliziert. Da ich das Resultat, beziehungsweise den Sinn der Erzählung, an dieser Stelle aber noch nicht kenne, da er gegenstandsbezogen und sequentiell untersucht werden soll, ist es zu diesem Zeitpunkt auch nicht möglich, fallbezogene Hypothesen im Vorfeld der Analyse zu erstellen.

Dies entspräche im Übrigen auch eher dem qualitativen Induktions- und nicht dem forschungslogisch vorgesehenen Abduktionsschluß[8]. Im Verlauf der Erzählung werde ich also abduktiv-qualitativ vorgehen, in dem Sinne, daß entlang des Erzähltextes Lesarten entwickelt werden sollen, die in mögliche Strukturhypothesen münden, die sich zu einer fallspezifischen Strukturgestalt erweitern und (eventuell) generalisieren lassen. Meine Vorstellung der Generalisierung einer fallspezifischen Strukturgestalt soll allerdings nicht als der Versuch verstanden werden, vor dem Hintergrund des Spezifischen eines Falles, diesen (induktiv) neu, im kategorialen Sinn, zu verstehen. Es geht mir eher um eine Art Gedankenexperiment, das ich mit folgendem Bild beschreiben möchte:

Ich sehe durch ein Fenster und die Aussicht, beziehungsweise die Art, wie ich durch das Fenster sehe, gefällt mir nicht. Darum nehme ich einen Stein und zertrümmere die Scheibe, die in viele kleine Teile nach außen hin zerfällt. Danach wechsele ich die Perspektive, und die vielen tausend Teilchen, die vorher aus der Scheibe nach draußen flogen, fliegen rückwärts zurück und setzen sich zu einem neuen Ganzen zusammen. Postmoderne Konstruktion sozusagen.

Bezogen auf „meinen Fall" heißt das: ich höre eine Geschichte, die ich möglicherweise (und) anfangs nicht verstehe, weil es meine Sprache und mein Leben nicht ist; und diese fremde Perspektive muß ich mir erst neu erschließen. Darum zertrümmere ich die Scheibe, die vorgefaßten Meinungen und Einstellungen, und mische die Karten neu: die Teile fliegen zurück, setzen sich anders zusammen und mein Blickfeld ist ein erweitertes[9].

Wie ich bereits zu Beginn dieses Kapitels argumentierte, enthüllt sich ein Subjekt durch ihr/sein Handeln und Sprechen im Raum und/oder am Ort. Die-

---

8 Zum Unterschied zwischen qualitativer Induktion und Abduktionslogik; vgl. J. Reichertz: „Abduktives Schlußfolgern und Typen(re)konstruktion. Abgesang auf eine liebgewonnene Hoffnung", in: T. Jung/S. Müller-Doohm, a.a.O., S.258-282
9 Zur Problematik des Fremdverstehens; vgl. B. Waldenfels: „Das Eigene und das Fremde", in: Deutsche Zeitschrift für Philosophie, Berlin 43 (1995), Heft 4, S.611-620

se sprachontologische Fundierung des In-der-Welt-Seins ist eine wichtige Perspektive für die hermeneutische Interpretation einer Erzählung[10] und steht in der Tradition F. Schleiermachers und H.G. Gadamers. Schleiermacher beschreibt die Hermeneutik als eine „Kunst, die Rede eines anderen richtig zu verstehen", und Gadamer geht noch weiter: „Sein, das verstanden werden kann, ist Sprache."[11]

Die subjektive, erzählerische Darstellung des In-der-Welt-Seins offenbart dabei durch ihre konkrete biographische Dichte noch einmal ganz neue und eigensinnige Interpretationen: Sie verweist auf 1. subjektive Identitätsbestimmungen, 2. deutungs- und handlungsgenerierende Tiefenstrukturen und 3. das Potential zur subjektiven Verwirklichung im (angeeigneten) Raum, der sich über die Erzählungen in konkrete Orte transformieren kann und mit Sinn konnotiert wird.

Dabei zeigt sich eine in der Erzählung inhärent angelegte Verschränkung von subjektiven Handlungspotentialen und strukturellem Zwang, die sich nicht nur in der erzählten *Handlung*, sondern auch im *erzählten* Handeln ausdrückt. Neben der sprachlichen Gestaltbarkeit der Wechselbeziehung von Subjekt, Struktur und Raum, die sich im Verhältnis von Erzählsubjekt und dessen Räumen/Orten ausdrückt, tauchen, nach meiner Vermutung, in diesen Erzählungen inhärent angelegte Unsagbarkeiten auf. Blinde Flecken, die sich zum Beispiel über Unorte, sprich: subjektive Raumlosigkeit, manifestieren. Dieser Raumlosigkeit entspricht nicht die Abwesenheit von Raum[12], sondern die Nichtbeteiligung der betroffenen Erzählpersonen an gesellschaftlich bedeutsamen Positionen.

Meine Überlegungen über Orte und Unorte und die Annahme von Sagbarkeiten und Unsagbarkeiten drücken sich in der Überschrift des folgenden Abschnittes aus: „Kleine" Erzählungen. Damit soll folgendes gesagt werden:

1. Nehme ich auch für Junkies eine Pluralisierung von Identität an, die zu einer Vielzahl von „kleinen" Erzählformen führt.
2. Entwickelt sich über diese Pluralisierung von Identität auch eine Pluralisierung von Sprachspielen, die gegen die singuläre Vernunft *einer* kohärenten „großen" Erzählung antreten. Damit soll die innere Logik einer narrativen Konstruktion, ihre Eigenrationalität und inhärente Sinnhaftigkeit aber keineswegs in Abrede gestellt werden; vielmehr geht es um das Bewußtwerden sprachlicher Kontingenz.
3. Bin ich der Auffassung, daß die von mir angenommene Fraktalisierung von Raum zum Beispiel in Orte und Unorte, und das Leben der Betroffenen, als ein ständiges Pendeln in Zwischenräumen, sich nicht mehr von

---

10 Vgl. M. Riedel: „Hören auf die Sprache. Die akroamatische Dimension der Hermeneutik", Frankfurt 1990
11 Vgl. Kapitel 1.
12 Einen Unort verstehe ich als negativ dialektisch gewendete Form von **Raumlosigkeit**.

einer „großen" Erzählung her begreifen läßt. Es scheint, als würde eine für die Betroffenen (un)erträgliche Leichtigkeit des Seins (und seiner Unorte) die Schwere der „großen" Erzählung, das Gewicht der Welt, die Gravitationskräfte (des Ortes), aufheben.

4. Verstehe ich die „kleinen" Erzählungen als Ausdruck des Ineinandergreifens (post)moderner Subjekt- und Raumstrukturen[13].

Die „kleinen" Erzählungen entstanden vor folgendem Hintergrund:

1. Aufgrund meiner beruflichen Einbindung in das niedrigschwellige Drogenhilfeprojekt „RELAX"[14] ist mir bewußt, daß eine authentische Annäherung an Rauschräume nur über den Einbezug ihrer BewohnerInnen möglich ist. Sie sind die „ExpertInnen" einer Lebenswelt[15], die in vielerlei Hinsicht Besonderheit ausdrückt und die von einer/m Außenstehenden nicht in der gleichen Form nachvollzogen werden kann. Diese (sub)kulturelle Lebenswelt besteht „aus individuellen Fertigkeiten, dem intuitiven Wissen, wie man mit einer Situation fertig wird, und aus sozial eingelebten Praktiken, dem intuitiven Wissen, worauf man sich in einer Situation verlassen kann, nicht weniger als aus den trivialerweise gewußten Hintergrundüberzeugungen."[16]

2. Aus raumtheoretischer Sicht war es mein Interesse, Aussagen über die Rauschräume aus ihrer inhärenten Ordnung heraus zu generieren. Da ein Raum nun aber mal nicht sprechen kann[17], denn für sich genommen ist er nichts*sagend* und seine Aussagekraft ist vielmehr an die NutzerInnen gebunden, beziehungsweise entsteht über diese, entwickelte ich über diesen Gedanken meine Konzeption des schweigenden Raumes und der Stimmen seiner BewohnerInnen[18].

Die Lebensgeschichte, die im folgenden präsentiert wird, wurde mir im Rahmen der Durchführung mehrerer narrativer Interviews mit obdachlosen Junkies[19] erzählt. Ich wählte diese Geschichte nicht unter repräsentativen Ge-

---

13 Dies auch im Sinne J.-F. Lyotards: „Das Patchwork der Minderheiten", Berlin 1977
14 Vgl. Kapitel 3.
15 Lebenswelt, die ich hier meine, umfaßt zwei Ebenen: 1. das alltagsweltliche Erzählen über Orte/Unorte und 2. das Theoretisieren von Raum als einem Abstraktum.
16 J. Habermas zitiert nach: D. Horster: „Richard Rorty zur Einführung", S.13f., Hamburg 1991
17 Vgl. dazu R. Rorty: „Die Welt spricht überhaupt nicht. Nur wir sprechen...", in: ders.(1989), a.a.O., S.25
18 Im nachhinein denke ich an die Faszination, die ich empfand, als ich zum ersten Mal Dylan Thomas' >Ein Spiel für Stimmen< las, diese wortgewaltige Hymne über das In-der-Welt-Sein, in: D. Thomas: „Unter dem Milchwald. Ganz früh eines Morgens. Ein Blick aufs Meer", S.7-85, München 1979. Hier wird in großer lyrischer Dichte das Verwobensein von Subjekt und Raum sprachlich zum Klingen gebracht.
19 Meine GesprächspartnerInnen lernte ich im „FLASH" und im „RELAX" kennen, dort fanden auch alle Interviews statt. Die Gespräche dauerten im Schnitt ein bis zwei Stunden. Die Interviews, die vorher verabredet wurden, dauerten zwischen zwei und drei Stunden.

sichtspunkten, sondern unter exemplarischen und zwar mit folgenden Hintergrundgedanken: nach einer Vielzahl von „einfachen" Gesprächen mit Betroffenen, nach der Auswertung der von mir zusätzlich durchgeführten teilnehmenden Beobachtungen vor Ort und nach der Transkription der Interviews wurde mir die Vielfalt der möglichen Themen, die in den Lebensgeschichten enthalten sein können, bewußt.

Deshalb entschloß ich mich, aus dieser Vielfalt *einen* exemplarischen Fall auszuwählen, der 1. Themen enthält, die auch in vielen anderen Geschichten[20] auftauchen und der 2. die besondere (sub)kulturelle Sprache der Junkies zum Ausdruck bringt, die wesentlich ist für das Verständnis der (strukturellen) Besonderheit der/des Sprechenden und ihr/sein Selbstverständnis.

4.2 „Kleine" Erzählungen

Ich kenne „Martin"[21] seit ungefähr dreieinhalb Jahren. Martin tauchte als einer der ersten wohnungslosen Junkies in der Notschlafstelle „RELAX" auf. Seitdem nimmt er in regelmäßigen Abständen die Angebote der Einrichtung in Anspruch. Martin war zu Beginn unseres Kennenlernens gerade in ein Substitutionsprogramm aufgenommen worden. Vorher hatte er lange Zeit in Holland gelebt und versuchte nun, als sogenannter „Rückkehrer", in Dortmund Fuß zu fassen. Da ich mich bereits mehrere Male länger mit ihm unterhalten hatte, war er, als ich ihn um ein Interview über seine Lebensgeschichte bat, sofort bereit und interessiert, mir diese zu erzählen.

Es fällt nicht schwer, mit Martin ins Gespräch zu kommen, denn er ist ein sehr kommunikativer Mensch und die meisten unserer Begegnungen fanden in einer angenehmen, freundschaftlichen Atmosphäre statt. Ich habe Martin in vielen unterschiedlichen Stimmungszuständen und Verfassungen kennengelernt: in extrem euphorischer Zuversicht, wenn er Entgiftungsbehandlungen antrat, in verzweifelt-suizidaler Stimmung, wenn mal wieder alles schief ging, und einmal fand ich ihn halbtot (Herz- und Atemstillstand aufgrund einer Überdosierung) in seinem Zimmer und mußte ihn mit einem Kollegen zusammen reanimieren. So hat sich ein gegenseitiges Vertrauensverhältnis entwickelt, das es Martin möglich macht, mir sein Leben zu erzählen.

---

20 Zu den besonderen Differenzen, die sich im Rahmen einer geschlechtsspezifischen Thematisierung ergeben, sei hier auf folgende Literatur zu dem Thema verwiesen: C. Merfert-Diete/ R. Soltau: „Frauen und Sucht", Hamburg 1984; J. Brakhoff: „Sucht und Prostitution", Freiburg 1989; H. Zurhold: „Drogenkarrieren von Frauen im Spiegel ihrer Lebensgeschichten. Eine qualitative Vergleichsstudie differenter Entwicklungsverläufe opiatgebrauchender Frauen", Berlin 1993
21 Name und persönliche Daten wurden von mir geändert.

Nachdem ein erster Termin nicht zustande kam, Martin war bei einer Razzia von der Polizei festgehalten worden, trafen wir uns beim zweiten Anlauf im „RELAX", wo unser Gespräch in ungestörter Atmosphäre stattfand. Martin hatte meine Bitte, im drogenfreien Zustand zu erscheinen, berücksichtigt[22]. Aufgebracht erzählte er mir erstmal über die letzten Vertreibungsaktionen und Ingewahrsamnahmen, die im Bahnhofsumfeld stattgefunden hatten. Über dieses Thema (Drogen und Stadt) kamen wir dann auch auf das Interview[23] zu sprechen und ich konnte ihn bitten, mir seine Geschichte zu erzählen.

4.2.1 Anfänge

Martin eröffnet seine Geschichte, indem er sehr direkt auf seine individuelle Besonderheit verweist: *„Ja, bei mir ist eh alles anders, weil ich ja im Heim aufgewachsen bin."*
Erst nach dieser Aussage, die er sehr betont an den Anfang setzt, schildert er in kurzer Form die ersten Jahre seines Lebens: Martin wird 1961 als uneheliches Kind in einer nordhessischen Kleinstadt geboren. Seine Mutter ist zum Zeitpunkt der Geburt noch sehr jung, der Vater wird während der gesamten Erzählung nicht einmal erwähnt. Martin ist das einzige Kind seiner Mutter, deren Eltern den Lebensunterhalt für Tochter und Enkel finanzieren. Martin wird mit einer Herzschwäche geboren und mit fünf Jahren operiert, in dem Zusammenhang erwähnt er die Krebskrankheit seiner Mutter.

Martin lebt bei seiner Mutter, solange es deren Gesundheit erlaubt. Häufig wird das Zusammenleben unterbrochen, das heißt immer dann, wenn seine Mutter ins Krankenhaus oder in die Kur geht. Martin wird während dieser Zeiten in nahegelegenen Heimen und Pflegefamilien untergebracht und schildert dies als passives kindliches *„Hinterherzuckeln"*: *„Ich bin halt hinterhergezogen, so Pflegefamilie, Heim Pflegefamilie, Heim, Pflegefamilie, Heim".* Neben den Aufenthalten in Heimen und Pflegefamilien erwähnt er häufige Orts- und Länderwechsel, die mit dem Wechsel von Krankenhäusern und Kurheimen, in denen die Mutter untergebracht ist, zusammenhängen: *„Immer so Österreich, Frankreich, nen bißchen Schweiz und Deutschland, überall".*

Martins Raumerfahrung ist schon zu einem sehr frühen Zeitpunkt seines Lebens von einem hohen Grad an Fluktuation geprägt. Das kindliche *„Hinterherzuckeln"* umfaßt die Hilflosigkeit eines Kindes, das häufigen Personen-

---

22 „Drogenfrei" heißt für mich in diesem Kontext: kein Gebrauch „harter" Drogen unmittelbar vor dem Interview.
23 Es handelt sich um ein narratives Interview von circa zweieinhalbstündiger Dauer, das von mir aufgezeichnet wurde. Die Erzählaufforderung lautete: „Ich interessiere mich für das Leben von Junkies in Großstädten und ich möchte Dich bitten, mir Deine Lebensgeschichte und Deine Erfahrungen zu erzählen."

und Ortswechseln ausgesetzt wird. Die Machtlosigkeit, die Martin in dieser Position erfährt, deutet er im direkten Anschluß ambivalent um, indem er das passive „Hinterherzuckeln" in ein aktives Hinterherreisen verändert („*Ich bin halt hinterhergezogen*"). Damit zeigt er, auf welche Weise er schmerzhaften Gefühlen selbstbeherrscht begegnet: sie werden anästhesiert.

Martin erzählt die Zeit seiner Kindheit schnell und emotionslos: die Großeltern werden nur am Rande erwähnt, Kinderfreundschaften tauchen nicht auf, der Eintritt in die Schule und andere wichtige Erlebnisse werden nicht erwähnt. Martin wirkt während der kurzen Erzählung sehr cool und abgeklärt, so als wäre er nur auf Reisen gewesen, als wäre er abwesend, als ginge ihn das alles gar nichts an. Martins Schilderung wirkt vereist, „unter Null" (S. Sheldon).

In dieser Form beschließt er auch die Eingangserzählung: während eines Klinikaufenthaltes in Recklinghausen stirbt die Mutter an ihrem Krebsleiden. Martin ist zu diesem Zeitpunkt elf Jahre und lebt in einem Heim in Bocholt: „*Naja, und irgendwann waren wir dann an der holländischen Grenze nahe bei Recklinghausen und da ist sie dann auch gestorben. Da war ich elf Jahre alt.*" Die Eingangserzählung endet mit dem Tod der Mutter, dem Ende der Kindheit und damit, daß er diesen Zeitabschnitt seines Lebens in Zigarettenlänge erzählt: mit dem Tod der Mutter bläst er den letzten Rauch seiner Zigarette aus, die er sich zu Beginn der Erzählung (zur Anästhesierung seiner Gefühle) angezündet hatte: „*Ja und irgendwie danach war, pffhh*".

Die erwähnte Nähe zur holländischen Grenze greift er in der anschließenden Erzählung, über die einsetzende Pubertät, wieder auf. Martin ist jetzt zwölf und lebt weiterhin in Bocholt im Heim: „*Ich hab mit zwölf dann angefangen zu kiffen, war im Heim, Rebellion, Action, damals lange Haare war schon Rebellion*". Er ist der einzige im Heim, „*der wirklich was mit Drogen zu tun hatte*", und das macht seinen Status dort zu etwas Besonderem, womit er Aufmerksamkeit erregt: „*das wußte nur einer und der hat mich angesehen, Wahnsinn*".

Martins Protest zu dieser Zeit reicht über die biographische Relevanz hinaus und muß als Ausdruck und im Kontext eines gesamtgesellschaftlichen Phänomens verstanden werden. „*Rebellion*", „*Action*" und „*lange Haare*" waren in den Siebziger Jahren eine durchaus gängige Ausdrucksform jugendlicher Protestkultur, wozu auch der Haschischkonsum zu rechnen ist. Martin verinnerlicht diesen Protest und macht ihn zu einem Teil seines weiteren Lebens: Mit zwölf Jahren reißt Martin das erste Mal aus dem Heim aus, nach Amsterdam. Dort lernt er einen Dealer kennen: „*Hab da highlife gemacht*", wie er mir amüsiert erzählt. „*Highlife*" ist für ihn der Inbegriff eines autonomen, genußorientierten Lebens, das die Zwänge seines tristen Alltags in einer verwalteten und institutionalisierten Kinderheimwelt transzendiert.

Sein kurzer Aufenthalt in Amsterdam wird für ihn zu einem Schlüsselerlebnis (die Reise, das Verbotene, das Besondere), das ein Jahr später zum festen Bestandteil seines Lebens werden soll und sich auf die Erfahrung mit neuen Drogen ausdehnt: „*Auf jeden Fall war das für mich, eh, mit dreizehn, vierzehn, vollkommen normal, mit Drogen zu tun zu haben (...) das war mein Ding. Ich, ich fand das faszinierend, was man damit alles erleben konnte, mit LSD, Wahnsinn ne, irre. Und an Heroin, hab ich zuerst geschenkt gekriegt, wat sollte ich mich darum kümmern, wa?*".

Martins Drogenerfahrungen beginnen schon früh und vermitteln ihm, über den Rausch hinaus, ein Gefühl von Anerkennung und Besonderheit: „*Ich hatte schon mit Shore zu tun, da dachten die, ich hätte Bier getrunken, weil ich nen bißchen angeknallt aussah, glasige Augen und so.*" Mit vierzehn haut er endgültig aus dem Heim ab („*mit dem Kinderausweis*") und schmuggelt sich über die grüne Grenze nach Frankreich. Dort schlägt er sich fast ein Jahr durch, bis er „*ein Pärchen aus Berlin*" kennenlernt, das ihm falsche Papier besorgt und mit nach Berlin nimmt: „*Mit fünfzehn bin ich illegal von Frankreich nach Berlin gekommen, dann hab ich von fünfzehn bis zwanzig in Berlin gelebt*".

Die Zeit in Berlin wird als die Zeit des Einstiegs in die professionelle Drogenszene beschrieben. In dieser Zeit lernt Martin zu dealen („*managen*") und die „*härteren Situationen (...) Links, Bandenkämpfe, in die ich verwickelt worden bin.*"

Martin lernt seine (sub)kulturelle Existenz zu professionalisieren, dazu gehört das selbstbewußte Geschäftsgebaren im Drogenhandel („*tough*") und die Aneignung eines „*coolen*" Outfits. Auch über diese Zeit weiß Martin routiniert und versiert zu berichten: er beschreibt diese Phase als seine „*Anfangszeit, Entzüge dauerten nicht so lang*". Drogenengpässen entgeht er, indem er sich Valoron über Rezepte besorgt: „*konnteste ganz normal verschrieben kriegen*".

Die Leichtigkeit, mit der Martin berichtet, vermeidet die Notwendigkeiten der Welt: Schule, Lehre, Wohnen, Beziehungen, Aspekte eines „geordneten" biographischen Verlaufs, tauchen in Martins Relevanzsystem nicht auf. Erst in den letzten beiden Jahren seines Berlin-Aufenthaltes merkt Martin: „*Es ist nicht nur alles Happyness da (...) die Kohle ging mir aus (...) das war alles nicht mehr so, wie es am Anfang war.*"

4.2.2 Reisen und Rückkehr

Seine problematische Situation in Berlin, die er allerdings nicht weiter thematisiert, bewegt ihn dazu die Stadt zu verlassen. Auch diese Entscheidung präsentiert er mit der ihm eigenen Nonchalance: „*Naja und dann bin ich halt durch Frankreich gefahren.*" Damit eröffnet Martin ein neues Kapitel seiner Geschichte, die ihn im folgenden zehn Jahre lang durch halb Europa reisen läßt.

Die Leichtigkeit, die Martin an dieser Stelle vorgibt, verschweigt konkrete Situationen. Was genau veranlaßte ihn Berlin zu verlassen? Und wie war es möglich, daß ein fünfzehnjähriger, (minderjähriger) Junge sich fünf Jahre lang, mehr oder weniger im Alleingang, in der Berliner Drogen-Szene behaupten konnte? Meine Vermutung geht in die Richtung, daß Martin nach seiner Flucht (aus dem Heim) nach Frankreich dort aufgegriffen wurde und zur weiteren Heimunterbringung nach Berlin geschickt wurde, zumal dort ein Vormund für ihn bestellt wurde. Auf diese Weise können sich Kontakte zur Drogen-Szene entwickelt haben, die sich aber möglicherweise erst mit Martins Volljährigkeit stabilisierten. In dieser Zeit, vom achtzehnten bis zwanzigsten Lebensjahr, kann es zu intensiveren Kontakten gekommen sein, die Probleme verursachten, die ihn zwangen, Berlin zu verlassen.

Den Anlaß für seinen Aufbruch begründet Martin selbst nicht nur mit den Problemen in Berlin, sondern damit, daß er nicht weiß, wohin er gehört und was er dort soll: *„Ja, ich hatte ja auch keinen festen Platz, was sollte ich in Deutschland?"* Martin ist ohne *„festen Platz"*, er fühlt sich entwurzelt. Möglich wäre, daß er den *„festen Platz"* eines Heimes, immerhin eine minimale Sicherheit, mit Erreichen der Volljährigkeit verloren hat und sich jetzt nicht ohne weiteres selbständig orientieren kann.

Ohne einen Platz, einen festen Ort, werden ihm die gesellschaftlichen Zwänge des alltäglichen Lebens zur unerträglichen Last und die Leichtigkeit seiner Phantasie und seines Wunschdenkens zum erklärten Ziel eines erträglicheren Seins: *„Und wat sollte ich hier, ne? Ich wollte Palmen sehen, ich wollte meine Phantasie sehen. Ich war einfach da schon so, so drauf und das hab ich dann halt auch gemacht."*

Martin reist in den nächsten Jahren durch Frankreich, Italien, Spanien, und immer wieder Holland. Er lernt *„überall"* Leute kennen und fühlt sich *„überall zu Hause"*, dabei unterscheidet er zwischen *„vielen kleinen Wohnsitzen"*, zum Beispiel in Frankreich und *„einem festen Wohnsitz"* in Holland. In Amsterdam lebt er am längsten, die Stadt wird zu seiner Wahlheimat: *„Ich kenn mich besser in Amsterdam aus, oder in Holland, wie in Deutschland bald, kannste sagen (...) ja, so für mich ist Deutschland auch keine Heimat oder was, ne."*

Auch diese erste Schilderung der Zeit seines Reisens kommt ausgesprochen leicht daher, Martin erzählt kennerhaft, wobei er seine Ausführungen mit lebhaften Gesten und einer spaßigen Mimik unterstreicht. Der anschließende Bruch kommt plötzlich und sehr ernst: *„muß mal näher an den Tisch kommen"*. Im folgenden berichtet er, in derselben kurzen Form, die er schon bei der Erzählung des Todes seiner Mutter wählte, daß in der Zeit seines Holland-Aufenthaltes sein Freund in Amsterdam ermordet wurde. Damit ist das Kapitel Holland für Martin beendet; nach zehn Jahren wechselnder Auslandsaufenthalte kehrt er mit Unterstützung der Amsterdamer Rückkehrhilfe nach Deutschland zurück.

Rückkehr

Aufgrund einer in Amsterdam begonnenen Methadon-Substitution wird ihm dort geraten die Substitution in Deutschland fortzusetzen. Vor dem Hintergrund seiner Angst („*Ich hatte auf jeden Fall Panik.*"), die der Mord an seinem Freund auslöste und mit der in Aussicht gestellten Substitution, entschließt sich Martin für die Rückkehr. Das Therapiezentrum, in das er anschließend aufgenommen wird, verweigert jedoch die Substitution, weil keine Indikation nach den damaligen NUB-Richtlinien gestellt werden kann, und rät zur Entgiftung („*abkicken*"), die von Martin wütend abgelehnt wird („*Da bin ich natürlich verflucht stinkig geworden.*").

Martin empfindet seine Wut als „*natürlich*"; dabei lassen sich zwei Maßstäbe für seine Wut ablesen: Zum einen ist es „*natürlich*" über nicht eingehaltene Zusagen und Absprachen (Methadon-Substitution) wütend zu werden, weil hier Vertrauen (institutionell) mißbraucht wird. Zum anderen wäre es für Martin aber, über diese „normale" Wut hinaus, „*natürlich*", mit einem Suchtersatzstoff versorgt zu werden. Nach Martins Relevanzsystem ist es daher eigentlich überhaupt nicht „*natürlich*", keine Drogen zu beziehen. Die Drogen gehören, nach seiner Selbstauffassung, zu seiner „Natur".

Martin „entschließt" sich deshalb, die Einrichtung zu verlassen, und lebt das nächste dreiviertel Jahr über auf der Straße. An dieser Stelle werden zwei Dinge deutlich: Erstens verhindern institutionelle Vorgaben den von Martin präferierten Lebensstil und zweitens wird Martin dadurch in eine Situation negativer Freiheit gezwungen. Damit meine ich, daß er aus Mangel an Alternativen gezwungen wird, sich für ein Leben auf der Straße zu „entscheiden".

Diese Entscheidung hat Folgen: Martins physischer und seelischer Zustand verschlechtert sich in einem solchen Maße, daß er für längere Zeit in ein Krankenhaus eingewiesen wird. Während dieser Zeit gelingt es ihm, in ein Substitutionsprogramm aufgenommen zu werden. Nach der Entlassung aus dem Krankenhaus steht Martin auf der Straße; er wird jetzt zwar substituiert, weiß aber nicht wohin. Durch die Aufnahme in das Substitutionsprogramm ist ihm der kontinuierliche Aufenthalt in der Stadt vorgeschrieben, denn nur durch die Einhaltung dieser Auflage kann er seinen Suchtersatzstoff beziehen. In der nächsten Episode seiner Geschichte berichtet er von den Erfahrungen, die er seit vier Jahren in Dortmund macht, wo er sich fortan aufhält.

4.2.3 Straßenleben und Alltag

Die Erfahrung, sich über so einen langen Zeitraum in einer Stadt zu bewegen, ist für ihn etwas völlig Neues („*Ich bin das erste Mal in meinem Leben vier Jahre am Stück in Deutschland, in einer Großstadt.*"); und er fühlt sich in seiner Mobilität und der Aufnahme sozialer Kontakte eingeengt: *"hab keinerlei Möglichkeit mal in ne andere Stadt zu fahren, bei anderen Leuten zu leben oder so. Kenn ich nich, ich hab hier keine Freunde, so wie ich zum Beispiel Freunde in Holland oder in Frankreich hatte (...) ich hab noch nicht mal Urlaub gemacht, vier Jahre in einer Stadt"*.

Eigentlich ist es für Martin nicht „*das erste Mal*", das er für längere Zeit „*in einer Großstadt*" lebt, denn schließlich will er fünf Jahre in Berlin verbracht haben. Aber möglicherweise meint er „*das erste Mal*", daß ihm seine (räumlichen) Begrenzungen bewußt werden. Der hohe Stellenwert, den die Auslandsaufenthalte und -freundschaften für ihn einnahmen, können ihm nur noch als Erinnerungsbilder eine Vorstellung von einem „besseren" Leben vermitteln. Seine aktuelle Situation ist die der Begrenzung und Einschränkung.

Abgesehen von der (nostalgischen) Enttäuschung, die ihn durch die Mobilitätseinschränkung und den Verlust seiner alten Freunde trifft, bieten sich in der neuen Stadt nur wenig neue Chancen einer positiven Identifikation und Möglichkeiten räumlicher Aneignung. Während der ersten eineinhalb Jahre bezieht Martin Hotelgutscheine vom Sozialamt und übernachtet in wechselnden Hotels. Nachdem die Stadt die Vergabe der Hotelscheine einschränkt, wird Martin in ein Container-Dorf eingewiesen, das er jedoch bald schon wieder verlassen muß, weil es geräumt wird. Seitdem lebt er wieder auf der Straße, oder übernachtet im „RELAX".

Der Aufenthalt auf der Straße ist ein Angriff auf seine physische und seelische Gesundheit, denn er fördert den medikamentösen „*Beigebrauch*" und riskiert seine Substitution: *"Das sind alles so Sachen, ey, die machen ganz schön fertig ne. So, Du hast ja auch halt nur den Drogenkonsum drumherum"*.

Die durch die Obdachlosigkeit herbeigeführte Belastung versucht Martin durch den Konsum von Medikamenten zu kompensieren. Dadurch verliert er schließlich seinen Platz im Substitutionsprogramm, denn bei einer ärztlichen Kontrolle („*screening*") wird der Beigebrauch festgestellt. Nach einem weiteren Tief, in dessen Verlauf er in wechselhaften Kombinationen Heroin, Kokain, Rohypnol, etc. konsumiert, nach mehreren Krankenhausaufenthalten, die aufgrund von Überdosierungen notwendig wurden, findet er einen Arzt, der bereit ist, ihn mit Codein zu substituieren. Doch durch die anhaltenden Belastungen, ohne festen Wohnsitz und ohne stabile Freundschaften zu sein, behält er seinen Rohypnol-Konsum bei. Damit ist auch diese Substitution gefährdet, wenngleich Martin versucht dies zu bagatellisieren: *"Das Problem im Moment ist für mich einfach nur der Rohypnolgebrauch. Ich hab´s, ohne es mitzukriegen, bin ich wieder draufgekommen. Ich hab´s echt nicht gemerkt, oder ich wollt´s nicht merken, oder was weiß ich"*.

Als Perspektive überlegt Martin nun eine Therapie zu versuchen. Er möchte „*clean*" werden und anschließend Dortmund verlassen (*"Dann ist Dortmund für mich passé (...) auf Lebenszeit. In dem Moment, wo ich hier weg bin, bin ich weg. Ich werd nicht mal zu Besuch hierhin kommen, nix. Ich werd Dort-

mund vergessen."). Dortmund verkörpert für ihn den Inbegriff einer Enttäuschung, die seinem Lebenstraum keinen Raum zu bieten vermag: *„Dortmund hat mir so miese Sachen beschert. Von der Scene, ich hab wirklich ne Menge Leute kennengelernt und ne Menge Scenes gesehen, aber Dortmund ist ne abgefuckte Szene, von den Leuten her, von der ganzen Aura, von der ganzen Mentalität her, is einfach bäh"* (grimassiert).

Seinen, für seine bisherigen Lebensumstände, langen Aufenthalt in der Stadt erlebt er als eine Art offenes Gefängnis (*„Ich fühl mich hier gefangen (...) Dortmund schließt mich seit vier Jahren wirklich ein."*), das er jedoch aufgrund laufender Gerichtsverfahren und seiner derzeitigen Codein-Substitution nicht so einfach verlassen kann. In Beratungsgesprächen mit seiner sozialtherapeutischen Betreuerin wird ihm diese restriktive Situation erst recht bewußt: *„Ich kann nicht einfach voll drauf durch die Gegend spazieren. Wat soll ich machen, wenn ich morgen, irgendwo, was weiß ich, in irgendsonem Pissdorf in Süddeutschland bin? Und komm auf Turkey? Da kann ich nicht zum Arzt gehen und sagen: >Guten Tag, ich komm aus ner Großstadt und möchte gerne meinen Entzug weghaben<,.*

Martins einzige Chance, Dortmund wirklich zu verlassen, sieht er deshalb in einer Entgiftung (*„Also muß ich das erstmal geregelt kriegen, um hier wegzukommen"*) und er schildert mir seine verschiedenen Versuche, in Eigeninitiative und *„freiwillig"*, eine Entgiftung anzutreten: *„Das waren alles meine eigenen Ideen, einfach weil ich gesehen hab, ich bin so tief unten, ich konnt nich mehr."* Erzwungen freiwillig (im Sinne von „Freiheit durch Zwang"), betrachtet man einmal die katastrophalen Zustände, die ihm aufgrund stadtstruktureller Zwänge „beschert" wurden: *„Nach drei Monaten draußen schlafen, kaputte Füße, gebrochene Beine, Abszesse ohne Ende, alles im Arsch, alles verstunken. Ja, dann hab ich Schlußstriche gezogen."*.

Die eben zitierte Aussage entspricht keinem Ausnahmezustand, sondern beschreibt eher die alltägliche Wirklichkeit vieler obdachloser Junkies. Gespräche mit MitarbeiterInnen niedrigschwelliger Drogenhilfeeinrichtungen und meine eigenen Erfahrungen in der Drogenarbeit können dieses Bild bestätigen. Es gehört mittlerweile zur Routine vieler dieser Einrichtungen basismedizinische Erstversorgung und Krisenintervention zu leisten, um wenigstens die allergrößten Probleme mit den Betroffenen einzugrenzen und an ersten Lösungsstrategien zu arbeiten.

Alltag

Martin erzählt seinen Alltag als minimale Verwaltung des täglichen Mangels. Zweimal in der Woche holt er morgens sein Codein-Rezept beim Arzt ab, alle zwei Wochen geht er zum Sozialamt, um die Sozialhilfe zu holen. Dazwischen viel Leere, für die er keinen Platz findet (*„Dann lauf ich in der Gegend rum."*). Um diese Zwischenräume zu füllen, kauft er sich seine Tagesrationen

Haschisch und Rohypnol (*„Kauf mir'n Piece, kauf mir'n paar Ruppies"*). Als seinen Hauptaufenthaltsort (tagsüber) nennt er die Bibliothek, weil er dort die Zeit ungestört von der Drogenszene verbringen kann.

Seit Beginn der Substitution hat Martin nicht mehr den Druck, den ganzen Tag Geld für Drogen auftreiben zu müssen, dadurch entstehen in seinem Tagesablauf allerdings große Zeitlöcher, die er nicht immer auszufüllen weiß: *„Setz mich meistens in ne Bücherei, les nen bißchen, ja und dann hat sich das bald schon. Weil in die Szene will ich nicht und kann ich nicht. Es ist, mein Alltag besteht* (lacht) *hauptsächlich aus Lesen. Ich weiß gar nicht, was ich mit der Zeit anfang, ich brauch nich mehr, durch das Codein brauch ich nicht mehr hinter der Kohle herzurennen"*.

Eine weitere Aktivität während des Tages bildet das *„Schnorren"*. Ein, zwei Stunden am Tag, damit sein tägliches Pensum abgedeckt ist, doch damit kann er seinen Tag nicht als ausgefüllt empfinden: *„Da steh ich dann ein zwei Stunden rum und bin am Betteln, ne, das ich nen bißchen Kohle noch mehr hab, ne. Aber außer dem Lesen, Betteln, mal was essen gehen, tut sich da nicht viel, ist eben nur rumhängen, ist eben ne Leere halt."*

Während der Zeit seines Konsums *„harter Drogen"* mußte er täglich hundert Mark zusammenschnorren, jetzt reichen zwanzig Mark aus, wie er mir vorrechnet: *„Das ist'n Zehner-Piece, vier Ruppies, dann schnorr ich noch nen Fünfer, hab ich was zu essen und dann hat sich das für mich erledigt."* Martin ist gut im Schnorren (*„In eineinhalb Stunden hab ich zwanzig Mark."*), aber das Schnorren kann seine vielen Freiräume nicht ausfüllen (*„Ja, und dann ist halt Luft, dann weißte nicht, was de machen sollst."*) und: *„Das macht keinen Spaß, Schnorren, ganz egal wieviel Du verschnorrst, das macht einfach keinen Spaß. Ob Du hundert Mark in fünf Minuten kriegst, oder tausend oder ne Mark, das hat überhaupt gar keinen, das ist uninteressant, ne, im Endeffekt, weil, daß de überhaupt schnorren mußt, das ist schon zum Kotzen genug"*.

Der Aufenthalt in der Bibliothek sichert ihm den Abstand zur „normalen" Junkie-Scene (*„Da kommt zum Glück auch kein Junkie hin."*). Martin legt Wert darauf, nicht zur Szene gerechnet zu werden, sein Status als Substituierter gibt ihm das Gefühl kein „typischer" Junkie zu sein (*„Ich hab keinen Bock auf diese ewige Shore-Laberei"*). Auch durch seinen äußeren Habitus versucht er dieses Bild zu unterstreichen: Martin spricht meistens sehr gewählt und verfügt über eine ungewöhnliche sprachliche Flexibilität. Mit seinen langen Haaren und einem „alternativen" Bekleidungs-Outfit, könnte er leicht einem studentischen Milieu zugerechnet werden.

Die Distanz zur Szene begründet er damit, daß er diese Phase seines Lebens für sich abgeschlossen hat (*„Ich bin schon darüber hinweg, was die da noch machen, da bin ich schon drüber. Ich seh schon, ich seh das aus ner ganz anderen Perspektive."*). Den Grund für diese Distanz beschreibt Martin in einer längeren Erzählung über seine Reiseerlebnisse und Erfahrungen, die er dabei sammeln konnte.

4.2.4 Differenz(en)

Während seines fast zehnjährigen Aufenthaltes in verschiedenen Ländern lernt Martin sehr viele Menschen, Sprachen und Verhaltensweisen kennen. In jedem Land, in dem er sich länger aufhält, versucht er sich dessen Sprache anzueignen, was ihm auch gelingt: *„Guck mal, ich spreche Holländisch sehr sehr gut, Englisch sehr gut, Französisch gut, Italienisch hab ich lang nicht gesprochen, aber würd ich sagen mittelmäßig, Spanisch schlecht, aber wenn ich mich, Italienisch und Spanisch, da in einem der beiden Länder einen Monat aufhalte, dann klappt das schon wieder."*

Zusätzlich zu seiner sprachlichen Flexibilität, die den Horizont seines Verstehens erweitert, fällt es ihm leicht, sich in fremde Situationen zu integrieren, da seine Handlungskompetenzen verschiedene Sprachen und Möglichkeiten des Reagierens umfassen. Dazu gibt er mir folgendes Beispiel: *„Paß auf, ich komm in ne Stadt und da is ne Clique von Leuten, die kennen sich jahrelang, die sind hier in dieser Stadt aufgewachsen zusammen, die haben angefangen zusammen zu fixen, und ich komm da jetzt als Outsider, lebe jetzt in der Stadt und sehe, ich kenne aber viele, viele, viele Scenes, hundert mal mehr wie die kennen, ich kann Vergleiche ziehen, die die gar nicht ziehen können."*

Doch mit diesem Wissen, auf dessen Besonderheit er auch sichtlich stolz ist, mißlingt ihm seine Integration in die Dortmunder Szene, von der er sich ausgeschlossen und nicht anerkannt fühlt (*„Ich kann praktisch manchmal meine Erfahrung auch gar nicht weitergeben."*). Hier wirft man ihm Rechthaberei und ein angeberisches Gebaren vor. Martin beschreibt sich selbst als kritischen und reflexiven Menschen: *„Guck mal, ich mach zum Beispiel jahrelang schon, seit Jahren, wenn ich abends ins Bett gehe und kurz vorm Einpennen und so, dann laß ich den Tag nochmal Revue passieren. Ganz egal wieviel Kleinigkeiten, ich laß das nochmal und überlege mir so was, ist wie, wie haste Dich zum Beispiel beim Schnorren verhalten? War das okay? Haste das okay gemacht? Ist das? So, nen bißchen Selbstkritik, weißte und einfach mal gucken, was ist überhaupt passiert den Tag?"*

Sogar wenn er übermäßig Drogen konsumiert, versucht er diese Selbstreflexion beizubehalten (*„Das hab ich sogar ne Zeitlang geschafft, wie ich knülle, also wirklich breit war."*). Doch auch darüber erlebt er eine Differenz zu anderen Junkies (*„Sowas kann ich mir bei neunundneunzig Prozent der anderen Leute gar nicht vorstellen, das geht denen am Arsch vorbei."*), die ihn zum Randgänger der eigenen (sub)kulturellen Szene werden läßt (*„Ich fühl mich dann doppelt als Außenseiter."*).

Aufgrund dieses doppelten Ausschlusses kann er sich weder mit der Stadt, in der er lebt, noch mit deren Menschen identifizieren (*„Ich faß hier auch keinen Fuß irgendwie, das ist ja immer nur, wie gesagt, ich häng hier den ganzen Tag rum und mach nix"*). Aber nicht nur sein erschwerter Status in der

Szene ist es, der die Identifikation unterbindet: Martin selbst möchte nicht an einen Ort gebunden sein (*„Weil ich im Hinterkopf immer hatte: weg aus Dortmund, irgendwie hat mich das auch behindert, ne Wohnung zu kriegen."*).

4.2.5 Orte und Unorte

Martin lebt im Anschluß an die Rückkehr nach Deutschland in verschiedenen Hotels. Nachdem die weitere Finanzierung dieser Unterkünfte jedoch abgelehnt wird, ist er gezwungen (*„Die haben mich da reingesteckt."*) in ein Container-Dorf zu ziehen. Dort wohnt er zusammen mit anderen Junkies und versucht in diesem Rahmen, die Substitution ohne Beigebrauch oder Rückfälle in alte Konsumformen aufrechtzuerhalten. Dieser Vorsatz scheitert bereits nach einer Woche; in dieser Zeit ist das Container-Dorf zu zwei Dritteln belegt und DealerInnen beginnen ihren Drogenverkauf direkt an der Tür: *„Morgens klopfts an der Tür, da stehn da zwei Türken davor, der eine schon mit der aufgezogenen Spritze, der andere mit ner Handvoll Bubbles: >Willste Shore? Hier haste Testschuss<. Ja, so ging das dann ab da (...) in einer Woche haben die mir dreimal die Tür eingetreten, ich hab das gar nicht mehr repariert (...) ich hab da nur noch den Kühlschrank vorgeschoben. So, weißte, so ne Aktionen, so kannste doch nich leben?"*

Erfahrungen von Gewalt erlebt Martin auch in der Städtischen Übernachtungsstelle für Männer, die er zeitweilig aufsuchte, wenn er keinen anderen Schlafplatz organisieren konnte. In dieser Übernachtungsstelle kommt es zu häufigen Konflikten zwischen Junkies und Alkoholikern, die hier mehrheitlich anzutreffen sind. Während Martins letzter Übernachtung dort wird er selbst Opfer eines solchen Angriffs: *„Die haben schon mal probiert mich da umzulegen (gestikuliert sehr aufgeregt) wa, mit drei BVB-Fans, die haben das nachts probiert. Is wirklich kein Witz, is wahr, mit nem Rasiermesser."*

Aus diesem Erlebnis zog er die (unter diesen Umständen erzwungene) Konsequenz seiner weiteren völligen Obdachlosigkeit (*„Da schlaf ich doch lieber draußen ey, hör mal, da frier ich mir doch lieber den Arsch."*). Auf der Suche nach einem Schlafplatz für die Nacht geht er von *„Tür zu Tür"* und schläft auf Dachböden und in Kellern nicht abgeschlossener Mietshäuser oder Baustellen. Auch bei dieser Praxis riskiert er Auseinandersetzungen mit BewohnerInnen und Aufsichtspersonal. Doch selbst wenn es in den Häusern meist *„schweinisch kalt"* ist, fühlt er sich dort wenigstens etwas sicherer: *„Da penn ich dann lieber, als in nem Laden, wo ich nicht weiß, ob ich da nochmal aufwache. Daß ich zumindest nicht verprügelt werde."*

An dieser Stelle verweist Martin auch auf die unzureichenden hygienischen Bedingungen der (meisten) Übernachtungsstellen (*„Toiletten, wo ich mich als Mann noch nicht mal wage mich da hinzustellen und zu pinkeln, hör ma."*). Auf diese Eingriffe, in eine normalerweise geschützte Privatheit und

Intimsphäre, reagiert er wütend und sehr laut: „*Stecken se Dich da in so Löcher und sagen >Wat wollt ihr denn? Wir tun doch was für die Leute<, aber was sie da für die Leute haben, die da wirklich auf der Straße stehen*. SHIT, *das würde kein Bürger, kein normaler Mensch, würde das akzeptieren, in den Dingern leben, auch nicht hier in den Container-Wohnungen und so, und seien da noch so nette Nachbarn, das is, das sind CONTAINER* (sehr aufgebracht und laut), *das heißt, die sind aus BLECH und wenn nebenan einer hustet, dann, Zimmer eins hustet, Zimmer zehn hört zu, weißte?*"

Solche „Wohnerfahrungen" verhindern, bereits aufgrund ihrer strukturellen Notdürftigkeit, eine positive Identifikation mit Raum, und verkörpern Unorte, an denen niemand richtig „zu Hause" sein kann. „Zu Hause" fühlt Martin sich deshalb in Deutschland nicht: „*mein zu Hause, wo ich mich also auch richtig heimisch gefühlt hab (...) also das Gefühl von Heimat, ne, also das Gefühl, da gehör ich hin, das hatte ich in Amsterdam und Rotterdam. Da hab ich mich heimisch gefühlt.*" Zu einem „richtigen zu Hause" gehören, und das gilt sicherlich nicht nur für Martin: „*Freunde und Wohnung. Ich sag das extra zuerst FREUNDE und DANN Wohnung, das hat seinen Sinn, das sag ich nich einfach so. Sondern, mir nutzt ne Wohnung nix ohne Freunde*". Wichtig ist also die kommunikative Akzeptanz, sind Beziehungen mit Freunden, damit die Identifikation mit einem Ort gelingt und dieser zu einer Heimat wird.

Martin erzählt in diesem Zusammenhang von seiner Zeit in Amsterdam, als es für ihn möglich war, in zwei Szenen zu leben: er konnte in der einen Szene seine „*Junkie-Sachen*" managen und mit einer anderen Szene („*Kiffer*") zwei Jahre auf einem Hausboot leben. Seine Beschreibung dieser Zeit gerät sehr lebhaft und (fast schon) sentimental, was den Stellenwert ihrer Bedeutung unterstreicht: „*Das hat Spaß gemacht, mit denen nach Zandvoort rausgefahren, das Meer und highlife und und, oder im Winter, die Grachten zugefroren, mit Schlittschuhen zackzack ey, über die Grachten, mit fünf, sechs Leuten. Oder im Sommer, Amsterdam bunt ohne Ende* (gestikuliert lebhaft), *überall in allen Farben die kleinen Gassen, auffem Fahrrad mit zwei, drei Leuten, kleinen Gras-Stick dabei, ablachen. So durch die Blumenstraßen fahren, das war schon was und das wär meine Sache, wo ich mich heimisch fühlen würde, wo ich nen Platz hab, hier gehör ich hin, genau hier gehör ich hin* (sehr eindringlich). *So irgendwie Freunde haben und nich so wie hier.*"

Mit dieser Beschreibung leitet er die nächste Erzählung ein, in der es (in weiten Teilen) um den Stellenwert einer selbstbestimmten Identität gehen wird.

4.2.6 Identität(en)

Aufgrund seiner inneren Distanz zur „Junkie-Scene", hofft Martin „Kontakt zu ner Kiffer-Scene zu kriegen", doch die scheint es, so wie er diese Szene aus seiner Zeit in Amsterdam in Erinnerung hat, nicht mehr zu geben. Sein Mangel an sozialen Kontakten reflektiert sich zusätzlich in seinem unausgefüllten Alltag: „*Im Moment ist mein Alltag zudem kein Leben; ich seh das so wie ne Mischung, ja, es ist ne Mischung zwischen leben und vegetieren, weil, ich leb irgendwie, beweg mich, mach irgendwelche Dinge oder was, mach aber nix, was mich ausfüllt. Wat mir irgendwie auch Halt gibt.*"

Martin wirkt an dieser Stelle seiner Erzählung sehr in sich gekehrt und traurig auf mich, seine vorher explizit nach außen gekehrte Haltung, die mit großer Euphorie zu erzählen verstand, verschwindet hinter einer leiser werdenden Stimme, auf der das (gesamte) Gewicht der Welt zu ruhen scheint. Die Erinnerung an alte Freundschaften in Holland und die Erfahrung, dort, in seiner Eigenart akzeptiert worden zu sein, scheint ihn, im Hinblick auf seine derzeitige Situation, enorm zu belasten und sein (fragiles) Gefühl von Identität in Frage zu stellen.

In seiner verhaltenen Art, Gefühle überhaupt auszudrücken, bringt er dies resigniert zum Ausdruck: „*Da kannste schon mal Ärger kriegen mit Deinem Selbstwertgefühl, daß de wirklich an Dir zweifelst so manchmal, daß de denkst, wofür eigentlich? Und als Junkie sind solche Gedanken verdammt gefährlich! Wenn Du damit anfängst, wenn Du in ne Depression reinkommst, als Junkie reichen fünf Pillen mehr und dann hat sich das erledigt!*".

Um dieses lebensgefährliche Tief (schnell) zu überwinden, verweist er auf seine Erfolge beim Schnorren, die ihm ein minimales Gefühl von Erfolg vermitteln („*Vielleicht hol ich mir daher nen gewisses Selbstwertgefühl, dadurch, daß ich halt so gut schnorren kann, wa?*"). Aber auch dieses Können scheint die lastende Traurigkeit kaum aufzuwiegen, sondern ist eher Teil einer alltäglichen Routine, deren Fertigkeit im Lauf der Jahre („*Mailand, Madrid, Amsterdam, Rotterdam.*") perfektioniert wurde.

Dennoch hat das Schnorren einen hohen Stellenwert bei der Behauptung seiner Identität, denn er koppelt es mit seiner Vorstellung von beruflicher Identität: „*Da bin ich Profi drin, eben (lacht), ja genau, das ist, wenn, in der Zeit wo andere Leute zum Beispiel ihre Lehre gemacht haben (zündet Zigarette an), was weiß ich, was auch immer, da hab ich meine Lehre in Drogen gemacht. Im wahrsten Sinn des Wortes (...) in der Zeit, wo die Leute hier ihre normale Lehre gemacht haben, hab ich gelernt was was ist, wie ich in der Szene Umgang habe, wie ich mich verhalten muß. Das war meine Lehrzeit*".

Vor dem Hintergrund dieses lebensweltlichen Wissens erhofft sich Martin eine berufliche Perspektive, die auch gesellschaftlich akzeptiert wird: „*Wenn jetzt zum Beispiel (...) äh: Karstadt, wär´s jetzt legal, Karstadt bräuchte nen Prüfer (...) ja! Optimal ey! Oder ich würde zum Beispiel nen Coffee-Shop aufmachen, Hasch verkaufen, das wär mein Ding".* Martins Vorstellung einer anerkannten Arbeit spiegelt also Werte und Erfahrungen, die er während seiner Drogenlaufbahn als wertvoll und relevant einzuschätzen gelernt hat. Dazu zählt auch die Arbeit in der professionellen Drogenhilfe (*„Drogenarbeit überhaupt"*), die er mit seinem eigenen Relevanzsystem konnotiert.

Als Beispiel erzählt er von seiner Zeit als Mitarbeiter im Café „FLASH": *„Hör ma, ich war doch der erste Substituierte, der unten in der DROBS gearbeitet hat. Hab ich drei oder vier Monate für gekämpft. Das war ein Hin und Her, ob und ob nicht und wie lange ich denn clean wär."* Die Arbeit im Café ist für ihn ein Beweis seiner Akzeptanz, sowohl auf Seiten der „normalen" MitarbeiterInnen, als auch seitens der Gäste, die aus seiner Szene stammen und mit denen er sich identifiziert, aber gleichzeitig eine bestimmte Distanz wahren darf. Die Tätigkeit im Café wertet seinen Szene-Status extrem auf (*„Das ist ein Riesenunterschied (...) als ich unten hinterm Thresen stand (...) allein die Leute, die mir da begegnet sind, total anders, die haben mich total anders angesehen"*) und betont in einem positiven Sinne seine Besonderheit.

Martin identifiziert sich mit seiner neuen Arbeit (*„Das hat mir auch erst Spaß gemacht."*), doch als es zu betriebsinternen Umstrukturierungen kommt, die von ihm eine bürokratische Organisation seines Beschäftigungsverhältnisses fordern, steigt er aus dem neuen Job aus. Seinen Wunsch, in der Drogenarbeit tätig zu sein, behält er dennoch bei, denn er ist, aufgrund eigener Erfahrungen, „Profi": *„Auf jeden Fall für das, da wär ich Profi. Ich kann Leute einschätzen, die drauf sind, die können mir keinen vom Pferd erzählen".* Diese innere Verbundenheit unterstreicht er, in dem er betont *„nicht son typischer Ex-User"* zu sein: *„das hätte ich gar nicht nötig. Ich sag ja, ich würd mich ne halbe Stunde mit denen unterhalten, dann wüßte ich schon, woran ich bin".*

Martin kann sein Interesse an der niedrigschwelligen Drogenhilfe nicht realisieren, denn ihm fehlt die Energie und das Durchhaltevermögen, das nötig wäre, um den bürokratischen Aufwand zur Realisierung einer beruflichen Anstellung durchzusetzen. Eigeninitiative und die Bereitschaft, Verantwortung für sich selbst zu übernehmen, lehnt er in diesem Zusammenhang ab: *„Aber dann denk ich mir, da brauchste nen Gewerbeschein, polizeiliches Führungszeugnis. Da fängt das dann alles schon wieder an, da sperren die mir schon wieder meine Chancen ab".*

Sein Bemühen um die gesellschaftliche Anerkennung seiner Lebensweise und Erfahrungen demonstriert er mit mehreren Beispielen, die zeigen sollen, daß seine Lebensart nicht nur subjektiven Wert besitzt, sondern auch für andere Menschen verwertbar ist: *„Was ich gelernt hab, was ich zwanzig Jahre gelernt habe, genau, wo ich das auch verwerten kann (...) war ja nicht nur Scheiße, diese zwanzig Jahre Junkerei, waren auch tolle Zeiten bei, absolut. Auch mit dem Heroin, das waren auch geile Zeiten (...), daß ich das irgendwie verwerten kann, daß das nicht einfach so (macht wegwerfende Handbewegung) fitsch weg ist."*

Als Beleg für seine Kenntnisse und lebenspraktischen Erfahrungen, auch im Umgang mit Institutionen, führt er einen Bekannten an, dem er zur Substitution verholfen hat („*Dem hab ich das vermittelt, daß der seinen Codein-Saft kriegt. Ich bin mit dem zum Arzt, bin mit dem zur Apotheke, da hab ich mein Wort für den hingelegt, daß der erstmal sein Codein umsonst kriegt (...) sone Sachen mach ich jetzt auch noch.*"). Die soziale Kompetenz, die Martin mit diesen Erzählungen vermitteln will, funktioniert prächtig, wenn es um die Hilfe für andere geht, seiner eigenen Situation steht er jedoch meist hilflos gegenüber: „*Is doch irgendwie witzig, ich helf anderen Leuten und kann mir selber nich helfen* (lacht), *echt ja, ich hab keinen irgendwie, weißte, der mir mal so die Richtung zeigt.*"

Von dieser Hilflosigkeit und dem Umgang mit ihr handeln die nächsten längeren Passagen, in denen es häufig um die Suche nach Bestätigung und Akzeptanz seiner individuellen Besonderheit im Konflikt mit strukturellen Zwängen geht, denen er sich handlungsunfähig gegenüber sieht.

4.2.7 Zur „Freiheit" verdammt

Um die schwierige Situation der Obdachlosigkeit halbwegs erträglich einzurichten, ist Martin immer wieder darauf angewiesen, die Dienste sozialer Einrichtungen in Anspruch zu nehmen. Neben seinen Aufenthalten im Café und in der Notschlafstelle meldet er sich regelmäßig beim Wohnungsamt, Sozialamt, Gesundheitsamt und steht in einem sozialtherapeutischen Betreuungsverhältnis. Seine unverbindliche Art und die damit einhergehende Problematik, daß er zum Beispiel fest vereinbarte Termine selten einhält, konfligiert häufig mit institutionellen Zwängen, die feste Gesprächszeiten vorschreiben. Regeln dieser Art verursachen in Martin eine riesige Wut, denn er fühlt sich in seiner individuellen Bedürftigkeit mißachtet. Die unerfüllte Akzeptanz seiner Bedürftigkeit bildet den Hintergrund einer Wut, die sich an der Betreuerin entlädt (und die früh verstorbene Mutter meint): „*Und ich brauch die nicht irgendwann mal, sondern also, also dann, wenn ich sie brauch, nicht wenn sie ihre Zeiten hat*".

Der Schilderung seiner Wut folgt eine längere Aufzählung von Gefühlen der Einsamkeit und Trauer, die er an Beispielen von Überdosierungen, Entgiftungen, etc. darstellt. Unvermittelt und plötzlich taucht in diesen Erzählungen die Figur der Mutter wieder auf: „*Hör mal, ich hab nix anderes gelernt als mich alleine durchzuschlagen. Ich war immer alleine. Meine Mutter, ich war erst, sie war krebskrank wie gesagt, ich war halt immer alleine, wann hab ich die? Ich kenne meine Mutter von wirklich ganz kurzen Zeiten nur und ich hab in meinem Leben vielleicht zwei Freunde gehabt, so, wo ich da mal so reden konnte. Das hab ich schon lange nicht mehr, das mach ich alles alleine mit mir ab*".

Martins Einsamkeit führt ihn über die aktuelle, institutionelle Mißachtung und strukturelle Degradierung seiner Persönlichkeit hinaus, zurück, zu der frühen Erfahrung des Todes der Mutter, die ihn (aus seiner kindlichen Perspektive) zu früh allein läßt. Seine Enttäuschung darüber entlädt sich stellvertretend in der Wut, wenn seinen Bedürfnissen nicht entsprochen werden kann und in der Anästhesierung seines Alltags, die den Schmerz des Verlustes und des Mangels an (mütterlicher) Liebe in eine erträgliche Form kompensieren soll: *„Vielleicht nehm ich deshalb manchmal Drogen, noch mehr Drogen als ich sonst brauche. Was weiß ich, unbewußt, auf jeden Fall mach ich das ja nicht bewußt. Vielleicht ist das auch ein Grund mit, daß ich überhaupt drauf bin. Mit dieser Hilflosigkeit, was soll ich machen? Ich bin ja nun mal hilflos, also mach ich meinen normalen Tagesablauf wieder, das heißt Schnorren und mir paar Ruppies holen und mich irgendwo hinsetzen. Da gibt's nichts, was ich da machen kann".*

Immer wenn der *„normale Tagesablauf"* aufgrund zunehmenden Drogenkonsums umzukippen droht, zieht Martin die Notbremse und meldet sich aus eigener Initiative zum stationären Drogenentzug (*„Ich probier mir ja schon zu helfen, indem ich selber meine Entgiftungen einstiele"*). Sein inneres Warnsystem vermittelt ihm ein positives Gefühl von Handlungskompetenz, mit dem er einen Teil seiner Gefühle der Hilflosigkeit aufwiegen kann und über das er minimale Zukunftsperspektiven entwickelt: *„Ich hab mir irgendwann mal gedacht, ich möchte nicht mit fünfzig oder mit vierzig als Clochard, als Bettler, hier in Deutschland in der Gosse liegen, das hab ich nicht vor, auf gar keinen Fall. Sicher nicht, und ich werd dagegen ankämpfen, mit allem, was mir zur Verfügung steht, werd ich das probieren".*

Zu dem Zeitpunkt des Interviews ist es (wieder einmal) Martins Perspektive, mit einer Entgiftung die angespannte Situation des Alltags zu verbessern. Diesmal plant er jedoch nicht nur die Entgiftung vom medikamentösen Beigebrauch, sondern er will langfristig auch die Substitution absetzen, also in einem weiteren Schritt von dem Suchtersatzstoff Methadon entgiften. Diese Perspektive begründet er mit einer längeren Erzählung, die wieder eine Ausgangskomponente aus Martins Lebenserzählung aufgreift und komplementär zu seiner negativen Freiheit zu verstehen ist.

4.2.8 Wunschproduktionen und Perspektiven

Martin will entgiften, um die Zwänge und die Last seiner aktuellen Lebenswelt und -situation zu überwinden. In seiner Vorstellung entwickelt er eine neue Perspektive der wiederentdeckten Leichtigkeit seines früheren Seins: *„Ich will entgiften und dann was vom, wenn ich könnte, wenn ich die Möglichkeit dazu hätte, sagen wir mal, ich hätte einen Reisepaß und ich hätte tausend Mark da liegen, wär entgiftet, dann wär ich morgen in Frankreich und* *innerhalb von einer Woche hätte ich da ne Bude, zumindest bei dem ich wohnen kann. Irgendwo am Meer und könnte mich erstmal relaxen von dem, diesem ganzen Scheißstreß, der hier in dieser Stadt abgeht".*

Beim Weiterspinnen dieser Vorstellung wirkt Martin lebhaft und energisch, er bewegt sich offenbar wieder in seinem Element, auf einem sicheren Terrain, das sich auf immer neue Zukünfte hin entwirft und von einer sagenhaften Schwerelosigkeit getragen wird: *„Einfach mal Meer, Weite, Offenheit, bei diesem ganzen Scheiß, dieser ganzen Fixer-Kacke hier, dieses ganze, Gericht, Wohnungssuche, dieser ganze Kram, weg erstmal, weißte?"*

Martin bezeichnet seine Strategie als *„Selbstschutz", „ja, Selbsthilfe"*, womit er seine Situation, beziehungsweise auch Verhaltensstruktur, hellsichtig und treffend beschreibt, denn meines Erachtens gehört es zu seiner Überlebensstruktur immer wieder aufs Neue Räume zu entwerfen, die ihren Durchgangscharakter als Unort mit einer positiven Qualität entfalten. Um diese Perspektiven durchzuspielen, überlegt er sich Maßnahmen für eine entsprechende Realisation. Das Geld für eine solche Reise mit einer „normalen" Arbeit zu verdienen, scheitert daran, daß Martin sich zwar auf *„tausend Sachen"* versteht (*„Ich kann mauern, tapezieren, Malersachen kann ich machen, kann schreinern, bißchen. Gut, nen Stuhl könnt ich auch noch zusammenklappern (...) kann viel so Kleinkram, kann gut so Englisch oder Französisch hinlabern."*), aber keinen konkreten beruflichen Abschluß vorweisen kann.

Hier zeigen sich dann wieder gesellschaftliche Anforderungen und Zwänge, die den von ihm präferierten Lebensstil verhindern: *„In Deutschland zählen nur Papiere (...) keine Papiere? Tschüß! (...) Überall irgendwie Grenzen, egal wo ich bin in Deutschland"*. Und damit schließt sich Martins argumentativer Zirkel, denn wo er nicht nach seinem subjektiven Sinnsystem akzeptiert wird, da fühlt er sich auch nicht wohl, geschweige denn zu Hause: *„Deutschland, ich komm, ich weiß nicht, ich fühl mich in Deutschland nicht heimisch, absolut nicht, egal wo ich bin, irgendwie, oder ich komm mit der Mentalität nicht klar"*.

Am Beispiel seines Geburtsortes zeigt er, wie wenig er sich mit einem Ort identifizieren kann, denn heimisch in Deutschland fühlte er sich nie und nirgends: *„Das ist manchmal auch witzig, mich fragt jemand >Wo kommste denn her?< Was soll ich dem schon sagen (lacht), weil, wo komm ich her? Ich bin dort geboren, aber ich bin weder da aufgewachsen noch irgendwo anders. Ich bin praktisch in Österreich, Schweiz, Italien, Frankreich, Holland, ich bin überall aufgewachsen, überall. Überall, ich kann nicht sagen, das ist meine Heimatstadt oder so, ich wüßte nicht wo, gar keine Idee so"*.

Martins Heimatlosigkeit relativiert seine Bindungen und Identifikationen mit einzelnen Orten und meines Erachtens auch Menschen, denn Freundschaften werden nur am Rande und auf eher unpersönliche Art erwähnt. Aufgrund dieses Hintergrundes (*„Deswegen ist das bei mir ja auch alles so ne Ausnahme."*), der ihn schon früh zu einem Randgänger, verglichen mit konventionelleren Lebensmustern, werden läßt, fühlt er sich auch in der Junkie-Szene als etwas Besonderes.

Perspektiven

Martin ist aufgrund eines gerichtlichen Beschlusses gezwungen, sich Gedanken über seine nahe Zukunft zu machen, denn er hat die richterliche Auflage, an einer Entgiftung teilzunehmen, andernfalls droht ihm eine Haftstrafe. Weil er sich weder mit dem Gedanken an eine Entgiftung wirklich anfreunden kann, es für ihn andererseits aber unvorstellbar ist, einen Gefängnisaufenthalt in Kauf zu nehmen, denkt er häufig an die Flucht ins Ausland, denn dort fühlt er sich sicher: *„Wenn ich jetzt nach Holland fahr, ich krieg innerhalb von einem Tag meine Substitution für drei Monate. Ich sprech gut Holländisch, gar kein Thema, innerhalb dieser drei Monate find ich ruckzuck nen neuen Arzt, der mich weiter substituiert."*.

Neben der Fluchtidee überdenkt er Perspektiven, die sich nach einer abgeschlossenen Entgiftung ergeben könnten. Die Möglichkeit eines Rückfalles ist ihm bewußt, aber der Wert des Versuchs hat für Martin bereits eine hohe (symbolische) Bedeutung, die sich zwischen der Wahl von Leben oder Tod bewegt: *„Ist doch scheißegal, ob ich das, auch wenn ich´s nicht packe, jeden Tag, den ich entgifte, jeden Tag, den ich in der Therapie bin, ist ein Tag gewonnenes Leben, verflucht nochmal".*

In einer abgeschlossenen Entgiftung sieht er eine (realistische) Basis neue und „drogenfreie" Kontakte und Freundschaften einzugehen, denn der ausschließliche Kontakt mit Scene-Angehörigen schließt „Normalität" aus: *„Wenn Du so lange mit Drogen zu tun hast und mit den Leuten die Drogen, haste doch keinen Bezug noch zu Normalen in Anführungsstrichen".*

In einer früheren, relativ drogenfreien Phase seines Lebens war Martin mit Kommunikationsproblemen konfrontiert, die sich durch die Beziehung mit seiner nicht drogenkonsumierenden Freundin und deren Eltern ergaben. Martin erwähnt *„Hemmungen"*, daß er nicht weiß, worüber er mit der Familie sprechen soll. Seine sonstige Kontaktfreudigkeit und Sprachvielfalt erlebt er plötzlich auf die Drogen-Szene beschränkt, denn in der Familie der Freundin „regiert" eine andere Sprache, die ihm unbekannt ist, beziehungsweise, die er sich nie erschließen konnte: *„Ich find mich da gar nicht zurecht, ich kenn das nicht, Familie und und, wenn, wenn sich da auf einmal der Vater mit dem Sohn anblökt und ich sitz daneben. In der Szene weiß ich genau, wenn sich zwei anmachen, was da läuft. Da blick ich durch, aber das is ne Familie und da schreit auf einmal die Mutter den Vater an und irgendsowas und da hab ich auch Probleme jetzt einfach in ne andere Szene einzusteigen. Ich kann nicht einfach ins Marché (Café in Dortmund, S.T.) gehen und da jemand kennenlernen, der mit Drogen nix zu tun hat, oder so. Das kann ich noch nicht, das muß ich einfach erstmal lernen".*

Zu seinen Perspektiven zählt er demnach auch das Erlernen neuer Sprachspiele und Verhaltensweisen, die ihm neue Handlungsperspektiven eröffnen könnten: *„Und ich denke mir jeder Versuch, ich sag ja, jeder Tag ohne, wo ich was anderes mache, als ich hier in den letzten Jahren, jeder Tag, wo ich da was anderes mache, ist ein gewonnener Tag für mich. Allein jetzt so das Quatschen mit Dir, das ist für mich schon ne Ausnahme des Normalen, auf jeden Fall was anderes (lacht), ja, das ist irgendwie verrückt, aber das is jetzt so".*

Nicht nur die Erfahrung des Reisens und Unterwegsseins verkörpert für Martin eine lebenswichtige Freiheit, es ist auch die Sprache, das Sprechen und die Interaktion, die ihm die Möglichkeit gibt, neue Perspektiven zu formulieren und kreative Formen der Lebensgestaltung zu erdenken. Martin möchte *„was machen, was ich kann".* In diesem Zusammenhang erzählt er von seiner Begegnung mit einem Franzosen in der Stadt, den er beim Betteln kennenlernte. Durch das Gespräch mit dem Mann fühlt er sich in seiner Identität und in seinen sprachlichen Fertigkeiten positiv bestätigt. Zudem empfindet er das für ihn so wichtige Gefühl von (räumlicher) Weite: *„Allein so das französische Reden, das war für mich schon, oh Mann ey, ich hab direkt an Palmen und alles wieder gedacht (...) das tat mir gut, schon allein mal ne fremde Sprache wieder zu sprechen und so das Slang und das alles. Allein das schon und wenn ich mir vorstelle, daß ich dann auch noch da wäre, oh Mann (dramatische, weit ausholende Geste)".*

In einem abschließenden Statement zeichnet Martin noch einmal das Bild, einer für ihn so überlebenswichtigen Leichtigkeit des Seins, mit dem er sich in immer neuen Folgen auf seine Utopie eines erfüllten Lebens hin entwirft: *„Ich sag ja, raus hier, erstmal wirklich alles hinter mir lassen, wirklich mal Luft schnappen, weg. Das, das wär die halbe Miete, hör ma. Ja, die halbe Miete wär's, echt. Entgiftung und Urlaub. Du, dann würd ich direkt, vielleicht doch noch überleben".*

4.3 Leben zwischen Rausch und Raum

Martins Erzählung ist extrem vielfältig und bietet eine Menge an Möglichkeiten und Ebenen der Interpretation, die er im übrigen in häufigen reflexiven Einschüben selbst in seine Geschichte einstreut. Da ich mit Martins Geschichte die Wechselwirkungen von einerseits subjektiver, biographischer Transzendenz[24] und andererseits (raum)struktureller Faktizität[25] explizieren möchte,

---

24 Damit meine ich Martins Handlungspotentiale, um die ihn eingrenzenden Zwänge zu überschreiten.
25 Damit meine ich die institutionellen und normativen Vorgaben, die Martins Selbstwerdung - behindern.

begrenze ich die Interpretation der Erzählung auf drei übergeordnete Themenfelder. Diese thematischen Felder werden von Martin mit mehrfachen Belegerzählungen ausstaffiert, sie sind zudem, aufgrund einer inhärent in der Erzählung angelegten Entwicklungsdynamik, inhaltlich aufeinander bezogen und kreisen um folgende Aspekte.

1. Das Subjekt und seine Wunschproduktionen
   a. Erzählungen über subjektive Handlungspotentiale, die aktiv und autonom (im Gegensatz zur passiven Ebene des Erfahrens) verlaufen,
   b. die Binnenperspektive der Lebenswelt (intuitives Wissen, soziale Praktiken, Wertvorstellungen, mehrfach kodierte Identität, Bedeutung der Leiblichkeit, der Fremderfahrung und des Engagements),
   c. subjektive Raumvorstellungen, Aneignungspotentiale und deren Umsetzungsstrategien.

2. Das Subjekt und seine negative Freiheit
   a. Erzählungen über strukturelle Zwänge (Verletzung der leiblichen Integrität, moralische Mißachtung, evaluative Mißachtung),
   b. die Außenperspektive des Systems (Erfahrungen mit „stadtstruktureller Gewalt" (Keim), die „körperliche Einschreibung objektiver Strukturen" (Bourdieu), die normierende Gewalt institutioneller Instanzen und soziale Kontrolle),
   c. faktische Raumvernichtung, beziehungsweise Unsichtbarmachung (sub)kultureller Milieus.

3. Sprechen und Handeln des Subjektes im Raum
   a. Erzählungen über die Bedeutung der Pluralisierung der Sprachspiele (für die Entwicklung von lebensräumlicher Identität und Akzeptanz),
   b. Bedeutungen narrativer Konstruktionen für die Entwicklung subjektiver Raumbedeutsamkeit (Sagbarkeiten/Unsagbarkeiten, sagbare/unsagbare Räume und Orte/Unorte),
   c. Verbalisierung und Entwurf neuer Perspektiven, neuer Welten (Sprache und Erfindung[26], die/der ErzählerIn als „Ironikerin" und „starker Dichter" (Rorty).

Diese drei thematischen Felder sind über interaktive und dialogische Prozesse, die in Martins Erzählung bereits angelegt sind, miteinander verwoben. Im folgenden werde ich auf ihre jeweilige Bedeutung und Verbindung eingehen.

---

26 Vgl. dazu R. Rorty: „Eine Kultur ohne Zentrum. Vier philosophische Essays", S.72-103, Stuttgart 1993

Subjekt und Wunschproduktion

Martin präsentiert seine Geschichte in einem chronologisch geordneten Verlauf, der mit der Kindheit beginnt und seinen Abschluß findet in Themen, Problemen und Perspektiven, die seine aktuelle Situation betreffen. Die Erzählung der Kindheit ist kurz und beginnt mit dem Hinweis auf seine besondere Situation, als Heimkind. Martins Kindheit ist gekennzeichnet durch ständige Orts- und sogar Länderwechsel, die mit den wechselnden Krankenhaus- und Kuraufenthalten der krebskranken Mutter zusammenhängen. Die Identifikation mit *einem* Ort, an dem die Kindheit erlebt wird, ist für Martin aufgrund dieser Situation der ständigen Wechsel nicht möglich. Dazu kommen häufig wechselnde Bezugspersonen (die Mutter, Pflegefamilien, HeimerzieherInnen).

Martins kindliche Raumerfahrungen sind geprägt von einem Verlust und Mangel an, beziehungsweise von für ihn nie existierenden, traditionellen Strukturen, die einen Ort charakterisieren; sie verkörpern weder 1. historische, noch 2. relationale, noch 3. identische Qualitäten[27]. Seine Aneignungspotentiale zur Entwicklung und Identifizierung mit räumlichen Strukturen fluktuieren in immer neue Räume.

Martins erzählerische Darstellung seiner Kindheit als einer ununterbrochenen Reise liest sich für mich wie der Prototyp eines postmodernen Romans[28], der in die Sechziger Jahre verlegt wurde und in dem Martin die (kindliche) Hauptrolle eines Raum-Zeit-Avantgardisten spielt, für die sein späterer „Nachfahre" Philip Davis in der „Geschichte der leuchtenden Bewegung" folgende Worte findet:

„Mam war eine ganze Welt für sich, voller geheimer Gedanken und Bewegungen, die jedem sonst verborgen blieben. Wenn ich bei Mam war, vergaß ich Dad auf der Stelle, und er war dann kaum mehr als eine Ahnung, eher etwas Seltsames, fern Bedeutungsvolles als ein Mann, so als finde Mams Rache darin ihre Erfüllung, daß sie Dad in die Zukunft verbannte. Mam, das war immer das Jetzt. Mam war die niemals endende Bewegung. Die Welt war bevölkert von Mam und mir und sonst niemandem, und alle paar Tage schien sie mich an neue, jedesmal fremde Ort zu bringen in unserem zerbeulten und gefährlich klappernden Ford Rambler. Und es war mehr als nur Bewegung. Mam besaß eine gewisse geographische Schwere und Masse. Ihre Bewegung war selbst ein Ort, eine Stimme, ein Ruhezustand. Ganz gleich wohin wir fuhren, wir schienen zu bleiben, wo wir schon immer gewesen waren. Wir waren mehr als eine Familie. Mam und ich. Wir waren Teil der Landschaft. Wir waren eher der Name der Landkarte als eine verschlüsselte oder strategische Position darauf. Wir waren wie eine MX-Rakete, stets in Bewegung und

---

27   Vgl. z.B. M. Augé, a.a.O., S.90ff.
28   Vgl. S. Bradfield: „Die Geschichte der leuchtenden Bewegung", Zürich 1993

doch immer genau da, wo wir sein sollten. Es kam oft vor, daß ich mir Mam und mich als eine Art Waffe vorstellte."[29]

Durch die ständigen Wechsel von Orten und Personen entwickelt Martin eine relativistische Raumidentität, die, zum Schutze seines schwachen Ich vor Kränkungen und Enttäuschungen, nur sehr lose Bindungen zu anderen Menschen zuläßt und sich aus einer kindlichen Omnipotenzphantasie speist, in der er als ungekrönter König einer von ihm verfaßten Lebenswelt auftritt. Dieser (narzißtischen) Phantasie entspricht auch sein (ödipaler) Wunsch nach einer Leichtigkeit des Seins, die von keiner Unerträglichkeit, also normativen Erwartungen und Vorgaben, berührt werden darf. Zu Martins kindlichem Königreich zählt 1. eine mythische Dimension, die ihn zum Helden krönt, der auszieht, um die Welt zu erobern und 2. eine archaische Dimension, die des einmaligen omnipotenten Kindes.

Martin hat nur wenig Zeit, um diesen kindlichen Mythos zu entwickeln, denn seine Mutter stirbt früh und er lebt danach (auf sich allein gestellt) in einem Kinderheim. Mit dem Ende dieser kurzen Kindheit beginnt der frühe Drogenkonsum, der Martins Besonderheit in erweiterter Form charakterisiert. Die vorher erfahrene Bewegung und räumliche Weite, die das Reisen mit der Mutter für ihn repräsentierte, findet durch deren Tod ein Ende und Martin beginnt eine Reise (oder auch einen Rückzug) in sein Inneres, die er durch den einsetzenden Drogenkonsum intensiviert.

(Räumliche) Enge und Weite bestimmen das besondere Verhältnis von Mutter und Sohn. Die Enge des Zusammenseins von Martin und seiner Mutter, sein kindliches Angewiesensein auf ihre Fürsorge, spiegelt eine symbiotische Einleibung von extremer Nähe. Die (räumliche) Weite und Distanz, die andererseits durch die häufigen mütterlichen Abwesenheiten ausgelöst wird, führt zu seiner (narzißtischen) Kränkung und späteren Wut auf Frauen.

Zu dieser Wut, die sich aus der verweigerten Annahme speist, gehört eine gleichzeitige, versteckte Depression, die ebenfalls aus dem frühen Verlassenwerden resultiert. Um diesen extremen Gefühlen von Wut/Aggression und Depression gerecht zu werden, entwickelt Martin eine besondere Strategie.

Martin koppelt die frühe Ästhetisierung einer (vermeintlich) ungebundenen Identität, die ihre Räume selbst inszeniert und entwirft, mit einer Anästhesierung seiner Identität, die sich im weiteren Verlauf seiner Entwicklung auch äußerlich, also räumlich, manifestiert. Ziel der Ästhetisierung seiner frühkindlichen Raumerfahrungen ist die Abwehr von Wut und gleichzeitiger Trauer. Diese Mangelerfahrungen kompensiert Martin, indem er sie anästhesiert, das heißt seinem bewußten Erleben nicht mehr zugänglich macht.

Wut, Trauer und Liebe verkörpern Martins ambivalente Gefühle der Mutter gegenüber: sie ist 1. die „böse" Mutter, die das Kind verläßt und sie ist 2. die „gute" Mutter, die dem Sohn die Reisen und die Unabhängigkeit schenkt. Das

---

[29] A.a.O., S.11

hat für Martin zwei Folgen, zum einen führt er seine Wut auf sich selbst zurück, das heißt er wird autoaggressiv (mittels Drogenkonsum) und zum anderen entwickelt er ein grandioses Ich-Ideal (über die expansiven Raumphantasien).

Ein Jahr nach dem Tod der Mutter flüchtet er das erste Mal aus dem Heim nach Amsterdam und findet dort Zugang zur Drogenszene. Sein früher Drogenkonsum hebt ihn aus der Gruppe der Gleichaltrigen im Heim heraus und vermittelt ihm den Status des Rebellen, über den er sich die gewünschte Anerkennung verspricht. Die Suche nach Anerkennung basiert meines Erachtens jedoch nicht primär auf der Akzeptanz des Drogengebrauchs, sondern umfaßt Martins Hoffnung in seiner Besonderheit erkannt zu werden.

Martins frühe Ästhetisierung einer räumlich ungebundenen Lebensweise realisiert sich neu, als er das Kinderheim verläßt und für ein Jahr nach Frankreich flüchtet. Über dieses Jahr wird nichts Konkretes berichtet, auch nicht über die anschließenden fünf Jahre in Berlin. Wichtige Strukturdaten, die zum Beispiel den Lebensunterhalt, das Wohnen, schulische Bildung, Freundschaften, etc. betreffen, bleiben unerwähnt.

Diese Erzählhaltung verweist meines Erachtens auf ein Relevanzsystem, das 1. die strukturellen Zwänge der Welt negiert und 2. auf die Bedeutung einer erzählerischen Leichtigkeit, mit der eine eigene Welt erfunden wird. Martin entwickelt zu diesem Zeitpunkt der Erzählung (darüberhinaus) ein eigenes Relevanzsystem, das die Zeit des Berlin-Aufenthaltes als die Anfangszeit der Drogenkarriere darstellt, in der er den praktischen Gebrauch von Drogen und den sozialen Umgang in der Drogenszene erlernt und zu einer professionellen (und (sub)kulturell anerkannten) Identität erweitert.

Darum besitzt die Berlin-Zeit für ihn Eigensinn, denn sie umfaßt 1. den Erwerb eines spezifischen (sub)kulturellen lebensweltlichen Wissens, 2. das Erlernen sozialer Praktiken, 3. das Einüben gruppenspezifischen Rollenverhaltens und 4. die Übernahme von Wertvorstellungen des Drogenmilieus. Diese Erfahrungen bilden das Hintergrundwissen und Gerüst, auf dem die weiteren Erzählungen aufbauen und mit dem Martin seine Biographie expliziert.

Aufgrund sich zuspitzender Konflikte verläßt er mit 20 Jahren Berlin und reist in den nächsten 10 Jahren durch halb Europa. Weil Martin sich nun mit Berlin nicht (mehr) sonderlich identifiziert, ist er offen für die Weiterreise. So lernt er Italien, Frankreich, Spanien und Holland kennen. In Holland (Amsterdam/Rotterdam) findet er Freunde und entwickelt heimatliche Gefühle. Aufgrund seiner Zugehörigkeit zu einem relativ stabilen Freundeskreis entdeckt er zum ersten Mal für sich das Gefühl an *einem* Ort zu Hause zu sein, der seine Identität positiv bestätigt. Nachdem ein Freund im Drogenmilieu ermordet wird, ist dieses Gefühl der Sicherheit zutiefst erschüttert. Martin bekommt Angst um sein eigenes Leben und verläßt den festen Wohnsitz in Amsterdam. Er kehrt nach Deutschland zurück. Damit findet die erträgliche Leichtigkeit des Seins, wie er sie in Amsterdam erlebte, ein vorläufiges Ende.

Unabhängig von allen strukturellen und biographischen Brüchen, die Martin nach seiner Rückkehr erlebt, kann er einen Teil seiner alten Leichtigkeit retten. Der utopische Gehalt dieser Form von Identität, der sich in seinen Träumen von einem unbeschwerten, autonomen Leben manifestiert, taucht in einem perspektivischen Denken auf, das sich in einem fort auf mögliche Zukünfte hin entwirft und als kontrafaktische Strategie zur Bewältigung gesellschaftlicher Zwänge, beziehungsweise der (raum)strukturellen Faktizität, verstanden werden kann.

Subjekt und negative Freiheit

Martins Rückkehr nach Deutschland ist gekennzeichnet von Obdachlosigkeit, eingeschränkter Mobilität (aufgrund der Methadon-Substitution) und durch den Verlust alter Freundschaften. Der ständige Aufenthalt auf der Straße verletzt seine körperliche Integrität; Martin wird krank, die Stabilität der Substitution ist gefährdet. Die moralische Mißachtung seiner Lebensform durch diverse gesellschaftliche Institutionen erzwingt Entgiftungsversuche zur minimalen Sicherung seiner verbleibenden Überlebenschancen. Seine Möglichkeiten, unter diesen Umständen ein selbstbestimmtes Leben zu führen, gehen gegen Null, betrachtet man die alltäglichen Zwänge, die drogenpolitisch/stadtstrukturell in Erscheinung treten und sein tägliches Überleben verwalten und bedrohen.

Durch die Obdachlosigkeit bewegt sich Martin in leeren Räumen, das heißt Räumen, mit denen er sich nicht identifizieren kann. Aufgrund der kommunalpolitisch praktizierten Raumvernichtung innerstädtischer Drogenmilieus gerät sein Leben in die Unsichtbarkeit, aus der heraus eine selbstbewußte Artikulation schwerfällt. Da Martin die Möglichkeiten der Aneignung eines selbstbestimmten Raumes stadtstrukturell verweigert werden, kompensiert er diese Leere durch zusätzlichen Drogenkonsum, der ihm ein Minimum an Autonomie in bezug auf seine Innenwelt sichert. Damit nimmt der Drogenkonsum eine Schutzfunktion vor der permanenten Verletzung seiner Privatheit und Intimsphäre ein, die er an den Unorten, die ihm zum Überleben angeboten werden (Container-Dorf, Asyle, Straße) nicht realisieren kann.

Die gesellschaftliche Nicht-Akzeptanz seiner (sub)kulturellen Identität stellt einen weiteren Angriff auf Martins Selbstbild dar. Zu einer (möglichen) Akzeptanz würde nämlich auch die Integration von Martins lebensweltlichen Fertigkeiten gehören, die einen wichtigen Bestandteil *seines* Wertesystems bilden, für das er allerdings diskriminiert und ausgeschlossen wird. Aufgrund dieses Ausschlusses von kollektiv gültigen Wertvorstellungen und der damit einhergehenden evaluativen Mißachtung seiner Werte und Normen, versucht Martin seine menschliche Würde über das ihm bekannte (sub)kulturelle Wertesystem, das zum Beispiel erfolgreiches Betteln positiv konnotiert, zu sichern.

Wie wichtig die gesellschaftliche Akzeptanz zur Sicherung des Selbstwertgefühls ist, demonstriert Martin anhand von Schilderungen seiner sozialen Kompetenz und seines Engagements für andere Junkies, worüber er allerdings doppelt ausgeschlossen wird, denn in der Szene erntet er Mißtrauen und gesellschaftlich gilt dieses Engagement als suspekt.

Ein weiterer wichtiger Aspekt seiner Identität ist die Vielfältigkeit seines sprachlichen Ausdrucksvermögens. Darauf ist Martin stolz, denn seine Fertigkeit, viele verschiedene Sprachen zu sprechen, sichert ihm Möglichkeiten zum Aufenthalt in den verschiedensten Milieus und garantiert ihm ein Gefühl von räumlicher Weite (und Distanz vor (un)erwünschter Nähe). Auf diesen letzten Aspekt der thematischen Felder werde ich jetzt eingehen.

Sprechen und Handeln im Raum

Die angesprochene sprachliche Flexibilität und polysemische Komplexität kommt bei Martin auf zwei Ebenen zum Ausdruck. Erstens besitzt er ein überdurchschnittliches Maß an idiomatischen Fertigkeiten, das heißt er kann sich in Englisch, Holländisch, Französisch, Spanisch und Italienisch verständigen und hat in diesen Ländern gelebt. Dadurch konnte er, zweitens, über die idiomatische Kompetenz hinaus, soziale Kompetenzen erwerben, die seinen Handlungsradius beträchtlich erweitert haben.

Mit der Erweiterung seiner sozialen Kompetenz, die ihm die Integration in verschiedenste Milieus erleichtert, geht die Relativierung der lebensweltlichen Bezüge einher. Über diese Relativierung sowohl räumlicher als auch kommunikativer, sozialer Bezüge entwickelt Martin meines Erachtens ein Raumbild, das sehr starke (post)moderne Züge enthält. Dafür sprechen, nach meinem Verständnis seiner Erzählung, folgende Aspekte:

1. Auflösung traditioneller Beziehungsstrukturen und Kontinuitäten.
Von dieser Erfahrung wird Martin schon sehr früh betroffen, denn seine (kindliche) Sozialisation verlief, gemessen an der Konventionalität der Sechziger Jahre, ungewöhnlich. Seine Lebenserzählung deutet auf eine Nicht-Existenz von Orten in seinem Leben. Martin bewegt sich real in/an Unorten, doch wo er sein könnte, das wäre ein ersehnter Ort.
2. Das subjektive Erleben von Raumbedeutsamkeit entwickelt sich über dessen verbale Artikulation und leibliche Präsenz. Sagbarkeiten konstruieren aus Räumen sowohl Orte als auch Unorte, Unsagbarkeiten verweisen auf die potentielle Leere des (materiellen) Raumes. Martins erzählte Orte sind darüber konstruiert, daß sie 1. strukturell bestimmbar sind, 2. ihre Aneignung möglich ist und 3. eine positive Sicherung von Identität vermittelt wird. Die erzählten Unorte sind (durch die Erzählung) ebenfalls 1. strukturell bestimmbar, doch verläuft 2. die Aneignung nicht freiwillig, sondern wird institutionell erzwungen und vermittelt 3. eine negativ bestimmte Identität. Sowohl den Orten als auch den Unorten wird ein Sinn

beigemessen, der den Raum subjektiv bedeutsam macht. Neben den Erzählungen, die den Raum als konkreten Ort mit positiven und negativen Qualitäten benennen können, existieren in den Erzählungen Unsagbarkeiten, die sich auf Räume beziehen, die 1. strukturell nicht bestimmbar sind, in denen 2. keine Handlung stattfindet und die 3. in sich leer sind. In diesen Räumen kann weder ein subjektiver Sinnbezug hergestellt werden, noch ist eine Transformation vom Raum zum Ort/Unort möglich, da weder Aneignung noch Verweigerung des entsprechenden Raumes durch das Handeln des Subjektes stattfinden kann.

3. Sprache und Erzählung relativieren das sogenannte „wirkliche und unmittelbare" Leben und entwickeln sekundäre Konstruktionen, deren Metaqualitäten „reale" Orte und Räume simulieren. Hiermit meine ich den Unterschied zwischen einer erzählten *Handlung*, in deren Verlauf zum Beispiel Raum in Ort transformiert werden kann, und einer *erzählten* Handlung, die bereits in symbolisch verdichteter Form *Raumerzählung* praktiziert. Martin *erzählt* vom Raum, der dadurch als Wirklichkeit in die Welt simuliert wird. Aufgrund seiner gesellschaftlichen Machtlosigkeit und der ihm verweigerten Teilhabe wird in seinen Erzählungen Raum überwiegend erzählt (und erdichtet), als konkret erhandelt, da ihm dieser Zugriff verwehrt bleibt. Zudem sind die ihm gesellschaftlich zugestandenen Räume von einer solchen Gewalt und Ignoranz seines Lebenstraums getragen, daß sie nur in (teilweise utopischen) Überformungen seinerseits ertragen werden können.

4. Die Gültigkeit einer Erzählung wird damit relativ und kann (pragmatisch) neu organisiert werden. So „rettet" sich Martin mit seinen Erzählungen von der angeblichen Leichtigkeit des Seins vor den Zwängen und Enttäuschungen der Welt, indem er sich in immer neuen Beschreibungen ästhetisiert und selbstbereichert. Dabei versucht er auch sprachlich seine Grenzen zu erweitern, statt ein Zentrum zu finden. Sein Leben ist deshalb kein trauriges Schicksal (im Sinne einer *sad story*), sondern verkörpert durch seine Besonderheit und Authentizität etwas Erdichtetes, das, ohne den strukturellen Zwang, dem er ausgesetzt ist, bagatellisieren zu wollen, von Fiktion, Hoffnung und Utopie getragen wird.

5. Sprache, Erfindung und Wirklichkeit sind eins: die „große" Erzählung einer Biographie erzählt kein „wahres Selbst", „kleine" Erzählungen erfinden Wahrheit neu, (biographische) Erzählung und Dichtung verbinden Wahrheit und Fiktion. Lebens*geschichte* ist erzähltes Leben, das heißt sie verkörpert 1. erzähltes *Leben* und 2. *erzähltes* Leben[30]. Die Analyse einer Lebens*geschichte* sollte sich daher an der *Textförmigkeit* der Erzählung orientieren; sie muß *Künstlichkeit* und *Literarisierung* einkalkulieren.

---

30 Vgl. dazu G. Rosenthal: „Erlebte und erzählte Lebensgeschichte. Gestalt und Struktur biographischer Selbstbeschreibungen", Frankfurt 1995

6. Die Analyse erzählter Lebensgeschichte kann zeigen wie durch idiosynkratische Metaphorik neue (Handlungs)perspektiven verbalisiert und entwickelt werden, die mit alten Kontinuitäten und Kontingenzen brechen. Martins Hoffnungen und Perspektiven liegen in der Realisierung neuer Sprachspiele, die sein Leben (auch) handelnd erweitern und in die Richtung der von ihm projektierten Utopie verändern sollen.

Nach dieser Zusammenfassung, der meines Erachtens wichtigsten thematischen Felder der Erzählung (1. Subjekt und Wunschprojektion, 2. Subjekt und negative Freiheit, 3. Sprechen und Handeln im Raum), will ich abschließend noch einmal die zentralen Überlegungen dieses Kapitels zusammenfassen und einen Ausblick auf Kapitel 5 bringen.

4.4 Einsichten IV

Was konnte nun mit der subjektzentrierten Explikation der Trias von 1. Rausch, 2. Subjekt und 3. Raum über das Verhältnis von Subjekt und Struktur gesagt werden? Und auf welchen Überlegungen gründen sich meine anschließenden Vorschläge zu einem differentiell-hermeneutischen Raumverständnis?

Wie ich bereits zu Beginn dieses Kapitels darstellte, sind Sprechen und Handeln eines Subjektes von eminenter Bedeutung für sein Wirklichwerden im Raum. Sprache ist ein zentrales Medium zur Aneignung und Verdinglichung von Wirklichkeit, die über das konkrete (verändernde) Handeln erstellt wird[31]. Erst durch das Sprechen und Agieren entwickelt Raum eine subjektive und gesellschaftliche Bedeutung. Sprache geht dabei in ihrer Bedeutung über ein Verständigungshandeln[32] hinaus, sie umfaßt zudem die leibliche Präsenz[33] des Subjektes im Raum.

Die Bedeutung des (materialen) Raumes liegt in seinem Potential zur Aneignung und Transformation in einen mit subjektiven Relevanzen ausgestatteten Ort und/oder Raum. Diese Transformation, des vormals nichtssagenden Raumes in einen belebten, sprechenden Ort/Raum vollzieht sich über einen dialogisch-interaktiven Prozess zwischen Raumstrukturen und den sie nutzenden Subjekten.

---

31 Vgl. dazu H. Arendt: „Vita activa oder Vom tätigen Leben", 8. Auflage, München 1994. Eine intensivere Diskussion zum Handeln, Sprechen und (gesellschaftlicher) Subjektwerdung folgt in Kapitel 5.
32 Vgl. P. Alheit über die Wechselwirkungen von „Struktur und Subjektivität im biographischen Prozeß", in: ders.: „Kultur und Gesellschaft. Plädoyers für eine kulturelle Neomoderne", S.46f. und S. 282ff., Bremen 1992
33 Vgl. das Konzept von Leiblichkeit bei U. Matthiesen: „Das Dickicht der Lebenswelt und die Theorie des kommunikativen Handelns", S.51ff., 2. Auflage, München 1985

Dialogisch-interaktiv meint, daß 1. der Sprache der NutzerInnen eine zentrale Rolle zukommt, denn sie ist konstitutiv für das Entstehen von Orten/Räumen und daß 2. die konstituierten Orte/Räume ihrerseits wieder auf die Entwicklung sprachlicher Strukturen Einfluß nehmen und damit auch auf die Gestaltung neuer Orte/Räume.

Am Beispiel der exemplarischen Fallanalyse konnte ich zeigen, wie sich abstrakte Räume in Orte verwandeln, darüber, daß sie von ihren jeweiligen BewohnerInnen mit Sinnhaftigkeit/Sinnstrukturen verknüpft werden. Daß diese mit Sinn konnotierten Räume sowohl negative als auch positive Qualitäten entfalten, habe ich am Prinzip der Realisierung von Orten und Unorten gezeigt.

Die Bedeutung der subjektiven Sprache ist immens, denn sie verweist, über alle (raum)strukturellen Zwänge und Faktizitäten gesellschaftlich produzierter Diskurse hinaus[34], auf eine Möglichkeit zu deren Überschreitung. Am Beispiel der Sprache kann gezeigt werden, wie auch eine gesellschaftlich verweigerte Individualisierung subjektiv ästhetisch inszeniert werden kann und sich dadurch räumlich realisiert. Neben allen gesellschaftlichen Zwängen und Unterdrückungsmechanismen existiert, wie ich am Beispiel von Martins Geschichte zeigen konnte, eine Hoffnung in der und über die Sprache, die sich auf neue Zukünfte zu entwerfen versteht und vom Mut zur Utopie getragen wird.

Neben dieser subjektiven Hoffnung auf Transzendenz existiert ein negativer Zwang, der zur „Freiheit" verdammt. Selbsterschaffung ist nie etwas rein Privates, sie bedarf immer der gesellschaftlichen Anerkennung und damit (auch) des öffentlichen Raumes. Raum unterliegt jedoch, wie und durch Sprache, historischer Kontinuität und Kontingenz. Das heißt, Raum ist nie rein statisch reproduktiv, sondern im ständigen Wandel durch das (historische) Sprechen und Handeln seiner BewohnerInnen begriffen. Kommunikation und Interaktion werden dadurch zu zentralen Größen für räumlichen und gesellschaftlichen Wandel. Die Bedeutung dieser sprachtheoretischen Fundierung räumlichen Wandels ist auch für den raumplanerischen Diskurs von hoher Relevanz. So stellt sich doch die Frage nach einem bewußten Handeln, das ein reflexives Verständnis des Planens voraussetzt, um der Komplexität des Raumes und seiner BewohnerInnen gerecht zu werden.

Auf die eben angeführten Überlegungen werde ich im folgenden Kapitel vertieft zu schreiben kommen, wenn ich abschließend darlegen werde, welche (theoretischen) Aspekte wesentlich sind für die Entwicklung eines differentiell-hermeneutischen Raumverständnisses.

---

34 Dennoch betone ich, daß weder Sprache noch Körper rein private Angelegenheiten sind. Zur Kritik an dieser Form einer „ästhetisierten Privatethik"; vgl. R. Shusterman: „Postmoderne Ethik und Lebenskunst", in: ders.(1994), a.a.O., S.209-246

Ausblick auf ein differentiell-hermeneutisches Raumverständnis

Dieses von mir entwickelte neue Raumverstehen gründet in der Annahme, daß die Komplexität von Raum nur multidimensional begriffen werden kann. Umfassendes, das heißt komplexes Verstehen entwickelt sich immer aus der Vielschichtigkeit von Perspektiven und Ebenen, die multikausal miteinander verwoben sind.

Die Perspektiven dieses Verstehens, die ich im folgenden Kapitel darlegen werde, habe ich aus den Themenfeldern dieser Arbeit entwickelt. Sie umfassen erstens erkenntnistheoretische Perspektiven, dazu gehört die Untersuchung der Wechselwirkungen von a. historischen, b. raum(struktur)analytischen und c. subjektzentrierten Ansätzen. Zweitens erfolgt eine Betrachtung der methodologischen Perspektiven und drittens die abschließende Frage nach den Perspektiven des Handelns.

Diese drei wesentlichen Elemente der Perspektiven eines neuen Raumverständnisses (1. erkenntnistheoretisch, 2. methodologisch, 3. handlungstheoretisch) werden von mir in Form einer systematischen Perspektiven-Triangulation[35] dargestellt. Damit will ich zeigen, daß alle drei Elemente, gleichwertig und miteinander vernetzt, ein differentiell-hermeneutisches Raumverständnis konstituieren.

---

35 Vgl. U. Flick: „Theorie, Methoden, Anwendung in Psychologie und Sozialwissenschaften", S.38f. und 66f., Hamburg 1995

5. Überlegungen für ein differentiell-hermeneutisches Raumverständnis

„Ethik und Ästhetik sind Eins."
L. Wittgenstein („Tractatus Logico-Philosophicus")

In diesem Kapitel werden die in den vorangegangenen Kapiteln der Arbeit entwickelten Perspektiven zur Interpretation der Trias von Rausch, Subjekt und Raum ihren inneren Zusammenhängen nach diskutiert. Dabei werde ich so vorgehen, daß ich in einer ersten Annäherung (5.1) noch einmal darlegen werde, warum gerade diese Perspektiven meines Erachtens von zentraler Bedeutung sind. Im Anschluß daran gehe ich auf jeden dieser Blickwinkel im einzelnen ein (5.2-5.4).

Die Diskussion der Perspektiven erstreckt sich auf zwei Ebenen: 1. will ich zeigen, welche Bedeutung den gewählten Ansätzen für das konkrete Thema von Rausch, Subjekt und Raum zukommt, 2. soll die raumtheoretische Bedeutung dieses differentiell-hermeneutisch konzipierten Raum*verstehens* im Kontext eines möglichen neuen Raum*planens* diskutiert werden. In den Abschlußbetrachtungen (5.5) erfolgt eine letzte Reflexion des theoretischen und methodologischen Vorgehens, womit diese Arbeit dann auch ihren Abschluß finden soll.

5.1 Perspektiven des Verstehens

Das Thema der „Lebenswelten zwischen Rausch und Raum" ist so komplex, wie die BewohnerInnen dieser Lebenswelten, die verschiedenen Rauschzustände und Rauschräume und schließlich der materiale Raum selbst. Die Komplexität dieser Ausgangssituation erfordert deshalb ein Nachdenken über 1. Formen des Verstehens, 2. Formen ihrer Handhabbarkeit und 3. Formen des darauf bauenden Handelns. Mit dieser Grobeinteilung und in daraus zu entwickelnden Perspektiven soll die Dichte des Untersuchungsgegenstandes nicht reduziert, sondern vielmehr abduktiv entfaltet werden. Komplexität fordert deshalb ein multidimensionales Begreifen ein, das sich an der Vielschichtigkeit von Ebenen und Perspektiven orientiert, die multikausal zu vernetzen sind.

Erst eine konsequente Wissens(er)weiterung und die daraus resultierende Ausdehnung der Perspektiven des Verstehens, über den ontologischen Horizont hinaus, bringt einen holistischen Zuwachs an Verständnis und Interpretationsfolien für das untersuchte Phänomen[1].

Wissens(er)weiterung heißt für mich zum Beispiel Bücherlesen und lernen, über die inhaltliche Bedeutung eines Buches hinaus, in (literarischen) Traditionen und Kontexten zu denken. Über die textuelle Bildung hinaus findet Wissens(er)weiterung über in der Wissenschaft eher unkonventionelle Zugänge, wie zum Beispiel Musikhören und Kunstbetrachtung, statt. Musik und Bildende Kunst haben einen enormen Einfluß auf Erweiterungen des Denkens und Wissens, denn sie führen über eine ergänzende sinnliche Bildung hinaus, zu einem erweiterten Vokabular des Verstehens. Wissens(er)weiterung fördert, neben der Fähigkeit zum theoretisch-abstrakten Verstehen, Mitempfinden und Toleranz für das Sprechen und Handeln anderer Menschen. Auch aus diesem Punkt ergibt sich ein erweitertes Verstehen, das Denken und Fühlen verbindet.

Die verschiedenen Blickwinkel, von denen aus das Phänomen von Rausch, Subjekt und Raum betrachtet wird, interpretiere ich als gleichwertig und vernetzt. Denn was bedeutet ein erkenntnistheoretisch fixiertes Verstehen allein, wenn mir der gegenstandsadäquate methodologische Rahmen fehlt? Oder, was kann ein methodologisches Konzept für sich allein genommen für das theoretische Verstehen bewirken? Und, wie können sich handlungsleitende Perspektiven entwickeln, wenn sie nicht vorher theoretisch und methodologisch reflektiert wurden? Darum sind für mich alle drei Elemente (1. erkenntnistheoretischer Aspekt, 2. methodologischer Aspekt und 3. handlungstheoretischer Aspekt) erst als Einheit, die sich aus immanenter Vielheit speist, konstitutiv für ein differentiell-hermeneutisches Verständnis von Raum. Die Aufspaltung der Einheit des Phänomens in ein Kaleidoskop von Bedeutungen soll dem Gültigkeitsanspruch *eines* Erklärungsansatzes entgegentreten[2], denn: die Wirklichkeiten, die sich im Rahmen und auf der Grundlage räumlicher Realität, entfalten können, sind nun einmal extrem vielfältig. Dennoch ist mein Bild vom Raum kein „relativistisches". Vielmehr gehe ich pragmatistisch und antifundamentalistisch davon aus, daß die unterschiedlichen Betrachtungsweisen kommunikativ vernetzt und dialogisch-interaktiv verwoben sind, und es eine Frage der wissenschaftlichen Offenheit und Neugierde ist, der Möglichkeit dieser Multidimensionalität des Verstehens Raum zu bieten, damit sich diese entfalten kann.

Mit diesem Raumbieten fange ich nun an, indem ich als erstes die erkenntnistheoretischen Perspektiven des Verstehens aufgreife.

---

1 Vgl. dazu R. Rorty: „Von der Erkenntnistheorie zur Hermeneutik", in: ders.: „Der Spiegel der Natur: Eine Kritik der Philosophie", S.343 ff., 3. Auflage, Frankfurt 1994
2 Vgl. dazu R. Rorty: „Hoffnung statt Erkenntnis. Eine Einführung in die pragmatische Philosophie. IWM-Vorlesungen zur modernen Philosophie", Wien 1995

5.2 Erkenntnistheoretische Perspektiven

Das Verstehen eines Phänomens ist ein umfangreiches Geschehen und der Versuch, Teilausschnitte des Gewahrwerdens der inneren und äußeren Realität des jeweiligen Untersuchungsgegenstandes über eine bestimmte Untersuchungsperspektive zu erfassen. *Einen* Verstehensteil umfassen erkenntnistheoretische Perspektiven. Zu diesen Perspektiven zähle ich Ansätze, die sich mit der theoretischen Deutung und Aufarbeitung eines Themas auseinandersetzen.

Im Rahmen meiner Arbeit haben mich drei erkenntnistheoretische Zugänge im Besonderen beschäftigt: 1. der historische Ansatz, 2. der raum(struktur)analytische Ansatz und 3. der subjektzentrierte Ansatz. Ich beginne mit dem historischen Ansatz, da dieser das Fundament meiner Arbeit bildet und vor dessen Hintergrund und aufgeworfenen Fragestellungen sowohl der raum(struktur)analytische als auch der subjektzentrierte Zugang zu verstehen sind.

5.2.1 Historischer Ansatz

Was macht das historische Verstehen des Phänomens (Rausch, Subjekt und Raum) aus? Ist es die affirmative Nacherzählung historischer Traditionen im Sinne einer simulierten Kontinuität? Oder ist es die genealogische Erzählung von Kontingenz?

Am Beispiel der Geschichte von Rausch, Subjekt und Raum konnte ich zeigen, welchen Stellenwert der historische Bezug zur Deutung der aktuellen „Rausch und Raum- Problematik" einnimmt. Denn erst mit dem Begreifen des Entstehens eines Phänomens kann ein Zugriff auf dessen Strukturen stattfinden. Auf der historischen Ebene zeigt sich dieser Zugriff über das Verständnis von Kontinuität und Kontingenz.

Im Laufe der Geschichte von Rausch, Subjekt und Raum wurden immer wieder gewaltsame Versuche unternommen gesellschaftliche Kontinuität und Stabilität zu sichern, indem zum Beispiel über die Anerkennung einzelner Deutungsmuster (z.B. Wert der Arbeit, protestantische Ethik, etc.) einzelne Rauschformen und Verhaltensmuster anerkannt, andere dagegen ausgeschlossen wurden. Auf dieser Ebene der Deutung liest sich die Geschichte als eine gewalttätige, die sich über Unterdrückung und Ausschluß (re)produziert.

Neben diesen Versuchen der (Re)produktion von Kontinuität über (staatliche) Herrschafts- und Machtstrukturen entwickelten sich aber zahlreiche Bruchstellen. Zäsuren, die eine Kontingenz des (rauschhaften) Verhaltens bewirkten und zu einer Offenheit für neue Räusche einluden. Daß mit der Kontingenz in neue Räusche und Räume eine weitere subtile Vereinnahmung in Richtung Stabilisierung und Kontinuität gesellschaftlicher Entwicklungen vorangetrieben wurde, muß (gerade deshalb) nicht geleugnet werden.

Die Geschichte von Rausch, Subjekt und Raum kann als eine Geschichte der Unterdrückung gelesen werden, die der Nicht-Unterdrückung bedarf, um damit letztendlich Unterdrückung zu sichern. Die Kontingenz des Rauschphänomens verkörpert Unterdrückung und Befreiung zugleich, sie reflektiert den mimetischen Versuch kollektive und individuelle Wünsche nach Überschreitung (sozial)räumlicher Kontinuität mittels einer normierten Dosis an Irrationalität, die Rauschdrogen immer noch verkörpern, Herr zu werden. Das Phänomen des Rausches ist somit Teilausschnitt einer negativ zu verstehenden Freiheit, die aus den Wechselwirkungen von Struktur und Subjekt, Faktizität und Transzendenz, entsteht und sowohl historischer Kontinuität als auch Kontingenz unterliegt.

Historische Kontinuität und Kontingenz, die sich über/als räumliche Strukturen manifestieren, erfordern (komplexe/multiple) Verstehensansätze, die sowohl den Zwang als auch das Potential zur Überschreitung thematisieren. Im nächsten Schritt zeige ich die Bedeutung des raum(struktur)analytischen Ansatzes, mit dem ich strukturellen Zwang und Formen der Überschreitung umfassend untersucht habe.

5.2.2 Raum(struktur)analytischer Ansatz

Mit der (historischen) Reise durch Rausch, Subjekt und Raum konnten Aspekte der Entstehensbedingungen des „Rausch-Raum-Phänomens" freigelegt werden. Bei der Untersuchung der aktuellen innerstädtischen Drogenszenen wurde auf diese Weise ihre historische Bedingtheit sichtbar.

Über die historische Explikation hinaus konnte die These fortgeführt werden, daß die Entwicklung von Raumstrukturen gekoppelt ist an spezifische Formen von Rationalität und daß in gesellschaftlichen Umbruchsituationen, sowohl Räume als auch Formen von Rationalität sich wechselseitig verändern. Diesem Wandel folgte ich am Beispiel der Räusche und Räume zwischen Moderne und Postmoderne.

Räume zwischen Moderne und Postmoderne versuchte ich über drei Beispiele exemplarisch zu fassen:

1. Die gewalttätige Stadt umfaßt den Aspekt der (Re)produktion stadtstruktureller Gewalt, mit dem Ziel der Herrschaftssicherung und -stabilisierung kollektiv dominanter Wertvorstellungen und Normen.
2. Die „saubere" Stadt umfaßt Versuche und Strategien ein aufgeräumtes Denken (kommunalpolitisch) zu verwirklichen. Dazu gehört die Sichtbarmachung und Unsichtbarmachung von Stadt, die Gestaltung von Orten und Unorten.
3. Die „unwirkliche" (virtuelle, telematische) Stadt umfaßt die Stadt als

Abstraktum, entledigt seiner materialen Wurzeln, als „Reich der Zeichen" (R. Barthes).

Nach J. Baudrillard verkörpert „Stadt" eine „Konfiguration des Urbanen", in der sich Differenzierungs- und Homogenisierungsprozesse wechselseitig bestimmen. So liegt die „Wahrheit" der Stadt „nicht mehr in einem geographischen Ort. Ihre Wahrheit, Einschließung in die Zeichen/Form, ist überall. Sie ist das Ghetto des Fernsehens und der Werbung, das Ghetto der Konsumenten/Konsumierten, der im voraus gelesenen Leser, der codierten Decodierer sämtlicher Botschaften, der Zerstreuer/Zerstreuten, der Freizeit usw. Jeder Zeit/Raum ist ein Ghetto, und alle stehen miteinander in Verbindung. Die Vergesellschaftung oder vielmehr Entgesellschaftung läuft heute über diese strukturale Ventilation quer durch die vielfältigen Codes."[3]

„Vergesellschaftung" und/oder „Entgesellschaftung" führen zu einer Veränderung der Wahrnehmung und Bedeutung des (gesellschaftlichen) Raumes. Und über diesen Kontext sind die neuen, mehrdimensionalen Rauschformen zu verstehen und zu interpretieren, die sich über (post)moderne Räume konstituieren und gleichzeitig für diese konstitutiv sind.

Rausch ist damit nicht mehr gleich Rausch, sondern es entwickeln sich über alle schicht-, geschlechts- und generationenspezifischen Differenzen hinaus, „feine Unterschiede" (P. Bourdieu), die gekennzeichnet sind von Akzeptanz oder Nicht-Akzeptanz, Einschluß oder Ausschluß der DrogenkonsumentInnen. Der individuelle Rausch ist gesellschaftlich durchdrungen. Die informelle gesellschaftliche Einteilung in Aufstiegsdrogen (Leistungsdrogen) und Ausstiegsdrogen habe ich über die Deskription von drei (sub)kulturellen, überwiegend jugendlichen Milieus exemplifiziert:

1. Die Techno-Szene verkörpert ein postmodernes Milieu, dem eine digitalisierte Vorstellung von Leiblichkeit und Sprache/Musik eigen ist. Hier findet „Protest" auf der Ebene der entpolitisierten Affirmation des gesellschaftlich Bestehenden statt, ohne Anspruch auf weitreichendere Utopien politischer Veränderung.
2. Die HipHop-Szene nimmt Protest beim Wort (= Rap), das ein zentrales Medium zur Artikulation von Besonderheit und für den Anspruch auf ein autonomes Leben verkörpert.
3. Die Junkie-Szene wird weitestgehend sprach- und körperlos gehalten. Sie kann ihren Anspruch auf ein eigenes Leben nur noch über negative Potentiale (Selbstzerstörung) realisieren. Das gesellschaftlich vermittelte negative Selbstbild wird dabei ambivalent verinnerlicht, das heißt angenommen und gleichzeitig abgelehnt, indem in einer negativen Umkeh-

---

3 Vgl. J. Baudrillard: „Kool Killer oder Der Aufstand der Zeichen", in: K. Barck (Hg. et al.): „Aisthesis. Wahrnehmung heute oder Perspektiven einer anderen Ästhetik", S.215f., 5. Auflage, Leipzig 1995

rung demonstriert wird, daß als letzte Verfügungsinstanz über das eigene Leben, die Entscheidung über Tod oder Leben beim Opfer, das keins sein will, bleibt[4].

In der Analyse der Dortmunder Junkie-Szene zeigte ich die Konsequenzen, die sich aus der gesellschaftlichen Verweigerung dieser Szene für die Betroffenen ergeben. Dabei werden insbesondere die Wechselwirkungen zwischen Raumverweigerung und biographischer Bewältigung dieser Bodenlosigkeit transparent, die über den subjektzentrierten Ansatz differenziert analysiert werden.

An diesem Punkt zeigen sich erstens immer wieder Versuche, etwas aus dem zu machen, wozu man gemacht wurde, und zweitens über diese negative Identitätsbestimmung hinauszuwachsen.

Raumstrukturelle Vorgaben sind demnach ein zentraler Aspekt zur Konstitution von Biographie. Sie geben den Rahmen vor, innerhalb dessen ein Subjekt sich verwirklichen kann. Dennoch weisen die subjektiven Bemühungen um ein selbstbestimmtes Leben immer wieder über diese Faktizitäten hinaus und drängen auf ein Leben, das gesellschaftlichen Zwang durch (autonomes) Sprechen und Handeln transzendiert.

Der raum(struktur)analytische Ansatz verfügt über eine eminente Bedeutung für die kritische Wahrnehmung gesellschaftlicher Veränderungen und deren Analyse. Und dennoch liefert er „nur" den äußeren Rahmen für einen Blick auf das „Rausch-Raum-Phänomen", das erst durch die komplementäre Einbeziehung der subjektiven Sicht der Betroffenen umfassend verstanden werden kann.

Darum zeige ich nun in einem dritten Anlauf einen weiteren Ansatz der Perspektiven des Verstehens, der die subjektive Verfasstheit des Individuums, seine Wunschproduktionen und Begrenzungen, zum Thema nimmt.

5.2.3 Subjektzentrierter Ansatz

Der (abschließende) Aspekt der Bedeutung des Sprechens und Handelns eines Subjektes im Raum betont dessen Handlungspotentiale für ihr/sein Wirklichwerden und In-Erscheinung-treten in der Welt.

H. Arendt bringt diese Vorstellung auf den zentralen Punkt: „Handelnd und sprechend offenbaren die Menschen jeweils, wer sie sind, zeigen aktiv die personale Einzigartigkeit ihres Wesens, treten gleichsam auf die Bühne der Welt, auf der sie vorher so nicht sichtbar waren, solange nämlich als ohne

---

4 Vgl. P. Noller/H. Reinicke: „Heroinszene. Selbst- und Fremddefinitionen einer Subkultur", Frankfurt 1987 und P. Noller: „Junkie-Maschinen. Rebellion und Knechtschaft im Alltag von Heroinabhängigen", Wiesbaden 1989

ihr eigenes Zutun nur die einmalige Gestalt ihres Körpers und der nicht weniger einmalige Klang ihrer Stimme in Erscheinung traten."⁵

Erst durch das selbstbewußte Handeln und Sprechen realisiert sich (also) ein Subjekt in seiner gesellschaftlichen Bedeutsamkeit. Für die Realisierung dieser Bedeutsamkeit kommt dem Raum eine zentrale Rolle zu: Raum, der selbst nichts*sagend* ist, erhält über seine Funktion als materiale Grundlage hinaus, in diesem Kontext (s)eine soziale Funktion, über die sich öffentliche und private Sinnzusammenhänge entwickeln können. Menschliche Selbstbewußtwerdung, als ein Sich-seiner-selbst-bewußtwerden, kann als Form der Selbsterschaffung betrachtet werden, für deren leibliches Wirksamwerden der Raum eine hohe Bedeutsamkeit einnimmt.

H. Arendt spricht von einem Sich-selbst-gebären, das über die Bedeutung der eigentlichen Geburt hinausgeht und sich im Handeln und Sprechen vollzieht: „Handeln als Neuanfangen entspricht der Geburt des Jemand, es realisiert in jedem Einzelnen die Tatsache des Geborenseins; Sprechen wiederum entspricht der in dieser Geburt vorgegebenen absoluten Verschiedenheit, es realisiert die spezifisch menschliche Pluralität, die darin besteht, daß Wesen von einzigartiger Verschiedenheit sich von Anfang bis Ende immer in einer Umgebung von ihresgleichen bewegen."⁶

Dem Handeln und Sprechen kommt so die Aufgabe des Entwerfens neuer Lebensperspektiven und Lebenswelten zu. Damit besitzen diese Binnenperspektiven der Lebenswelt ein utopisches Potential, das die Außenperspektive des Systems (z.B. struktureller Zwang und Mißachtung) kritisch hinterfragen kann⁷.

Die Untersuchung der subjektiven Handlungspotentiale hat danach, über die raum*theoretische* Bedeutung hinaus, eine ernstzunehmende Bedeutung für raum*planerisches* Vorgehen, denn hier unterliegt die Bedeutung des (einzelnen) Subjektes immer noch der Dominanz technokratischen ExpertInnenwissens. Doch auf diesen Bereich werde ich auf der Ebene der handlungstheoretischen Perspektiven noch zu schreiben kommen (5.4).

Mit diesen Überlegungen sollen die erkenntnistheoretischen Perspektiven ihren Abschluß finden. Ich wende mich im folgenden den methodologischen Perspektiven zu, die ebenfalls von zentraler Relevanz für mein differentiell-hermeneutisches Raumverstehen und in enger Verbindung zu den (erkenntnis)theoretischen Vorüberlegungen und handlungsleitenden Perspektiven zu verstehen sind.

---

5   Vgl. H. Arendt (1994), a.a.O., S.169
6   A.a.O., S.167
7   Dabei ist sicherlich zu bedenken, daß nicht das Subjekt allein spricht, sondern daß ihre/seine Rede im Kontext gesellschaftlich dominanterer Wertdiskurse zu sehen ist.

5.3 Methodologische Perspektiven

Der methodologische Rahmen wurde, wie der theoretische auch, weit gespannt. Komplexe Phänomene fordern eben, für ein gegenstandsadäquates Begreifen[8], komplexe Methoden ein[9]. Dennoch trenne ich aus formalen Überlegungen „Theorie" und „Methode", wenngleich sie immer wieder ineinander übergreifen. Diese Trennung ist meines Erachtens notwendig und praktikabel, weil dadurch die Übersicht über theoretische und methodologische Stränge der Arbeit gewahrt bleibt und die angesprochene Komplexität eher an Boden gewinnt.

Vor diesen Hintergrundüberlegungen habe ich einen Mix von Methoden arrangiert, der (möglicherweise) unorthodox, aber nicht unsystematisch angelegt ist. Grundlage des methodologischen Rahmens ist eine Ausgangsüberlegung, wonach ich die Methoden gegenstandsbezogen wählen wollte. Da das „Rausch-Raum-Phänomen" aber aus drei Perspektiven (1. Subjekt, 2. Rausch, 3. Raum) betrachtet wurde, stand schon sehr früh fest, daß *eine* Methode nicht ausreichen würde. Darum versuchte ich die jeweiligen methodologischen Überlegungen im Kontext mit der jeweiligen Untersuchungsebene zur Geltung zu bringen. Dieses Vorgehen erbrachte dann folgende Struktur:

Ausgangspunkt der Arbeit waren Ausschnitte einer Geschichte von Rausch und Raum. Um diese Geschichte handhabbar zu gestalten, wählte ich einen hermeneutischen Zugang. Damit wurde es möglich, die einzelnen Lesarten in abduktiver Weise aufzufächern und in einem spiralförmigen Umkreisen der einzelnen Themenfelder aus ihrer eigenen inneren Ordnung heraus zu interpretieren.

Weil zu einer Geschichte auch ein Schluß gehört, mußte ich für den (theoretischen) Anschluß, eine neue Zugangsweise entwickeln. Diese entstand aus den offen gebliebenen Fragen, die eine historische Zugangsweise mit sich bringt und kreiste um einen direkteren Zugang, eine unmittelbarere Schau auf das Phänomen. Dafür wählte ich einen phänomenologischen Zugang. Auch diese Wahl umfaßt Hintergrundüberlegungen: 1. entwickelten sich phänomenologische Fragestellungen (auch) vor dem historischen Abrücken von einer vorwiegend hermeneutisch-historischen Betrachtungsweise eines Phänomens und 2. konnte ich auf diese Weise ein hermeneutisches Arbeiten beibehalten, indem ich im Vorfeld das historische Gewordensein des neuen, phänomenologischen Zugangs bis zu seinen Wurzeln zurückverfolgte. Der Grund für dieses Vorgehen liegt nicht in einer naiven Begeisterung für Geschichtsschreibung, sondern in der Überzeugung, daß wissenstheoretische Zugänge im

---

8 Vgl. B. Glaser/A. Strauss: „The Discovery of Grounded Theory: Strategies for Qualitative Research", Chicago 1967
9 Dazu kommt eine persönliche Vorliebe für komplexes Schreiben.

Kontext ihrer Traditionen und Kontingenzen genealogisch verstanden werden sollten, um sie bei der späteren Anwendung auf den Untersuchungsgegenstand nicht überzubewerten.

Über diesen Rückgriff auf phänomenologische Traditionen konnte ich eine „theoretisch-methodologische" Konstruktion entwickeln, die für die für meine Arbeit zentrale Fragestellung nach dem Verhältnis von Subjekt und Struktur von Bedeutung ist. Dabei zeigte sich, daß erst durch die praktizierte Wissens(er)weiterung um Fragen französischer und deutscher Philosophie ein soziologischer Rahmen entwickelt werden konnte. In diesem Rahmen sollte es dann möglich werden, der Fragestellung nach den Wechselwirkungen von Rausch, Subjekt und Raum, beziehungsweise Struktur und Subjekt, auf einer empirischen Ebene gerecht zu werden.

Im Rahmen der empirischen Untersuchungen begab ich mich ins Feld, wo ich zahlreiche Kontakte zu Angehörigen des Drogenmilieus knüpfte. Die daraus resultierenden Ergebnisse habe ich an entsprechender Stelle beschrieben (Kapitel 3). Darüberhinaus gelang es mir, auf der subjektzentrierten Ebene, narrative Interviews in die Untersuchung einzubeziehen, wovon eins ausführlich analysiert wurde (Kapitel 4).

Die methodologischen Perspektiven, die ich für diese Arbeit und darüberhinaus für ein differentiell-hermeneutisches Raumverständnis als wesentlich ansehe, reflektieren ein „rhizomatisches Denken" (G. Deleuze/F. Guattari), das ich folgendermaßen beschreiben möchte: 1. ist es multidimensional kompliziert, 2. ändert sich seine Struktur mit und in der Zeit, 3. schließt es Widersprüche ein und jongliert 4. auf ironische Weise mit Kontingenz.

Über immer wieder verschiedene Neubeschreibungen des „Rausch-Raum-Phänomens" sollten seine wesentlichen Strukturen und Inhalte offengelegt werden. Dabei verstehe ich mein Vorgehen eher als ein Gedankenexperiment oder spielerisches Denken, das Grenzen und Perspektiven erprobt, ohne dem Gültigkeitsanspruch *einer* Vorgehensweise zu verfallen.

Aus dieser pragmatistischen Perspektive heraus teile ich die Auffassung W. James, daß „Wahrheit" eher gemacht als gefunden werden kann. Deshalb verstehe ich, sowohl auf methodologischer als auch theoretischer Ebene, meine Interpretationen des „Rausch-Raum-Phänomens" als offene Vorschläge. Das „Wahr-machen" dieser Überlegungen zu einem differentiell-hermeneutischen Raumverständnis, kann deshalb weder auf der theoretischen noch auf der methodologischen Ebene erfolgen, sondern sollte am Beispiel der daraus resultierenden Perspektiven des Handelns diskutiert werden.

5.4 Perspektiven des Handelns

Welche Perspektiven eröffnen sich vor dem Hintergrund der oben dargelegten theoretischen und methodologischen Überlegungen? Es wird mir im Rahmen dieser Arbeit nicht mehr möglich sein, der Frage der ethischen Implikationen eines differentiell-hermeneutischen Raumverstehens und Raumplanens nachzugehen. Dies wäre ein neuer Diskurs, der jedoch in sich bereits so komplex und vielfältig angelegt ist, daß er an dieser Stelle nur erwähnt und nicht mehr aufgefaltet werden kann[10].

Worüber aber (abschließend) wenigstens in Ansätzen, die ich gerne offen lassen möchte, nachgedacht werden kann und muß, ist Folgendes: Welche Bedeutung haben die aufgeworfenen Fragestellungen für das Verhältnis von Raumtheorie und Raumplanung? Und wie könnte eine Raumplanung aussehen, die aufgeschlossen wäre für ein differentiell-hermeneutisches Verstehen von Raum?

In den vorangegangenen Perspektiven (erkenntnistheoretisch und methodologisch) habe ich ein multidimensionales Netz des Verstehens entworfen, dessen Möglichkeiten nun am Beispiel planerischer Praxis dargestellt werden soll.

1. Raum umfaßt historische Dimensionen, die in Planungen reflexiv, das bedeutet kritisch und bewußt, integriert werden sollten. Planen bedeutet in diesem Kontext ein Herstellen von Geschichtlichkeit und Zukünftigkeit gesellschaftlichen Raumes. Ein solches Planen erfordert Sensibilität und einen verantwortungsvollen Umgang nicht nur mit räumlichen Strukturen, sondern vor allem mit den BewohnerInnen des Raumes. Raumplanen darf deshalb kein hoheitliches Monopol von ExpertInnen sein, sondern muß sich demokratisch legitimieren, zum Beispiel durch eine direkte Partizipation aller von Planung betroffenen BürgerInnen. Raumplanung bedeutet nicht nur Wirken im Raum[11], vielmehr werden durch planerisches Handeln räumliche Veränderungen bewirkt, die unmittelbare soziale und

---

10 Ich denke dabei an Debatten um sozialphilosophische Fragestellungen, wie „Liberalismus" und „Kommunitarismus", die zweifelsohne raumplanerische Relevanz beinhalten. Vgl. dazu etwa M. Brumlik (Hg.)/H. Brunkhorst: „Gemeinschaft und Gerechtigkeit", Frankfurt 1993; R. Forst: „Kontexte der Gerechtigkeit", Frankfurt 1994; H. Brunkhorst: „Demokratie und Differenz. Vom klassischen zum modernen Begriff des Politischen", Frankfurt 1994; M. Walzer: „Sphären der Gerechtigkeit. Ein Plädoyer für Pluralität und Gleichheit", Frankfurt/New York 1994; A. Honneth (Hg.): „Kommunitarismus. Eine Debatte über die moralischen Grundlagen moderner Gesellschaften", 2. Auflage, Frankfurt/New York 1994; S. Benhabib: „Selbst im Kontext. Gender Studies", Frankfurt 1995

11 Darum bedarf es nach meiner Auffassung, in einer sich in weiten Teilen *pragmatisch* gebenden Raumplanung, einer theoretischen Reflexion, die sich auf *pragmatistischen* Perspektiven gründen ließe.

räumliche Konsequenzen für RaumbewohnerInnen nach sich ziehen. Um diese Konsequenzen zu verstehen, bedarf es umfassenderer Perspektiven des Verstehens von „Raum".
2. Der raum(struktur)analytische Ansatz des Verstehens verweist in diesem Zusammenhang auf die gesellschaftliche Produktion von Raum. Darum ist gesellschaftlichen Umbruchsituationen, die umfassende raumstrukturelle Veränderungen implizieren, besondere Beachtung zu gewähren. Insbesondere im Spannungsfeld von Raumstruktur und biographischer Entwicklung sehe ich ein Aufmerksamkeitsdefizit aktueller Planungspraxis. Noch immer wird der biographischen Dimension, in die durch Raumveränderungen drastisch eingegriffen wird, ein zu niedriger Stellenwert in der Raumplanung eingeräumt.
3. Mit dem subjektzentrierten Ansatz konnte gezeigt werden, wie wichtig die Stimmen und das Handeln von Subjekten im Raum sind. Sprechend und handelnd erschließt sich der Raum für alle Menschen. Raumplanung darf deshalb nicht das Privileg einer Wissenschaft bleiben, sofern deren Planungen unter diesen Voraussetzungen überhaupt als wissenschaftlich zu bezeichnen sind[12]. Raumplanung sollte sich deshalb umfassender am Subjekt orientieren und versuchen, über neue Formen des Dialogs[13] kommunikative Ebenen des Planens zu erschließen, die den multiplen Bedürfnissen einer differenzierten und pluralistischen Gesellschaft gerecht werden.

Der Blick auf gesellschaftliche Wirklichkeit und damit auf gesellschaftlichen Raum ist so vielfältig, wie die BewohnerInnen dieses Raumes. Darum kann nach meiner Ansicht auch keine endgültige „Theorie" darüber erstellt werden, sondern „nur" in immer neuen Versuchen erprobt werden, Teilausschnitte aus diesem Kaleidoskop von „Realität" zu interpretieren. Ich traure einer Verabschiedung von der Idee des „großen Wurfs", der „großen" Erzählung, nicht nach, sondern hoffe auf viele „kleine" Erzählungen, die vielleicht leichter verdaulich sind.

---

12 Planungstheoretische Diskurse, wie etwa der *perspektivische Inkrementalismus*, sind vor diesem Hintergrund in ihrer theoretischen Reichweite als nicht ausreichend zu bezeichnen, vielmehr bedürften sie einer sprachontologischen und kommunikationstheoretischen Anreicherung (z.B. aus der Philosophie).
13 Vgl. z.B. J. Habermas: „Erläuterungen zur Diskursethik", 2. Auflage, Frankfurt 1992 und A. Wellmer: „Ethik und Dialog. Elemente des moralischen Urteils bei Kant und in der Diskursethik", Frankfurt 1986

5.5 Einsichten V

Die Geschichte von Rausch, Subjekt und Raum war lang. Sie ist zum Lachen und Weinen zugleich. Zum Weinen angesichts der Rigidität, Lustfeindlichkeit und dem Mangel an Humor, mit dem das Phänomen des Rausches verdeckt werden soll. Zum Lachen angesichts der immer neuen Phänomene, mit denen Rauschhaftigkeit zurückerobert wird.

Die Geschichte begann mit einem Eingangsstatement von Walter Benjamin („Über Haschisch") und findet ihren Abschluß in der ironistischen Überzeugung „abschließende Vokabulare als poetische Leistungen (...) nicht als die Früchte fleißiger Untersuchungen im Einklang mit vorher formulierten Kriterien"[14] zu verstehen. Darum zum Schluß eine „sprachschöpferische Protuberanz" (J. Habermas), mit der die Geschichte dann auch (endgültig) beendet werden soll:

„Sintemal, Pardauz, Perdü, dem Dingfesten der Dinge schwappt eine Masse über. Eine aufgelaufene Schlüssigkeit liquidiert die festen Länder. Ein einstmals stilles Was, kein Wort will es halten, kein Meer. Es reißt den Sinn mit sich. Ein Schwall gerät in Fluß, durchtränkt Gerätschaft, Situation und alles, was noch stilecht ist, es sinkt. Denk mal an. Was für ein Prinzip dich damit einlullt. Durchfall. Wie aus dem Effeff beherrscht es sich, stürzt ohne anzuklopfen über das Herausrücken, spült. Schon schnappt es über, schlägt sich durch als Flut und tränkt die Landschaft, reißt alle Ordnung mit, Dämme weg. Es düngt sich ein als Wellenschaft, kräuselt alles, wickelt zu, erschlägt.

Potzdonnerblitz.

So ertränkt sich die Geschichte selbst mit sich. Das ist ein Widerspruch, den spült sie mit sich mit, und aus den letzten Zipfeln Zuordenbarkeit wringt sich was und das ist das, und was sich wringt: Zuordbarkeit, Zipfl, letzter, den aus und mit sich mit, sie spült den Widerspruch, ein ist das Sich, mit selbst Geschichte, die sich ertränkt so."[15]

---

14 Vgl. R. Rorty (1995), a.a.O., S.133
15 Franzobel: „Die Krautflut", S.75ff., Frankfurt 1995

Literatur

Abrahams, R., Deep Down in the Jungle, Chicago 1970
Adams, D., Per Anhalter durch die Galaxis, München 1981
Adorno, T.W., Eingriffe. Neun kritische Modelle, Frankfurt 1963
ders., Prismen. Kulturkritik und Gesellschaft, München 1963
ders., „Über den Fetischcharakter in der Musik und die Regression des Hörens", in: ders., Gesammelte Schriften, Bd.14, Frankfurt 1973
ders., Negative Dialektik, Frankfurt 1975
Akzept e.V. (Hg.), Leben mit Drogen. Dokumentation des 1. Kongresses des Bundesverbandes für akzeptierende Drogenarbeit, Berlin 1991
dies., Menschenwürde in der Drogenpolitik ! Ohne Legalisierung geht es nicht, Berlin 1994
Alheit, P., Alltagsleben: zur Bedeutung eines gesellschaftlichen „Restphänomens", Frankfurt/New York 1983
Alheit, P./E.M. Hoerning (Hg.), Biographisches Wissen. Beiträge zu einer Theorie lebensgeschichtlicher Erfahrung, Frankfurt/New York 1989
ders., Alltag und Biographie. Studien zur gesellschaftlichen Konstitution biographischer Perspektiven, 2. Auflage, Bremen 1990
ders., Kultur und Gesellschaft. Plädoyers für eine kulturelle Neomoderne, Bremen 1992
ders., Zivile Kultur. Verlust und Wiederaneignung der Moderne, Frankfurt 1994
Amendt, G., Der große weiße Bluff. Die Drogenpolitik der USA, Hamburg 1987
ders., Sucht - Profit - Sucht, Hamburg 1990
Anderson, B.S./P. Zinsser, Für eine andere Geschichte. Frauen in Europa, 2 Bde., Frankfurt 1995
Andritzky, M. (Hg.)/P. Becker/G. Selle, Labyrinth Stadt. Planung und Chaos im Städtebau. Ein Handbuch für Bewohner, Köln 1975
Apel, K.-O., Transformation der Philosophie, 2 Bde., Frankfurt 1976
ders. (Hg.)/M. Kettner, Die eine Vernunft und die vielen Rationalitäten, Frankfurt 1996
Arendt, H., Was ist Existenzphilosophie?, Frankfurt 1990
dies., Vita activa oder Vom tätigen Leben, 8. Auflage, München 1994
Ariès, P., Geschichte im Mittelalter, Frankfurt 1988
Augé, M., Orte und Nicht-Orte. Vorüberlegungen zu einer Ethnologie der Einsamkeit, Frankfurt 1994
Austin, G., „Die Revolution im europäischen Drogengebrauch des 16. Jahrhunderts", in: Völger, G. (Hg. et al.), a.a.O., S.64-72
Bachelard, G., Poetik des Raumes, München 1960
ders., Die Bildung des wissenschaftlichen Geistes, Frankfurt 1978
ders., Epistemologie, Frankfurt 1993
Badinter, E., Die Mutterliebe. Geschichte eines Gefühls vom 17. Jahrhundert bis heute, München 1984

Barck, K. (Hg. et al.), Aisthesis. Wahrnehmung heute oder Perspektiven einer anderen Ästhetik, 5. Auflage, Leipzig 1993
Barthes, R., Elemente der Semiologie, Frankfurt 1979
Bartholomeyczik, S., Beruf, Familie und Gesundheit bei Frauen, Berlin 1988
Bassewitz, G. von, Peterchens Mondfahrt, München o.J.
Bataille, G., Der heilige Eros, Ulm 1974
Baudrillard, J., „Kool Killer oder Der Aufstand der Zeichen", in: Barck, K., a.a.O., S.214-228
Bauer, C., Heroinfreigabe. Möglichkeiten und Grenzen einer anderen Drogenpolitik, Hamburg 1992
Baumgartner, H.M. (Hg.)/J. Rüsen, Seminar: Geschichte und Theorie. Umrisse einer Historik, Frankfurt 1976
Beck, U./E. Beck-Gernsheim, Riskante Freiheiten, Frankfurt 1994
Becker, G. (Hg. et al.), Aus der Zeit der Verzweiflung. Zur Genese und Aktualität des Hexenbildes, Frankfurt 1977
Becker, H., Außenseiter. Zur Soziologie abweichenden Verhaltens, Frankfurt 1980
Becker, U., Geschichte des modernen Lebensstils, München 1990
Behnke, I. (Hg.), Stadtgesellschaft und Kindheit im Prozeß der Zivilisation, Opladen 1990
Benevolo, L., Die Geschichte der Stadt, Frankfurt 1991
Benhabib, S., Selbst im Kontext. Gender Studies, Frankfurt 1995
Benjamin, W., Angelus Novus. Ausgewählte Schriften 2, Frankfurt 1988
Berger, C., Techno, Wien 1994
Berger, P.A., „Lebensstile - Strukturale oder personenbezogene Kategorie? Zum Zusammenhang von Lebensstilen und sozialer Ungleichheit", in: Blasius, J. (Hg.)/J. Dangschat, a.a.O., S.137-149
Berger, P.L./B. Berger/H. Kellner, Das Unbehagen in der Modernität, Frankfurt 1987
Berger, P./T. Luckmann, Die gesellschaftliche Konstruktion von Wirklichkeit. Eine Theorie der Wissenssoziologie, 5. Auflage, Frankfurt 1993
Bettermann, S./E. Horstmann: „BummBumm - Tanzen bis zum Umfallen: Techno", in: Focus 36/94, S.171-174
Blankertz, H., Die Geschichte der Pädagogik. Von der Aufklärung bis zur Gegenwart, Wetzlar 1982
Blasius, J. (Hg.)/J. Dangschat, Lebensstile in den Städten. Konzepte und Methoden, Opladen 1994
Blasius, J., „Verdrängungen in einem gentrifizierten Gebiet", in: Blasius, J. (Hg.)/J. Dangschat, a.a.O., S.408-425
Blok, A., „Hinter Kulissen", in: Korte, H. (Hg. et al.), a.a.O., S.170-193
Blum, H. (Hg.)/N. Treuheit, Literarische Streifzüge durch Kneipen, Cafés, Bars, Cadolzburg 1994
Blumenberg, H., Die Genesis der kopernikanischen Welt, 3 Bde., 2. Auflage, Frankfurt 1989
Böhme, G., Alternativen der Wissenschaft, Frankfurt 1980
Böhme, G./H. Böhme, Das Andere der Vernunft. Zur Entwicklung von Rationalitätsstrukturen am Beispiel Kants, Frankfurt 1985
Böhme, G., Natürlich Natur. Über Natur im Zeitalter ihrer technischen Reproduzierbarkeit, Frankfurt 1992

ders., Weltweisheit - Lebensform - Wissenschaft. Eine Einführung in die Philosophie, Frankfurt 1994
Bohnsack, R., Rekonstruktive Sozialforschung. Einführung in die Methodologie und Praxis qualitativer Forschung, Opladen 1991
Bollnow, O.F., Mensch und Raum, 7. Auflage, Stuttgart 1994
Boltanski, L., „Die soziale Verwendung des Körpers", in: Rittner, V. (Hg.)/D. Kamper, a.a.O., S.138-177
Bopp, J., Antipsychiatrie. Theorien, Therapien, Politik, Frankfurt 1981
Böpple, F./R. Knüfer, Generation XTC. Techno und Ekstase, Berlin 1996
Borst, A., Lebensformen im Mittelalter, Frankfurt 1992
Bourdieu, P., „Psychischer, sozialer und angeeigneter Raum", in: Wentz, M. (Hg.), a.a.O., S.25-34
ders., Die feinen Unterschiede. Kritik der gesellschaftlichen Urteilskraft, 5. Auflage, Frankfurt 1992
Bradfield, S., Die Geschichte der leuchtenden Bewegung, Zürich 1993
Brakhoff, J., Sucht und Prostitution, Freiburg 1989
Braudel, F., Sozialgeschichte des 15.-18. Jahrhunderts, München 1985
Braunfels, W., Abendländische Stadtbaukunst. Herrschaftsform und Stadtgestalt, Köln 1979
Breuer, I. (Hg.)/P. Leusch/D. Mersch, Welten im Kopf. Profile der Gegenwartsphilosophie, Bd.1: Deutschland, Hamburg 1996
dies., Welten im Kopf. Profile der Gegenwartsphilosophie, Bd.2: Frankreich/Italien, Hamburg 1996
dies., Welten im Kopf. Profile der Gegenwartsphilosophie, Bd.3: England/USA, Hamburg 1996
Brinkmann, R.D.(Hg.)/R.R. Rygulla, Acid. Neue amerikanische Szene, Hamburg 1983
Brüggemann, H. (Hg. et al.), Aber schickt keinen Poeten nach London. Großstadt und literarische Wahrnehmung im 18. und 19. Jahrhundert, Hamburg 1985
Brumlik, M. (Hg.)/H. Brunkhorst, Gemeinschaft und Gerechtigkeit, Frankfurt 1993
Brunkhorst, H., Demokratie und Differenz. Vom klassischen zum modernen Begriff des Politischen, Frankfurt 1994
Bude, H., „Die soziologische Erzählung", in: Jung,T./S. Müller-Doohm, a.a.O., S.409-429
ders., „Das Latente und das Manifeste. Aporien einer Hermeneutik des Verdachts", in: Garz, D., a.a.O., S.114-124
Burckhardt, M., Metamorphosen von Raum und Zeit. Eine Geschichte der Wahrnehmung, Frankfurt/New York 1994
Burgess, A., Wiege, Bett und Récamier. Kleine Kulturgeschichte des Liegens, München 1982
Burroughs, W., Nova Express, Wiesbaden 1973
Carroll, L., Alice im Wunderland, Wiesbaden o.J.
Castells, M., „Informatisierte Stadt und soziale Bewegungen", in: Wentz, M. (Hg.), a.a.O., S.137-147
Coenen, H., Diesseits von subjektivem Sinn und kollektiven Zwang. Phänomenologische Soziologie im Feld des zwischenleiblichen Verstehens, München 1985
Coffey, T., „Beer Street - Gin Lane - Aspekte des Trinkens im 18. Jahrhundert", in: Völger, G. (Hg. et al.), a.a.O., S.106-111
Cohn, N., AWopBopaLooBop ALopBamBoom. Pop History, Hamburg 1976

Corbin, A., Pesthauch und Blütenduft. Eine Geschichte des Geruchs, Berlin 1984
Dangschat, J. „Segregation - Lebensstile im Konflikt, soziale Ungleichheiten und räumliche Disparitäten", in: Blasius, J. (Hg.)/J. Dangschat, a.a.O., S.426-445
Danker, J., Räuberbanden im Alten Reich um 1700. Ein Beitrag zur Geschichte von Herrschaft und Kriminalität in der Frühen Neuzeit, 2 Bde., Frankfurt 1988
Davis, M., City of Quartz. Ausgrabungen der Zukunft in Los Angeles, Berlin/Göttingen 1994
De Blue, V., Landauf - Landab...mit Gauklern, Quacksalbern, Katzenrittern und Gemeinen Fräulein, Bern 1985
Deleuze, G./F. Guattari, Rhizom, Berlin 1977
Deleuze, G., Kleine Schriften, Berlin 1980
ders., Foucault, Frankfurt 1987
ders., Woran erkennt man den Strukturalismus?, Berlin 1992
Derrida, J., Vom Geist. Heidegger und die Frage, Frankfurt 1992
Der Spiegel, „Alles, was knallt", Heft 6, S.50-69, Hamburg 1995
ders., „Agitpop aus dem Ghetto", Heft 17, S.132-134, Hamburg 1995
ders., „Tanzen für den Frieden", Heft 27, S.102-106, Hamburg 1995
ders., „Vergeßt alle Systeme", Heft 33, S.154-160, Hamburg 1995
Devereux, G., Angst und Methode in den Verhaltenswissenschaften, München 1967
Die Beute, Politik und Verbrechen - Winter 1994/95, Berlin 1994
Diederichsen, D. (Hg. et al.), Schocker. Stile und Moden der Subkultur, Hamburg 1983
ders., „Die Elenden & die Erlebenden. Drogen, Techno, Sport", in: Die Beute, a.a.O., S.6-14
ders., „Wie aus Bewegungen Kulturen und aus Kulturen Communities werden", in: W. Prigge (Hg. et al.), a.a.O., S.126-138
Diner, D. (Hg.)/S. Benhabib, Zivilisationsbruch. Denken nach Auschwitz, Frankfurt 1988
Döblin, A., Berlin Alexanderplatz, München 1974
Dorn, D., „Platz da! Uns die Stadt", in: Berliner Tinke Magazin, Nr.5, S.9-10, Berlin 1994
Dreyfus, H.L./P. Rabinow, Michel Foucault. Jenseits von Strukturalismus und Hermeneutik, 2. Auflage, Weinheim 1994
Dröge, F. (Hg.)/T. Krämer-Badoni, Die Kneipe. Zur Soziologie einer Kulturform, Frankfurt 1987
DROBS Dortmund/RELAX (Hg.), Nacht für Nacht, Dortmund 1993
DROBS Dortmund, Jahresbericht 1994, Dortmund 1995
Droste, M., Bauhaus, Köln 1991
Dubiel, H., Wissenschaftsorganisation und politische Erfahrung, Frankfurt 1978
Duby, G. (Hg.)/P. Aries, Geschichte des privaten Lebens, 5 Bde., Frankfurt 1989-1992
Duerr, H.P., Der Wissenschaftler und das Irrationale, 4. Bde., Frankfurt 1985
ders., Nacktheit und Scham. Der Mythos vom Zivilisationsprozeß, Bd.1, Frankfurt 1988
ders., Intimität. Der Mythos vom Zivilisationsprozeß, Bd.2, Frankfurt 1990
ders., Obszönität und Gewalt. Der Mythos vom Zivilisationsprozeß, Bd.3, Frankfurt 1993
Düfel, S., „HipHop Müzik", in: DIE ZEIT, Nr.23, 2.6.1995

Dülmen, R. von, Reformation als Revolution, München 1977
ders., Volkskultur. Zur Wiederentdeckung des vergessenen Alltags, Frankfurt 1984
ders., Körper-Geschichten. Studien zur historischen Kulturforschung, Frankfurt 1996
Durth, W., Die Inszenierung der Alltagswelt. Zur Kritik der Stadtgestaltung, Braunschweig 1988
Ebeling, H. (Hg.), Subjektivität und Selbsterhaltung. Beiträge zur Diagnose der Moderne, Frankfurt 1996
Eco, U., Der Name der Rose, München/Wien 1982
ders., Im Labyrinth der Vernunft. Texte über Kunst und Zeichen, 2. Auflage, Leipzig 1989
Eggebrecht, A. (Hg. et al.), Geschichte der Arbeit, Köln 1980
Elias, N., Der Prozeß der Zivilisation, 2 Bde., Frankfurt 1976
Elias, N./J.L. Scotson, Etablierte und Außenseiter, Frankfurt 1993
Elias, N., Über die Zeit. Arbeiten zur Wissenssoziologie, 4. Auflage, Frankfurt 1994
Ellis, B.E., Unter Null, Hamburg 1986
Engelmann, B., Wir hab'n den Kopf ja noch fest auf dem Hals. Die Deutschen zwischen Stunde Null und Wirtschaftswunder, Hamburg 1990
Ennen, E., Die europäische Stadt des Mittelalters, Göttingen 1979
Erikson, E.H., Identität und Lebenszyklus, 3. Auflage, Frankfurt 1976
Evola, J., Metaphysik des Sexus, Berlin/Wien 1983
F., Christiane, Wir Kinder vom Bahnhof Zoo, Hamburg 1978
Farias, V., Heidegger und der Nationalsozialismus, Frankfurt 1987
Fellberg, G., Hartes Pflaster - Lesebuch zur Straßensozialarbeit, Bensheim 1982
Feyerabend, P., Wider den Methodenzwang, Frankfurt 1983
Flick, U. (Hg. et al.), Handbuch Qualitative Sozialforschung - Grundlagen, Konzepte, Methoden und Anwendungen, München 1991
ders., Qualitative Forschung. Theorie, Methoden, Anwendung in Psychologie und Sozialwissenschaften, Hamburg 1995
Flusser, V., Im Universum der technischen Bilder, Göttingen 1985
ders., „Raum und Zeit aus städtischer Sicht", in: Wentz, M. (Hg.), a.a.O., S.19-24
Forst, R., Kontexte der Gerechtigkeit, Frankfurt 1994
Foucault, M., Die Ordnung der Dinge. Eine Archäologie der Humanwissenschaften, Frankfurt 1969
ders., Wahnsinn und Gesellschaft. Eine Geschichte des Wahns im Zeitalter der Vernunft, Frankfurt 1969
ders., Psychologie und Geisteskrankheit, Frankfurt 1970
ders., Die Archäologie des Wissens, Frankfurt 1973
ders., Die Geburt der Klinik. Eine Archäologie des ärztlichen Blicks, München 1973
ders., Überwachen und Strafen. Die Geburt des Gefängnisses, Frankfurt 1976
ders., Die Ordnung des Diskurses, Frankfurt 1977
ders., Dispositive der Macht. Über Sexualität, Wissen und Wahrheit, Berlin 1978
Fox-Keller, E., Liebe - Macht - Erkenntnis, München/Wien 1986
Frank, M., Was ist Neostrukturalismus?, Frankfurt 1984
ders., Das Sagbare und das Unsagbare. Studien zur deutsch-französischen Hermeneutik und Texttheorie, Frankfurt 1990
Franke, A., Drogennotfälle und Drogentodesfälle in Dortmund im Zeitraum 1990-1993, Dortmund 1994
Franzobel, Die Krautflut, Frankfurt 1995

Fraser, N., Widerspenstige Praktiken. Macht, Diskurs, Geschlecht, Frankfurt 1994
Friedell, E., Kulturgeschichte der Neuzeit, München 1989
Fumagalli, V., Wenn der Himmel sich verdunkelt - Lebensgefühl im Mittelalter, Berlin 1988
ders., Der lebendige Stein - Stadt und Natur im Mittelalter, Berlin 1989
Garbrecht, G., Wasser. Vorrat, Bedarf und Nutzung in Geschichte und Gegenwart, Hamburg 1985
Garz, D. (Hg.), Die Welt als Text. Theorie, Kritik und Praxis der objektiven Hermeneutik, Frankfurt 1994
Gay, P., Die Republik der Außenseiter - Geist und Kultur in der Weimarer Zeit 1918-1933, Frankfurt 1987
Geiger, G., Frauen - Körper - Bauten. Weibliche Wahrnehmung des Raums am Beispiel der Stadt, München 1986
Gelpke, R., Vom Rausch im Orient und Okzident, Frankfurt 1982
GEO Wissen, Sucht und Rausch, Hamburg 1990
GEO Wissen, Pillen, Kräuter, Therapien, Hamburg 1993
Gerdes, K./C. von Wolffersdorff-Ehlert, Suche nach Gegenwart, Stuttgart 1974
Geremek, B., Geschichte der Armut, Düsseldorf 1988
Gerlach, R./S. Engemann, Zum Grundverständnis akzeptanzorientierter Drogenarbeit, 2. Auflage, Münster 1994
Ginzburg, C., Spurensicherung. Über verborgene Geschichte, Kunst und soziales Gedächtnis, Berlin 1983
ders., Hexensabbat. Entzifferung einer nächtlichen Geschichte, Frankfurt 1993
Girtler, R., Würde und Sprache in der Lebenswelt der Vaganten und Ganoven, München/Wien 1992
ders., Methoden der qualitativen Sozialforschung, 3. Auflage, Wien/Köln/Weimar 1992
ders., Randkulturen. Theorie der Unanständigkeit, Wien/Köln/Weimar 1995
Glaser,B./A. Strauss, The Discovery of Grounded Theory: Strategies for Qualitative Research, Chicago 1967
Gleichmann, P., „Die Verhäuslichung körperlicher Verrichtungen", in: Korte, H. (Hg. et al.), a.a.O., S.254-278
Gleichmann, P. (Hg.)/H. Korte/J. Goudsblom, Macht und Zivilisation, Frankfurt 1984
Goffman, E., Asyle. Über die soziale Situation psychiatrischer Patienten und anderer Insassen, Frankfurt 1973
ders., Interaktionsrituale, 3. Auflage, Frankfurt 1994
ders., Stigma. Über Techniken der Bewältigung beschädigter Identität, 11. Auflage, Frankfurt 1994
Goodman, N., Weisen der Welterzeugung, 3. Auflage, Frankfurt 1995
Gössel, P./G. Leuthäuser, Architektur des 20. Jahrhunderts, Köln 1994
Gosztonyi, A., Der Raum. Geschichte seiner Probleme in Philosophie und Wissenschaft, 2. Bde., Freiburg/München 1976
Goudsblom, J., „Zivilisation, Ansteckungsangst und Hygiene. Betrachtung über einen Aspekt des europäischen Zivilisationsprozesses", in: Korte, H. (Hg. et al.), a.a.O., S.215-253
Götz, B., Mosaik zur Weingeschichte, Freiburg 1982
Grathoff, R., Milieu und Lebenswelt, Frankfurt 1989

Greig, C., Will you still love me tomorrow? Mädchenbands von den 50er Jahren bis heute, Hamburg 1991
Greul, H., Bretter, die die Welt bedeuten. Die Kulturgeschichte des Kabaretts, Bd.1, München 1971
Gripp, H., Und es gibt sie doch - Zur kommunikationstheoretischen Begründung von Vernunft bei Jürgen Habermas, Paderborn 1984
Grof, S., Geburt, Tod und Transzendenz. Neue Dimensionen in der Psychologie, München 1985
Groh, R./D. Groh, Weltbild und Naturaneignung. Zur Kulturgeschichte der Natur 1, Frankfurt 1991
dies., Die Außenwelt der Innenwelt. Zur Kulturgeschichte der Natur 2, Frankfurt 1996
Gronemeyer, M., Das Leben als letzte Gelegenheit, 2. Auflage, Darmstadt 1996
Großklaus, G., Medien-Zeit. Medien-Raum. Zum Wandel der raumzeitlichen Wahrnehmung in der Moderne, Frankfurt 1995
Gurjewitsch, A., Das Weltbild des mittelalterlichen Menschen, München 1980
Haas, A., Krankenhäuser, Stuttgart 1965
Habermas, J., Theorie des kommunikativen Handelns, 2 Bde., Frankfurt 1981
ders., Der philosophische Diskurs der Moderne. Zwölf Vorlesungen, Frankfurt 1988
ders., Erläuterungen zur Diskursethik, 2. Auflage, Frankfurt 1992
ders., Nachmetaphysisches Denken, Frankfurt 1992
Halbwachs, M., Das Gedächtnis und seine sozialen Bedingungen, Frankfurt 1985
Harding, S., Feministische Wissenschaft. Zum Verhältnis von Wissenschaft und sozialem Geschlecht. 2. Auflage, Hamburg 1991
Hartwig, K.H., „Argumente für eine ökonomisch-rationale Drogenpolitik", in: Akzept e.V. (1991), a.a.O., S.136-144
Harvey, D., „Geld, Zeit, Raum und die Stadt", in: Wentz, M. (Hg.), a.a.O., S.149-168
ders., „Die Postmoderne und die Verdichtung von Raum und Zeit", in: Kuhlmann, A. (Hg.), a.a.O., S.48-78
Hauff, V. (Hg.), Stadt und Lebensstil. Thema: Stadtkultur, Weinheim/Basel 1988
Haug, W.F., Kritik der Warenästhetik, Berlin 1971
Haupt, H.G. (Hg.), Orte des Alltags. Miniaturen aus der europäischen Kulturgeschichte, München 1994
Hauser, A., Soziologie der Kunst, 2. Auflage, München 1978
✱ Hauser, S., Der Blick auf die Stadt. Semiotische Untersuchungen zur literarischen Wahrnehmung bis 1910, Berlin 1990
✱ Häußermann, H. (Hg. et al.), Stadt und Raum. Soziologische Analysen, Pfaffenweiler 1992
Heidegger, M., Sein und Zeit, Tübingen 1957
Heinze, T.T., „Partisanen des Partikularen", in: Kamper, D. (Hg.)/C. Wulf (1994), a.a.O., S.87-97
Helbrecht, I., Gestaltbarkeit und Stadtmarketing, Basel 1993
Heller, A., Der Mensch der Neuzeit, Köln 1981
Herrmann, B. (Hg.), Mensch und Umwelt im Mittelalter, Frankfurt 1990
Herrmann, B. (Hg.)/E. Schubert, Von der Angst zur Ausbeutung. Umwelterfahrung zwischen Mittelalter und Neuzeit, Frankfurt 1994
Herzlich, C./J. Pierret, Kranke gestern - Kranke heute. Die Gesellschaft und das Leiden, München 1991
Hess, H., Rauchen. Geschichte, Geschäfte, Gefahren, Frankfurt 1992

Historisches Wörterbuch der Philosophie, 5 Bde., Basel/Stuttgart 1980
Honneth, A., Die zerrissene Welt des Sozialen. Sozialphilosophische Aufsätze, Frankfurt 1990
ders., Desintegration - Bruchstücke einer Zeitdiagnose, Frankfurt 1994
ders., Kampf um Anerkennung. Zur moralischen Grammatik sozialer Konflikte, Frankfurt 1994
ders., Kommunitarismus. Eine Debatte über die moralischen Grundlagen moderner Gesellschaften, 2. Auflage, Frankfurt/New York 1994
Horkheimer, M./T.W. Adorno, Dialektik der Aufklärung. Philosophische Fragmente, Frankfurt 1988
Horkheimer, M., Gesammelte Schriften, Bd.4, Frankfurt 1988
Horster, D., Richard Rorty zur Einführung, Hamburg 1991
ders., Jürgen Habermas, Stuttgart 1991
Horx, M., „Voll im Trend", in: Zeitmagazin, Nr.50, S.40-45, Frankfurt 1995
Hösel, G., Unser Abfall aller Zeiten, München 1987
Hradil, S. (Hg.)/P.A. Berger, Lebenslagen, Lebensläufe, Lebensstile. Sonderband Nr.7, Göttingen 1990
Hübner, R. und M., Der deutsche Durst. Illustrierte Kultur- und Sozialgeschichte, Leipzig 1994
Huizinga, J., Herbst des Mittelalters, Stuttgart 1961
Huxley, A., Schöne neue Welt, Frankfurt 1981
Im Hof, U., Das Europa der Aufklärung, München 1993
Indro e.V., Reader zur niedrigschwelligen Drogenarbeit in NRW. Erfahrungen, Konzepte, Forschungen, Berlin 1994
Irsigler, F./A. Lassotta, Bettler und Gaukler, Dirnen und Henker - Außenseiter in der mittelalterlichen Stadt, München 1991
Jacob, G., Agit-Pop. Schwarze Musik und weiße Hörer. Texte zu Rassismus und Nationalismus - HipHop und Raggamuffin, 2. Auflage, Berlin 1993
Jaffé, A., Erinnerungen, Träume, Gedanken von C.G. Jung, Freiburg 1985
Jahrbuch Stadterneuerung, Berlin 1993
Jervis, G., Kritisches Handbuch der Psychiatrie, Frankfurt 1981
Joas, H. (Hg.)/A. Honneth, Kommunikatives Handeln. Beiträge zu Jürgen Habermas' Theorie des kommunikativen Handelns, Frankfurt 1986
Joas, H. (Hg.), Das Problem der Intersubjektivität. Neuere Beiträge zum Werk George Herbert Meads, Frankfurt 1985
ders., Die Kreativität des Handelns, Frankfurt 1992
Johannsmeier, R., Spielmann, Schalk und Scharlatan. Die Welt als Karneval: Volkskultur im späten Mittelalter, Hamburg 1984
Jung, T./S. Müller-Doohm, >Wirklichkeit< im Deutungsprozeß. Verstehen und Methoden in den Kultur- und Sozialwissenschaften, Frankfurt 1993
Jung, W., Von der Mimesis zur Simulation. Eine Einführung in die Geschichte der Ästhetik, Hamburg 1995
Jüttemann, G. (Hg.), Die Geschichtlichkeit des Seelischen, Weinheim 1986
Kaden, J., Musiksoziologie, Berlin 1984
ders., Des Lebens wilder Kreis. Musik im Zivilisationsprozeß, Kassel 1993
Kafka, F., Amerika, Frankfurt 1981
Kamper, D., „Nach der Moderne. Umrisse einer Ästhetik der Posthistoire", in: Welsch, W. (1988), a.a.O., S.163-176

Kamper, D., Hieroglyphen der Zeit. Texte vom Fremdwerden der Welt, München/ Wien 1988
Kamper, D. (Hg.)/C. Wulf, Anthropologie nach dem Tode des Menschen, Frankfurt 1994
Kaplan, E.A., Rocking around the Clock. Music Television, Postmodernism, And Consumer Culture, New York/London 1987
Kappeler, M., Drogen und Kolonialismus. Zur Ideologiegeschichte des Drogenkonsums, Frankfurt 1991
Keim, K.D., Macht, Gewalt, Verstädterung. Vorstudien zur Theoriebildung, Berlin 1985
Kemper, P. (Hg.), „Postmoderne" oder der Kampf um die Zukunft, Frankfurt 1988
ders., „Der Kampf um das richtige T-Shirt", in: FAZ, 12.04.1995, S.37
Kennedy, M. (Hg.), Öko-Stadt. Prinzipien einer Stadtökologie, 2 Bde., Frankfurt 1986
Kerouac, J., Unterwegs, Hamburg 1968
Kindermann, W., Drogenabhängig, Freiburg 1989
Kirbach, R., „Eine kurze Geschichte der Mülltonne", in: DIE ZEIT, 27.05.1994, S.88
Klee, E., Psychiatrie-Report, Frankfurt 1978
Koenig, A., „Ein Zuhause für die Grenzenlosen", in: DIE ZEIT, Nr.10, 03.03.1995, S.102
Kögler, H.-H., Die Macht des Dialogs. Kritische Hermeneutik nach Gadamer, Foucault und Rorty, Stuttgart 1992
Kohtes, M., Nachtleben. Topographie des Lasters, Frankfurt/Leipzig 1994
Korte, H. (Hg. et al.), Materialien zu Norbert Elias' Zivilisationstheorie", Frankfurt 1979
Kremer-Marietti, A., Michel Foucault - Der Archäologe des Wissens, Frankfurt/Berlin/Wien 1976
Kriener, M./W. Saller, „Die mit der Pille tanzen", in: DIE ZEIT, Nr.37, 10.09.1993
Kruft, H.W., Geschichte der Architekturtheorie, 3. Auflage, München 1991
Kuhlmann, A., Philosophische Ansichten der Kultur der Moderne, Frankfurt 1994
ders., „Kultur und Krise. Zur Inflation der Erlebnisse", in: Prigge, W. (Hg.), a.a.O., S.115-125
Kursbuch 112, Städte bauen, Berlin 1993
Labisch, A., Homo hygienicus. Gesundheit und Medizin in der Neuzeit, Frankfurt 1992
Läpple, D., „Essay über den Raum", in: Häußermann, H. (Hg. et al.), a.a.O., S.157-208
ders., „Thesen zu einem Konzept gesellschaftlicher Räume", in: Mayer, J. (Hg.), a.a.O., S.29-52
Lau, T., „Vom Partisanen zum >Party-sanen<,, in: Frankfurter Rundschau, 18.07.1995, S.12
Legnaro, A., „Ansätze zu einer Soziologie des Rausches. Zur Sozialgeschichte von Rausch und Ekstase in Europa", in: Völger, G. (Hg. et al.), a.a.O., S.53-63
ders., „Alkoholkonsum und Verhaltenskontrolle - Bedeutungswandel zwischen Mittelalter und Neuzeit", in: Völger, G. (Hg. et al.), a.a.O., S.86-97
Leistikow, D., Hospitalbauten in Europa aus zehn Jahrhunderten, Ingelheim 1967
Lindner, R., Die Entdeckung der Stadtkultur - Soziologie aus der Entdeckung der Reportage, Frankfurt 1990

Lipietz, A., „Zur Zukunft der städtischen Ökologie. Ein regulationstheoretischer Beitrag", in: Wentz, M. (Hg.), a.a.O., S.129-136
Lippe, R. zur, Naturbeherrschung am Menschen, 2 Bde., Frankfurt 1974
List, E., Die Präsenz des Anderen. Theorie und Geschlechterpolitik, Frankfurt 1993
Lorenzer, A., Kultur-Analysen. Psychoanalytische Studien zur Kultur, Frankfurt 1981
Lübcke, P. (Hg.)/A. Hügli, Philosophie im 20. Jahrhundert, 2 Bde., Hamburg 1992
Lyotard, J.-F., Das Patchwork der Minderheiten, Berlin 1977
ders., Immaterialität und Postmoderne, Berlin 1985
ders., Der Widerstreit, München 1987
ders., „Die Moderne redigieren", in: Welsch, W. (1988), a.a.O., S.204-214
ders., Die Phänomenologie, Hamburg 1993
Marcus, G., Lipstick Traces. Von Dada bis Punk - Kulturelle Avantgarden und ihre Wege aus dem 20. Jahrhundert, 3. Auflage, Hamburg 1995
Markus, T.A., Buildings & Power. Freedom and Control in the Origin of Modern Building Types, London/New York 1993
Matthiesen, U., Das Dickicht der Lebenswelt und die Theorie des kommunikativen Handelns, 2. Auflage, München 1985
Matussek, M., Showdown. Geschichten aus Amerika, Zürich 1994
Mayer, J. (Hg.), Die aufgeräumte Welt - Raumbilder und Raumkonzepte im Zeitalter globaler Marktwirtschaft, Loccum 1992
Mayring, P., Einführung in die qualitative Sozialwissenschaft, 2. Auflage, München 1993
Mead, G.H., Geist, Identität und Gesellschaft, 3. Auflage, Frankfurt 1978
Merchant, C., Tod der Natur, München 1987
Merfert-Diete, C./R. Soltau, Frauen und Sucht, Hamburg 1984
MERZ (Medien und Erziehung), Techno oder The Raving Society, Heft 4/1995
Methodengruppe der F.A.M. (Hg.), Erfahrung mit Methode, Freiburg 1994
Mitscherlich, A., Die Unwirtlichkeit unserer Städte, Frankfurt 1971
Mollat, M., Die Armen im Mittelalter, München 1984
Mönkemeyer, K., „Schmutz und Sauberkeit", in: Behnke, I. (Hg.), a.a.O.
Montanari, M., Der Hunger und der Überfluss. Kulturgeschichte der Ernährung, München 1993
Morris, D.B., Geschichte des Schmerzes, Frankfurt 1996
Mowry, J., Megacool, Hamburg 1993
ders., Oakland Rap, Hamburg 1993
Muchembled, R., Die Erfindung des modernen Menschen. Gefühlsdifferenzierung und kollektive Verhaltensweisen im Zeitalter des Absolutismus, Hamburg 1990
Müller, I., „Kräutergärten im Mittelalter", in: Völger, G. (Hg. et al.), a.a.O., S.374-379
dies., „Einführung des Kaffees in Europa", in: Völger, G. (Hg. et al.), a.a.O., S.390-397
Mumford, L., Die Stadt. Geschichte und Ausblick, 2 Bde., München 1984
Musil, R., Der Mann ohne Eigenschaften, Hamburg 1952
Neckel, S./H. Berking, „Stadtmarathon. Die Inszenierung von Individualität als urbanes Ereignis", in: K.R. Scherpe (Hg.), a.a.O., S.262-278
Neckel, S., Die Macht der Unterscheidung. Beutezüge durch den modernen Alltag, Frankfurt 1993

Noller, P./H. Reinicke, Heroinszene. Selbst- und Fremddefinitionen einer Subkultur, Frankfurt 1987
Noller, P., Junkie-Maschinen. Rebellion und Knechtschaft im Alltag von Heroinabhängigen, Wiesbaden 1989
Orland, B., Wäsche waschen. Technik- und Sozialgeschichte der häuslichen Wäschepflege, Hamburg 1991
Ott, H., Martin Heidegger. Unterwegs zu seiner Biographie, Frankfurt/New York 1988
Otto, R., Das Heilige, München 1932 (1. Auflage 1917)
Pauser, W., „Friede! Freude! Eierkuchen!", in: DIE ZEIT, Nr.28, 07.07.1995, S.65f.
ders., Dr. Pausers Werbebewußtsein. Texte zur Ästhetik des Konsums, Wien 1995
Pant, A./D. Kleiber: „Sex und HIV auf dem Drogenstrich", in: Aktuell. Das Magazin der Deutschen AIDS-Hilfe, S.44f., Berlin 1993
Porter, R., Kleine Geschichte der Aufklärung, Berlin 1991
Pörtner, R. (Hg.), Alltag in der Weimarer Republik. Kindheit und Jugend in unruhiger Zeit, München 1993
Poschardt, U., DJ-Culture, Hamburg 1995
Prigge, W. (Hg. et al.), Mythos Metropole, Frankfurt 1995
Prümm, K., „Die Stadt der Reporter und Kinogänger bei Roth, Brentano und Kracauer", in: Scherpe, K.R. (Hg.), a.a.O., S.80-105
Quensel, S., Mit Drogen leben. Erlaubtes und Verbotenes, Frankfurt 1985
Querido, A., Godshuizen en Gasthuizen, Amsterdam 1967
Reese-Schäfer, W., Lyotard zur Einführung, Hamburg 1989
Reichertz, J., „Abduktives Schlußfolgern und Typen(re)konstruktion. Abgesang auf eine liebgewonnene Hoffnung", in: Jung, T./S. Müller-Doohm, a.a.O., S.258-282
ders., „Von Gipfeln und Tälern. Bemerkungen zu einigen Gefahren, die den objektiven Hermeneuten erwarten", in: Garz, D., a.a.O., S.125-152
Reijen, W., Adorno zur Einführung, 4. Auflage, Hamburg 1990
Reisch, L., „Stadt und Öffentlichkeit", in: Hauff, V. (Hg.), a.a.O., S.23-40
Riedel, M., Hören auf die Sprache. Die akroamatische Dimension der Hermeneutik, Frankfurt 1990
Rittner, V. (Hg.)/D. Kamper, Zur Geschichte des Körpers, München 1976
Robert, G. (Hg.)/M. Kohli, Biographie und soziale Wirklichkeit, Stuttgart 1984
Rodenstein, M., Mehr Licht, mehr Luft. Gesundheitskonzepte im Städtebau seit 1750, Frankfurt/New York 1988
dies., „Städtebaukonzepte. Bilder für den baulich-räumlichen Wandel der Stadt", in: Häußermann, H. (Hg. et al.), a.a.O., S.31-68
Roeck, B., Außenseiter, Randgruppen, Minderheiten, Göttingen 1993
Rohrwasser, M., Saubere Mädel. Starke Genossen, Frankfurt 1975
Roper, L., Ödipus und der Teufel. Körper und Psyche in der Frühen Neuzeit, Frankfurt 1995
Rorty, R., Eine Kultur ohne Zentrum. Vier philosophische Essays, Stuttgart 1993
ders., Der Spiegel der Natur: Eine Kritik der Philosophie, 3. Auflage, Frankfurt 1994
ders., Hoffnung statt Erkenntnis. Eine Einführung in die pragmatische Philosophie. IWM-Vorlesungen zur modernen Philosophie, Wien 1995
ders., Kontingenz, Ironie und Solidarität, 3. Auflage, Frankfurt 1995
Rosenthal, G., Wenn alles in Scherben fällt. Von Leben und Sinnwelt der Kriegsgeneration, Opladen 1987

dies. (Hg.), Als der Krieg kam, hatte ich mit Hitler nichts mehr zu tun. Zur Gegenwärtigkeit des „Dritten Reiches" in Biographien, Opladen 1990

dies., Erlebte und erzählte Lebensgeschichte. Gestalt und Struktur biographischer Selbstbeschreibungen, Frankfurt 1995

Rötzer, F., Denken, das an der Zeit ist, Frankfurt 1987

Ruffié, J./J.C. Sournia, Die Seuchen in der Geschichte der Menschheit, München 1992

Rybczynski, W., Wohnen. Über den Verlust der Behaglichkeit, München 1987

Safranski, R., Ein Meister aus Deutschland. Heidegger und seine Zeit, München 1994

Salzinger, H., Swinging Benjamin, Frankfurt 1973

Schall, S., Immer sauber bleiben...Eine Kulturgeschichte vom Bad und vom Baden, Berlin 1977

Scheerer, S.(Hg.)/H. Bossong, Sucht und Ordnung, Frankfurt 1983

Scheible, H., Wahrheit und Subjekt. Ästhetik im bürgerlichen Zeitalter, Hamburg 1988

Scherpe, K.R. (Hg.)/A. Huyssen, Postmoderne. Zeichen eines kulturellen Wandels, Hamburg 1986

Scherpe, K.R. (Hg.), Die Unwirklichkeit der Städte. Großstadtdarstellungen zwischen Moderne und Postmoderne, Hamburg 1988

Schipperges, H., 5000 Jahre Chirurgie. Magie - Handwerk - Wissenschaft, Stuttgart 1967

ders., Die Kranken im Mittelalter, München 1990

ders., Der Garten der Gesundheit. Medizin im Mittelalter, München 1990

Schivelbusch, W., Lichtblicke. Zur Geschichte der künstlichen Helligkeit im 19. Jahrhundert, Frankfurt 1986

ders., Das Paradies, der Geschmack, die Vernunft. Eine Geschichte der Genußmittel, Frankfurt 1988

ders., Geschichte der Eisenbahnreise. Zur Industrialisierung von Raum und Zeit im 19. Jahrhundert, Frankfurt 1993

Schlör, J., Nachts in der großen Stadt. Paris, Berlin, London 1840-1930, München 1994

Schmals, K.M. (Hg.), Stadt und Gesellschaft, München 1983

Schmid, W., Denken und Existenz bei Michel Foucault, Frankfurt 1991

Schmidt, B., Postmoderne - Strategien des Vergessens, Darmstadt 1986

Schmieder, A. (Hg.)/H. Kerber, Handbuch Soziologie, Hamburg 1984

Schmitz, R., „Opium als Heilmittel", in: Völger, G. (Hg. et al.), a.a.O., S.380-385

Schnädelbach, H., Philosophie in Deutschland 1831-1933, Frankfurt 1983

ders., Rationalität - Philosophische Beiträge, Frankfurt 1984

ders., Vernunft und Geschichte - Vorträge und Abhandlungen, Frankfurt 1987

Schneider, W., „Mittelalterliche Arzneidrogen und Paracelsus", in: Völger, G. (Hg. et al.), a.a.O., S.368-373

Schoen, A., Die Janusgesichter des Booms, Frankfurt 1989

Scholvin, U., Döblins Metropolen. Über reale und imaginäre Städte und die Travestie der Wünsche, Weinheim/Basel 1985

Schulze, G., Die Erlebnisgesellschaft - Kultursoziologie der Gegenwart, 4. Auflage, Frankfurt/New York 1993

Schuster, T., Staat und Medien. Über die elektronische Konditionierung der Wirklichkeit, Hamburg 1995

Schütz, A., Der sinnhafte Aufbau der sozialen Welt. Eine Einleitung in die verstehende Soziologie, 5. Auflage, Frankfurt 1991
Schütz, A./T. Luckmann (Hg.), Strukturen der Lebenswelt, Bd.1, 4. Auflage, Frankfurt 1991
dies., Strukturen der Lebenswelt, Bd. 2, 2. Auflage, Frankfurt 1990
Schwaiger, G., Teufelsglaube und Hexenprozesse, München 1987
Seefelder, M., Opium. Eine Kulturgeschichte, München 1990
Selle, G./J. Boehe, Leben mit den schönen Dingen. Anpassung und Eigensinn im Alltag des Wohnens, Hamburg 1986
Selle, K. (Hg.), Mit den Bewohnern die Stadt erneuern. Der Beitrag intermediärer Organisationen zur Entwicklung städtischer Quartiere, Bd.1, Dortmund 1991
Sennett, R., Civitas. Die Großstadt und die Kultur des Unterschieds, Frankfurt 1994
ders., Fleisch und Stein. Der Körper und die Stadt in der westlichen Zivilisation, Berlin 1995
Shulgin, A., Pikhal - A Chemical Love Story, Berkeley 1992
Shusterman, R., „Die Sorge um den Körper in der heutigen Kultur", in: Kuhlmann, A. (Hg.), a.a.O., S.241-277
ders., KunstLeben. Die Ästhetik des Pragmatismus, Frankfurt 1994
Simmel, G., Philosophie des Geldes, Gesamtausgabe, Bd.6, Frankfurt 1989
ders., Soziologie. Untersuchungen über die Formen der Vergesellschaftung, Gesamtausgabe, Bd.11, Frankfurt 1992
ders., Das Individuum und die Freiheit, Frankfurt 1993
Soja, E.W., „Geschichte: Geographie: Modernität", in: Wentz, M. (Hg.), a.a.O., S.73-90
ders., „Postmoderne Urbanisierung", in: Prigge, W. (Hg.), a.a.O., S.143-164
Sombart, W., Liebe, Luxus, Kapitalismus. Über die Entstehung der modernen Welt aus dem Geist der Verschwendung, Berlin 1992
Spode, H., Die Macht der Trunkenheit. Kultur- und Sozialgeschichte des Alkohols, Opladen 1993
Stadt Dortmund, Suchtbericht 1991, Dortmund 1991
dies., Suchtbericht 1993, Dortmund 1993
Starobinski, J., Kleine Geschichte des Körpergefühls, Konstanz 1987
Steffan, W., Streetwork in der Drogenszene, Freiburg 1989
Stein, G., Femme fatale - Vamp - Blaustrumpf. Kulturfiguren und Sozialcharaktere des 19. und 20. Jahrhunderts, Bd.3, Frankfurt 1985
Stöbe, S., Privatheit - Privater Raum. Über den Wandel vom psychischen zum räumlichen Rückzug und seine Auswirkungen auf die Grundrißgestaltung der Wohnung, Kassel 1990
Stolleis, M., „Von den grewlichen Lastern der Trunckenheit - Trinkverbote im 16. und 17. Jahrhundert", in: Völger, G. (Hg. et al.), a.a.O., S.98-105
Stöver, H., „Akzeptanz von DrogengebraucherInnen - sozialpolitische Hintergründe und Perspektiven", Vortrag vom 22.06.1991 in Frankfurt
Stühler, F., Totale Welten: der moderne deutsche Großstadtroman, Regensburg 1989
Sturm, G., „Wie forschen Frauen? Überlegungen betreffs der Entscheidung für qualitatives oder quantitatives Vorgehen", in: Methodengruppe des F.A.M. (Hg.), a.a.O.
Sugerman, D., Wonderland Avenue. Sex & Drugs & Rock'n Roll, München 1993
Suhr, H. (Hg.)/T. Steinfeld, In der großen Stadt. Die Metropole als kulturtheoretische Kategorie, Frankfurt 1990

Szasz, T., Das Ritual der Drogen, Wien/München/Zürich 1974
Tannahill, R., Kulturgeschichte des Essens, München 1979
Taureck, B., Französische Philosophie im 20. Jahrhundert, Hamburg 1988
Täubrich, H.C. (Hg. et al.), Unter Null. Kunsteis, Kälte und Kultur, München 1991
Taylor, C., Quellen des Selbst. Die Entstehung der neuzeitlichen Identität, Frankfurt 1996
TEMPO, „Wirtschaftswunder Techno: Der wilde Tanz ums große Geld", in: TEMPO, Heft 2, S.32-42, Hamburg 1995
Theweleit, K., Männerphantasien, 2 Bde., Frankfurt 1986
Thomas, D., Unter dem Milchwald. Ganz früh eines Morgens. Ein Blick aufs Meer, München 1979
Thomas-Morus-Akademie (Hg.), Analyse und Interpretation der Alltagswelt. Lebensweltforschung und ihre Bedeutung für die Geographie, Bensberg 1985
Tinnappel, F., „Wer >drücken< will, meldet sich an der Theke", in: Frankfurter Rundschau, Nr.51, 01.03.1995, S.3
Toop, D., Rap-Attack, München 1994
Umweltbundesamt (Hg. et al.), Ökologisches Bauen, Wiesbaden/Berlin 1982
Vaskovics, L., Raumbezogenheit sozialer Probleme, Opladen 1982
Vasold, M., Pest, Not und schwere Plagen. Seuchen und Epidemien vom Mittelalter bis heute, München 1991
Vigarello, G., Wasser und Seife, Puder und Parfüm. Geschichte der Körperhygiene seit dem Mittelalter, Frankfurt 1992
Virilio, P., Der negative Horizont. Bewegung, Geschwindigkeit, Beschleunigung, Frankfurt 1995
Voges, W. (Hg.), Methoden der Biographie- und Lebenslaufforschung, Opladen 1987
Vogt, I., „Alkoholkonsum, Industrialisierung und Klassenkonflikte", in: Völger, G. (Hg. et al.), a.a.O., S.112-117
Vogt, I. (Hg.)/S. Scheerer, Drogen und Drogenpolitik. Ein Handbuch, Frankfurt 1989
dies., „Krankmachende Lebenswelt - Drogen und Gesundheitspolitik", Vortrag vom 22.06.1991 in Frankfurt
Vollbrechtshausen, A., „Partykinder und Technoschwule", in: Walder, P.(Hg.)/P. Anz, a.a.O., S.307-318
Völger, G. (Hg. et al.), Rausch und Realität - Drogen im Kulturvergleich, 2 Bde., Köln 1981
Vollmer-Heitmann, H. (Hg.), Wir sind von Kopf bis Fuß auf Liebe eingestellt. Die Zwanziger Jahre, Hamburg 1993
Waldenfels, B., In den Netzen der Lebenswelt, Frankfurt 1985
ders., Der Stachel des Fremden, Frankfurt 1990
Gehring, P./B. Waldenfels (Hg.), Innen des Außen - Außen des Innen. Foucault, Derrida, Lyotard, München 1994
ders., „Das Eigene und das Fremde", in: Deutsche Zeitschrift für Philosophie, Berlin 43 (1995), 4, S.611-620
Walder, P./N. Saunders, Ecstasy, 2. Auflage, Zürich 1994
Walder, P.(Hg.)/P. Anz, Techno, Zürich 1995
Walzer, M., Sphären der Gerechtigkeit. Ein Plädoyer für Pluralität und Gleichheit, Frankfurt/New York 1994
Weber, I., Die deutsche Familie, Frankfurt 1974
Weber, M., Gesammelte Aufsätze zur Religionssoziologie, Bd.1, Tübingen 1920

Weibel, P., „Die virtuelle Stadt im telematischen Raum. Leben im Netz und in Online-Welten", in: Prigge, W. (Hg. et al.), a.a.O., S.209-227
Weigel, S. (Hg.)/I. Stephan, Weiblichkeit und Avantgarde, Hamburg 1987
Wellmer, A., Zur Dialektik von Moderne und Postmoderne. Vernunftkritik nach Adorno, Frankfurt 1985
ders., Ethik und Dialog. Elemente des moralischen Urteils bei Kant und in der Diskursethik, Frankfurt 1986
ders., Endspiele: die unversöhnliche Moderne, Frankfurt 1993
Welsch, W. (Hg.), Wege aus der Moderne. Schlüsseltexte der Postmoderne-Diskussion, Weinheim 1988
ders., (Hg.), Unsere postmoderne Moderne, 4. Auflage, Berlin 1993
ders., Ästhetisches Denken, 3. Auflage, Stuttgart 1993
ders., Die Aktualität des Ästhetischen, München 1993
ders., Vernunft. Die zeitgenössische Vernunftkritik und das Konzept der transversalen Vernunft, Frankfurt 1996
Wentz, M., Stadt-Räume, Frankfurt 1991
Werben & Verkaufen, Der innovative Muntermacher, München 1994
Werkbund Archiv (Hg.), Bucklicht Männlein und Engel der Geschichte: Walter Benjamin, Theoretiker der Moderne, Gießen 1990
Werner, B.E., Die Zwanziger Jahre, München 1962
Wöbkemeier, R., Erzählte Krankheit. Medizinische und literarische Phantasien um 1800, Stuttgart 1990
Wölfer, J., Die Rock- und Popmusik. Eine umfassende Darstellung ihrer Geschichte und Funktion, München 1980
Wulf, C. (Hg.)/D. Kamper, Transfigurationen des Körpers. Spuren der Gewalt in der Geschichte, Berlin 1989
Wunder, H., Er ist die Sonn', sie ist der Mond. Frauen in der frühen Neuzeit, München 1992
Wunder, H. (Hg.)/K. Hausen, Frauengeschichte - Geschlechtergeschichte, Frankfurt 1992
Zemon-Davis, N., Humanismus, Narrenherrschaft und die Riten der Gewalt, Frankfurt 1987
Zurhold, H., Drogenkarrieren von Frauen im Spiegel ihrer Lebensgeschichten. Eine qualitative Vergleichsstudie differenter Entwicklungsverläufe opiatgebrauchender Frauen, Berlin 1993